U0010568

台灣原住民 52

原住民神話大系 08

文化・生活・哲學

阿美族
神話與傳說

〔新版〕

田哲益（達西烏拉彎・畢馬）
———————— 著

晨星出版

推薦原序

1995 年田哲益君應廣西民族研究所，邀請台灣學者到廣西從事學術交流，並展開壯族與苗族的田野考察，從此我們建立了良好的持續性的學術交往。

1996 年吾亦經國務院對台辦公室批准，到台灣進行學術訪問，考察台灣原住民的歷史文化與風俗習尚。在台期間承蒙哲益君鼎立相助，研究順利，收穫豐碩。深情厚誼，刻骨銘心，終生難忘也。

哲益君是吾所認識在民族文化沃野辛勤耕耘的學者之一。哲益君是研究民族文化與民間文學著作頗豐的台灣布農族學者，其已出版成書的著作有二十多部，著作類型非常廣泛，研究領域包括台灣原住民、中國少數民族、中國民俗學、中國科學等。

哲益君海郵寄來五千頁的書稿，是其已經撰述完成的巨型著作之一，是一套台灣原住民神話與傳說口傳文學叢書，計分為十冊：《泰雅族神話與傳說》、《賽夏族神話與傳說》、《布農族神話與傳說》、《邵族神話與傳說》、《鄒族神話與傳說》、《魯凱族神話與傳說》、《排灣族神話與傳說》、《阿美族神話與傳說》、《卑南族神話與傳說》、《達悟族神話與傳說》等。

知悉哲益君又完成了多部著作，心裡非常欣奮，哲益君要我寫個序文，樂意之至。在大陸雖然也有一些有關台灣原住民民間口傳文學的著作，但是由於並非實地調查，對於台灣原住民文化的認識不夠，因此，閱後總有隔山望水之感。台灣也有一些台灣原住民的民間口傳文學著作，不過都是「總」的撰述，對於各族的民間口傳文學只能予人模糊而不完整的輪廓與概念。

無疑的，哲益君撰寫多年的這套台灣原住民神話與傳說口傳文學叢書，是目前大陸與台灣地區，用力最多也最深切的著作，而且是十族分別撰述與詮釋，對於研究台灣原住民文化將是最重要的參考資料。

仔細拜讀後，有以下體會，略寫於後，供海內外讀者與學術界、文化界參考：

　　原住民神話與傳說叢書具有龐大的訊息量與資訊，包含巨大的學術容量，給人以多方面的啟迪，方便吾人以後繼續作深入的研究。

　　原住民神話與傳說叢書收集龐大的材料，不管是書籍的、報章的、雜誌的、日據的、現代的、日人的、國人的、作者的皆所收錄，為目前原住民民間口傳文學收錄最多者，是作者數十年來收集積累的成就。

　　原住民神話與傳說叢書的每一則神話傳說故事都是實錄，沒有增添臆測或加油添水，忠於事實的真相與本質，這是民族人類學研究者最基本的學術態度。

　　原住民神話與傳說叢書以族群為主體分別撰述，作者把握該族群的文化特色，加以詮釋與註解，使於族外人理解。

　　原住民神話與傳說叢書的每一則神話傳說故事，作者皆作分析與說明，使故事的意義明朗易解。

　　原住民神話與傳說叢書對於同類型式的神話傳說故事會作比較之研究，使故事內涵更明白易懂。

　　原住民神話與傳說叢書，作者運用了夾敘夾議的手法，適度的提出批評與討論，有時亦會褒貶撻伐故事中的人物，體現了正直學者的學術良知。

　　原住民神話與傳說叢書，作者善於運用該族的文化以解釋該族傳說故事的內容與意義，此種以文化解釋民間口傳文學的功力，實非長期研究與觀察者所能為之。

　　原住民神話與傳說叢書，作者以該族文化為主體釋意，這樣對於口傳文學的解釋就不致偏離軌道，甚至牛頭不對馬嘴。因此作者對於該族口傳文學的詮釋，無懈可擊。

　　原住民神話與傳說叢書，作者會投入民族情誼，表示讚賞與認同，並且有積極性的建議與觀點。表明了作者身為原住民的一員的鮮明態度，表達了作者崇高的情操和深切的人文關懷。

　　原住民神話與傳說叢書，作者均投入民族感情，又不帶民族偏見與民族溢美。作者雖有原住民布農族身分背景，而最大的忌諱之一便是以民族偏見去研究本民族，而導致只視優長之處而無視於缺點的溢美問題，作者

顯然正視此問題,對於其所見之缺點,絕不護短,該指責則貶之。體現了作者作為一個學者的科學、求實的態度。

原住民神話與傳說叢書,貫寫了作者濃郁的民族憂患意識,表達了一位原住民學者對民族文化發展前途的殷切期望,對於他深厚的民族責任感,我們深受感動。

原住民神話與傳說叢書,作者建立了理論體系,台灣原住民民間口傳文學的理論構架系統從模糊臻於明確化。

原住民神話與傳說叢書,分類獨具一格,符合台灣原住民各族的歷史實際,為學術界深化對原住民歷史與文學的認識有所斐益,也為民族人類學界和歷史學界研究中國和世界各民族民間口傳文學提供了頗有典型意義的實例,豐富了中國少數民族研究的資料寶庫。

原住民神話與傳說叢書,從各書章節的標題可以看出,結構設置條理基本掌握住了原住民各族群的社會與文化的主要內容,構思是全面與周詳的。對讀者了解台灣原住民歷史發展的脈絡頗具參考價值。

原住民神話與傳說叢書,作者謀篇布局周詳,與作者對材料的熟悉程度密切相關,這又得益於作者長期研究與厚實田野調查的積累,體現一個民族學者的特殊觀注。

原住民神話與傳說叢書,表現了一個客觀的人類學者調查和研究各民族的文化,需要正確對待和慎重處理的態度,顯然作者的論述,符合了這個條件。

原住民神話與傳說叢書,作者運用了社會學、語言學、文化人類學、醫學、地質學、考古學、歷史學、地理學、科學等學科旁證,以增加說服力。這些特點在各書中都有生動的體現。作者正是依靠多學科材料的梳理辨析,從線索中解釋口傳文學,得出科學、可靠的學術結論。

原住民神話與傳說叢書,作者十分重視這些神話傳說故事中蘊藏的歷史真實與史料價值,透過分析考證某些具體的歷史問題,是民族學者習用的研究方法,作者能夠得心應手,運用自如,加以辯證之。

原住民神話與傳說叢書,作者微觀論析具體,顯然做到了駕馭和使用

各類原始材料的能力。如果作者沒有很好的文學修養，顯然是不行的。因此閱讀作者的每一部著作，文筆流暢，讀之順暢無礙。

原住民神話與傳說叢書，作者既有宏觀的整體把握，又有微觀的細部深入，宏觀與微觀兩者進行辯証統一的研究，構成了這位原住民學者的一個顯著研究特色。

原住民神話與傳說叢書，作者發揮其身為原住民布農族的優勢，為民族文化與文學的發展、繁榮作出了重要貢獻。

原住民神話與傳說叢書，作者以樸實、流暢的文字為我們描繪了一幅幅生動鮮活的畫卷，一步一步導引我們走入原住民的心靈世界，使我們深切地感受到原住民的生命意識與熱愛生命的氣息。

原住民神話與傳說叢書，作者收錄材料豐富，描述細緻、具體，但沒有給人以臃贅之感，實力難得之佳作。作者論述頗中肯綮，實力不刊之論。

總而言之，我從哲益君的著作中，獲益匪淺，我們對於哲益君這部台灣原住民神話與傳說叢書這部著述的評語：這是一部台灣布農族學者寫作的台灣原住民族民間口傳文學優秀的民族學與文學著作，作者體現了他熱愛民族的抱負。台灣原住民神話與傳說叢書是頗有學術份量與說服力的巨著，在中國民族學學科領域增添了新鮮的材料，作出了可貴的貢獻。我們也看到了台灣少數民族學術隊伍的實力，我們衷心地祝賀哲益君的學術成就。

覃聖敏 序於廣西民族研究所

作者原序

　　從日治時代至今，不知有多少中外人士在不同的時間與空間進入了台灣土著原住民族的生活領域，進行人類學研究調查訪問，搜集原住民族的口述歷史文化史料與文學材料，俾便整理出原住民的發展來源與進化的歷史過程，經過科學分析與研究，從而整理出原住民的發展史、來源、語言、藝術、文學、宗教、信仰、道德、法律、風俗、習慣等，將研究成果公諸於世，原住民神秘的的歷史文化於是日臻明朗化，這些成果皆歸功於這些默默辛勤調查研究的前輩學者們。

　　人文社會科學研究，總是在前賢的基礎上前進的，有了前人篳路藍縷的開拓荊棘，後人才有平坦寬廣的大道；有了前人種樹，後人才有陰涼的地方乘涼；有了前人深入不毛之荒涼境地開拓學術領域，才有後人綻放開花而結果。

　　前賢探索原住民的民間口傳文學，或從宏觀的角度去研究，或從細部的微觀深入，兩者都已經有了相當的成績，從而自民間口傳文學中獲得一個民族的族群發展、社會制度、經濟生活、信仰祭儀、生命禮俗、生活習尚、藝術表現、邏輯思維等等的大致輪廓。

　　後人便踩踏著前人的足跡，就前賢的成績，繼續豐富之，又據新的材料使之更為充實與完整。這一套台灣原住民神話與傳說叢書即是前賢研究成績的完滿呈現，是前賢們的集體成就。

　　台灣原住民自古以來即無書寫文字，因此口耳相傳的神話傳說故事就成了傳遞民族文化、歷史薪火相傳的唯一工具，所以研究原住民的文化歷史，研究民間口傳文學是最直接的途徑之一。

冀望本叢書能夠對於台灣原住民的文學、歷史與文化的研究有所助益，願望原住民繁衍不息，如烈日般熊熊發亮，原住民的智慧永續承傳，原住民的生活快樂健朗。

謝謝恩師政治大學中文研究所黃志民博士引領進入中國民俗學的研究領域，謝謝曾經指導過我田野調查的俄羅斯漢學家李福清 **B.Riftin** 博士。

謝謝逢甲大學歷史與文物管理研究所陳哲三教授對於拙著台灣原住民神話與傳說叢書，提出許多寶貴的意見，使本書更具價值；亦謝謝廣西民族研究所研究員覃聖敏先生的飛函推薦，使筆者備感榮幸。

台灣原住民神話與傳說叢書，得以成書，感謝內子全妙雲女士不畏風雨與辛勞陪伴著我到部落田野訪查，充擔我的私人司機，使我能夠安心從容的從事民族文化的研究工作。更感謝的是長期觀注原住民的晨星出版社陳銘民先生，以及編校筆者台灣原住民神話與傳說叢書的薛尤軍小姐。

筆者資材駑鈍，恐多疏漏與未逮之處，祈願拋磚引玉之效，尚祈海內外專家學者與讀者，不吝指導與糾正，祝福您生活美滿。

田哲益 序於山水居

作者新序

王明珂《華夏邊緣：歷史記憶與族群認同》說：「記憶是一種集體社會行為，人們從社會中得到記憶，也在社會中重拾、重組這些記憶」。

每一個民族都有其社會群體的集體記憶，藉此該記憶得以凝聚與延續，但是對於一個沒有文字的民族而言，對於過去發生的事情，因為太多了，繁不勝記，因此常常是採取選擇性的，或合理化的建構。這種心理傾向使我們無法全面性的徹底理解該民族的原始社會文化與歷史脈絡及傳承。

許多人類學家多承認一個原始民族的文化、生活、信仰、歷史、習俗、觀念、器物、服飾、技藝、哲思等，從其神話傳說故事中，就可以得知該民族的歷史與文化傳承與延續的大概輪廓，可以這麼說，神話傳說故事是一個原始民族創建文化的基礎，也是保護民族繼續繁衍生存的憑藉。

台灣原住民族各族群，無憂無慮的居住在此地數千年，所以在這塊土地擁有最早的生活經驗，累積最原始集體記憶，創造了綿延的文化至今。部落的肇建、領袖的形成、家族的建立、社會習俗之遵行、社會制度的推廣、民族意識之建構等等，都能在神話傳說故事的敘述中找到相關的證據。即使敘述的是相當久遠的故事，連結到現實的情境，已經跟具體的歷史產生連結。

從人類最初的起源傳說，該族就建立了天地宇宙觀，接著生養於天地山川之間，不論是個體微小的存在，以及聚落整體生命的維繫，以迄最後生命的終止，神話傳說故事都有完整而特殊的安頓型態。

　　這些文化內涵，在聚落成員共同傳續的口碑中獲得不斷的詮釋、增添與調整，是永不停滯一直前進的活水泉源脈絡。這些初始的共同思維，渾融著自然與人類複雜的心理，深刻的鑿刻在該族群與聚落生活的空間領域。神話傳說口碑是原始民族奇特的經歷，與跟這塊土地最綿長密切的關係與盟約。

　　然而在現實面上，神話傳說故事口碑的採錄與研究還是遠遠不足的，這使得我們架構一個族群的歷史與文化仍然有很大的限制。

　　有一回，我與台中晨星出版社的胡文青編輯討論原住民族的口傳文學議題，我提出了台灣原住民族口傳文學的採錄實在是非常少，因此到目前為止，原住民族的歷史與文化都還沒有清晰完備的建構，補足的方法就是大量的採集原住民各族的口碑文學，以作為該族歷史文化構建的輔助，相信對於原住民各族群遠古的歷史才會揭開神秘面紗，有所裨益。

　　我也順便提議原住民十族的《神話傳說大系》十部（本套書曾榮獲2003年聯合報讀書人最佳書獎），是否可以增修，出版社毫不猶豫的應允了。因此開始增修十族的神話大系新版。各族都增加了許多內容，在編次上也有所調整，相信會讓讀者或研究者讀之能有更明朗清晰的意念與理解。是為序。

田哲益　又序於南投水里山水居

2021 年 11 月 20 日

目錄

原住民神話
與傳說

導讀

「文化」一詞，可以說是生活的總稱，是一個綜合的整體，為一個民族的根與文治教化。人類社會由野蠻而至文明，其努力所得之成績，表現於各方面者，為科學、藝術、宗教、信仰、道德、法律、風俗、習慣等，以及其他作為社會一份子所獲得的任何能力與習慣，其綜合體，則謂之「文化」。

文化可看作是成套的行為系統，而文化的核心則是由一套傳統觀念，尤其是價值系統所構成，由此而形成一個民族的特殊表現。

一個民族，「文化」正是其根本命脈。一個民族如果沒有文化，便等同滅族了，相對的，一個民族要興旺，必須讓自己的文化特質，使之發揚光大。

原住民的歷史信史時代雖然只不過只有短短的四百年，但是其神話與傳說故事內涵稱得上博大精深、淵遠流長。

不過原住民與漢系文化交融以及在西洋文化的衝擊下，原住民文化的內涵，幾乎就要漸漸淡出，如何讓固有優良文化，得以保留和傳承，甚至發揚光大，確實有待吾人努力。

台灣原住民是沒有文字的民族，其文化的傳承即是僅靠口耳相傳的神話與傳說故事。原住民神話與傳說故事是先民走過的路和累積的經驗，是地方發生過的事件與歷史，曾經造成原住民生活上的重大影響。

因此，原住民的文化是可以透過整理，編成史料傳承下來，為先代保存歷史的見証，為後代點燃開創的啟示。亦可補充原住民史前時代之空白歷史。

原住民神話傳說故事是台灣文學重要的部分，原住民的口傳文學，包括神話、傳說、民間故事、笑話、諺語、民間歌謠及祭辭等等。原住民口傳文學的起源，首先是因為原住民沒有文字，文學傳述的方式都是口耳相傳，很容易被遺忘，在這樣的情況之下，原住民一定要在歷史文化的脈絡裡面建構出自己的系統。台灣的文學如果沒有原住民的文學，尤其是神話傳說之類的作為基礎的話，對台灣文學的發展是一個非常嚴重的遺憾。

今日時局，原住民文化的內容多只強調文物的展示而已，而忽略了文物內涵中的「風化」與「教化」作用。換言之，在整個文化內涵的表現上，只有實物等部分的呈現，而風化與教化的影響，卻一點都看不出來。族人的文化氣質並沒有提昇，原住民社會依然充滿了各種迷惑、失落與媚外的現象，令人擔心與憂懼。

　　台灣原住民文化從何緣起？其文化特色為何？有趣的是，台灣本島原住民族群並非由單一民族所構成，按語言、風俗、習慣、生理特質與民族性，都有其截然明顯的分界。本套叢書則是以各族群為主體，透過個別化來處理，以避免在理論架構上犯了概念籠統的忌諱。

　　神話是一個民族的夢，台灣原住民的神話傳說非常純真與無邪，是追求理想與企圖突破困境的渴求。原住民的神話與傳說故事是構成其文化的最主要依據，內涵豐富繁多，其有諸多之特色：

　　原住民的神話與傳說故事在許多不同之族群或地方上的觀念是共通的，也有許多神話與傳說故事是相同的。

　　原住民的神話與傳說故事大多小巧玲瓏，但是情節豐富複雜，長篇巨構的神話傳說故事並不多見。

　　原住民的神話與傳說故事不離於道，即「真理」與「因果」，凡事皆顧慮到「天理人情」，闡明因果真理，因此能夠產生移風易俗的風化與教化作用。

　　原住民的神話與傳說故事強調群性的勸戒與教化，絕少標榜個人與師心自用，以免陷入自我為主與不顧天理人情、不講因果，甚至違背真理之事實。

　　照現代台灣原住民的生活上面觀察，原住民同胞很開朗、健壯、誠實、擅長歌舞與運動等等，其神話傳說故事亦粗獷、原始、幽默有趣、真心誠摯。

　　原住民神話傳說故事是原住民日常生活實踐行為的準則，傳說中有許多禁忌信仰與宗教儀式故事等，皆是族人的行儀規範。原住民的禁忌信仰蘊藏著經驗智慧的思考，他們就是靠著這些傳說故事躲過一次又一次的天災人禍。古代原住民知識未開，沒有辦法以進化論和生物學的觀點告誡子孫，因此藉神話傳說故事禁忌信仰，告誡子孫不要違反自然的規則。這樣的思考，以今天生態學的發展過程來看，是非常進步的一種生態思考。

　　原住民的神話傳說故事蘊藏著很獨特的思維模式，其中蘊含了一種對上天的尊敬。人只是生命網路中的一部分，不是生命界的全部，只有和自然界保持和諧，才能夠找到救贖。

　　原住民神話傳說故事多具勸戒性，這顯然就是希望藉諸一些人為的創作來從事改變部落社會的塑造功夫，當然，成效如何，關鍵就在於人為的力量怎樣去強力實施與實踐。

原住民神話傳說故事裡祖先的教訓，是無時無刻存在的，以強化口傳的權威性與實踐面。族人的行為習俗有了既定的規範，和可循的方針，就不致發生驚世駭俗逆倫之事。

原住民神話傳說故事可以說是原住民各族群整個歷史動力的來源，原住民各族群皆有豐富的族群創世說、來源說及發展說等神話與傳說故事。

原住民神話傳說故事是一種集體性的創作力量，並且進而成就一個族群作為主體所具的「個體性」。原住民各族群難免有許多相似或重疊的神話與傳說故事，但是其所具的意涵卻是不盡相同，有其個別特殊的意義。

原住民神話傳說故事有其個別的、具體的獨特性。三百多年前，西班牙及荷蘭時代便使用懷柔愚惑政策，企圖以宗教教義歸化原住民，明鄭及有清時代雖略有經營，但成效不彰。日治時代之隔離與奴化政策，使「順良日本臣民」的「皇民化」陽謀也付諸東流，原住民文化千百年的傳統獨特性，卻沒有消失或變質，僅是在生活起居上微波蕩漾，稍有變異而已，這就是靠著神話傳說故事繼續著其文化的延續。

原住民神話傳說故事具有外塑的力量，潛移默化，讓部落族人一體遵行，並且有因果與神罰的意識。

原住民神話傳說故事具有「人文化成」的人格論，著重個人的修養、努力與成就，例如織布、狩獵、道德修養、英勇禦敵等的成績，皆為族人所敬重。

原住民神話傳說故事，男子狩獵於林野間等於是他們生命與自信的泉源，狩獵文化對原住民而言，扮演了生命禮俗及社會組織化的實質過程。透過生態教育認清自己的渺小，而更謙卑仁厚地跟萬物相處，尊重每一物種的生存權，適度地運用而不巧取豪奪。

原住民神話傳說故事，歌謠與舞蹈是原住民族長久以來情感與肢體協調及精神氣度活化的結晶。原住民的歌舞與神話傳說文化的脈絡有著緊密關係，他們唱歌不僅僅只是要表現個人的情感，很多的部分其實是集體向天神去表達虔誠的心聲。

原住民神話傳說故事，自古以來即重視男女兩性教育，實施軍事教育、宗教教育、禁忌教育、倫理教育、工藝與技藝教育、生活教育、狩獵漁撈與

農耕教育等等。不容否認的，原住民神話傳說故事中的宗教教育與禁忌教育，影響原住民最深刻也最重大。

原住民神話傳說故事，祖靈崇拜（祭祖）涵蓋著原住民的人生觀、價值觀與社會觀和邏輯觀。

原住民神話傳說故事如日常生活所用的服飾、裝飾與器用等等具物質性介體之背後，都有其象徵意涵。可惜原住民豐富的文物，在缺乏認識、鑑賞及運用下，失去文化推廣、教育與利用功能，殊為遺憾，畢竟人類諸多偉大的藝術與發明，都是啟發自這些智慧文物。

原住民神話傳說故事具有道德與倫理的涵育與實踐，例如：親情的倫理與道德、民族的倫理與道德、父子的倫理與道德、母子的倫理與道德、兄妹的倫理與道德等等。

原住民神話傳說故事具有生命境界的培育，大凡一個人自出生開始即必須透過各種生命儀式進階人生的生老病死，死後還有「善界」、「祖靈之境」、「鬼界」、「鬼靈之界」等概念。

原住民神話傳說故事對於整體人類具有反省、有批判、有想像、有創意、且有特色的反應。

原住民神話傳說故事對於勤儉善良者予以褒獎，暴戾者予以懲罰，甚至使之消聲匿跡，隔離人寰。

原住民神話傳說故事的本質是具集體性的，所以其內容則必然是跨世代的，即從上一代傳給下一代，而且，可以連續好幾代一直流傳下去。

原住民神話傳說故事可知古代原住民是過著群體生活的社會，服從、互助、協調性極高，是樂天知命的民族。

原住民神話傳說故事具有用集體的力量來成就整體，基本上是運用透過種種具體性的社會制裁來推動，最後付之實踐，使它具形化。展現這樣具形化的現象，最具體而微的就是表現在生活方式上面。

原住民神話傳說故事具有企圖透過神話政治的手段來捍衛土地與經濟利益，推動部落政治體制的基本歷史形式。

某些原住民神話傳說故事具有創造階級屬性的特殊形式，例如排灣族、魯凱族之貴族與平民制度。卻帶動了整個部落的活潑氣息與發展，舉凡雕刻

藝術、建築藝術等蓬勃展開。

　　從原住民神話傳說故事中可以看出，原住民生活中不變的核心價值觀念是土地、植物、動物和同族群的和諧，原住民的小孩從小時候起就被教育要在土地、植物、動物和同族群族人之間保持和諧。

　　台灣原住民的經濟在歷史發展的過程中，絕對不會離開它的基本生產要素土地，亦即在台灣這塊土地上種植農作物、畜養牲畜、涵養森林和撒網捕魚。因此原住民各族群都有大量有關土地、農耕、作物、狩獵、動物、植物等等的傳說故事。

　　原住民各族群由於居住的地區與地域不同，就產生不同的文化，這些都很明顯的反映在神話傳說中的慶典、宗教、建築、藝術、物產、語言、風習以及歷史傳統上。

　　從原住民神話傳說故事中可以看出，原住民各族群是互助、分享的社會生活方式，是將有限的自然資源做最有效的分配和分享。

　　從原住民神話傳說故事中可以看出，原住民各族群尊重大自然，學習與大自然、土地，共榮、共存，這是現今全球對人類反省的共識和人權主張的原則。自然界擁有繁複多樣的生態資源，人類的生命來自大地，原住民對於所賴以安身立命的大自然恆常存有一顆感恩、孺慕與敬畏的心。原住民神話傳說故事之創作孕育思考者，都蘊含著自然生態思考。

　　從原住民神話傳說故事中可以看出，古代原住民對於大自然的各種災禍例如：洪水、地震、海嘯、颱風、瘟疫等等，有著危機處理的意識和應變的能力。

　　台灣原住民分布的範圍很廣，因為區域性的不同，因此文化的表現也不盡相同，本叢書對於不同的原住民族群，考慮其獨特性與個別性，予以分別詮釋，亦即將原住民十個族群分別立說，以使各族群的文化有一個完整的輪廓形象與整體的觀念思維。

　　自古以來，台灣原住民社會一直持續的變化，不同時期的原住民社會環境和社會關係不斷的改變。原住民納入複雜社會後，社會形式改變，而其原來社會與文化的基礎已然處於消失和脫離的狀態。由於進入當代社會之後，原住民在社會體系層面受到外在社會的影響，文化的象徵面相便顯得特別重

要。本叢書纂述台灣原住民十族神話與傳說故事，即是冀望原住民傳統文化表徵之重現，而原住民獨特的傳統神話、傳說、故事，實為建構原住民文化與生活的依據之一。

明末延平王鄭成功東征，驅逐荷蘭人，重兵屯墾，台灣始正式編入中國閩粵文化的版圖。自清朝閩粵移民之入台至日人的強奪，台灣可說歷盡滄桑，而原住民也就在近代由原始生活的狀態，一下子在短短的時間裡捲入文明社會的洪流裡。無疑的，生長在此時代的原住民同胞們，生活形態正面臨著另一種空前急遽的變遷。

際此同時，原住民文化必須面對新的挑戰，最主要的是在現代化急流中原住民文化將何去何從？又將以甚麼姿態繼續繁衍下去？這是吾人所最關心的問題，本叢書是將原住民最精華的神話傳說故事文化整理出有系統的一系列套書，對於原住民文化、文學、神話、傳說、故事、生活、宗教、政治、祭儀等等的研究，或可造成影響與貢獻。

在今日社會一般評價原住民則給予低劣的印象，譬如嗜酒、不善儲蓄、自卑，過著沒有前瞻性的生活，這種蓋棺論定的評論，在遽變的原住民社會步伐過程中，實在令人不敢苟同，將過渡時期之特例視為原住民文化千百年來之傳統代表，不但失之以偏概全，而且論斷之幼稚令人可笑。過去的原住民在未受到現代大文化的衝擊時，絕不是過著嗜酒、不善儲蓄、自卑的生活，反而是過著自信與積極的生活態度。論者不但沒有給予關心與伸出友誼的同情，企圖解決原住民當前的困境，尋求原住民的出路與前途，甚至可以說是污衊了原住民的先人。

一個國家，不論是由一個或多個種族所形成，一旦成為一個國家，便應存異求同，形成多元一體的文化。

台灣原住民文化亦是台灣文化重要的資產，如何整頓、提倡、維護、澆灌，實為當務之急，而不是淪為口號。

以關愛國家提倡文化，這才是「智者」的行為，今日，國人多有自卑而崇洋的現象而忽略了自己本身的文化之美，更忽略了少數族群或民族的優美文化。

社會的發展乃一整體性的演進，雖然原住民社會的一些舊秩序，則將不

可避免要面對絕望的、悲劇的、無能為力的、逐漸被消化殆盡的下場。為了防範淪為滅族的命運，揆諸各民族都不免帶有自尊的成分與優越的色彩，尤其原住民族更應拿出自信心，相信自己的歷史文化，堅守優良的傳統，並自信有能力解決所遭遇的任何荊棘與困頓。

用心關懷原住民，舉凡文物的維護與保存、民俗的提倡與發揚，具體地在各鄉鎮設立原住民文物館、各縣市設立原住民文化中心或研究開發中心等等，原住民文化的再生與再造開拓才有可能。本叢書本著歷史性的契機與文化深耕的舞台，務使原住民文化重整旗鼓與發揚光大。

本叢書在原住民優美文化涵育下建立原住民神話與傳說口傳文學完整體系，冀望原住民文化薪火不絕。

由於台灣地區的原住民沒有自己的文字、文化背景特殊、生活環境資源貧乏，導致原住民社會逐漸解體，文化瀕臨消失，本叢書的撰述，對於原住民的文化教育，希望產生啟迪的影響作用。

過去對於原住民的探討，非常缺乏從原住民的神話與傳說的民間口傳文學觀點去了解原住民的文化，台灣原住民各族嚴格說是一個尚未創作文字的民族，因此其所賴以生存的文化空間即存於神話與傳說中和由此空間所形成之民族個性與表現。本叢書即是企圖將原住民的深層文化展現出來，除了從外在社會去檢討外，更從原住民內部的文化去著手詮釋。如此則原住民社會的親族制度、部落制度、經濟制度、宗教制度、社會制度、傳統風俗、思想邏輯等等，都將提供很好的思考切入點。

原住民文學不僅在內容上可以豐富台灣文學，在語言的譯解運用上，亦能使漢系族群文學的構辭及修辭意涵，得到更多的創造空間。

台灣是多元文化的社會，多元文化所賦予的符號意義是什麼呢？基本上就是「差異」，因此創造多元文化的意義，就是創造具有美感的「差異」。

多元文化之原則是基於尊重各原住民族傳統風俗、信仰與文化差異，使各民族與各族群保有各自獨特的生活方式與文化，並在一個相互依存、尊重、平等及包容的關係上共同互賴生活。

當前台灣原住民面對的真正困境可能還不是發展的問題，而是民族生存的問題，只有落實多元文化價值，原住民本身自立自強，才能建立雙贏互利。

尊重原住民族傳統對文化孕育之土地、場所，應該予以保存，並培養國民尊重、鑑賞不同民族文化之態度與觀念。

尊重原住民的歷史、語言，促進多元民族文化。肯定原住民族維護與發展自己民族的社會、文化、財產、政治，及價值觀的自主權利。只有尊重原住民文化，才能對台灣的文化內涵做出頁獻。

為了原住民的生存與延續，不管在政治、經濟、教育、文化與語言方面的扶持，都應以國家的力量特別予以保護。

確認原住民族是台灣歷史的起點，台灣任何有關的主張與宣示，必須從這個本質與演變的脈絡概念開始，進行台灣歷史詮釋的認識和基礎研究，整體政策規劃的權利重組才有真正的族群正義。

協助編輯原住民各族的鄉土文化教材，以促進原住民文化保存與傳承。整合資源，促使原住民部落歷史重建、文化藝術及語言復振，有系統發揚原住民族的文化。

政府應依原住民族意願與尊重、平等、多元而發揮社會正義精神，絕對保障原住民族教育文化權，充分發展原住民教育，並保有其持色及文化傳統，建立多元發展的教育制度。

國民教育應納入多民族文化之差異，相互尊重等概念。在現行教育體制下，儘速增設原住民文化教育機構，以推廣與保存文化機制，有效傳承與發揚原住民優良傳統文化，培育原住民多方面的人才。事實上，原住民族教育政策不僅在於民族文化的「挽救」，更在於促進民族文化的再生。

文化的重要性，在於它是各種制度的生命內涵，在於它是一個民族和社會精神之所依托，所以世界上任何一個文化如果不能夠建立自主性，則其不能自我向上昇華。

台灣由於特殊的歷史環境與歷史的經驗，台灣文化最早的根源是南島語系的原住民文化以及閩粵文化，讓台灣的文化景象非常的多元，充滿生命力、創造力與充滿多元性。

台灣的文化如同一道絢爛的彩虹，原住民文化也是其中亮麗的一種色彩，如果少了這樣的色彩，彩虹就不再美麗與燦爛。

由於現代文明的引入，使原住民文化在久經壓制與衝擊之後，有逐漸流

失和衰頹的趨勢。但是學術界和民間團體的長期關懷和努力，使原住民文化仍能達到相當程度的保存。然而這種保存僅是一種靜態的文物展示和學術研究資料，仍缺乏一種動態性生機和前瞻性的開展。如果原住民教育的目標僅著重於「維護」文化，顯示它仍是一種靜態的、被動的、非生機性的目標，欠缺積極發展的功能。當前原住民族群的當務之急，不僅是如何透過教育制度來維護、傳遞、擴散文化，更需要透過教育而融合外來文化，創造文化，開展文化的生機。當然守住自己的文化也是要靠自己自我意識的覺醒與努力。

我們期盼生活在台灣的原住民各族群的人民，能夠正視自己優良的傳統文化，重構自己的根，大聲的唱著自己的歌，乃至於宗教儀式、藝術活動、傳統手工藝、道德價值觀、宇宙觀等等都能復振起來，以原住民文學藝術與生活樣態，特別是以神話傳說與宗教為素材的音樂、舞蹈、文藝、影藝等創作，也如雨後春筍般的出現。

本書《阿美族神話與傳說》新版，從阿美族創世神話與遷徙口傳開始，漸次談及遠古洪水時代再創生的故事。傳說阿美族是從海外遷來台灣的，定居在台灣東部花蓮、台東一帶，是目前台灣原住民族人口數最多的一族。

阿美族的先祖也曾經歷過許多災變，因此古代宗教祭祀與禁忌信仰也特別發達，在本書都有相關的故事與傳說。古代原始社會沒有現代進步的醫療保健，因此巫祝盛行，女巫也是阿美族的文化特色。

鬼魂妖怪是世界上許多民族都有的母題，阿美族更有神與鬼的情感世界。阿美族的感情很豐富，筆者將其分類成〈阿美族神與鬼的情感世界口傳文學〉、〈阿美族親情的情感世界口傳文學〉、〈阿美族神怒與神罰口傳文學〉、〈阿美族人與動物情口傳文學〉、〈阿美族性愛與貪婪的情欲口傳文學〉、〈阿美族偏私的愛與憨愚的情口傳文學〉等篇分別論述之。

阿美族有「女人部落」（女人村、女人社）的故事，也是很突出的，曾經有祖先遊歷過台灣島外的「女人部落」。

關於阿美族古代的生活，諸如農耕、狩獵、漁撈與採集等經濟生產，精神寄託的宗教信仰及全體族人皆要遵循的禁忌信仰，皆臚列於本書中。有關婚姻、懷孕、生育、喪葬等生命禮儀，亦詳盡蒐羅於本書中。飲食、器物、動物、植物、變異等都有充分的資源故事，可以說是認識與理解阿美族文化的入門讀本。

阿美族創世神話
口傳文學

第一章

阿美族分布於花蓮北部奇萊山平原至台東、屏東、恆春一帶狹長之海岸線平地及較低之山陵地區。因分布較廣，各地區語言、習俗亦有差異。學術界依其居住地理環境將阿美族分為五個群：「南勢阿美群」：指居住在花蓮鳳林、新社以北之阿美族。「海岸阿美群」：係居住在海岸山脈外側新社以南至台東成功鎮新港間之阿美族。「秀姑巒阿美群」：為居住在台東縱谷內花蓮縣鳳林鎮至富里鄉公埔間之阿美族。「卑南阿美群」：居住在公埔、新港以南。「恆春阿美群」：是卑南阿美群的一部分。阿美族之始祖在本族中也有不同的傳說，傳說紛雜多元：例如神造人說、石生說、樹生說、果實生說、植物生說、神降世生人說、再創生說等。

一、阿美族神造人說

（一）男神以土造人

杜而未〈阿美族神話研究〉，《大陸雜誌》（1958年6月）載：（註一）

billugalau 神是男子、不老、不死，也不吃飯，祂有妻子和女兒及弟弟，在祂的部下有二神，一名叫 kakomodang-tsidal 幫助管理人類，另一名叫 matiti，祂用土創造了阿美族的第一個女人 alaliwihi，此外 billugalau 還創造了男人，靈魂，而且巫術也從其身上而來的。……

billugalau 神創造了男人，其部下 matiti 則用土創造了阿美族的第一個女人 alaliwihi。billugalau 神也創造了男人，世界上於是有了男人和女人，故此也能傳宗接代了。據傳阿美族的巫術也是從 billugalau 神那裡學來的。

（二）女神造人

太古女神 longe 創造了 potsok 和 raya 的一對男女，他們兩位降生在紅頭嶼，後來渡海至火燒島，在那裡育兒生女，他們共有八個孩子，後來又添了兩個孫子。

宮本延人著《台灣的原住民族》，魏桂邦譯，一書記載：（註二）

太古，女神 longe 創造了一對男女，他們兩位降生到紅頭嶼，後來又渡海至火燒島。在那裡育兒生女。女神 longe 創造

了 potsok 和 raya 的一對男女，這一對男女降生在紅頭嶼（蘭嶼島），後來渡海至火燒島（綠島），在那裡育兒生女，生下八個孩子，後來又添了兩個孫子。

從本則故事可得知，阿美族的祖先是起源於紅頭嶼（蘭嶼島）和火燒島（綠島），後來才輾轉到了花東地區直至今日。

二、阿美族石生說

阿美族的創生傳說也有「石生」說，移川子之藏等人所著的《台灣高砂族系統所屬の研究》曾提及：（註三）

pangtsah 的祖先和卑南族的祖先，共同由 arapanai 的石頭生出。

該書又載：（註四）

昔日 tsirangasan 有一老人及其孫兄妹二人，洪水起後，乘kalolangan 來到 arapanai。兄妹結婚，最初生蟹，其次生石頭，石頭生人，此人的子孫成為 pangtsah 族或 panapanayan 族。

本故事敘述一老人及其孫（兄妹二人），有一回洪水氾濫大地，他們乘坐 kalolangan 來到 arapanai。因兄妹結婚，最初生蟹，其次生石頭，石頭又生人，老人的子孫成為 pangtsah 族（阿美族）或 panapanayan 族（卑南族）。本則傳說認為阿美族與卑南族是同一先祖。按「石生」人類起源說是世界上許多民族的母題。

《蕃族調查報告書》阿眉族海岸群（1915 年），佐山融吉著，黃文新譯：（註五）

太古時代蘭嶼島上有一大岩石，不知何時裂開從中出現人類，其中有成為原住民，也有成為台灣平地人和日本人的。但只有原住民的祖先永久住在該島上。……

從本傳說來看，認為人類起源於蘭嶼島上的大岩石裂縫中，但是，只有原住民的祖先永久住在該島上。目前蘭嶼島上居住的原住民是達悟族，傳說中阿美族的先祖也曾經居住過蘭嶼，排灣族也有類似的傳說。

李卉〈台灣及東南亞的同胞配偶型洪水傳說〉，《中國民族學報》
（1955年）：（註六）

　　太古時，祖父與其孫子、孫女居住於 tsiranasan 山上的時
候，山中噴火，山石崩裂，海水沖來，他們乘坐 ka-lolan-an 到
太麻里猴仔蘭；後來祖父死後化為石，兄妹二人在 arapanai 結
為夫婦，最初生下螃蟹，次又生石，該石裂開始生阿美族及卑
南族的祖先，但卑南社的祖先是兄妹在 arapanai 所立的竹子所
生的。

祖父與其孫子女三人居住於 tsiranasan 山上，火山爆發，海水襲來，
他們乘坐 ka-lolan-an 逃難到台東太麻里猴仔蘭。祖父死後，兄妹成婚，
最初生下螃蟹，次又生石，該石裂開，始生阿美族及卑南族的祖先，也
就是說這兩族都是石生的。但故事又說卑南社的祖先是兄妹在 arapanai
所立的竹子所生的，亦即卑南社是竹生說。

本傳說故事是阿美族人類再創生後的生殖情形，「最初生下螃蟹，
次又生石，該石裂開始生阿美族及卑南族的祖先」。

另，李卉〈台灣及東南亞的同胞配偶型洪水傳說〉，《中國民族學
報》（1955年）：（註七）

　　太古時代，祖先居住於花蓮港附近的山邊。不久天地變
色，一股熱流從地下噴出，淹沒了整個地表，所有的生物，幾
乎完全絕滅，只有一姊及其弟、妹乘臼往南岸逃去，他們在
lalaulang 上岸，向西和南尋求一立命之所。在爬 k'aburngan 山
時姊已覺萬分疲累便在山腰休息，弟、妹爬上山後始終未等到
姊姊，下山一探究竟，發現其姊已變為石頭，二人悲傷不已。
於是又回到 lalaulang 尋找昔日所乘之方臼，但其臼已腐爛，二
人只好繼續四處流浪，躲避熱洪。後來兄妹二人不想再飄浮不
定，便在溫泉處定居，因世上已無他人，為了繁續人類，便問
太陽二人能否結婚，太陽告訴他們可以，二人遂成夫婦。不久
妹妹即懷孕，兩人滿心歡喜的等待孩子降臨，並準備了許多漂

亮的衣服，但卻生下個怪物，他們很懊惱，便把衣服和子均拋於水中，其一橫流於水中，另一則順水而去，據說這就是今日魚蟹的始祖。在事後的第二天，月亮即教導他們：「因你們是兄妹本不應結合，所以應把席子挖個洞放在你們的中間，這樣才會生育。」他們如是做了，卻生下了一塊白石，兩人甚感生氣，但月亮要他們好好保存，就會達到他們目的。有一天兄妹在 arapanai 發現有一大塊平地，長著茂密的青草，便在插起了一根木杖定居下來，後來這根木杖就變成了一枝大竹。不久哥哥就死，只剩下妹妹，她便抱著那塊白石以解除她的寂寞。而月亮就同情地說：「這種寂寞只是暫時，不久之後你就可得到安慰了。」五天之後，那白石突然變大，從中生出了四個孩子，二個是銑足的，另外二個是穿鞋子的。妹妹收養了那二個銑足的兄妹，十分寵愛他們；他們長大後結為夫婦，從此人口得以繁殖，據說那二個穿鞋子的孩子就是平地人的祖先。

　　古早，阿美族的祖先居住於花蓮港附近的山邊。洪水熱流從地底噴出，淹沒了大地。一姊及其弟、妹乘臼往南岸逃到 lalaulang 上岸，在爬 k'aburngan 山時，弟、妹爬卜山後始終未等到姊姊，回頭尋找，發現姊已變為石頭。弟妹二人便在溫泉處定居。為了繁衍人類，便問太陽二人能否成婚，獲得太陽應許。不久妹妹成孕，他們準備了漂亮的衣服，卻生下怪物，便把衣服和子均拋向水中，據云此即今日魚蟹的始祖。第二天，月亮即教導他們生育之法，他們遵從，卻生下了一塊白石。哥哥死了，妹妹便抱著那塊白石以解除她的寂寞。五天之後，那白石突然變大，從中生出了四個孩子，二個是銑足（赤腳）的，另外二個是穿鞋子的。妹妹收養了那二個銑足的兄妹，他們長大後結為夫婦，從此人口得以繁殖，據說那二個穿鞋子的孩子就是平地人（漢人）的祖先。

三、阿美族樹生說

　　阿美族的創生故事也有「樹生」說，移川子之藏等人所著之《台灣

高砂族系統所屬の研究》恆春阿美之創世起源傳說：（註八）

> arapanai 有一棵大樹，雷降大樹上，大樹裂開生出二女一
> 男，為 pangtsah 族的祖先。

簡榮聰〈台灣原住民的樹神崇拜——阿美族篇〉恆春阿美樹生始祖
的故事：（註九）

> 太古之時，在 arapanai 有一棵大樹，一天，雷降大樹上，
> 大樹裂開生出一女，為 pangtsah 族的祖先。

本則傳說故事與上則故事相同，惟上則大樹裂開生出二女一男，本
故事的大樹則生出一女。

四、阿美族果實生人說

在海岸阿美的神話傳說中，也流傳著果實生人的故事：（註十）

> 太古之時，有二神由天降下。後來，又攜手昇天，半途中
> 女神墜落，同時有植物果實落下，裂開裡面出現一人，就是今
> 日阿美族的祖先。

古時，有男女二神由天降下又攜手昇天，半途中女神墜落，同時有
植物果實落下，果實裂開裡面出現一人，就是今日阿美族的祖先。本故
事沒有說是什麼果實，也沒有說果實生出的人是男人、還是女人。

五、阿美族植物生人說

《蕃族調查報告書》阿眉族海岸群（1915 年），佐山融吉著，黃文新
譯：（註十一）

> 太古時代有稱為 buton、kumi 二神，一度從天降落，又欲
> 再昇天，兩神攜手一同昇天，在途中女神 kumi 不慎墜下。當
> 時叫做 puwa 植物亦墜落而破裂，從中有一人走出來，即為現
> 在族人的祖先。

buton、kumi 男女二神從天降落又欲再昇天時，在途中女神 kumi 不
慎墜下。當時叫做 puwa 植物亦墜落而破裂，從中有一人走出來，即為

現在阿美族人的祖先。本則故事與上則傳說相似，都是男女二神由天降下又昇天，於昇天半途中女神墜落，同時也有植物落下而破裂，從中走出一人，即為阿美族的祖先。

▲ 阿美族人有很豐富的神話傳說故事／田哲益提供

六、阿美族神降世生人說

《原語による台灣高砂族傳說集》（1935年），小川尚義、淺井惠倫著，余萬居譯：（註十二）

> 古時，曾有 kakumolan sapatolok 和 valaihay（兩位男女神）遵奉父神和母神之命，降臨至地上界，並賜給他們豬、鹿、鳶、鳥……等動物。他們在地上界住的第三年，有二個惡神經過他們家，欲向他們要幾隻動物，但 kakumolan 和 valaihay 皆不肯，因為那惡神是未經天神同意而擅來地上界的。結果，惡神就去找海鰻母殺了他們，於是，海鰻母製造大水沖走他們家，kakumolan 及 valaihay 皆逃至天上去，而他們的孩子 stra 和 nakau 來不及逃，就留在地上界。……

本則傳說故事 kakumolan sapatolok 和 valaihay 兩位天降的男女神生下的孩子 stra 和 nakau 就是阿美族的原始始祖。始祖神則是 kakumolan sapatolok 和 valaihay。始祖神是因為惡神請託海鰻母殺掉他們，造成洪水來襲，於是逃回了天界，來不及逃走的孩子 stra 和 nakau 就留在地上界，成為阿美族的原始始祖。

《蕃族一班》（1916年），警察本署著，黃文新譯：（註十三）

> 上古稱 sabato loku 男子和 bauaihabu 女子，從天用黃金造的梯子下降至 tabira 溪上游的 taurayan 山上，後生二子，兄為 gura，妹為 nakau。

本則傳說故事天神 sabato loku（男神）和 bauaihabu（女神）降世，生二子，兄為 gura，妹為 nakau，即為阿美族的原始始祖。始祖神則是

sabato loku（男神）和 bauaihabu（女神）。

林道生〈阿美族的口碑與傳說故事〉:（註十四）

> 太古時，有一對男女神降至人間，彼此情投意合，……遂生育眾多子孫。

本故事謂男女二神降臨凡間，生育了眾多子孫，這個男女二神就是阿美族人的始祖神。

鈴木作太郎《台灣蕃族の研究》載海岸阿美之創世起源傳說:（註十五）

> 太古之時，東海有一島，名 boruto。一日，abokurayan 神降臨其地，隔一河有女神 tariburayan 居其處。二神結婚，予孫繁殖。……

本傳說故事東海有一島名 boruto。始祖神 abokurayan（男神）、tariburayan（女神）都居處該島，後來二神結婚，子孫繁衍。

林道生〈阿美族的口碑與傳說故事〉載阿美族海岸部落的創世神話:（註十六）

> 太古時候在本島的東海住著一位叫阿波枯拉樣的神，有一天降臨到孤島波特蘭。這裡的一條小河流也住著一位由天降下來的女神鞳莉布拉樣，二神鬧來話也投機，心也相印，遂同居了下來。有一天，阿波枯拉樣偶地拉動藤枝，卻因藤枝已枯乾，拉了幾下竟因摩擦而燃燒起來，這就是天地間有火的開始。二神便以火烤甘藷，當他們蹲踞火旁時，無意中注意到在男神下腹的地方有一長長凸出的東西，他們覺得奇怪，再看看女神的下腹卻是凹進去的，正在不可思議時，飛來了兩隻赫瓦庫，使勁地搖著尾巴，二神一看才領悟到原來如此，而知道了男女媾合之道。後來他們之間生下了許多子孫，孤島波特蘭眾多的人口造成了生活上的許多不方便。有一天，阿波枯拉樣走在山中，看到根大木，便想以大木為獨木舟渡海去看看。他把大木推到海邊，邀女神鞳莉布拉樣，子神帖波斯拉樣，女子神芭莎

▲ 阿美族的傳統主食小米／田哲益提供

烏拉樣同行而出海。獨木舟往西前進，在一個叫卡瓦桑的地方登陸，一看竟是個荒地而且又被其他神占據，因此又往更北地方推進，到達了塔拉洛馬（今花蓮港附近）登陸，這裡也不怎麼理想，不得已再往前進而到達了塔基利斯（今宜蘭南方），登陸後覺得還不錯而決定居住下來，當即種植所帶來的甘薯（地瓜）。這裡還長了許多野生的巴奈（米）及哈拜（粟米）。他們摘了它的穗啃了一下，其味甘美，便以竹子及木頭做成鋤頭，耕耘種巴奈及哈拜。年年豐收，而有了今天的米及小米。來到此地的諸神，子孫次年繁殖，後來便擴散居住到台灣東部的海岸一帶。

本傳說故事敘述阿波枯拉樣（男神）與轄莉布拉樣（女神）住在本島的東海孤島波特蘭。繁衍許多子孫，因人口壓力，後來便擴散居住到台灣東部的海岸一帶。

本則故事也敘述阿美族人來自海外孤島波特蘭，也兼述了人類發現「火」的歷程及男女媾和之道。後來因繁衍許多子孫，孤島波特蘭已不符生活條件，遂造舟尋找新天地，他們來到了台灣東海岸。

莊天池《鯤島三字經》載：（註十七）

　　相傳該族之祖先係大神亞伯曲拉央與女神塔琍伯拉央在東方海上的伯羅特島結為夫妻，生出了子孫乘船來到搭拉魯馬（該族人指為今日的花蓮）及搭吉利斯（該族人指為今日之宜蘭）地方繁衍而成該族。

本則傳說故事謂始祖神是亞伯曲拉央（男神）與塔琍伯拉央（女神）。祖先原居於台灣島東方海上之伯羅特島，他們乘船到達了台灣東部花蓮及宜蘭，繼續繁衍子孫。

《生蕃傳說集》（1923 年），佐山融吉、大西吉壽著；余萬居譯：（註

十八）

> 古時，一男神降臨台灣本島東海，一個小島上，一女神降
> 臨在其小溪對岸上，二神互生好感，遂同居。……

本傳說故事謂男女二神降世台灣本島東海的一個小島上，分別在不
同地點降臨，兩位男女神「互生好感，遂同居」。後來繁衍子孫。

七、阿美族再創生說

所謂「再創生」，就是地球上已經有了人類生存，因為某種因素如
人類發生瘟疫或重大災難而滅絕，但是所幸還有倖存的男女一二人存
活，就由這二人負責傳宗接代的重責大任。

在台灣原住民的傳說故事中，哪怕他們是禁忌的兄妹或母子或父
女，為了人類的承繼於不墜，都在所不惜結為夫妻，其情也是偉大而值
得稱頌的。

《蕃族調查報告書》阿眉族海岸群（1915 年），佐山融吉著，黃文新
譯：（註十九）

> 洪水後由地中噴出熱泉，全社幾乎瀕臨絕滅，當時有兩兄
> 妹正在搗粟，看到來勢洶洶的水，跳入臼中任水漂流，終於漂
> 到一高山。約一星期之後水勢減退，乃下山向南，一直到花蓮
> 之河岸而無法渡過。而石岩上步行困難，於是便取道西南面到
> 了 nalumaan。在此兄妹結為夫婦，……繁衍眾多的子孫……。

本傳說故事人類遭逢前所未有的洪水大災難，一對兄妹跳入臼中任
水漂流，終於漂到一高山。倖存的兄妹忍辱負重，結為夫妻，讓人類又
能夠承繼不墜。

> 傳說太古時代，不知道從什麼地方滾起了大洪水，洪水氾
> 濫淹沒了整個大地，所有的人類都死了。有一位名字叫作「督
> 季」的女孩子，帶著她的弟弟叫作「拉拉幹」，跳上一個方形
> 的木臼裡逃生，隨波逐流在水上漂了很久，後來漂到「奇拉雅
> 善」，即今之豐濱的里牙津山登陸。兩姊弟為了延續人類，所

以結為夫妻,繁衍了許多子孫,就是今天的阿美族。

洪水神話是世界性的人類起源的創世神話,內容通常是說,經過一次大洪水之後,萬物絕滅,只剩下一對兄妹或姊弟,經過神的指示或占卜而結婚,然後繁殖人類。

台灣各原住民族流傳著種種不同的洪水神話,阿美族的洪水神話,就是這類兄妹或姊弟結婚的類型。

本則故事劫後餘生的姊弟,姐姐「督季」帶著弟弟「拉拉幹」,跳上一個方形的木臼裡逃生,隨波逐流在水上漂了很久,後來漂到「奇拉雅善」,即今之豐濱的里牙津山登陸,從此在「奇拉雅善」定居並結為夫婦,傳衍後代。後來子孫慢慢繁衍起來,開始分支遷移出去。本則故事沒有說在哪裡遭遇洪水氾濫,最後漂流到了台灣的東部花蓮豐濱地區海岸。

阿美族的始祖傳說多為同胞型兄妹婚的故事,另一則馬太鞍社的始祖傳說如下:(註二十)

從前有兄妹二人,和他們的家人一齊住在舞鶴(karara,或稱 aulikitan)的地方。哥哥的名字叫 pilukalau,妹妹的名字叫 marokirok。一天海水突然來了,家人全被沖走,他們兄妹二人為了躲避海水而坐在一隻打穀用的方木臼 dodang 內,任海水沖流,結果流到 tsatsula?an 的地方而居住下來。後來兄妹各長大成人,基於生理的需要,兄向妹求歡。妹妹在半推半就下任哥哥擺布。哥哥把一張獸皮遮住妹妹的上半身與臉而成好事。自此以後,儼若夫婦。共生子女十二人,六男六女,各自互相婚配,情形如下:

(一)susai-tsungut(女)

(二)majau-kalawan(男),是馬太鞍的始祖,在 tastas 地方出生的。

(三)ude(男)。

(四)ivo(女),是布農族 iwatan 的始祖,在 apot 地方出生的。

(五)taimo-vaovawan(男)。

（六）save（女），是泰雅族木瓜群 tsungau 的始祖。

（七）taimo-apolod（男）。

（八）ipai（女），是泰雅族太魯閣群 talukau 的始祖。

（九）angai（女）。

（十）komod（男），是南勢阿美七腳川 tsikasowan 社的始祖。

（十一）dau（女）。

（十二）pojar（男），是南勢阿美里漏 didau 社的始祖。

後來又幾經遷移，才到馬太鞍定居下來。當 pilukalau 和 marokirok 兄妹二人等方木臼逃命之時，途中 tsihtsih（女）和 patorau（男）兄妹也乘著房屋的壁板 tsavong，也在逃命，漂流到 amanalai（或稱 taporo）定居下來。兄妹成婚也有子孫繁衍下來。阿美族人稱方木臼系統的子孫為 pakadodangai；而稱壁板系統的子孫為 pakatsavongai。這兩個系統的人都與馬太鞍人有關。

阿美族人住在舞鶴（karara，或稱 aulikitan）的地方。因為洪水淹沒大地，有兩對兄妹逃難成活，而後各自成婚，繁衍後代。從本則故事可知馬太鞍人的始祖有兩個系統，即方木臼系統 pakadodangai（乘方木臼逃命）與壁板系統 pakatsavongai（乘著房屋的壁板逃難）。而且都是同胞型兄妹婚。

太巴塱始祖傳說：（註二一）

從前有兄妹二人，和他們的家人住在 kalapanapanai 的地方，哥哥的名字叫做 lutsi，妹妹的名字叫 lalakan。突然間海水來了，將他們兩人的妹妹 tiamatsan 沖走，他們為了追趕妹妹，才坐一隻打穀用的方木臼（dodang）。結果沒有追上而被沖到 tsilangasan 的地方，遂登陸定居下來。後來兩兄妹成為夫婦，但所生的子女都是蛇和青蛙，他們很失望，就把這些蛇和青蛙放在一雙藤箱（nanukawan）內。因為生火的關係，而被天上的神 saulingau 看到。為了明瞭真相起見，saulingau 遂

派遣他的兒子 tatakosan 到凡界察看。tatakosan 到了凡界後，就問 lutsi 為什麼到此地來，lutsi 就把自己的經過告訴他，又陪 tatakosan 到放他們所生的青蛙和蛇的地方查看，tatakosan 告訴他們這種東西不能撫養，如果等他們長大後，就會危害他們夫婦，他們 tatakosan 的勸告而放棄了繼續飼養他們所生下來的動物。tatakosan 也就回去向他的母親 saulingau 報告調查的經過。他的母親又命他二次下凡，傳達她的意旨給 lutsi 和 lalakan，她要賜給他們小米和糯米的種子。如果他頭癢而抓頭時，小米和糯米就會像蝨子一樣的掉下來，要分別貯藏保存。atakosan 又上天覆命，後又下凡傳達 saulingau 的意旨，告訴他們開墾種田。後來又賜給他們粗竹子 nalanhau、細竹子 tsilibidau、香蕉 walikawai、藤子 kalarkai、生薑 sat'u-asi?、茅草 taumitsmits 等植物。這些植物按照敘述的順序一種一種從天上掉下來的，事先 tatakosan 曾告訴他們天上每掉下來一種植物就馬上種好，他們就按照 tatakosan 的吩咐做好。saulingau 又吩咐 tatakosan 下凡查看小米及糯米生長的情形，並按照它們生長的情況而教他們除草等工作。等小米和糯米快成熟時，tatakosan 又教他們收穫時應有的知識，收穫又告訴他們做米糕的方法。saulingau 和她的兒子 tatakosan 到他們家裡，讓他們把從天上掉下來的大竹筒取出來，打開後，卻是一隻豬，一會兒的工夫，豬就長得很大。用尖尖的竹刀把豬殺了，用茅草生火，用火把豬鬃燒光，然後把豬解剖，弄乾淨後用藤掛起。以 satapas（藤編的器物，用以盛食物）盛豬的前右腿、肝、心、肺和一片豬皮，一個米糕和一個 ourar（經浸水後的生米做成的米糰），用以祭祀，這就是 ilisin 和 misalisin（ilisin 是豐年祭，每年收穫後舉行，misalisin 就是祭儀）的起源。事後他們在一起吃豬和飯，並替 lalakan 和 lutsi 醫治不能生育真正子女的病。並且告訴他們所以不生子女而生蛇蛙，是因為他們是兄妹的關

係。經此醫治後就不會再有生蛇、蛙的現象。並且又告訴他們
以後行房事時應該用羊皮隔在中間，這樣就可以解除兄妹通婚
的禁忌。神又告訴他們，以後會生兩位女兒，事後果然。長女
取名 tsetse-tsitav，次女取名 lalikajan-tsitav。長女就是太巴塱人
的始祖；次女就是奇美 kiwit 人的始祖。

這是一則始祖兄妹近親結婚之傳說故事，因此不能夠正常生育而
生下「蛇」、「蛙」等動物。後來天神 saulingau 派遣他的兒子 tatakosan 到
凡界，協助這一對夫妻從事農業耕作，又醫治不能正常生育的問題，
也指導他們行房的時候要用羊皮隔在中間，這樣就可以解除兄妹通婚的
禁忌了。事後果然生下了孩子，長女取名 tsetse-tsitav，次女取名 lalikajan-
tsitav。長女就是太巴塱人的始祖；次女就是奇美 kiwit 人的始祖。

很久以前，天神卡比和阿卡有兩個小孩，男兒叫做史拉，
女兒叫做娜高。有一天，山洪爆發，洪水淹沒了大地，兩個孩
子登上獨木舟，漂流到了奇拉雅善，他們在那裡種植耕種，兩
人生下了孩子，繁衍後代。

本則傳說故事謂天神卡比和阿卡有兩個小孩，男兒叫做史拉，女兒
叫做娜高，洪水氾濫大地的時候，史拉和娜高登上獨木舟，漂流到了奇
拉雅善，兩人生下了孩子，繁衍後代。

註釋

註一：內政部委託台灣大學人類學系研究《台灣山胞各族傳統神話故事與傳說文獻編纂研究》，1994 年 4 月 30 日。

註二：宮本延人著，魏桂邦譯《台灣的原住民族》，台中，晨星出版社，1993 年 9 月。

註三：台北帝國大學土俗、人類學研究氏調查（移川子之藏等人）《台灣高砂族系統所屬の研究》，台灣總督府，1935 年。

註四：同註三。

註五：同註一。

註六：同註一。

註七：同註一。

註八：同註三。

註九：簡榮聰〈台灣原住民的樹神崇拜——阿美族篇〉，台灣新生報。

註十：同註九。

註十一：同註一。

註十二：同註一。

註十三：同註一。

註十四：林道生〈阿美族的口碑與傳說故事〉，1991 年 12 月載於《東海岸評論》。

註十五：鈴木作次郎《台灣蕃族の研究》，台灣史籍刊行會，1932 年。

註十六：同註十四。

註十七：莊天池《鯤島三字經》，台灣省台中聖賢堂，1995 年 8 月。

註十八：同註一。

註十九：同註一。

註二十：丘其謙、石磊、陳清清《秀姑巒阿美族的社會組織》，台北，中央研究院民族學研究所，1965 年。

註二一：同註二十。

阿美族遷徙
口傳文學

第二章

　　阿美族亦稱為 pangtsah，其分布地以台東縱谷為主，並擴及縱谷東部海岸山脈外側之太平洋岸及南側恆春半島之一部分。……阿美人的來源傳說亦與西部各族迥異，或云源於縱谷之北部，或云南部，亦謂從綠島、蘭嶼漂抵台灣東岸。（註一）

　　阿美族的祖先本來分散在東部峽谷平原之南北兩端，也就是秀姑巒溪口與恆春附近之地域，後來受到平埔族東移壓迫，發生了大規模的移動，而占居了東部峽谷及海岸線一帶。北起花蓮縣之新城，南迄台東縣之太麻里鄉，包括台東縣十一鄉鎮與花蓮縣屬之十二鄉鎮。

　　阿美族的遷徙口傳文學中，大都是海外漂流說，亦即自海外來到了台灣島。到達了台灣島之後，其中大多為了尋求耕地而遷徙移居到別的地方去，遷居是以解決糧食不足的問題，及疏散人口。

　　現在的奇美、烏雅立、巫老僧、烏溺、謝得武、掃叭頂、加蚋蚋、荳蘭、里漏、壽豐、月眉、鳳信、馬太鞍、太巴塱、富源、樸石閣、水璉、貓公、青浦等地，大多住著阿美族人。亦即阿美人至少在花蓮地區就開拓了這些地區。

　　關於阿美族之祖居地，說法並不一致，有謂花蓮附近，有謂台東附近，又有謂綠島、蘭嶼等地者。源自綠島、蘭嶼此等傳說，當係暗示其或為南方海上漂來。

　　阿美族居住於東海岸南北狹長地帶，其北部不斷受到木瓜溪太魯閣方面太魯閣族之侵襲；中部則為布農族侵襲；南部則屈服於卑南族之統治，因此阿美族在物質文化與習俗上受此等新移民民族多所影響，彼此之間又為太魯閣族、布農族、卑南族等之獵場所隔開，因此造成南北阿美族聯繫不佳，在語言習俗上，因為長期受到隔離而形成各別之特異性，以其發祥地、移動傳說之紛紜不一，亦可知此等特殊處境的影響力。

▲ 新城鄉阿美族圖騰／田哲益提供

屬於南島語系的台灣原住民文化相當多元，依據學者的論證，台灣是世界最大語系之一「南島語族」的傳播中心。南島語系的分布，東起太平洋上的復活島，西至非洲東部，南到紐西蘭南端，北為台灣北端，遍及東南亞和太平洋地區。有的學者更認為台灣是南島語系的源頭。

從地域、習慣及語音的差異，分為下列幾個部群：（註二）

（一）北部阿美：在今花蓮縣鳳林以北至花蓮市之間，又稱為南勢阿美，如壽豐鄉、吉安鄉均屬之。

（二）中部阿美：由於海岸山脈的分隔，又分為海岸阿美如豐濱、大港口與秀姑巒溪畔的秀姑巒阿美，如瑞穗、奇美。

（三）南部阿美：一部分居住於台東平原附近，稱為台東阿美。如台東市、馬蘭、都蘭一帶。另一部分居住於恆春一帶，稱為恆春阿美。

李卉〈台灣及東南亞的同胞配偶型洪水傳說〉，《中國民族學報》（1955年）：（註三）

> 太古時代，祖先居住於花蓮港附近的山邊。不久天地變色，一股熱流從地下噴出，淹沒了整個地表，所有的生物，幾乎完全絕滅，只有一姊及其弟妹乘臼往南岸逃去，他們在 lalaulang 上岸，向西和南尋求一立命之所。在爬 k'aburngan 山時姊已覺萬分疲累便在山腰休息，弟妹爬上山後始終未等到姊姊，下山一探究竟，發現其姊已變為石頭，二人悲傷不已。於是又回到 lalaulang 尋找昔日所乘之方臼，但其臼已腐爛，二人只好繼續四處流浪，躲避熱洪。後來兄妹二人不想再飄浮不定，便在溫泉處定居。

本傳說故事的遷徙遺跡如下：

（一）太古時代，祖先居住於花蓮港附近的山邊。

（二）一股熱流從地下噴出，淹沒了整個地表，只有一姊及其弟、妹乘臼往南岸逃去，他們在 lalaulang 上岸。

（三）姊在爬 k'aburngan 山時，因為萬分疲累而化為石。

（四）後來兄妹二人在溫泉處定居。

林明美〈由太巴塱來的拓荒者——記阿美族高寮部落一位長老所敘說的歷史與傳說〉，《人類與文化》（1979年）：（註四）

> 高寮部落是民前二十四年由大巴塱社那的人 tsalanaon 率人前來開墾，在其地已有廣東人 ipak，可是在別處又找不到地方，從此便定居於此，還與廣東人成為好朋友。……在民國十四年時，因居住地連遭颱風、地震、洪患，大家在日警同意下遷到了現址。

本傳說故事的遷徙遺跡如下：

（一）高寮部落是民前二十四年由大巴塱社 tsalanaon 率人前來開墾定居。

（二）1925年時，遭颱風、地震、洪患等，大家在日警同意下遷到了現址。

劉斌雄等著《秀姑巒阿美族的社會組織》，中央研究院民族學研究所專刊之八（1965年），有載：（註五）

> 從前有兄妹二人和其家人住於舞鶴（karara），一天海水突然來了，二人為躲避海水坐在一隻打穀用的木臼（dodan）內，隨海水沖流，結果後來在 tsatsulaan 地方居住。……

本傳說故事與馬太鞍有關。本故事的遷徙遺跡如下：

（一）兄妹二人和其家人原來住在舞鶴（karara）。

（二）洪水及海水倒灌，兄妹二人坐在木臼（dodan）內，隨海水漂流，漂流到 tsatsulaan 地方居住。

范純甫主編《原住民傳說·搗粟的兄妹》載：（註六）

> ……很久很久以前，里那哈木洪水泛濫，洪水淹沒了整個部落。當洪水暴發時，有兄妹兩人正在屋舍前搗粟。他們忽然看見洶湧而來的洪水，一時無法躲避，就慌忙躲進石臼裡，兄妹兩人在石臼裡，隨著水浪漂呀漂呀，也不知道過了多少時間，他們被漂到一個高山上。過了幾天，洪水退了。他們下了高山

往南走，來到了花蓮港溪邊。這裡溪流湍急，兄妹無法過溪，又朝西方向走去。他們過了一山又一山，終於來到了一個名叫娜努馬安的地方。這裡氣候好，土壤也好，兩人就在這裡定居下來，結為夫妻。……

本傳說故事的遷徙遺跡如下：

（一）阿美族原來住在里那哈木，當洪水暴發淹沒了整個部落，一對兄妹躲進石臼裡，漂到一個高山上。

（二）他們下山到花蓮港溪邊，最後定居叫做娜努馬安的地方，結為夫妻，繁衍人類。

《蕃族一班》（1916年），警察本署著，黃文新譯：（註七）

上古稱 sabato loku 男子和 bauaihabu 女子，從天用黃金造的梯子下降至 tabira 溪上游的 taurayan 山上，後生二子。……後經過一段時間，sura 和 sakau 在外遊玩回家，發現父母不見了，二個小孩悲傷……突然間大洪水出現，二個小孩急忙跳上木臼，隨波漂流，漂到人仔山邊，定居下來。……不久，二人乃結為夫婦，數年後移居 bukulo（在人仔山之南），而生了五男、一女。……

本傳說故事的遷徙遺跡如下：

（一）乘坐木臼逃避洪水的男女二祖，原來住在 tabira 溪上游的 taurayan 山上。

（二）洪水劫難後，二祖漂流到人仔山邊，定居下來。

（三）二祖居住人仔山邊數年後，移居 bukulo（在人仔山之南）。

《原語による台灣高砂族傳說集》（1935年），小川尚義、淺井惠倫著；余萬居譯：（註八）

古時，曾有 kakumolan sapatolok 和 valaihay（兩位男女神）遵奉父神和母神之命，降臨至地上界，並賜給他們豬、鹿、鳶、鳥……等動物。他們在地上界住的第三年，有二個惡神經過他們家，欲向他們要幾隻動物，但 kakumolan 和 valaihay 皆

不肯，因為那惡神是未經天神同意而擅來地上界的。結果，惡神就去找海鰻母殺了他們，於是，海鰻母製造大水沖走他們家，kakumolan 及 valaihay 皆逃至天上去，而他們的孩子 stra 和 nakau 來不及逃，就留在地上界。數年後，這兩兄妹隔著打過洞的山羊皮發生性關係，而有了五個孩子，四男一女。有一次，母親 nakau 病了很久，覺得耳朵癢，抓了一抓，結果有粟穀冒了出來。孩子們就決定種這顆粟，但父母認為此事必須向天上的父親 kakumolan 和母親 valaihay 報告一番，果然，他們二神就教授粟的栽培法、收割法及相關的祭祀細節。之後，當地穀物豐且人口漸增。但是，當地的農具落後，後來，天上二神又賜給他們一個漢人，是個能夠打鐵製刀和鋤頭的人。後來人口日益增多，有社人遷居成了太巴塱社之祖，他們是 kaloa-nahai 和 kalokol。stra 和 nakau 的三個兒子也建議遷居以解決糧食不足的問題，疏散人口，結果成了烏漏社人，而留在原處的為奇密社人。後來人口繼續擴張，又成立了許多社，其中卑南社人為了跟奇密社人爭領土，結下了宿仇。又有一次，諸社一起焚山狩獵時，卑南人無所獲，卻跑去搶奇密社人的獵物，還辯稱是他們打到的。自此之後，我們奇密社人再也不跟卑南人一起打獵了，至今依然如此，我們只跟烏漏、拔仔、olalip、kalala 和 kojo 等社相合作。

本傳說故事的遷徙遺跡如下：

（一）古時，曾有 kakumolan sapatolok 和 valaihay（兩位男女神）遵奉父神和母神之命，降臨至地上界，生下 stra 和 nakau 二位男女孩。

（二）二位男女孩生下四男一女。

（三）後來人口多了，遷居以解決糧食不足的問題，疏散人口，結果成了烏漏社人，而留在原處的為奇密社人。

（四）他們的人口繼續擴張，又成立了許多社。

《蕃族調查報告書》阿眉族海岸群（1915年），佐山融吉著，黃文新譯：（註九）

　　洪水後由地中噴出熱泉，全社幾乎瀕臨絕滅，當時有兩兄妹正在搗粟，看到來勢洶洶的水，跳入臼中任水漂流，終於漂到一高山。約一星期之後水勢減退，乃下山向南，一直到花蓮之河岸而無法渡過。而石岩上步行困難，於是便取道西南面到了 nalumaan。在此兄妹結為夫婦，……繁衍眾多的子孫，……後來一人向南進直到薄薄社而成為該社之祖先。又有欲到 taolu 去而到了荳蘭社而成為該社之祖先。

本傳說故事洪水過後地中噴出熱泉，劫後餘生的兄妹，乘坐著臼漂流到了一座高山，再走到 nalumaan，兄妹結為夫妻，傳衍後代。

這兩位兄妹婚祖先，後代有人遷徙至薄薄社而成為該社之祖先；又有人遷徙到 taolu，而成為荳蘭社之祖先。

林道生〈阿美族的口碑與傳說故事〉：（註十）

　　太古時，有一對男女神降至人間，……之後，他們曾經過幾次遷徙，最後在塔基利斯定居下來，年年豐衣足食。

阿美族的一對始祖男女神降世之後，曾經有過幾次的遷徙活動，最後終於在「塔基利斯」定居下來，年年豐衣足食。大凡原始人類的遷徙活動，都與尋找良好的耕地與最適合人居的地方而遷徙，從故事中謂「最後在塔基利斯定居下來，年年豐衣足食」可知。

　　傳說太古時代，不知道從什麼地方滾起了大洪水，洪水氾濫淹沒了整個大地，所有的人類都死了。有一位名字叫作「督季」的女孩子，帶著她的弟弟叫作「拉拉幹」，跳上一個方形的木臼裡逃生，隨波逐流在水上漂了很久，後來漂到「奇拉雅善」，即今之豐濱的里牙津山登陸。兩姊弟為了延續人類，所以結為夫妻，繁衍了許多子孫，就是今天的阿美族。

洪水神話是世界性的人類起源的創世神話，內容通常是說，經過一次大洪水之後，萬物絕滅，只剩下一對兄妹或姊弟，經過神的指示或占

卜而結婚，然後繁殖人類。

台灣各原住民族流傳著種種不同的洪水神話，阿美族的洪水神話，就是這類兄妹或姊弟結婚的類型。

本則故事中，劫後餘生的姊弟，從此在「奇拉雅善」定居並結為夫婦，傳衍後代。後來子孫慢慢繁衍起來，就分支遷移出去。本則故事沒有說在哪裡遭遇洪水氾濫，最後漂流到了東部花蓮豐濱地區海岸。

> 很久以前，天神卡比和阿卡有兩個小孩，男兒叫做史拉，女兒叫做娜高。有一天，山洪爆發，洪水淹沒了大地，兩個孩子登上獨木舟，漂流到了奇拉雅善，他們在那裡種植耕種，兩人生下了孩子，繁衍後代。他們所生下的大兒子叫做達邦‧馬拉斯，帶著傳家寶木船順沿著海岸山脈到達了水璉，後來又搬到北邊的荳蘭。二兒子名叫扎勞‧巴那海，他拖著傳家寶錨，發現了一處世外桃源，青翠高山，秀姑巒溪蜿蜒美麗，是個人間天堂，所以就叫這裡為奇美。三兒子名叫卡魯‧古烏，他帶著傳家寶梯，下山到太巴塱定居，這裡土地遼闊、物產豐富，並且有許多白色大螃蟹。最小的兒子叫做讀賣‧馬斯拉，因為他曾經犯錯，受到懲罰，曾經住過八仙洞附近，也住過長虹橋，再到舞鶴。離開時留下兩根石柱。

本則故事敘述經洪水浩劫後，僅存的一對天神的男女孩子結婚生子繁衍子孫，他們生下了四個兒子，後來四個兒子分別移往四處分居出去，這就是阿美族人分衍南北的開始。

本傳說故事的遷徙遺跡如下：

（一）男女始祖史拉和娜高洪水劫後餘生，登上獨木舟漂流到奇拉雅善，在此定居，繁衍後代。他們的孩子開始遷徙他處。

（二）大兒子叫做達邦‧馬拉斯，到達了水璉，後來又搬到北邊的荳蘭。

（三）二兒子名叫扎勞‧巴那海，來到了奇美。

（四）三兒子名叫卡魯‧古烏，來到了太巴塱定居。

（五）最小的兒子叫做讀賣‧馬斯拉，曾經住過八仙洞附近，也住過長虹橋，再到舞鶴。離開時留下兩根石柱。

三個兒子離開父母遷徙他地，都各自攜帶了傳家寶物，以為信物：

（一）大兒子攜帶了傳家寶物「木船」。

（二）二兒子攜帶了傳家寶物「錨」。

（三）三兒子攜帶了傳家寶物「梯」。

江秀雪〈阿美族奇美社的豐年祭歌舞〉載：（註十一）

　　很久很久以前，天神卡比（kavid）和阿卡（akah）有兩個小孩，男孩叫做史拉（sla），女孩叫拿高（nakao）。他們有戶鄰居，相距很遠，是因為看到遠處有炊煙，才曉得有這戶鄰居的。有一天，兩個孩子來到這戶鄰居家裡，看到他們養了各式各樣的飛鳥，兄妹二人非常喜歡，回家徵得父母同意後，他們再度來到這戶人家，向他們要幾隻鳥回家飼養，沒想到遭一口回絕：「這些鳥兒絕不能送人！比如說這隻cilut（棕背伯勞鳥），可以幫我們預知未來，開墾的時候牠會爭先告訴我們是否能有收穫；而這隻tatahciu」（烏秋）則是整個世界的扶持者，因為萬一有一天，天空掉下來，tatahcu會將天空撐起來，這樣，地也才會寬廣，至於這隻Lideb（鷹）則有誰比牠更有力氣呢？所以我們再三考慮，這些鳥兒一隻都不能送給別人！」兩個孩子並不因此而氣餒，他們一而再，再而三地去，結果終於惹怒了這戶人家，氣得發了洪水，淹沒了大地。當時，卡比和阿卡順著竹梯爬到了天上，二個孩子則找到一根像船形的木頭，叫做dulag，他們爬上木頭，順著洪水漂流到cilagasan（貓公山，位於奇美北方的一座高山），水退了之後，他們以耳朵裡掉出來的小米種子，開始了墾地播種的生活。兩個孩子慢慢長大後，他們有了傳宗接代的本能需求，可是他們是兄妹，這該怎麼辦呢？後來他們想了一個法子，以羊皮（Ebi）遮住臉部與身體，一段時日之後，終於有了後代。他們生下了四個孩子，

老大叫 tabag masla（達邦‧馬斯拉）；老二叫 calau banahai（扎勞‧芭拿海）；老三叫 kalu kuwole（卡魯‧古烏兒）；老四叫 Tumai masla（杜買‧馬斯拉）。長大後，他們分居四地，老大住在 ciwidian（水璉），一段時間後又搬到 nataolan（宜昌、南昌），他所分得的傳家信物是 dulag（木船）。老二留在奇美，傳家信物是 Tenod（錨）；老三定居在 tavalog（太巴塱即富田），傳家信物是 kawal（竹梯）；老四原本住在 onanibay（金長虹橋附近），後來因為他的孩子為了爭奪一條大鰻魚而打死了老二的孩子，所以受到祖先的懲罰，使他們居無定所，他們曾到東邊的 sakanwan（今八仙洞附近）住過，也在 sabat（舞鶴）建造了房子，可是他們還是無法在那兒過活，住了不久又離開了，只留下現在的二根石柱。……

這是一則因洪水爆發，阿美族祖先四處遷徙各地的傳說故事。

今花蓮縣吉安地方仍保留著他們祖先自東方海上而來時所乘之木舟，視為神聖之物。

有關阿美族的祖先起源，雖是傳說不一，幾近神話，但都流傳於當地，而且有些地方也近乎事實，或可供作參證之用。

有一首瑞穗奇美部落傳唱的阿美族起源之歌：

　　史拉和拿高是阿美族的祖先

　　他們從貓公山上下來奇美

　　達邦馬斯拉、杜買馬斯拉、扎勞芭拿海、古烏兒

　　是拿高的孩子

　　達邦馬斯拉在有河的那個水璉部落

　　杜買馬斯拉的家就是舞鶴的那個巨石

　　扎勞芭拿海在奇美

　　卡魯古烏兒在太巴塱

　　奇美的傳家信物是船錨

　　太巴塱的是竹梯

莒蘭的是木舟

從那個時候開始

阿美族就世世代代繁衍下來

這首歌或許說明了阿美族人部落的起源、乃至於遷徙各地世代繁衍的故事，從故事裡可以看出阿美族的祖先史拉和拿高，生下了達邦馬斯拉、杜買馬斯拉、扎勞芭拿海和古烏兒，後來兄弟分散不同地方繁衍子孫，而每一個兒子離開祖居地的時候，各自都帶有祖傳的信物。

阿美族與其他原住民族一樣，沒有文字，一些古老傳說及習俗，都依賴口傳來保存，這首歌便是阿美族的起源之歌。

被稱為「永不失落的部落」的奇美，原名為奇密，在阿美族語意是「螃蟹草茂盛」，相傳也是台灣原住民族群最龐大的阿美族發源地，由於自古以來對外交通不便，所以部落內的傳統文化均能完整保存，尤其奇美的阿美族人，仍按照年齡各分階級，階級間對長者的尊敬與服從，較漢人的生活倫理嚴謹。

事實上，奇美部落內所保有的古老阿美階級觀念制度，反映到生活中，一些豐年祭舞蹈嚴格限定階級參加，階級間互相尊重的倫理以及鮮豔服飾等等都飽含著先住民的文化魅力。

「原山奇美」是個充滿原始氣息的部落，展現了阿美族傳統文化豐碩的一面。不論是吟唱祖先之歌、踩踏傳統舞步、遵循先民生活方式，嚴守年齡階層制度，都是阿美族一向引以為傲的文化具體表現。

阿美族為港口部落主要住民，分類上則有海岸阿美及奇密阿美兩群。據傳港口阿美從 sainayasai（今綠島）遷來，在秀姑巒溪口之 cepo（大港口）定居，部落名為 ceporan（吉浦巒）。其後一支西向秀姑巒溪方向遷徙；一支北上貓公山 (tsilanasan) 並分居奇美、太巴塱等地。

tsilanasan 之阿美人後因山崩遷回 cepo，但仍以 tsilanasan 自成一氏族，並統攝其他陸續遷來之氏族，而為港口部落之領導者。

海拔九百多公尺之貓公山（tsilanasan），港口阿美人將其視作發祥地，山上仍留有祖先居住之遺址。（註十二）

范純甫主編《原住民風情》：(註十三)

……阿美人有一位女祖先里漏，帶著兒子吉玻朱，生活在海外一個神聖的地方。……吉玻朱與海神沙依寧……結為朋友，……沙依寧傳授吉玻朱造舟之術，並教會他駕舟、游水。後來，里漏出海遭遇大颱風，他們乘坐三隻小舟歷盡艱險，才來到這塊未經開拓的處女地。為了紀念祖先開基創業的卓著功勳，繼

▲ 吉安文物館先祖祭紀念碑／田哲益提供

承和發揚祖先追求理想無所畏懼的戰鬥精神，遂把祖先登岸駐足之地命名「里漏」，以垂千古。

本則傳說故事是「里漏」地方的傳說故事，其遷徙遺跡如下：

（一）阿美人有一位女祖先叫做「里漏」，生活在海外一個神聖的地方。海神「沙依寧」傳授了「里漏」的兒子「吉玻朱」造舟之術及駕舟、游水。

（二）後來，「里漏」出海遭遇大颱風，他們乘坐三隻小舟歷盡艱險，最後來到了台灣這塊土地。

（三）「里漏」地方的阿美族人為了紀念祖先戰鬥的精神，遂把祖先登岸駐足之地以祖先之名，命名為「里漏」，以垂千古。

《蕃族調查報告書》阿眉族海岸群（1915 年），佐山融吉著，黃文新譯：(註十四)

太古時有 chiusaapu、chialeku、chibukulo、usai、parawai、chisounma 等三對夫婦，乘用藤結的小船登陸 kawasan 之地。當時男子結著稱為 patsatsui 的丁字形褲，女人則捲著叫 talepu 的褲子，而男女均著叫 chilogai 的上衣。他們住在 kawasan 四、五年之後，又居納納社及北頭溪社，在該社居住多年，繁衍後代。其中也有為了求覓耕地而移居別地的，這些人到了加路藍社，之後南下而成為今日的分布地點。……

本傳說故事的遷徙遺跡如下：

（一）太古時有 chiusaapu，chialeku、chibukulo，usai、parawai，chisounma 等三對夫婦，乘用藤結的小船登陸 kawasan 之地。居住了四、五年。

（二）又從 kawasan 遷徙居住納納社及北頭溪社多年。

（三）有些為求覓耕地，遷徙加路藍社。

（四）之後又遷徙南下。

《蕃族調查報告書》阿眉族海岸群（1915 年），佐山融吉著，黃文新譯：(註十五)

太古時代蘭嶼島上有一大岩石，不知何時裂開從中出現人類，其中有成為原住民，也有成為台灣平地人和日本人的。但只有原住民的祖先永久住在該島上。有一日祖先到海岸時，發現有一座橋，渡橋過去便到了火燒島（綠島）。暫居在此小島上，但因為島小而感到不便，又再渡橋到台灣本島來。最初抵達的地方即為現在的加路蘭社之東，當地至今仍存有祖先的足跡，之後他們又轉向南方 arapanai，呂家附近。這時，各人便分開，各自覓良地而居，其中一人往璞石閣方向去，另一則沿海岸而來到 kolosu，此即我社祖先。那時，現在的都歷社人也一同來到本地。向璞石閣方向而去的人到了花蓮街，看到海洋吃了一驚，於是又向南進，而成為所謂台東阿美族。

本傳說故事的遷徙遺跡如下：

（一）阿美族人原來住在蘭嶼島上。

（二）阿美族祖先渡橋到了火燒島（綠島），暫居在此小島上。

（三）阿美族祖先又再渡橋到台灣本島，最初抵達之地是現在的加路蘭社之東。

（四）從加路蘭社之東轉向南方 arapanai，呂家附近。

（五）其中一人往璞石閣方向去，到了花蓮街，看到海洋吃了一驚，於是又向南進，而成為所謂台東阿美族。

（六）另一則沿海岸而來到 kolosu。

《生蕃傳說集》（1923 年），佐山融吉、大西吉壽著；余萬居譯：（註十六）

> 古時，一男神降臨台灣本島東海，一個小島上，一女神降臨在其小溪對岸上。……

本傳說故事敘述阿美族的創世始祖男女二神是從天上降臨至凡間，是降落於「台灣本島東海，一個小島上」。

如今阿美族人住在台灣本島，則阿美族人可能是從「一個小島上」渡海來到了台灣的東部地區。

本故事提出男女二神降落的地點，這大概就是阿美族最初落腳的地方。惟降落的地點「台灣本島東海，一個小島上」，沒有說明是哪一個「小島」。我們若以其他相似的傳說故事來說，所提及的「小島」，可能是指「蘭嶼」或是「綠島」。

鈴木作太郎《台灣蕃族の研究》載海岸阿美之創世起源傳說：（註十七）

> 太古之時，東海有一島，名 boruto。一日，abokurayan 神降臨其地，隔一河有女神 tariburayan 居其處。二神結婚，子孫繁殖，孤島 boruto 不能容納。男神遂以大木造船，偕妻及子女，向西航至 kawasan 登陸，不意此處早為兇神所居，回船轉向北行，至 tararoma（花蓮附近），亦不適於居住，又航行至 takirisu（立霧溪）口上陸定居。後子孫日眾，分布於東部海岸地帶。

本則故事未說明東海之島在何處？但也說明著阿美族人海外來源之說。

〈諾冊二尊の話に似たる台灣蕃人阿眉族の口碑〉《人類學雜誌》（1914年），佐山融吉著，劉佳麗譯：（註十八）

> 太古時代，在台灣東部一座稱為 botoru 的孤島，abokupayan、tariburayan 兩尊神同時降落在河的兩岸，他們

合力搭建小屋同住,並利用樹藤發明了火。一日他們蹲在火邊烤地瓜時,才發現了各為男女的差異,偶而看見鴿鳥交尾,從此數年後兩人生下十幾個小孩,又經過數十年,地狹人稠生活困苦,欲謀他處但不知如何渡海正忘苦惱之際,忽然發現傾倒大樹其腐蝕部分容易挖掘,乃以大樹作成形如臼的東西。abokupayan 欣喜之餘將此移到海邊,與妻及 teposurayan、pasautayan 兩兄弟出海去了。其時風平浪靜,先後到了猴仔山、花蓮港,但都已有人居住而作罷,最後來到宜蘭地方,決定長住。……

本傳說故事的遷徙遺跡如下:

（一）abokupayan、tariburayan 兩尊神同時降落在名為 botoru 的孤島之河的兩岸。

（二）後來地狹人稠生活困苦,遂渡海來台,先後到了猴仔山、花蓮港,但都已有人居住而作罷,最後來到宜蘭地方,決定長住。

　　住在台灣本島東海岸的阿美族有許多祖先來自綠島或蘭嶼的傳說,其中又以海岸地區的阿美族最為盛行。

　　林道生〈阿美族的口碑與傳說故事〉載阿美族海岸部落的創世神話:（註十九）

　　　　太古時候在本島的東海住著一位叫阿波枯拉樣的神,有一天降臨到孤島波特蘭。這裡的一條小河流也住著一位由天降下來的女神鞳莉布拉樣,二神開來話也投機,心也相印,遂同居了下來。有一天,阿波枯拉樣偶然地拉動藤枝,卻因藤枝已枯乾,拉了幾下竟因摩擦而燃燒起來,這就是天地間有火的開始。二神便以火烤甘藷,當他們蹲踞火旁時,無意中注意到在男神下腹的地方有一長長凸出的東西,他們覺得奇怪,再看看女神的下腹卻是凹進去的,正在不可思議時,飛來了兩隻赫瓦庫,使勁地搖著尾巴,二神一看才領悟到原來如此,而知道了男女

媾合之道。後來他們之間生下了許多子孫，孤島波特蘭眾多的人口造成了生活上的許多不方便。有一天，阿波枯拉樣走在山中，看到根大木，便想以大木為獨木舟渡海去看看。他把大木推到海邊，邀女神鞈莉布拉樣，子神帖波斯拉樣，女子神芭莎烏拉樣同行而出海。獨木舟往西前進，在一個叫卡瓦桑的地方登陸，一看竟是個荒地而且又被其他神占據，因此又往更北地方推進，到達了塔拉洛馬（今花連港附近）登陸，這裡也不怎麼理想，不得已再往前進而到達了塔基利斯（今宜蘭南方），登陸後覺得還不錯而決定居住下來，當即種植所帶來的甘薯（地瓜）。這裡還長了許多野生的巴奈（米）及哈拜（粟米）。他們摘了它的穗啃了一下，其味甘美，便以竹子及木頭做成鋤頭，耕耘種巴奈及哈拜。年年豐收，而有了今天的米及小米。來到此地的諸神，子孫次年繁殖，後來便擴散居住到台灣東部的海岸一帶。

本則故事也敘述阿美族人來自海外孤島波特蘭，並兼述了人類發現「火」的歷程及男女媾和之道。後來因繁衍許多子孫，孤島波特蘭已不符生活條件，遂造舟尋找新天地，來到了台灣東海岸。

莊添池《鯤島三字經》載：（註二十）

相傳該族之祖先係大神亞伯曲拉央與女神塔琍伯拉央在東方海上的伯羅特島結為夫妻生出了子孫乘船來到搭拉魯馬（該族人指為今日的花蓮）及搭吉利斯（該族人指為今日之宜蘭）地方繁衍而成該族。

本則故事載阿美族原居於台灣島東方海上之伯羅特島，他們乘船到達了台灣東部。

太古女神 longe 創造了 potsok 和 raya 的一對男女，他們兩位降生在紅頭嶼，後來渡海至火燒島，在那裡育兒生女，他們共有八個孩子，後來又添了兩個孫子。這些孩子當中，有的成為「北風」，有的是「南風」，另外有一個是「西風」。西風

生了兩個孩子，分別是「雪」和「雨」。有些人往北方去了，成為西洋人的祖先；有些則由火燒島前往猴仔山，並在亞拉帕乃定居了下來，便成為阿美族人的祖先。其中一部分人，沿著海岸線北上，前往大港口。其中的一部分叫 sung-rayn 便成為噶瑪蘭族（kariawan 平埔族的一支）的祖先。有些由亞拉帕乃北上，成為加禮宛社 kariawan 的祖先。

按紅頭嶼即蘭嶼，火燒島即綠島。本則故事談到太古初祖為女神 longe，祂創造了 potsok 和 raya 的一對男女，他們共生了八個孩子和兩個孫子，有的成為西風、北風和南風；而南風又生下雪和雨。

有些分別移居他處，有的成為現今之西洋人，有的成為平埔族噶瑪蘭族人，有的成為阿美族人的祖先，有的成為加禮宛社 kariawan 的祖先。這則傳說滿可愛的、也很有趣，當然本則神話故事不是很古老的傳說。

值得注意的是故事中提到的紅頭嶼與火燒島，可能是阿美族祖先的發祥地，後來輾轉來到了台灣本島之東部海岸。

宮本延人著《台灣的原住民族》，魏桂邦譯，記載：（註二一）

太古，女神 lohge 創造了一對男女，他們兩位降生到紅頭嶼，後來又渡海至火燒島。在那裡育兒生女，有些人往北方去了，成為西洋人的祖先；有些由火燒島前往猴仔山，並在亞拉帕乃定居下來，便成為阿美人的祖先；其中一部分人，沿著海岸線北上，前往大港口；其中的一部分叫 sungrayn 便成為噶瑪蘭族的祖先；有些由亞拉帕乃北上，成為加禮宛社的祖先。

本則故事也是海岸阿美的傳說故事，與上一則故事相類似。「蘭嶼」鄉位於台東市東南方 49 里外的「蘭嶼」大小島，因盛產蝴蝶蘭所以稱「蘭嶼」。清雍正 2 年（1724）出版的《番俗六考》中稱「蘭嶼」為「紅頭嶼」，因為島上的山丘土壤呈現赭紅色，從海上望去有如「紅頭」山，故稱「紅頭嶼」。「蘭嶼」目前屬於達悟族的住居地，達悟語稱「婆婆諾島」ponsonotau，意為「我們的島」、「人之島」。阿美族稱「蘭嶼」

為「波多魯」，即意指這兩小島為「睪丸」島。

陳國鈞《台灣東部山地民族》載：（註二二）

　　今之花蓮豐濱鄉的海岸阿美族，原住今之火燒島，於清嘉
慶年間，乘舟到此移居。

本則故事與前幾則故事都強調阿美族人來源於火燒島或蘭嶼。

關於阿美祖先的來源傳說，中央研究院民族學研究所阮昌銳教授在
1969 年於港口所做的調查報告：（註二三）

　　祖先原本是從 sainayasai（今綠島）來的，在秀姑巒溪口
tsepo 定居，該部落因而叫 tsiporan（即芝舞蘭），然後該部落
居民向西沿秀姑巒溪而到台東縱谷，北上到奇萊平原。另一支
由 tsiporan 北上到貓公山（tsilagasan），再由 tsilagasan 而到
其他地區如奇美、太巴塱等地。後來往貓公山（tsilagasan）之
阿美人因山崩而部分遷回芝舞蘭（tsjporan）居住。因此，這
些來自 tsilagasan 的人們自成一氏族稱為 tsilagasan，以後有自
北方遷來的 tsiwilian、munari、tsikatopai、patsial、salipuyasan
和 tsunnan 等地來的，各以地方名為族名，自成氏族或歸附其
他大氏族，合併成部落 mialox。以 tsilagasan 為領導氏族，以
其族擔任部落首長和部落祭司，其氏族之主宗家 tatapaan 成為
全部落首長 kakitaan 之家。

本則故事也謂阿美族人來自綠島，後來遷移至台灣東部，慢慢發展
遷徙，占據了整個東海岸平原地帶。

本傳說故事的遷徙遺跡如下：

（一）阿美族祖先原來住在 sainayasai（綠島）。

（二）祖先從綠島遷徙到秀姑巒溪口 tsipo 定居，該部落因而就叫做
　　　tsiporan（芝舞蘭）。

（三）tsiporan（芝舞蘭）居民向西沿溪口向台東縱谷，北上到奇萊平
　　　原。另一支由 tsiporan 北上到貓公山（tsilanasan），再到奇美、
　　　太巴塱等地。

（四）遷徙貓公山那支因山崩而部分遷回 tsiporan 居住，這些人便自
　　　稱為 tsilanasan 氏族。

（五）北方遷來的 tsiwilian，munari，tsikatopai，patsilal，salipunan 和
　　　tsunan 均以地方名為氏族名，自成氏族或歸於其他氏族，形成
　　　部落 mialox，以 tsilanasan 為領導氏族，以其族舅任部落首長和
　　　司祭，其氏族之主宗家 tatapaan 成為全部落首長 kakitaan 之家。

宮本延人著《台灣的原住民族》，魏桂邦譯，記載：（註二四）

　　　從前，住在蘭嶼的阿美族祖先拉蘭庫斯族（rarangus），
架橋橫越大海至火燒島，由於那裡居住不理想，便再度架橋前
往台灣東海岸中央部位猴仔山的卡撒希克蘭（kasasikoran），
在這裡繁衍子孫，並率族人北上，有些族人便分散到八里芒和
馬武窟定居。其他的人更往北，直到新社、貓公和大港口一帶。

　　許多阿美族之海外來源傳說故事都是以「舟」為交通工具，本則故
事則是由蘭嶼架橋至火燒島，再架橋至台灣東海岸，於是在這裡定居。

　　本傳說故事的遷徙遺跡如下：

（一）阿美族祖先拉蘭庫斯族（rarangus）原先住在蘭嶼。

（二）祖先架橋橫越大海至火燒島生活。

（三）祖先又再架橋橫越大海至台灣東海岸中央部位猴仔山的卡撒
　　　希克蘭（kasasikoran）。

（四）有些族人分散到八里芒和馬武窟定居。

（五）有些族人更往北到新社、貓公和大港口一帶定居。

wu sai〈尋根 pang-cha〉載：（註二五）

　　　遠古之時代，有一位阿美族的青年，一天清晨在海邊遇見
一位神 kawas，kawas 告訴他說將帶領他到海的另一邊，那裡
有一座肥沃的島嶼，可供他及族人居住，這位阿美族青年乃
將 kawas 的話報告給村中的長老，長老們嚮往 kawas 所指的美
地，經部落頭目（tapang）下令後，全村開始製作獨木舟，依
kawas 指定的日子及所指方向航行，最後來到一處森林茂密的

島嶼登陸，阿美族人稱該地為 rilao（里漏），即是今天花蓮縣秀姑巒溪出口的大港口。「里漏之舟」據說目前放在花蓮縣吉安鄉東昌村的社區活動中心。

本傳說故事的遷徙遺跡如下：

（一）阿美族原來住在海外。

（二）kawas 神指示一青年有一座肥沃的島嶼，可供他及族人居住，青年告知長老。

（三）全村開始製作獨木舟，依 kawas 指定的日子及所指方向航行，最後來到 rilao（里漏），即今花蓮縣秀姑巒溪出口的大港口。

（四）「里漏之舟」據說目前放在花蓮縣吉安鄉東昌村的社區活動中心。

　　有一兄妹二人，兄名叫 sela，妹名叫 nakaw，駕著獨木舟出海打魚，途中遇颱風，他們隨風浪浮沉，最後漂流到台灣花蓮境內的大港口，於是棄舟登陸，待風浪平息欲返回，卻船破無法弄用，乃定居於大港口，兄妹二人為繁衍後代，乃結為夫妻，其後人口增加，才漸漸由大港口遷移發展至靜埔、瑞穗、奇美、花蓮的吉安等地。

　　上述二例傳說的共通點是，阿美族人來台的登陸地點，在今日花蓮縣豐濱鄉的港口村，大部分的阿美族人也深信，港口也是阿美族的發源地，爾後因與布農族、泰雅族、平埔族及漢人，發生戰役，均有不同程度的遷徙。

　　位於花蓮縣豐濱鄉港口村的阿美族，屬於五個地方群中的海岸阿美，主要聚落有石梯坪、石梯灣、港口及大港口，全村居民約二百七十戶。根據阿美族人各項傳說，阿美族人亦深信港口即是阿美族祖先登陸地，亦是該族之發源地。

　　花蓮縣光復鄉東富、西富、南富、北富四村，係位於光復鄉東側海岸山脈平緩的山麓面，地質肥沃，為阿美族先民早期定居之所，目前在撒庫撒克台地已建有阿美族太巴塱發祥地碑祠及涼亭，這是他們的精神

堡壘，也代表一個宗教世系中心。

此四村，早期稱為「太巴塱」，這是阿美族語譯音，早在 1906 年日治時期，此地即已設立「太巴塱公學校」；1937 年，太巴塱改名為「富田」；戰後陸續更改或新增為東富、西富、南富、北富四村。（註二六）

阿美族相關的始祖傳說中，絕對不能忽略太巴塱這個部分：孫守仁採錄一首故事如下：

> 傳說太巴塱部落的祖先原先住在南方名叫 ali-panai-panai-yan 的地方，傳到第四代的六個兄弟姐妹中，么妹 tiyamacan 被海神看上，海神於是起了一陣洪水強娶么妹而去，家人也因大水來襲而分散各地，母親化為海鳥，父親攀爬山壁變成蛇木，守候著女兒的歸來，大哥 dadakiyolo 避居深山，變成泰雅族的祖先，二哥 tadiafo 往南跑，發展成為日後的布農族，四弟 lalakan 和五妹 doci 則在大雨中坐著木臼隨大水漂流到基拉亞散山下，後來結為夫婦。漂到基拉亞散山定居的兄妹，在天神的幫助下生下三個女兒和一個男孩，二姐 pah-pah-cidal 後來遷往秀姑巒溪畔，成為奇美的創始祖先，其餘的二女一男則搬到稱為「撒庫撒克」的地方定居，繁衍成今天的太巴塱族人。

這則傳說不僅說明太巴塱的起源，更涉及同為阿美族的奇美部落以及布農、泰雅和台灣西部原住民的起源由來。

傳說中的「撒庫撒克」就在今天距太巴塱部落不遠的山上，過去部落族人在這裡舉行出草祭祀的儀式，今天則在這裡立起石碑，蓋起高高的瞭望台，整出一片空地作為「阿美族發祥地」的神聖之地，每年豐年祭最重要的儀式都在這裡舉行，從高台上眺望山底，除了能清楚一覽部落全貌，連馬太鞍與太巴塱的隔溪相對也能一目了然。

陳國鈞〈花蓮吉安鄉的阿美族〉載：（註二七）

> 相傳七百年前，約在唐朝貞觀年間，某處的火山爆發，附近各地盧舍多燬，有一女名「阿覓賜瑪知納」，與乃弟逃避而出，同坐一大臼浮海，隨波漂流，不知經歷多少時程，幸不死

而到達今之花蓮大港口拉瓦山登陸，後結為夫婦，生育子女繁衍日眾，乃遷居今之奇密，歲久人又多，再分散至南北各處繁殖，北上至花蓮市附近者，為南勢阿美，也即包括過去的荳蘭、薄薄、里漏等社的人，今都屬於吉安鄉之內，像仁里村（即昔薄薄社）的人，自稱為「阿覓賜瑪知納」的子孫。

本則傳說故事是「阿覓賜瑪知納」子孫的遷徙繁衍歷程。

陳國鈞〈花蓮吉安鄉的阿美族〉載：（註二八）

傳在很久以前，某地有一部落全體出海捕魚，眾人下海不久，忽然發生強烈的大地震，在山崩地裂時，海水也變成滾燙，於是全部落中人多遭滅頂之禍，在所有人中，僅有一對聰明的姊弟，幸能駕著一隻小船，手抓一把糯米，在海浪濤天之中，逃生出來。這一對逃生出來的姊弟與怒吼的海洋奮鬥，掙扎一週左右，最後漂至東部台灣拉瓦山上，那時海水漸退，現出荒涼的山地與平原。這時七歲與六歲的姊弟，在海上吃完所帶的糯米後，再以姊姊長髮中的虱子來充飢，等待水退，在陸地發現一株殘留的山芋苗及小米數粒，二人便將此糧苗，小心種植後，又合力搭建一所簡陋的草房，開始了辛勤勞苦的生活。等到約有十幾年後，那些山芋與小米都已繁殖到二人食用不完，姊弟二人為繁殖人種著想，就結為夫妻。二人婚後第一胎生一女孩，第二胎得一男孩。當時他們的生活是萬分辛苦，食物簡單到極點，又沒有淡水吃，為了滿足食慾，於是設法捕獲野獸，某日當男主人出外打獵時，在山中發現一狗，捉之送回家內，又去打獵，到黃昏回家，發現此狗已逃走，但晚間此逃去的野狗卻帶著濕淋淋的身子出現在他倆面前，二人大喜，才知道狗已發現了水源，翌日，當狗又去水源時，二人跟蹤，於是發現了水，此後即熟食。後來他們又生下許多子女，令子女相互配合，一代一代漸漸繁殖成為一個部落。因人口增加訊速，原在拉瓦山上的住屋已容納不下這許多人口，於是老人又為他的

子孫在別地建築許多房舍，但始終不讓他們的後人知道水的來源處。那時老人為子孫所建居所，多胡頹子樹，結實如苴，兒童尤喜食之，阿美族語稱胡頹子為「太奧魯」，老人即名其地為「太奧魯安」，後漢人改譯為「苴蘭」，至1937年日人譯為「田埔」。後來當地的人口逐漸繁殖，已經容納不下，於是老人令其子孫一部分遷往附近另一地區，慢慢形成一個獨立的部落，這個部落的勢力也強盛起來，在某次開會之中，老人下令劃分界限，並定其名為「巴薄薄干」，意為如白之地（後漢人節其首尾之音，簡稱「薄薄」，1937年日人改稱南埔），但兩地族人不很和睦，時有爭執事件不斷發生。

本則故事說明阿美族姊弟始祖渡海來台的故事，並兼述發現山芋苗、粟種，開啟了農耕生活，也紀錄了人類開始畜養犬的故事。

陳國鈞〈花蓮吉安鄉的阿美族〉載：（註二九）

　　與薄薄社為鄰的里漏社人，相傳其先祖較薄薄社遲來二百餘年，本居住里壟（即今台東縣關山鎮），出海捕魚，為水所阻不得返，夢海神「賽寧」教汹，並授造船之法，得乘船以達，就居此繁殖其子孫，因不忘其本源，仍稱其地為「里壟」，後人誤稱為「里漏」。

本則故事為里漏社之遷移歷史傳說。

陳國鈞〈花蓮吉安鄉的阿美族〉載：（註三十）

　　傳在一千四百年前，有七位阿美族始祖乘著三隻獨木船，忽然自仁化村海濱登陸，即在仁化村中築茅屋而居，這三隻獨木船便一直遺留下來。後來據說這七位始祖，是從萊美社駕船而來，又一說是來自里壟。這七位始祖既來仁化村開發，不知經過多少年，傳至第六代子孫，其中有一名叫「馬壽壽」者，一天駕船出海捕魚，忽被風浪捲去，正在危急之際，突遇一位海神將其救起，帶往一座類似王宮裡居住，經過五天後，「馬壽壽」乃向海神懇求准予將他釋放回家，終獲海神允許，乃令

駕船而行，不料抵達家門，景象已非昔比，其子孫已滿堂具是，一再打聽，始知離家已有五十年，因此，「馬壽壽」知道係受海神拯救性命，又蒙其繁衍子孫，感激之餘，便叮囑後世子孫務要祭祀海神，以表紀念救命之恩。

本則傳說故事亦為仁化村之遷移歷史傳說，並且也兼述了阿美族人祭祀海神的緣由。

陳國鈞〈花蓮吉安鄉的阿美族〉載：（註三一）

　　傳仁化村遠在一千四百五十多年前，即有阿美族人住居，最初祇有男女兩人，有一天突在海濱發現有男女七人分乘三隻獨木船登陸，即和陸上男女兩人，共同聚居一起，一直傳其後代，以至於今。

本傳說故事：

（一）仁化村遠在一千四百五十多年前，即有阿美族人住居，最初祇有男女兩人。

（二）後來在海濱有男女七人分乘三隻獨木船登陸。

（三）這男女七人即和陸上男女兩人，共同聚居一起，一直傳其後代，以至於今。

陳國鈞〈花蓮吉安鄉的阿美族〉載：（註三二）

　　在一千四百年前，有七位阿美族始祖乘著三隻獨木船，在今仁化村海濱登陸。

本則故事與上一則故事相同，都謂阿美族人最初從海外到台灣，登陸於仁化村（里漏）。

劉斌雄等著《秀姑巒阿美族的社會組織》，中央研究院民族學研究所專刊之八（1965年），記載：（註三三）

　　從前有兄妹二人和他們家人住在 kalapanapanai，一天海水突然來了，把他們的妹妹沖走，他們為了追妹妹坐上了打穀用的方臼，但仍沒追到，結果在 tsilanasan 地方登陸，從此定居。後來他們兄妹成為夫婦。……

本則傳說故事謂有一天海水突然來了，把妹妹沖走，兄妹二人坐上方臼去追趕，但是沒有追到，結果在 tsilanasan 登陸定居。後來這對兄妹成為夫婦。

陳國鈞《台灣土著社會始祖傳說》秀姑巒阿美之創世起源傳說：（註三四）

> 很古時候，有一對兄妹乘一竹筏，自南洋漂流，經過多日，為海浪沖向今之高雄一帶，在今之鵝鑾鼻登陸。二人結為夫婦，生四子二女，後因故，第四子、第五女漂流到今之花蓮豐濱鄉拉瓦山，第六女漂流到花蓮，長子到玉山，父母及次子、三子到今之花蓮田埔。

本則故事與一般之傳說故事迴異，一般阿美族海外來源說謂於東部海岸登陸，本則為登陸於鵝鑾鼻為根本基地，後生子女，因故漂流到了台灣東部海岸。

wu sai〈尋根 pang-cha〉載：（註三五）

> 有一兄妹二人，兄名叫 Sela，妹名叫 Nakaw，駕著獨木舟出海打魚，途中遇颱風，他們隨風浪浮沉，最後飄流到台灣花蓮境內的大港口，於是棄舟登陸，待風浪平息欲返回，卻船破無法再用，乃定居於大港口。兄妹二人為繁衍後代，乃結為夫妻，其後人口增加，才漸漸由大港口遷移發展至靜浦、瑞穗、奇美、花蓮的吉安等地。

目前阿美族之分布：阿美族分布於台灣中央山脈東側，沿太平洋岸的狹長地勢，此區又稱東台縱谷，北自花蓮市附近的奇萊平原，南達台東以南的太麻里，東南到恆春附近。阿美人大部分居住於平地，只有極少數居於山谷中。其居住地形之海拔高度都在 500 公尺以下。本區域流入東台縱谷之河川很多，因短促而湍急，無航運價值，但在縱谷造成三十二處大沖積扇。本區南北氣候略有不同，花蓮市 1 月均溫為 17.2℃，台東市為 18.9℃。7 月份二地均在 27.3℃左右。雨量全年約 2000 公厘，但最大日雨量皆超過 500 公厘。另外日照率之低與日照時數

之少，對此區農作物生長影響很大。歷年襲台之颱風，多數先自東部登陸，損失頗大，而山洪之災也特別嚴重。（註三六）

　　阿美族古稱「阿眉族」，是本島人口最多的原住民族，居住在立霧溪以南的東台縱谷及東海岸平原，包括台東縣的東河、池上、關山、長濱、成功、卑南、台東市；花蓮縣的新城、吉安、壽豐、鳳林、光復、豐濱、瑞穗、玉里、富里及屏東縣的牡丹和滿州，共十九個鄉鎮市。

　　居於此狹長地區的阿美族，又因地域、習俗、語言的差別，分為五群：南勢阿美、海岸阿美、秀姑巒阿美、卑南阿美和恆春阿美。但普通把南勢阿美稱為北部阿美，秀姑巒、海岸合稱中部阿美，卑南、恆春合稱南部阿美。（註三七）

註釋

註一：王嵩山《台灣原住民的社會與文化》，台北，聯經出版公司，2001 年 7 月。
註二：王煒昶主編《山林的智慧》，台灣原住民文化園區導覽手冊，1998 年 5 月。
註三：內政部委託台灣大學人類學系研究《台灣山胞各族傳統神話故事與傳說文獻編纂研究》，1994 年 4 月 30 日。
註四：同註三。
註五：同註三。
註六：范純甫主編《原住民傳說（上）》，台北，華嚴出版社，1996 年 8 月。
註七：同註三。
註八：同註三。
註九：同註三。
註十：林道生〈阿美族的口碑與傳說故事〉，1991 年 12 月載於《東海岸評論》。
註十一：江秀雪〈阿美族奇美社的豐年祭歌舞〉，載於《台灣博物》。
註十二：林秀美〈另一種本土文化：談港口的族群、社會與文化〉，《光寶文教》第 16 期。
註十三：范純甫主編《原住民風情》，台北，華嚴出版社，1996 年 8 月。
註十四：同註三。
註十五：同註三。
註十六：同註三。
註十七：鈴木作次郎《台灣蕃族の研究》，臺灣史籍刊行會，1932 年。
註十八：同註三。

註十九：同註十。
註二十：莊添池《鯤島三字經》，台灣省台中聖賢堂，1995 年 8 月。
註二一：宮本延人著，魏桂邦譯《台灣的原住民族》，台中，晨星出版，1993 年 9 月。
註二二：陳國鈞《台灣東部山地民族》，1957 年台北版。
註二三：阮昌銳《大港口的阿美族》，台北，中央研究院民族學研究所，1969 年。
註二四：同註二一。
註二五：wu sai〈尋根 pang-cha〉，載於《再生的土地》。
註二六：邱上林〈阿美族巡禮〉，《台灣月刊》129 期，1993 年 9 月。
註二七：陳國鈞〈花蓮吉安鄉的阿美族〉（上、下），《大陸雜誌》14 卷第 8、9 期。
註二八：同註二七。
註二九：同註二七。
註三十：同註二七。
註三一：同註二七。
註三二：同註二七。
註三三：同註三。
註三四：陳國鈞《台灣土著社會始祖傳說》，幼獅書店，1964 年。
註三五：wu sai〈尋根 pang-cha〉，《常民文化通訊》第 5、6 期，1997 年春。
註三六：姚德雄《九族文化村》，日月潭九族文化觀光事業公司，1989 年 11 月。
註三七：同註三六。

阿美族洪水與太陽神話口傳文學

第三章

「齊塔魯」即太陽，給與人及動植物生命，也被認為是 kawas。……
「布拉道」（布拉斯）即月亮，是男神。（註一）

一、阿美族洪水神話

《蕃族調查報告書》阿眉族海岸群（1915 年），佐山融吉著，黃文新
譯：（註二）

> 洪水後由地中噴出熱泉，全社幾乎瀕臨絕滅，當時有兩兄
> 妹正在搗粟，看到來勢洶洶的水，跳入臼中任水漂流，終於漂
> 到一高山。……

本傳說故事謂洪水之產生是由於「地中噴出熱泉」，造成洶湧波濤
的洪水，只有正在搗粟跳入臼中任水漂流的一對兄妹，漂到一高山。本
則故事所稱的「臼」，可能是「木臼」。

范純甫主編《原住民傳說・搗粟的兄妹》載：（註三）

> 阿美斯南勢部落的狩獵地，叫里那哈木。這裡流傳著這麼
> 一個故事。那是很久很久以前，里那哈木洪水泛濫，洪水淹沒
> 了整個部落。當洪水暴發時，有兄妹兩人正在屋舍前搗粟。他
> 們忽然看見洶湧而來的洪水，一時無法躲避，就慌忙躲進石臼
> 裡，兄妹兩人在石臼裡，隨著水浪飄呀飄呀，也不知道過了多
> 少時間，他們被漂到一個高山上。過了幾天，洪水退了。他們
> 下了高山往南走，來到了花蓮港溪邊。這裡溪流湍急，兄妹無
> 法過溪，又朝西方向走去。他們過了一山又一山，終於來到一
> 個名叫娜努馬安的地方。這裡氣候好，土壤也好，兩人就在這
> 裡定居下來，結為夫妻。初到娜努馬安的時候，沒有火種，兄
> 妹倆十分煩惱。他們取來野藤與樹木，試了試用摩擦能不能取
> 火，結果不頂用，取不出火來。於是兄妹倆又請一種名叫塔塔
> 特尤的小鳥去尋找火種。小鳥展開翅膀向東方飛去。過了一些
> 時候，小鳥果然叼著火種飛到來了。小鳥眼看快到海岸了，高
> 興地叫了一聲。這一下，火種就掉進了海裡。這時，海面上浮

動著一群小蟲。小蟲接過火種，向海灘游來。可是，小蟲游得很慢，火種就在海面上熄滅了。兄妹倆眼看著火種熄滅了，十分惋惜。一天，兄妹倆在舂米時，石杵與石臼相碰過猛，跳出火星。兄妹倆心頭一亮，就取來乾枯的落葉，然後用一塊石頭碰擊另一塊石頭，引出了火苗。從此，他們學會了擊石取火了。不久，他們生下一男一女，就把擊石取火的辦法傳給孩子。

本故事是那哈木部落洪水氾濫整個部落的故事，當時成功逃難而存活下來的一對兄妹，是乘坐「石臼」漂流逃難，被漂到一個高山上。本故事的逃難工具是「石臼」，與其他以「木臼」為逃難工具不同。他們也發明了「擊石取火」的方法。

杜而未〈阿美族的故事與傳說〉，《考古人類學刊》（1984 年）：（註四）

> 從前有二兄弟殺死其父，母親為懲罰他們，要他們五日不吃飯，作為五日工為贖罪，還要去山上找年幼的壯鹿，殺死敵眾獵取人頭。他們一一照作了，便要祭祀這些人頭，哥哥穿戴好衣服，站在門口大叫及跳，就上了天；弟弟亦隨之上天，母親也上了天。他們便成了天上的星辰。家中只剩一個女兒，她結婚生下一男一女，過了十幾年後，天降天雨四十天，將大地淹沒，只有那兄妹二人存活。因無他人，所以他們成了夫妻生下二個女兒。……

本傳說故事謂古代曾有天降天雨四十天，將大地淹沒了，只有一對兄妹存活。他們結成夫妻，開始重新繁衍人類。

劉斌雄等著《秀姑巒阿美族的社會組織》，中央研究院民族學研究所專刊之八（1965 年），記載：（註五）

> 從前有一對天神住在 taurajen，在祂們的北方居住另一對夫婦和他們的子女。一日天神向凡人討鹿被拒後，惱羞成怒引發洪水，洪水來時，那對兄妹正在山上玩，正好看見一個木臼，就坐上它逃難，最後飄流到 tsilanasan 的地方，居住於樹洞，

吃野草和野菜為生。……

本則傳說故事謂古時候洪水氾濫的起因，源於有一天，「天神向凡人討鹿被拒後，惱羞成怒引發洪水」。此次災難倖存者只有一對兄妹，他們乘上木臼逃難，最後飄流到 tsilanasan 的地方，居住於樹洞，吃野草和野菜為生。

李卉〈台灣及東南亞的同胞配偶型洪水傳說〉，《中國民族學報》（1955年）：（註六）

> 太古時，這一帶地方有許多人居住。有一天，天降大雨洪水起，只剩下姊 avas-matsitar 和弟 tsilhang 二人坐上木臼隨水漂流到荳蘭社的西邊 kakong 山上，因無食可吃，只有抓頭上的蝨子果腹。

本傳說故事與荳蘭社有關。古時候，天降大雨洪水起，只有姊弟二人坐上木臼隨水漂流到荳蘭社的西邊 kakong 山上，因無食可吃，只能抓頭上的蝨子果腹。

《蕃族一班》（1916年），警察本署著，黃文新譯：（註七）

> 上古稱 sabato loku 男子和 bauaihabu 女子，從天用黃金造的梯子下降至 tabira 溪上游的 taurayan 山上，後生二子，兄為 gura，妹為 nakau。……後經過一段時間，sura 和 sakau 在外遊玩回家，發現父母不見了，……突然間大洪水出現，二個小孩急忙跳上木臼，隨波漂流，漂到人仔山邊，定居下來。……

本傳說故事中的兄妹，即為後來阿美族人的祖先。他們所搭乘的逃難工具是「木臼」。

林道生《台灣原住民族口傳文學選集》載奇密社〈阿美族的起源〉：（註八）

> 從前，住在天上的父神和母神，有一次命令他們的男孩卡克毛朗和女孩余萊哈布兩位年輕的男女神，從天上降到桃拉楊。父神把孩子們召到面前說：「孩子呀！你們要到地上去。你們要帶著豬、鹿、老鷹、伯勞鳥，還有我最喜歡的耶鳥。」

又說：「你們不要害怕，不會有危險的。如果遇到流浪的惡神卡維魯和他的妻子阿卡，要欺負你們也用不著害怕。孩子呀！你們去吧！」於是，年輕的男神卡克毛朗和女神余萊哈布，遵照父神的命令，從天上降到桃拉楊（玉里的三笠山）。卡克毛朗和余萊哈布神在三笠山，很快地度過了三年。有一天，早先就降到地上的布拉特和娃娃南夫妻神，用他們的翅膀飛呀飛地飛到了桃拉楊來打獵。不意中經過卡克毛朗神的家，他們在屋簷下停下來往裡面一看，發現棚架上有許多不知名的動物，便好奇地問他們：「那是什麼動物呀？」卡克毛朗神回答：「這是鳥，伯勞鳥和耶鳥。」布拉特和娃娃南聽都沒聽過，驚訝的趕緊回去告訴卡維魯神和阿卡神說：「伯父，有個家的棚架上有三隻鳥，院子裡有花鹿，水鹿，還有小豬在漫步。」卡維魯神說：「如果你們那麼喜歡那些動物的話，你們為什麼不去向他們交涉要一隻回來呢？」於是，布拉特神和娃娃南神便再去卡克毛朗家，把伯父卡維魯神的話轉告了他們。卡克毛朗神不客氣地回答：「不行。你們是未被父母神允許，自己偷偷降到地上的流浪漢，父母神才不會給你們花鹿和小豬，你們當然什麼也沒有了。」聽了卡克毛朗神的話，布拉特神和娃娃南神很失望地回去告訴伯父。卡維魯神說：「他們真的那麼吝嗇的話，讓我去請海鰻之母神幫個忙吧！」卡維魯說完便往東海去請教海鰻之母神葛遜·馬特拉。海鰻母神聽了卡維魯神的報告後說：「既然卡克毛朗和余萊哈布夫妻那麼吝嗇的話，讓我來處理。到了滿月那天，你們如果聽到了『俄、伊、俄、伊』的聲音，要趕快逃到山頂上去避難。」到了滿月。海鰻之母神帶著他的的族群來了，他們發出「俄、伊、俄、伊」的聲音，布拉特神和卡維特神趕緊逃避到山頂上去。這時，卡克毛朗神夫妻也聽到了「俄、伊、俄、伊」的怪聲，雖然不知道發生了什麼事，卻也由於聲音之不尋常而直覺地感覺到有危險，因此立刻呼

喚他們的孩子：「斯拉！娜考！」可是孩子們不知道到那裡玩耍，一點回音也沒有。因此不得不留下兩個孩子，自己逃回天上去躲避。很快地，大地湧起了洪水。還在玩耍的斯拉和妹妹娜考說：「這到底是怎麼一回事呀！這麼多的水是打從那裡來的呢？」洪水來得太突然了，兄妹兩人趕緊跑回家，卻找不到父母神。心裡很焦急，這時候洪水已經逼到屋子裡來，兄妹兩人在心急之下跳到白上面，被洪水沖到屋外，又漂流到汪洋大海。過了幾天，風浪才平息下來，大海把他們漂流到基拉卡山。又過了幾年，斯拉神和娜考神，都長大成人而結為夫妻。頭胎生了達邦‧馬斯拉、第二胎生了杜麥‧馬斯拉、第三胎生了女的達哈露、第四胎生了札勞‧巴奈海和娜考‧阿倫的一男一女。他們就是阿美族的祖先。

本則傳說故事的情節要述如下：

（一）天上的父神和母神命令他們的男孩卡克毛朗和女孩余萊哈布兩位年輕的男女神，從天上降到桃拉楊。

（二）卡克毛朗和余萊哈布兩位男女神帶著豬、鹿、老鷹、伯勞鳥及耶鳥降下凡間。

（三）卡克毛朗和余萊哈布兩位男女神住在凡間的第三年，早先就降到地上的惡神布拉特和娃娃南夫妻，飛到了桃拉楊打獵，無意中經過卡克毛朗神的家，發現祂們的棚架上有許多不知名的動物。

（四）後來，惡神布拉特和娃娃南夫妻，又再度來到桃拉楊，想要一些動物。卡克毛朗神因為祂們是偷偷降到地上的流浪漢，所以一隻也沒給。

（五）惡神布拉特和娃娃南很失望地回去告訴伯父卡維魯神。

（六）惡神卡維魯便往東海去請教海鰻之母神葛遜‧馬特拉。

（七）海鰻之母神葛遜‧馬特拉告訴惡神卡維魯「到了滿月那天，你們如果聽到了『俄、伊、俄、伊』的聲音，要趕快逃到山頂

上去避難」。

（八）到了滿月，當傳來「俄、伊、俄、伊」的聲音時，卡克毛朗神夫妻直覺地感覺到有危險，便呼喚他們跑去玩耍的孩子：「斯拉！娜考！」但是一點回音也沒有，不得不留下兩名孩子，自己逃回天上去躲避。

（九）兩兄妹見不到父母，洪水已經逼進屋子裡來，兄妹兩人跳到臼上面，任其漂流，最後漂流到基拉卡山。

（十）他們長大結為夫妻，頭胎生了達邦・馬斯拉、第二胎生了杜麥・馬斯拉、第三胎生了女的達哈露、第四胎生了札勞・巴奈海和娜考・阿倫的一男一女。他們就是阿美族的祖先。

林道生《台灣原住民族口傳文學選集》載〈兄妹漂流到奇拉雅山〉：（註九）

　　很久以前，那是一個很古老的年代，在遙遠的地方有一個自稱為邦札的民族阿美族。他們一代代努力耕作，快樂地打獵又捕魚，過著無憂無慮的生活。有一年的夏天，在一個叫做奇拉雅山的邦札部落裡，一位十來歲名字叫作杜吉的少年，正在家裡照顧妹妹拉拉紺。他還像往常一樣地捆綁著稻穗，把它擺放在獨木舟旁邊曬太陽。農忙期杜吉總是在家幫忙這些瑣事。忽然，天空烏雲密布，雷雨交加，一陣暴風雨，大水從山上傾盆而下，海邊大浪升高，變成海嘯衝上部落，不一會功夫，整個部落已是汪洋一片。就在危急的剎那，聰明又機靈的杜吉抱起被暴風雨跟大水嚇得大叫的妹妹拉拉紺，往漂浮著的獨木舟一跳，隨波逐水漂流出屋外，漂流到大海洋中去了。獨木舟在驚濤駭浪中也不知道過了多少個日子，當兄妹兩人筋疲力盡地醒來，大太陽正曬得他們皮膚發痛，四周的大海是一片風平浪靜。哥哥杜吉撈起舟邊漂浮著的柿子、龍眼、檳榔、香蕉，一切能吃的東西充飢。一天又一天地任憑大海把獨木舟漂流著。有一天早晨，當妹妹拉拉紺哭得把哥哥杜吉給吵醒了。杜吉一

看，四周已經不是大海了。他們的獨木舟擱淺在沙灘上，眼睛所看到的是青翠的山嶺，許多飛禽走獸。「哦！太好了。」杜吉高興得叫起來。杜吉把獨木舟推放到一個岩洞裡，和妹妹兩個人開始了新生活。幾年過去了，少年的杜吉長成健壯的青年，年幼的妹妹長成婷婷玉立的少女。兄妹兩人居住在島上雖然沒見過其他的人，但是心中相信大地上一定還居住著其他的人。因此兄妹兩人決定分別從南北方向去探查。這樣又過了數年。有一天，當杜吉站立在高崗上眺望這個美麗的島嶼時，看見遠處的海邊還有一位矯健的身影在浪裡戲水。杜吉高興地快步奔向海灘一看，原來是美麗大方的小姐，而且兩人的語言相通。兩人朝夕相處在一起，日久生情，終於結婚成為夫妻。不久，他們才知道原來兩人是從前相依為命的兄妹，而決定回到他們漂流到這個島嶼時獨木舟擱淺的海灘，建立永久的家，並且把屋後的山取名為奇拉雅山，以紀念遙遠的故鄉。（註：奇拉雅山就是現在的花蓮縣豐濱鄉八里灣地方，相傳為阿美族的發祥地）。當年，他們漂流在海上時，撿來充飢的果實柿子、龍眼、檳榔的種子播種後也長成大樹結成纍纍果實。又過了幾十年，杜吉終於年老去世，他的家人照他的遺囑做古老家鄉阿美族的習俗，遺體順著銀河、頭朝向南方的故鄉下葬。這樣的埋葬習俗與祭祖的方式一直在阿美族的部落傳下來。同時阿美族之喜歡在住家四周種植檳榔、龍眼、柿子、香蕉等，也是杜吉從遙遠的老故鄉奇拉雅山帶來而代代相傳下來的。今天，阿美族人在每年的七、八月間舉行豐年祭及海祭，便是祭祀祖先最重要的祭典儀式。

本則傳說故事的情節要述如下：

（一）這是奇拉雅山阿美部落的傳說故事。

（二）有一年夏天，十來歲的少年杜吉在家裡照顧妹妹拉拉紺，他捆綁著稻穗放在獨木舟旁邊曬太陽。

（三）突然發生洪水，大地汪洋一片。杜吉抱起大叫的妹妹拉拉紺，往漂浮著的獨木舟一跳，漂流到大海洋中。

（四）洪水退後，杜吉與妹妹拉拉紺，開始過著新的生活。

（五）數年過了，杜吉長成健壯的青年，妹妹長成婷婷玉立的少女。兄妹兩人相信島上一定還居住著其他的人，因此他們就分別從南北方向去探查。

（六）又數年過去了，有一天，杜吉在高崗上發現有一位矯健美麗的身影在海邊戲浪，飛也似地奔去，朝夕相處，日久生情，終成夫妻。

（七）後來，他們才發現他們就是曾經相依為命的兄妹，於是回到他們最初漂流到這個島嶼時獨木舟擱淺的海灘，建立永久的家，並且把屋後的山取名為奇拉雅山，以紀念遙遠的故鄉。

（八）如今，阿美族人在每年的 7、8 月間舉行豐年祭及海祭，便是祭祀祖先當年夏天遭遇洪水氾濫漂流到這個島嶼的奮鬥精神。

王崧興〈馬太安阿美之宗教及神話〉載：（註十）

　　洛巴拉奧認為要把神的世界改做人的世界，就應起大水將一切毀滅才可以，故在第十五代發生大洪水。第十四代的馬耀（Majau）與烏納克（Unak）被水淹死而變成星星。他們的弟妹畢如卡繞（Pirukavau）與馬若基若克（Marokirok）乘一木臼上帶些小米，一直漂流到馬太安西北的鳳林山頂上。兩兄妹為繁延後代，只好結為夫婦，但又怕胸與腹部接觸而破壞禁忌，故一直不敢發生性關係。直到有一天，畢卡繞打到一隻鹿，把鹿皮晒乾，在中間挖一個洞，遮住其妹的身體才發生關係，生了法希（Vasi）等子女，他們後來成了各部族的祖先。

二、阿美族太陽神話

王崧興〈馬太安阿美之宗教及神話〉載馬太安的故事：（註十一）

　　遠在還沒有天地的時候，出現兩個神，男神稱「馬勒雅

普」（Marejap），女神稱「馬斯汪」（Maswang），那時整個宇宙是黑暗的。祂們生有一子一女，男的叫「阿拉揚」（Arajang），女的叫「馬哈勒歐」（Mahalengo）。阿拉揚變成了天，天因而稱作 Karajang。有了天之後，天如同一面鏡子照下，因而產生「Alengo」（即影子或靈魂），馬哈勒歐可以說就是靈魂之神。阿拉揚和馬哈勒歐的子女有好幾位，分別是女神「米哈色勒」（Meahsele）、男神「阿納費耀」（Anavejau）、女神「豆娥」（Donge）以及「洛巴拉奧」（Lopalangau）。其中洛巴拉奧最為重要，祂命阿拉揚變成天，米哈色勒變成太陽，阿納費耀變成月亮。而人的生命是由豆娥創造的。但是那被命作天神、太陽、月亮的三位神祇都不願遠離上升，於是洛巴拉奧便與馬勒雅普商量，認為非造山來撐開天地不可。山造好了，但高度有限，不能造得更高。洛巴拉奧遂造萬物。萬物造好了，祂召集眾鳥給牠們命名，同時要求牠們把天撐高。由烏鴉先試，結果不成；再由鳶、鷲等鳥類先試，也都不行。最後，烏秋來了，當牠叫「達啾嘟拉普，達啾嘟拉普」時，天才慢慢上升。升到三分之一高時，烏秋累了，請別的鳥類來幫忙繼續撐高，但牠們仍舊不行。烏秋休息後再來，又把天撐高三分之一。烏秋又說累了，再請別的鳥類來試試，還是不成。最後，烏秋又來把天撐高到現在的高度。洛巴拉奧量了一下，認為高度已夠才停止。天上升了，但太陽卻從不落下，經「茲洛姆」（Tslum）神要求後才落向南方。太陽從北方出來落向南方是比較長的，一天需要午飯三次，因此洛巴拉奧把它改成由東方出而落向西方。洛巴拉奧又命月亮有圓有缺，使人們知道月的循環。循環一次是一個月。洛巴拉奧再命太陽在「伊禮信」（ilisin）祭典過後往南方，月亮往北方，故伊禮信之後晝短夜長。當天上升而太陽、月亮的循環正常後，眾神仙跳舞慶祝。這時候，洛巴拉奧就召集眾神，分配祂們為各種植物之神，所

有的植物在這時候都出現了。洛巴拉奧因見動物沒有食物，故將其中若干植物變成動物的植物，後來這些植物也就變成人類吃的野生植物。此外，洛巴拉奧也把一年分為三季十一個月，並把每一個月的行事作為加以規定。

這是典型的開天闢地神話，⋯⋯撐開天地的宇宙神話，是遠古族群理解宇宙構造的共同母題，是人類解釋空間存在的神話思維；而時間的循環推移，乃是空間安排後才逐步被規定的。值得留意的是，開天闢地的事，對馬太安的阿美人來說，並不是單由神力所能達成的：洛巴拉奧無法單獨迫使天神、太陽和月亮上升，烏秋擔負了這個艱鉅的任務。（註十二）

註釋

註一：古野清人著，葉婉奇譯《台灣原住民的祭儀生活》，台北，原民文化，2000年5月。

註二：內政部委託台灣大學人類學系研究《台灣山胞各族傳統神話故事與傳說文獻編纂研究》，1994年4月30日。

註三：范純甫主編《原住民傳說（上）》，台北，華嚴出版社，1996年8月。

註四：同註二。

註五：同註二。

註六：同註二。

註七：同註二。

註八：林道生《台灣原住民族口傳文學選集》，花蓮縣立文化中心，1996年6月。

註九：同註八。

註十：王崧興〈馬太安阿美之宗教及神話〉，《民族學研究所集刊》第十二期，中央研究院，1961年。

註十一：同註十。

註十二：孫大川《台灣原住民之想像世界》，文化建設委員會，1997年6月。

阿美族巨人、
大力士口傳文學

第四章

一、阿美族巨人口傳文學

　　李嘉鑫〈芳寮部落絕無僅有〉載：(註一)

　　　　相傳「阿禮嘎蓋」是一種與阿美族為敵的巨人，雙方在古
代曾經戰爭過好幾次，「阿禮嘎蓋」人除了身材高大以外，更
擅長一種能夠「變身」的巫術，經常化身為許多阿美族婦人的
丈夫或戀人，到處占女士便宜，讓阿美族恨之入骨。

　　這是壽豐鄉芳寮部落的傳說故事，本故事敘述古代曾經有過叫做
「阿禮嘎蓋」的巨人，經常騷擾阿美族婦女，阿美族人恨之入骨，曾與
其多次戰爭。

　　本故事情節要述如下：

　　(一)「阿禮嘎蓋」是巨人，與阿美族人為敵。

　　(二)「阿禮嘎蓋」巨人擅長「變身」的巫術，經常化身為阿美婦人
　　　　之丈夫或戀人，占其便宜。

　　(三)阿美族人對於「阿禮嘎蓋」巨人恨之入骨，雙方在古代曾經開
　　　　戰過好幾次。

　　林道生《台灣原住民族口傳文學選集》載〈美崙山上大戰巨人阿里
卡蓋〉：(註二)

　　　　在很久很久以前，花蓮的美崙山上居住著一群巨人，身材
高大，會施法術，遊手好閒的壞人阿里卡蓋。因此居住在美崙
溪南岸的山（註：現在的花崗山）及海岸（註：現在的南濱）
的阿美族部落，不斷地發生稀奇古怪的事件。有一次，部落的
一位婦女，跟往常一樣地帶著她的七、八歲大女兒和出生才數
個月大的寶寶去田裡工作。媽媽要大女兒巴奈在樹下看顧寶
寶，自己下田去工作。到了寶寶該餵奶的時間，媽媽放下手邊
的工作來到樹下，要巴奈把寶寶交給她餵奶，巴奈卻很奇怪地
問媽媽：「不是剛剛才餵飽了嗎？怎麼這麼快又要餵了呢？」
媽媽被大女兒這麼一問也覺得很奇怪，到田裡工作之後還沒餵

寶寶呀？怎麼巴奈會這麼奇怪的問呢？媽媽心中納悶，但是也不知道是怎麼一回事。當她把寶寶抱過來時才發現情形不妙，寶寶不但身體絲毫不動，連腹部也凹陷下去，已經死了。事情在部落傳開了，族人都覺得奇怪而害怕。但是，又不知道該怎麼辦是好。不久，部落又發生了怪事。有些婦女，當他們的丈夫出去工作自己留在家時，太陽未下山丈夫卻提早收工回來，並且要求妻子行歡。過後太太昏昏睡著了，等到醒來時丈夫並不在床上，還在奇怪時丈夫又回來了，說話的口氣也不像剛才回來過又出門的樣子。可是，做太太的也不知道先前回來的那一位到底是誰？當然也不敢問丈夫。部落裡，奇怪的事件繼續地發生。河裡原先不怎麼豐富的魚蝦近來卻無緣無故地增加了，男人小孩們都去捕魚。留在家裡的婦女只是覺得今天的時間過得特別快，一下子就中午了，不一會太陽又下山了。男人們手牽著小孩提著裝得滿滿一籃子的魚蝦回來。一家人吃過豐盛的晚餐後，一個個倒在床上睡著了。過了些時候，婦女們被一陣吵雜的聲音吵醒了，可是她們的丈夫和孩子並不在床上。這時太陽又從窗戶射了進來，真奇怪，剛才不是已經天黑了，一家人都吃過晚餐才睡覺的，怎麼現在太陽又要下山了？真奇怪？家家戶戶這才感覺到事情的不尋常而恐慌害怕起來。整個部落的每一個人都深深知道，寧靜的生活已經受到威脅而要求頭目設法解決。頭目首先命令大家把嬰兒、小孩、婦女們集中在集會所，派壯丁日夜守護，因此，部落裡也有了幾天的平安。可是，幾天過後，有一個阿里卡蓋忍受不住，自己從美崙山上下來，渡過美崙溪，來到阿美族的部落，把集會所的屋頂敲破一個洞，伸入他那巨大的長臂要捉嬰兒充飢。不料被守護的阿美族壯丁發現，幾個人用粗繩子套住了巨人阿里卡蓋的臂用力的拉，「叭啦」地一聲，阿里卡蓋的巨臂被拉斷了，變成一支巨大的木柴，流的紅血不一會也變成一灘水。阿里卡蓋不

但逃了，而且一點也不害怕逗著說：「拉吉、拉瓦、吉里卡山，山上多的是木柴，撿一支裝上去，又是一隻好手臂！」阿美族的壯士雖然打斷了阿里卡蓋的手臂。可是根本傷害不了他，因為阿里卡蓋用法術輕易地以木柴接成新的手臂，這使阿美族人大為害怕。因此各部落的頭目不得不採取聯合行動，商議討伐阿里卡蓋的方法，並且推舉大頭目馬拉葛·巴力克為各部落聯軍統帥。從各部落挑選出年齡階級一、二級為中心的精英，南北區各一千人，立即施以嚴格的快跑、長跑、撐竿跳（渡美崙溪之用）、射箭、刀術、摔角、擲石頭、拔河、負重競走等九項戰技訓練。幾個月的戰技訓練過去了。統帥馬拉葛把兩千精英分為南北軍：南軍取名為「力固大」，象徵勇敢、雄壯，北軍取名為「拉力氣」，象徵精誠團結。天未亮，統帥大頭目馬拉葛把兩千大軍集結在美崙溪畔，舉行「出戰祭」求神幫助打倒巨人阿里卡蓋。接著戰鼓聲「咚咚」響起，統帥以北軍拉力氣打前鋒，南軍力固大殿後。一聲攻擊令下，受過嚴格訓練的北軍拉力氣用彈弓射出了千萬粒卵石，一時之間天空「咻咻」作響，卵石飛衝到美崙山「轟轟隆隆」地，阿里卡蓋的房舍被石頭擊中而震天嘎響，倒塌了不少。可是，很奇特地，不一會卻傳來一群阿里卡蓋的恥笑聲：「哈哈哈，辦家家酒，小孩子打仗呀！」這一陣可把阿美族人羞辱得氣壞了，敵人在猛烈攻擊之後竟然恥笑是小孩子打仗。不過，仔細一看也真是的，阿里卡蓋們不但不閃躲石頭，有的還故意用身體去碰石頭而好玩地笑起來。大頭目馬拉葛失望地下令撤退。第二天，再度發動攻擊。這次以南軍力固大打前鋒，用弓箭攻擊，一時美崙山上飛箭如雨。可是，阿里卡蓋們仍然好玩地爭著用身體來接這些從天上飛來的箭，根本就沒有人受傷，而且個個都開心地「哈哈」笑著玩。看了這情形的大頭目馬拉葛，除了失望還覺得這一仗打得真丟臉。不得已又下令撤兵回部落去開會商討對策。

有人在會議上建議，阿里卡蓋既然是木頭作成的，單用弓箭、石頭是打不倒他們的，應該改用火箭，就是在箭頭沾油點火來打他們，把他們燒個精光，大家覺得很有道理，因此動員全部落的婦女們也連夜幫忙製作火箭。第三天清晨，兩千名阿美族的精兵每人攜帶十支火箭在美崙溪畔排開，統帥的大頭目馬拉葛下達了攻擊令，第一波的二千支火箭「咻咻咻」地劃過天空飛向美崙山，第二波、第三波，兩萬支火箭都衝向美崙山，可是很不可思議地，這些帶著火光的箭在飛到阿里卡蓋頭頂很近的時候，火都熄滅了，因此傷不了敵人。換來的又是一陣嘲笑聲而已。大頭目馬拉葛，第三次下令撤兵。兩千名阿美族精兵都垂頭喪氣地走回部落。從美崙山上又傳來一陣陣的嘲笑聲。回到部落再度召開頭目會議的時候，再也沒有人說話了，因為大家都不知道怎麼辦才好？好像阿美族的末日就要到了。但是，大頭目馬拉葛知道，與阿里卡蓋的戰爭是那麼地重要，這是阿美族的生死之戰，總不能就這樣不打了，讓阿里卡蓋把阿美族給消滅了。因此，大頭目用堅決的口氣向頭目們宣布：「不管怎樣，我們都要奮戰到底，這是我們阿美族人生死存亡的戰爭。明天，我們要拂曉攻擊，我們不再從遠處躑石頭、射箭攻擊敵人。我們要每一個人都揮著大刀衝到美崙山上敵人的陣地，直接與敵人肉搏戰。」頭目們接受了統帥的命令，回到自己的部落要勇士們磨刀準備。天快亮的時候，大頭目馬拉葛親自領軍站在最前頭，在「衝呀！殺呀！」的勇猛殺聲中撐竿跳過美崙溪衝上美崙山上。殺聲震響了整個美崙山。阿美族的勇士們個個揮刀砍向阿里卡蓋的脖子。可是沒有一個阿里卡蓋被刀砍傷，反而用手指輕輕一碰，阿美族的勇士就倒了下來，不是死了，就是受傷。大頭目馬拉葛一看不妙，趕緊下令撤退，帶走陣亡勇士們的屍體，背負著受傷的同胞渡過美崙溪回到部落。美崙溪水不再清澈，整個地被阿美族勇士們所流的鮮血染

紅了。各個部落都停止了戰鬥的準備，大家都失去了信心。任由更囂張的阿里卡蓋在各個部落危害老弱婦孺，也沒有人膽敢反抗。可憐的阿美族人就這樣地過著打敗仗暗無天日的痛苦生活。有一天，悲傷的大頭目馬拉萬，一個人孤獨的來到海邊。他看著大海，腦子裡是一片空虛。他躺在沙灘上看藍色的天空，朵朵白雲，不知不覺睡著了。不一會，大頭目馬拉萬做了一個夢。海神卡費站在海浪中親切地對他說：「孩子呀！你要知道，你的敵人阿里卡蓋不是像你那樣屬於有肉體的人類，你的作戰方法完全不足以對抗他們。明天你就用你們祭典中不可缺少的波羅（註：porog 蘆葦布絨）攻打他們吧！」海神卡費說完就消失在大海裡。大頭目從夢中驚醒過來。跪在沙灘上謝了海神之後，飛奔回去部落，召集各個頭目，轉告了阿美族最崇拜的海神卡費，在夢中指導他戰勝阿里卡蓋的祕訣。各個阿美族部落連夜總動員去砍蘆葦作成絨箭，集中在美崙溪畔，部隊攻擊前集結的地方。大家磨拳擦掌，等待天一亮，要發動的神奇攻擊。天要亮了，大頭目馬拉萬站在隊伍前方，把一支最長的 porog 箭插在地上，帶領眾人仰天祭拜天上的守護神馬拉道，又面向大海告祭海神卡費，祈求保祐這一仗的勝利。祭儀結束，天也亮了。大頭目馬拉萬高舉著他的 porog 箭大聲地下達攻擊令：「弟兄們！反攻的時機到了，大家勇敢地衝呀！殺呀！」戰鼓「咚隆咚」地響起。殺聲響徹了美崙山。但是，這一次並沒有聽到巨人阿里卡蓋們的嘲笑聲。就在這個時候，阿里卡蓋的領導人已經一個箭步地跪在大頭目馬拉萬跟前求饒地說：「哦！阿美族偉大的大頭目呀！請你饒了我們吧！我們只是身體巨大的小人，請不要用 porog 箭把我們趕盡殺絕，我現在就代表所有的阿里卡蓋向你無條件投降，我們馬上離開美崙山，從海上回去我們的老家，永遠不再回來，偉大的大頭目！」仁慈的大頭目馬拉萬答應了巨人阿里卡蓋的求饒，讓他平安地

離開。不一會，從海邊又傳來阿里卡蓋的領導人聲音：「偉大又仁慈的大頭目馬拉蕆：要記得每年的今天率領你的族人，帶著檳榔、米酒、都論（糯米糕）來這裡祭你們的海神，一定可以捕到許多魚蝦！」巨人阿里卡蓋們走了，大地又歸於和平，部落裡的阿美族人又過著快樂的生活。

這一段阿美族祖先犧牲奮鬥戰勝巨人阿里卡蓋的英勇事蹟，一代代傳下來，演變成阿美族夏天稻米收割完後重要的豐年祭典及海祭。當年為了攻打阿里卡蓋的九項體能戰技訓練：快跑、長跑、撐竿跳、射箭、刀術、摔角、擲石頭、拔河、負重競走等，在今天的阿美族豐年祭當中也大都繼續在舉行，以訓練年輕人的刻苦耐勞精神。（註三）

二、阿美族大力士口傳文學

花蓮縣壽豐鄉「水璉」村番薯寮溪的第十八號橋，有一則「遺勇成林」的故事：（註四）

相傳古代阿美族有兩位大力士，共同追求一位美女，兩人僵持不下，相約在此比賽撐竿跳，誰能跳過峽谷上空，就能贏得美人，結果兩人都通過考驗。第二次比賽，是兩人分別站在花蓮市和瑞穗拋石頭接球，同樣不分上下。今天在舞鶴台地所見的石柱，就是當年拋石比賽的遺物。十八號橋下北岸懸崖所看到的竹林，也是那次撐竿跳所插入土的竹竿長成的。

本傳說故事兩位大力士，因為同時愛上一位美女，因此就以比賽來定奪：

第一次比賽的項目是撐竿跳，結果兩人都跳過了峽谷上空，如今十八號橋下北岸懸崖所看到的竹林，就是那次撐竿跳所插入土的竹竿長成的。

▲ 阿美族雄壯的男子花燈（2014 太平洋燈會）／田哲益提供

第二次比賽的項目是拋石頭接球，結果兩人也未能分出勝負，今天在舞鶴台地所見的石柱，就是當年拋石比賽的遺物。

　　本故事中，兩位同時愛上一位美女的大力士，兩次比賽都不分軒輊，不知最後哪一個人獲得了美人的芳心？

　　另載一則：（註五）

　　　相傳古代布農族人，從南投翻過中央山脈來到花蓮時，曾經前進到番薯寮與阿美族爭地。雙方衝突許久，最後同意以非暴力的體育競技一決高下，只要有一方能跳過番薯寮峽谷，就可取得這片土地。結果短小精幹的布農族，敵不過擅長體育運動的阿美族，有許多參與競技的布農勇士墜落谷底粉身碎骨，最後只好依照約定，黯然退出番薯寮南下。

　　本故事是屬於體育健將競技的傳說。故事情節要述如下：

（一）布農族人從南投翻過中央山脈到花蓮前進至番薯寮與阿美族
　　　爭地。

（二）布農族與阿美族雙方爭地衝突許久，最後以能夠跳過番薯寮
　　　峽谷者，即可取得這片土地。

（三）許多參與競技的布農勇士墜落谷底且粉身碎骨，比賽結果阿
　　　美族獲勝，奪回土地。

註釋

註一：李嘉鑫〈芳寮部落絕無僅有〉，「台灣部落之旅」，《中國時報》，1999年3月19日。

註二：林道生《台灣原住民族口傳文學選集》，花蓮縣立文化中心，1996年6月。

註三：同註二。

註四：李嘉鑫〈芳寮部落神話傳說〉，「台灣部落之旅」，《中國時報》，1999年3月19日。

註五：同註四。

阿美族變異
口傳文學

第五章

一、阿美族人變鳥傳說故事

林道生《台灣原住民族口傳文學選集》載奇密社〈變了鳥的女人〉：
（註一）

從前，在奇密社的部落住著阿卡及柯馬兩家人。春天到了，該是春耕的時候。兩家的孩子們一大早就一道去田裡耕作。到了太陽昇上來的時候，阿卡跟太太也趕緊帶著剛剛準備好的餅及肉來到田裡。中午休息吃飯的時候，一家人切著肉吃飯，可是柯馬的孩子哈娜，好像只是在休息，並沒有吃東西。第二天的中午也是如此。第三天，阿卡覺得奇怪而開口問柯馬家的孩子哈娜，這才知道柯馬家的孩子三天來都沒有帶中飯，要他一起吃飯也不肯。阿卡追問了個究竟，原來是哈娜的繼母不給她準備午餐，平常也對他不好，一天吃兩餐，也不給他吃飽，只要求他做許多的工作。說完了自己的遭遇，柯馬的孩子哈娜又難過又生氣的說：「今天起我再也不回家了！」到了中午休息的時候，柯馬的孩子哈娜自己說是要到旁邊的樹底下去，為的是要大便。不一會，傳來了「ㄆㄧㄅㄧㄆㄚㄌㄚ」的聲音。朋友問他：「你在做什麼呀？」柯馬的孩子哈娜回答說是在拉肚子。其實，那「ㄆㄧㄅㄧㄆㄚㄌㄚ」的聲音是，柯家的孩子哈娜正用力地在扯斷自己衣服的袖子。把扯斷的袖子插在手臂上變成了左右兩邊的翅膀，她把所用的小鋤頭也插在鼻端變成了尖尖的嘴巴。過了些時候，哈娜已經變成了一隻鳥，飛到了樹上「卡！卡！」地叫著。阿卡一家人看了哈娜變成一隻鳥在樹上悲哀地叫著，便叫她：「快點飛下來！快點飛下來！」可是哈娜並沒有飛下來。阿卡便趕緊跑回去奇密社的部落。告訴柯馬的太太說：「你家唯一的女兒哈娜變成一隻鳥飛到樹上去了，怎麼叫她都不肯下來。」這時候，繼母才知道自己平日不該那樣苛待哈娜，而對丈夫說：「是我們不好，哈娜才會變成鳥離

開我們。」柯馬與太太很難過又懺悔地趕緊一起去做餅。熱騰騰的餅做出來了，他們帶著餅和肉趕往田裡。他們到了田裡，從樹上傳來了「卡！卡！」的鳥叫聲。柯馬與太太聽了也傷心地掉下眼淚，朝著樹上的鳥兒說：「下來！下來！我們把餅和肉放在這裡，請你下來享用。以前待你不好，是我們的錯，請你原諒我們，下來享用這些餅和肉吧！」但是，鳥兒不聽他們的懇求，根本不願意下來吃。繼母把餅和肉擺放在樹根的地方，遠遠地離開了。這時候，鳥兒才飛下來吃了餅和肉，然後又飛到樹上去。從此，柯馬與太太，每當聽了鳥的叫聲，都會傷心地哭泣，為自己虐待女兒的行為而痛苦了一生。今天，當人們在田裡工作的時候，鳥兒常常從樹上飛下來吃人們的飯盒，便是從這個時候開始的。

本傳說是繼母虐待女兒，女兒變成鳥的故事，從此，父母親每當聽到了鳥的叫聲，都會傷心地哭泣，為自己虐待女兒的行為而痛苦了一生，也受到了應有的報應。

二、阿美族人變烏鴉傳說故事

陳千武《台灣原住民的母語傳說》載：（註二）

甲家的孩子和乙家的孩子，互相幫忙去旱田工作。甲家的孩子有繼母，沒有真正的母親。他去旱田工作，都沒有餅或飯的便當可帶。可是他的父母親，很晚才去旱田工作，每天都帶切肉或燒餅等去吃，只他們自己吃。每天如此。別的人把他的父母親這種自私的做法，告訴孩子。孩子感到羞恥，告訴朋友說：「既然這樣子，我不想回家了。」就到旱田邊緣躲起來。他把衣袖劈哩劈哩撕開，做翅膀，用小鍬做嘴巴，一會兒飛到樹上，嘎嘎嘎嘎叫了幾聲。朋友一看，變成烏鴉了。「喂！你下來，你下來啊，朋友！」他卻不肯下來。朋友便跑回家，告訴他的父母親。父母親聽到孩子變烏鴉的消息，才感覺到，啊！

我們的心，太自私，太不對了，竟使孩子變成烏鴉。父母親便帶了餅和肉到旱田去。走到樹下就聽到嘎嘎嘎的烏鴉聲。父母親哭著說：「下來啊，孩子，這兒有餅有肉，長時間我們的心那麼壞，原諒吧，下來吃啊。」可是孩子還不下來。父母親就把餅和肉放在樹根上，站到遠方去。過一會兒，牠才下來吃餅和肉，吃完又飛到樹上去。母親和父親看著他，傷心地哭了很久，又後悔又哭。現在，烏鴉會吃人的便當，是如此開始的。

孩子參加「換工」（農耕互助），繼母對待孩子心腸很不好，都不給他帶便當吃，但是父母親到自己的田裡耕作都帶著好吃的東西。孩子知道後非常傷心，他把衣袖劈哩劈哩撕開，做翅膀，用小鍬做嘴巴，一會兒飛到樹上，嘎嘎嘎嘎叫了幾聲，變成了烏鴉。父母親聽到孩子變成烏鴉的消息，非常傷心哭了很久，於是帶著餅和肉的便當給她吃。現在，傳說烏鴉會吃人的便當，即如此流傳而來的。

本故事與上則人變鳥的傳說雷同。

三、阿美族人變猴子傳說故事

陳千武《台灣原住民的母語傳說》載馬蘭社傳說：（註三）

母親責備懶惰的孩子，用杓子打孩子的屁股，杓子斷了刺上屁股，變成猴子的尾巴。

本傳說故事是懶惰的孩子被母親責備，不幸打孩子屁股的杓子折斷刺上屁股，變成猴子的尾巴，從此變成猴子。阿美族父母常用本則傳說教訓小孩：「不可以懶惰，否則會變成猴子」。

《生蕃傳說集》（1923年），佐山融吉、大西吉壽著；余萬居譯：（註四）

某家有一懶駭子，叫他去趕鳥都不趕，叫他去田間幫忙的時候都在玩。總而言之，他是一個不受教且不長進的小孩。有一次，他請父親替他做一支 tope（攪拌粟飯之用的器物），父親做了，他卻把它插在後腰上，頭戴鍋子玩，玩著、玩著，就

變成了猴子。族社裡的現在還說，懶人會變成猴子。

本傳說是阿美族人勸戒小孩子，懶人會變成猴子的故事。

林道生《原住民神話‧故事全集（三）》載馬蘭社〈變成猴子的孩子〉：（註五）

> 有個地方住著母子兩人，有一天，母親要兒子去砍薪柴，懶惰的孩子不聽母親的話呆在家裡不去砍柴，生氣了的母親拿起飯杓子打兒子的屁股，杓子竟插入兒子的屁孔拔不起來。孩子看著插入屁孔的杓子驚嚇又痛得跳了起來，最後跳到樹上不敢下來變成了猴子，從此再也沒有回家過。

四、阿美族人變熊與豹傳說故事

《生蕃傳說集》（1923 年），佐山融吉、大西吉壽著；余萬居譯：（註六）

> 古有兄弟二人，一天閒著無事，便聊了起來。聊著、聊著，哥哥突發奇想，把弟弟的身體塗成黑黃間雜的美麗圖案，弟弟大喜，為了回報，他也手拿黑色顏料，替哥哥塗了起來。那時，他們忽聞外面有人大喊「ada（出草者，敵人）來了！」弟弟一面摸遍哥哥的身體，一面說：「快跑！」因此，哥哥的身體變成全黑。後來，二兄弟入山做了野獸，熊是兄，豹是弟。

本傳說故事是兄弟兩人，哥哥突發奇想，把弟弟塗成彩色的圖案，弟弟也拿起黑色顏料替哥哥塗劃。突然聽到有人喊敵人來了，他們就趕快逃離，後來分別變成野獸，哥哥是熊，弟弟是豹。

五、阿美族人變山鷹傳說故事

范純甫主編《原住民傳說（下）》載〈山鷹姊妹〉：（註七）

> 很久以前，有一對小姐妹。她們家裡窮得什麼也沒有。阿爹、阿媽起早摸黑地種地、打魚，卻還是難以糊口。小姐妹從

小挨餓受苦，身體畸形。一個是鬥腳，一個是駝背。一天，姐妹倆看到鳥兒在天空自由自在地飛翔，心想，要是自己也有一雙翅膀，飛向有吃有穿的地方，那該多好啊！她倆睜著烏黑的大眼，看著鳥兒們吱吱喳喳地歡笑歌唱，忽高忽低地飛來飛去，簡直入了迷。於是，姐妹倆想自己動手做翅膀。她倆商量了七天七夜，終於找到了辦法：把破簸箕和破藤蓆扎成「翅膀」，捆在自己胳臂上，一步一步地練習飛翔。她倆開始站在凳子上往下飛，繼而爬上屋頂往下飛，然後攀上樹梢往下飛，最後還登上山巔往下飛。姐妹倆不論颳風下雨，不分黑夜白天，一個勁兒練啊練啊，終於把鳥兒的飛翔本領全都學到手了。她倆飛向森林，能抓到最機靈的山兔、野雞；飛向江河，能捉到魚蝦蚌蟹；飛向村寨，專門叼走富人家的美味佳肴。只要飛出門去，總是滿載而歸。她倆把得來的食物撕碎、烤熟，一部分放在家裡，給阿爹阿媽收工回來吃；一部分給那些挨餓受苦的窮孩子們。阿爹阿媽見了姐妹練就了一身好本事，高興極啦！誰知，隨著時間一天天，一年年地過去，姐妹倆的體形也漸漸變啦，身上長出了茸羽毛，大翅膀，尖爪子，長啄嘴⋯⋯活像兩隻大鳥了。她倆怕阿爹阿媽見了難受，就忍痛不再回家，每天棲息在森林裡。但是，她倆仍然時刻想念著爹媽，趁他們不在家時，悄悄地把許多山珍海味送回家去。有一次，她倆在雲端盤旋，發現阿媽獨自在門前悲傷地啼哭。一打聽，原來阿爹外出打獵，已經好幾天了，還沒有回家。姐妹倆安慰了一下阿媽，就展翅高飛，找阿爹去了。姐妹倆飛過高山大河，越過村莊田野，終於瞧見阿爹在山洞一塊大青石上，正傷心地掉眼淚哩。原來阿爹辛辛苦苦打得的珍禽異獸，全叫有錢有勢的人家搶走了。姐妹倆立即飛到有錢有勢的人家裡，奪回了獵物，扔到阿爹面前，同時「咯哩⋯⋯囉囉囉囉」地一個勁兒呼叫。阿爹見兩隻大鳥把獵物送了回來，又驚又喜，但又聽不懂鳥兒說些什麼？姊妹

見阿爹呆望天空，才想到自己已經不會講人話了，怎麼辦呢？阿姐想了一想，解下腰間小時背妹妹用的破布背帶，解了下去。阿爹一見這熟悉的背帶，立即明白了，原來這兩隻鳥是自己的親閨女！他高聲喊著：「回來吧！我的孩子們！」姐妹倆「咯哩……羅羅羅羅」不停地答應著，朝著回家的山路飛去。姐妹倆變成的鳥兒，就是勇敢的山鷹。山鷹姐妹的故事世世代代往下傳。直到今天，阿美人的獵槍什麼飛禽都打，唯獨不打山鷹，就是因為這個緣故。

本則傳說故事中一對窮人家的小姊妹，羨慕天空自由自在飛翔的鳥兒，於是她們把破簸箕和破藤蓆扎成「翅膀」，捆在自己胳臂上，一步一步地練習飛翔。不論颱風下雨，不分黑夜白天勤奮的練習飛翔，終於把鳥兒的飛翔本領全都學到手了。她們可以輕易的飛向森林抓到山兔、野雞；飛向江河捉魚蝦蚌蟹；飛向村寨，專門叼走富人家的美味佳肴。爸媽見了非常高興。

可是，後來姊妹倆的身體長出了茸羽毛，大翅膀，尖爪子，長啄嘴，變成了兩隻大鳥了。姊妹倆怕爸媽難受，就忍痛不再回家，每天棲息在森林裡，但仍不時地、悄悄地把許多山珍海味送回家去。

有一次，父親上山狩獵，獵得的珍禽異獸全部被有錢有勢的人家搶走了。兩姊妹鳥就立即飛到有錢有勢的人家裡，奪回了獵物。真是一對感情豐富的姊妹鳥。

六、阿美族人變星星傳說故事

林道生《台灣原住民族口傳文學選集》載奇密社〈巫頓與李那麥〉：（註八）

崔勞‧伊利基帶著兩個兒子巫頓和李那麥去砍柴。過了些時候，崔勞‧伊利基的喉嚨乾渴，要巫頓和李那麥兩兄弟去泉水灘那邊汲水解渴。兩兄弟剛走不久，父親崔勞‧伊利基卻繞過近路先行趕到泉水灘，把泉水弄混濁，又趕快回到砍柴的地

方。不久，巫頓和李那麥從泉水灘回來。「你們去汲水，情形
怎麼？」父親問。「爸爸，那邊的水是混濁的，所以我們不能
很快地汲水回來。」巫頓與李那麥怕父親懷疑他們懶惰，所以
對父親說了遲回來的原因。父親聽了告訴他們：「你們要帶著
槍和刀，去泉水灘，躲在草叢裡。看到了來把泉水弄混濁的壞
人，就衝上去用槍刺他，用刀斬他，砍下他的頭顱帶回來。」
「是的！」巫頓與李那麥帶著他們的槍和刀又去泉水灘。他們
來到泉水灘。一看，正有一個人在那邊把清澈的泉水擾混。兄
弟兩人衝了上去刺死了那個人，砍下了他的頭顱。仔細一看，
那是他們的父親。兩兄弟提著頭顱回家。對母親說：「媽媽！
媽媽！我們獵得頭回來了！」母親一看，嚇了一跳地回答：「那
是你們的父親！」接著又說：「既然已經發生了。現在你們必
須再去獵個頭。你們兄弟喜歡頭顱的話，就去獵頭好了。去獵
兩個頭顱回來擺在草蓆上。」巫頓和李那麥兩兄弟為了再去獵
頭，依照族裡的習俗先絕食五天。然後哥哥對弟弟說：「兄弟
啊！我們已經可以出發了！」他們來到了高度的岩石地方，但
是跳不上岩頂。哥哥說：「我們還達不到獵頭的資格。」於是，
再做絕食。絕食過後，兄弟兩人便一躍而跳上了大岩石。哥哥
說：「我們已經有資格去獵頭了。現在先來結網。」兄弟兩人
為了擊潰敵人而結網裝大石頭。然後，他們又先獵得一隻水鹿，
把水鹿的血裝在水鹿的膀胱內。巫頓和李那麥兩兄弟出發了，
他們要去其他部落獵人頭。他們到了另外一個部落，先開了幾
槍。部落的人聽了槍聲響，高叫著：「敵人來了！敵人來了！」
起了一陣騷動。部落的壯丁們立即就部落周圍的射擊位置。他
們發現敵人只有兩個，因此發砲還擊。兩兄弟聽了砲聲，掉頭
就逃。並且把帶來的盛在膀胱內的水鹿的血灑在地上。然後逃
到地形凹處的地方去。敵人看了地上的血跡，以為兩兄弟必有
人受了傷，而大為放心地追擊。他們來到了凹處的窄路，卻看

不到敵人。兩兄弟趕緊在事先暗掛了網的地上灑了許多鹿血，然後躲了起來。敵人追上來了。他們的頭目從地上的血跡判斷：「這裡是最後流血的地方，大家仔細地搜查。」當敵人都踏上暗掛藏著石頭的網底時，兩兄弟切斷了綁著網的藤索，大石頭從上掉了下來打倒了所有的敵人。兄弟兩人，哥哥以石頭為砧，弟弟用木頭做砧，拚命地砍下敵人的頭。哥哥的刀往往用力過度砍在石頭上，造成刀刃上的許多缺口，速度也慢了。弟弟因為是以木頭為砧，刀刃都沒有缺口。弟弟很快地砍完了頭，便去幫哥哥。兩兄弟砍下了所有的頭顱，再去砍些挑頭顱用的樹枝。哥哥巫頓砍的是塔洛威漏（talovilov），由於很脆，一下子就斷了。弟弟李那麥呢？還沒決定砍取什麼樹枝的時候，正好聽到樹梢上有鳥啼叫著：「塔哈木竹，拉俄勞；塔哈楔·拉俄勞」（tahtsiu laolau），聰明的弟弟李那麥順著鳥叫的聲音，來到那棵鳥停著的大樹下，在附近找到「拉俄勞」（laolau）的樹。弟弟砍了拉俄勞的樹枝當做挑頭顱用的擔子。哥哥巫頓奇怪的問弟弟：「我的擔子一挑就斷了，你的擔子怎麼那麼耐用？是在哪裡找到的？為什麼不會斷呢？」弟弟回答說：「是聽了 tatahtsiu 鳥鷥叫著塔哈楔·拉俄勞的聲音，在鳥鷥停著的樹下找到的。」於是，哥哥也去鳥鷥停著的樹下砍了拉俄勞的樹枝當擔子。兄弟兩人挑著頭顱回到了家。對母親說：「媽媽！媽媽！快把草席鋪起來。我們回來了！」母親卻生氣地回答：「頭顱有什麼用？我討厭那種東西！」巫頓和李那麥兩兄弟也很奇怪的說：「如果我們做什麼，都會遭來母親這麼大的脾氣的話。走！我們去別的地方居住討個老婆算了！」他們來到了一個地方，不意中看到了一顆大蜜柑。於是哥哥巫頓對弟弟李那麥說：「這一個熟的，是我的！」哥哥擘開了熟蜜柑。裡面有一位年紀大的女人，臉上有皺紋，聲音像老人，走出來，做了哥哥的妻子。弟弟看著覺得奇妙，也趕緊擘開自己手中那顆

比較青不夠成熟的小蜜柑，卻從裡面出現了一位年輕的美人，做了弟弟的妻子。過了不久，哥哥巫頓忽然想起了母親而對弟弟說：「我們在這裡，就這樣地娶了妻子，我們回去看媽媽吧！」哥哥和弟弟便帶著他們的妻子回家去看母親。母親看了兩個孩子回來，而且又各自娶了妻子，不但不高興，還以責備的口氣問：「你們兄弟兩個人，到那裡去了？連晚上也不回來，真是的！越來越不像話了！」兄弟兩人聽了，一肚子的怨氣地對母親說：「媽媽！那也沒辦法了！你看看站在門口的我們！」說著，兄弟兩人便把鳥的翔膀套在頭上，佩掛上雕刻著七星模樣的刀。然後，兄弟兩人走到庭院，大聲對母親說：「媽媽！你的心居然是這樣，我們實在沒辦法。請你出來，到庭院看看我們，看看，這麼好的夜晚，在天上的我們！」母親聽了，順口說一聲：「好吧！」走出屋子，來到庭院觀看個究竟。這時候，在空中的兩兄弟在腳上用了些力氣，「隆！」地一聲兩個人都踩著了大地，然後腳又繼續往下沉到膝蓋的地方。再用一次力，身體已經陷入地下到腰部了。兩兄弟又一次地用了力，這一次全身都陷入地下，不見了人影了。母親就站在庭院，親眼看著兩個兒子陷入了地下不見了。過了五天的一個晚上，想起了孩子的母親又站在庭院，清爽的夜晚，不由得讓她抬頭仰望天空。於是，母親看到了李那麥星和巫洛星（vulo）正點點閃耀著。看著的母親，不禁傷心地流下了眼淚。今天，夜晚的天空之有李那麥星和巫頓星，就是李那麥和巫頓兩兄弟變成的。本傳說故事據說天上的李那麥星和巫頓星，就是李那麥和巫頓兩兄弟變成的。兩兄弟因為常遭母親的事事不滿，因此便把鳥的翔膀套在頭上，佩掛上雕刻著七星模樣的刀，自陷地底下死了，變成了天上的星星。

陳千武譯述《台灣原住民的母語傳說》載台東馬蘭社傳說：（註九）

索比泰和托比奧是兄弟，索比泰在旱田採了稻米種子，預

備要播種。托比奧卻把索比泰撿來的稻米種子，拿去煮成飯吃掉了。索比泰生氣，兩兄弟便開始不和了。過了不久，兩個人到山上去，弟弟索比泰問哥哥托比奧說：「你在山上把大石頭滾落山下，我在山下等著，如果我不對，我必會被滾落下來的石頭壓死。如果我不死，你下來，換我到山上去滾落石頭，你在山下，如果是你不好，你會被石頭輾死。」哥哥在山上向弟弟滾轉大石頭，石頭滾轉得很快。弟弟眼看著面前裂開了一個洞，立刻躲藏在洞穴裡，沒有被石頭碰到。然後，弟弟從山上滾轉石頭，哥哥找不到躲藏的洞穴或樹頭，石頭滾中了哥哥，把哥哥活活輾死了。做不對的哥哥，哥哥的靈魂昇天去變成星星。

本傳說故事情節要述如下：

（一）弟弟在旱田採了稻米種子，預備要播種。哥哥卻把弟弟撿來的稻米種子煮成飯吃。弟弟很生氣，兩兄弟便開始不和了。

（二）兩個人到山上去，弟弟對哥哥說，你從山上將大石頭滾落山下，如果我被壓死，就是我不對，結果弟弟沒有被壓死。

（三）換弟弟到山上去推落大石頭，結果把哥哥壓死了。

（四）哥哥被壓死後，靈魂昇天而變成星星。

林道生《原住民神話‧故事全集（三）》載馬蘭社〈哥哥變星星〉：（註十）

在一個地方住著兩兄弟，哥哥叫杜比奧，弟弟叫索比泰。有一次，索比泰去田裡撒種，哥哥卻隨在弟弟後面撿種子來吃。弟弟撒了的種子被人撿去吃的話，就不會長苗來，因此弟弟認為自己的辛苦是白費了而責備哥哥，兩個人就爭吵起來，都認為自己的行為沒有不對。最後，兩個人同意到山丘那邊推滾石頭以斷定兩人行為的是非。弟弟說：「你從上面推下大石頭，我在下方山麓那邊等待，如果我是不好的，就會被滾下來的石頭壓死。我沒死的話就換我到上面推下石頭，看看你的行為如

何?」說了,弟弟走到下方山麓那邊,哥哥從上方推下大石頭,

弟弟看著大石頭滾了下來,趕緊躲到洞穴中,沒有被石頭打中。

弟弟走到坡上對哥哥說:「現在你到下方,由我來推下石頭。」

哥哥走到山麓等待,弟弟從上方推下一個大石頭,壓死了哥哥。

因此,弟弟知道自己的行為沒有什麼不對,是哥哥不好才會被

大石頭壓死。那一天的晚上,哥哥的靈升上天,變成一顆星星。

七、阿美族人變石頭傳說故事

李卉〈台灣及東南亞的同胞配偶型洪水傳說〉,《中國民族學報》

(1955年):(註十一)

> 太古時代,祖先居住於花蓮港附近的山邊。不久天地變色,
> 一股熱流從地下噴出,淹沒了整個地表,所有的生物,幾乎完
> 全絕滅,只有一姊及其弟妹乘臼往南岸逃去,他們在 lalaulang
> 上岸,向西和南尋求一立命之所。在爬 k'aburngan 山時姊已覺
> 萬分疲累便在山腰休息,弟妹爬上山後始終未等到姊姊,下山
> 一探究竟,發現其姊已變為石頭,二人悲傷不已。……

本則傳說故事描述姊姊因走路萬分疲累而變成了石頭。

李卉〈台灣及東南亞的同胞配偶型洪水傳說〉,《中國民族學報》

(1955年):(註十二)

> 太古時,祖父與其孫子、孫女居住於 tsiranasan 山上的時
> 候,山中噴火,山石崩裂,海水沖來,他們乘坐 ka-lolan-an 到
> 太麻里猴仔蘭;後來祖父死後化為石。……

本則故事謂「祖父死後化為石」。此類「人化為石」的傳說故事,

在其他原住民族中也時有所聞,惟大多沒有說明為何化為石。

大致上,此類故事之產生,是因為在某地看見石頭或石岩,酷似某

種形象,因此就產生了這類「人化為石」的傳說。

八、阿美族雞化身為美女

林道生《原住民神話·故事全集（三）》載〈馬蘭人當皇帝〉:（註十三）

　　從前，在台東的馬蘭部落住著一位叫魯巴赫的阿美族青年，由於赤貧如洗，一無所有，部落裡沒有人理會他。大家到海邊捕魚也沒有邀他，到山上打獵也是孤單的一個人。在很不得已的情形下，魯巴赫自己一個人砍草取其纖維製作魚網，孤單的在海邊捕魚度日子。日子一天天過去，有一天魯巴赫捕捉到一隻非常漂亮的魚，金黃色的光輝，細細的鱗片又那麼香，消息一下就在部落傳開來。不久，滿清的皇帝也聽到了消息而召見魯巴赫，要他把那隻稀奇美麗的魚獻給皇帝。但是魯巴赫實在捨不得把魚給了別人而回答：「皇帝，實在很對不起，唯有這一件事我不能答應，但是我可以獻出六百兩銀子作為代替。」皇帝聽了不甘心的討價還價說：「如果是這樣的話，六百兩是不夠的，要獻上一萬兩銀子才行。」魯巴赫同意了皇帝的要求，回到馬蘭部落忙著剪紙造一萬兩銀子呈給了皇帝。平日過著貧苦又孤獨生活的魯巴赫，由於一時捕得珍貴的魚而遭來麻煩，因此乾脆把魚放回了大海。魯巴赫又像往日一般的出海捕魚。有一天，魯巴赫不但沒有捕到魚，反而捕捉到一隻雞。高興的把牠放在簍子裡帶回家飼養。一連數天，雞都看著魯巴赫的母親很早起來做早餐，起了憐憫心。次日清晨，籠子裡的雞比魯巴赫的母親更早起來，化為人做起早餐來。準備好了早餐，整齊的把飯菜擺放在桌上，然後又恢復雞的模樣回去籠子裡。魯巴赫的母親像往常一般起來要做早餐，卻看到桌上已經擺放著早餐而覺得很驚訝，又不知道是誰做的，而決定徹夜不眠的查看個究竟。次日清晨，母親看到籠子裡的雞脫下羽毛，從籠子裡走出來化做女人到廚房做起早餐，做完又恢復到雞的模樣回到雞籠裡。天亮了，母親走到雞籠前，以感謝的語

氣對雞說：「是你辛苦的幫我們做早餐哦！」母親當即把雞從籠子內放了出來，沒想到雞竟然變成一位很美麗的婦女。魯巴赫家的雞化身為美女的消息，很快的又傳到了清朝宮庭的皇帝耳朵。皇帝立即下旨要魯巴赫獻出雞化身的美女給皇帝。可是魯巴赫實在捨不得，而只用紙剪了個卜納魚呈給皇帝。皇帝生氣的召見了魯巴赫，認為他對皇帝耍魔術而已，根本沒有效忠皇帝的心而對他說：「魯巴赫，你給我聽好，如果你能夠在我面前當場變出一條蛇來，我就赦了你，不然你就死定了。」魯巴赫馬上用紙剪變成了一條蛇呈上皇帝，服了的皇帝只有赦免他。可是五、六天後皇帝心有不甘又要傳喚魯巴赫擁有的雞化成的美人來見他。魯巴赫也很不服的思想著：「該怎樣做，皇帝以後才不會常常找麻煩呢？」魯巴赫想出了一招：用紙剪成些蜘蛛，自己到宮庭演出連環劇。皇宮內要演出蜘蛛有趣的連環劇消息很快的在民間傳開了。百姓一個個的來到皇宮要觀看連環劇，宮庭內一時人山人海，皇帝看了大為高興。當一次的演出正進行到一半時，一隻蜘蛛口中含著火藥，其他的蜘蛛口中含著灰在劇中相遇，頃時「轟」的一聲巨響，火藥爆炸了，宮庭內一片灰煙，皇帝被炸死，在場觀看的人也都被燒死，只剩下魯巴赫和他的雞。魯巴赫便當了皇帝，雞化做的美人做了皇后。清朝時候，婦女們的小腳，相傳便是當時被燒死的婦女的化身，以及她們的後裔。

　　本故事敘述馬蘭部落青年魯巴赫的傳奇遭遇，他在捕魚時捕到一隻有著漂亮金黃色光輝的魚，又散發出香氣。消息傳開，連皇帝都知道了。皇帝要魯巴赫獻上這條魚，魯巴赫很捨不得，最後他剪紙造了一萬兩銀子呈給了皇帝。最終這條魚被魯巴赫放回大海中去了。有一次又去捕魚，毫無所獲，卻捕到了一隻雞，於是他便帶回家飼養。夜裡魯巴赫的母親發現雞化身為婦女幫她煮早餐。此事又被皇帝得悉了，傳喚魯巴赫和雞化成的美人來見他。魯巴赫想出了用紙剪成些蜘蛛，然後前往宮

庭演出連環劇的策略。蜘蛛口中含著火藥爆炸了，導致皇帝被炸死，最後魯巴赫便成了皇帝，雞化做的美人則當了皇后。

註釋

註一：林道生《台灣原住民族口傳文學選集》，花蓮縣立文化中心，1996年6月。

註二：陳千武譯述《台灣原住民的母語傳說》，台北，台原出版社，1995年5月。

註三：同註二。

註四：內政部委託台灣大學人類學系研究《台灣山胞各族傳統神話故事與傳說文獻編纂研究》，1994年4月30日。

註五：林道生《原住民神話・故事全集（三）》，台北，漢藝色研文化公司，2002年12月。

註六：同註四。

註七：范純甫主編《原住民傳說（下）》，台北，華嚴出版社，1998年4月。

註八：同註一。

註九：同註二。

註十：林道生《原住民神話・故事全集（三）》，台北，漢藝色研文化公司，2002年12月。

註十一：同註四。

註十二：同註四。

註十三：同註十。

阿美族災變
口傳文學

第六章

一、阿美族地震故事

《生蕃傳說集》（1923年），佐山融吉、大西吉壽著：（註一）

　　古時，地中另有一世界，一次，地下人到地上購物，地上人給地下人一整袋蜂，地下人不察，回去之後，鬆開袋口，蜂飛出，逢人即螫，地下人大怒，抓住柱子大搖，地上房屋全倒，死傷無數，是為地震之始。

古代阿美人的觀念裡，宇宙有三界：冥界（鬼神之居）、人界（人類所居）、地界（地底人所居）。

本故事傳達了阿美族人古時候對於宇宙的知識與觀念：

（一）認為宇宙有三個層次（世界）。

（二）最底下為地界，為本故事所稱的「地下人」所居住。

（三）中間的層次是地面上，即一般人所居住，稱為人界。

（四）最上層是天上，為鬼神所居住，為天界。

除了鬼神為一形象模糊的層次，僅能用祭拜的方式達到溝通的目的之外，宇宙三層中，在最底層的地界生活的「地下人」，則是以活生生的形象與地面上的人類直接接觸與交易。但是「地下人」去了哪裡？他們還存在嗎？

本故事提出了某些問題：

（一）古代人類不僅只有住在地上的人，還有住在地底的人。

（二）既然地底有另一種人類居住，那麼應該有通道出口？

（三）地底人既然經常到地上來買地上人的東西，那麼他們或許可以使用地上人類的語言以便溝通，甚至語言可能是同文同種。

（四）有一次，地底人到地上買東西，為何「地上人給地下人一整袋蜂」？是要陷害他們？還是惡作劇呢？

（五）地底人被蜂螫，非常震怒，「抓住柱子大搖，地上房屋全倒，死傷無數」。

（六）從「地上房屋全倒，死傷無數」來看，從阿美族人的傳述中，

他們似乎曾歷經過史前大地震的劫難。

（七）從「抓住柱子大搖」來看，古代阿美族人的觀念認為「地」是有支柱在支撐的。

（八）據說地球之有地震始於地底人向地上人買東西，地上人給了他們一整袋蜂，導致他們被螫傷，地底人很氣憤，大搖支撐地球的支柱，因此發生地震。

（九）現代阿美人已經沒有再與地底人往來，地底人究竟今日是否還存在？

（十）現在發生地震，是否仍為地底人所為？

林道生《台灣原住民族口傳文學選集》載〈地震的故事〉：（註二）

　　從前地底下也有世界，他們常常到地上的世界交換物品。有一次地上的人動起欺詐的念頭，把許多蜜蜂裝入麻袋內當作物品交給地下的人。不知情的地下人高興的回家去，邀集了親朋好友說：「我從地上買了好東西回來，快來看呀」！然後打開袋口，一群忿怒的蜜蜂飛衝出來，看了人就螫，使地下的人受到了傷害，大大地發怒要報復，便合力搖動所有的柱子，造成地上家屋猛烈搖動，甚至於被震倒，人畜受到了很大的傷害，這就是地震的起源。

　　本傳說故事說明解釋了上則傳說敘述不明的地方，為何地底人來購物，而地上人給地底人一整袋蜂，主要是因「地上的人動起欺詐的念頭，把許多蜜蜂裝入麻袋內當作物品交給地下的人」。惟地上的人心險惡，因此招來了地震的威脅，這其實也是咎由自取，怨不得地底人。

二、阿美族山羊與地震傳說故事

范純甫主編《原住民傳說（上）》載〈山羊與地震〉：（註三）

　　從古以來，阿美人都這樣說：山羊靠在石邊擦癢，地震就來了！據說從前有兩個老獵手，他倆最討厭地震，所以也最歡喜打山羊，兩人的箭法可準哩，前前後後一共打了九百九十

隻山羊。一天，兩個老人在山裡的一間小石屋裡，一起喝酒，一起唱歌，一起吃著香噴噴的烤山羊肉。三碗米酒下肚，腸熱了，心熱了，兩個好朋友的話也多了，歌也多了，唱唱談談，又談到地震的事上來了。一個說：「這地震一來呀！地動山搖，我就頭暈眼花，什麼都打不到。」一個說：「哎，我說呀，哪天把山羊全打死，沒有地震，種田打獵都舒服著哩！」正當他們玩得痛快的時候，地動了，房搖了，桌上的酒壺、酒碗也被抖落在地上摔破了，幸虧他倆抱住一根石柱子，才沒有摔跤。地震過後，他倆見滿地碎片，又罵了起來，還說：「這山羊不除掉，後患無窮。」第二天，兩個老人就上山打獵，他倆決心要打光討厭的山羊，沒有山羊靠石擦癢，世上就不會有地震了。兩個好朋友經過三條溪，翻了三座山，到了一個鬱鬱蒼蒼的大林子裡，這裡的山羊多著哩，兩人砍來竹子茅草，搭了個山寮；他們要住在這裡，好在半夜聽山羊叫，去端牠的窩。他倆膽子大，每天深更半夜躲在大樹下面去偷聽山羊叫。第一個晚上，只聽見風嘯嘯，沒有聽到山羊叫；第二個晚上只聽見雨淅淅，也沒聽到山羊叫；第三個晚上，只聽見靜悄悄，還沒聽到山羊叫。「倒霉哩！」，兩個老頭搖搖頭，嘆著氣說。聽不到羊叫，就不知道山羊窩在哪裡？找不到羊窩，就難了，也打不多哩！怎麼辦呢？兩個老人商量，晚上聽不到山羊叫，就白天去找；說什麼也得把山羊找到，把牠們一個個打光，消除那害人的地震才好。第四天，他倆按照阿美人祖先尋找山羊的古老辦法，找來一根薄竹片，在樹杆上拉扯斷，看那斷頭的竹絲在風中指向哪裡，山羊就在哪裡了。他倆拉呵扯呵，竹片斷了；兩頭的竹絲指向東方。於是，兩個老人就朝東邊走去；彎彎曲曲的山路真難走呵！他們走呵走呵，越過了一堆山石，又越過一座石山，肚餓了，吃點乾糧，嘴渴了，飲兩口山泉，一直朝東方走去。終於，他倆來到一個山洞，聽到了羊叫，再走前幾步，看見一

隻肥肥壯壯的大黑山羊咩咩地叫著向一塊大石頭走去。「喲，這死傢伙要去擦癢了。」兩個老人同時在心裡驚叫著，也都把箭搭上了弓弦，「嗖嗖」地一起射出兩箭；不料，這時山羊的身上已靠在石邊，地動了動，他倆手一抖，箭射歪了，「噹噹」兩聲落在石上。山羊回過頭來，一雙眼睛盯著老人；兩個老人一點也不怕，又彎弓上箭。就在這時，山羊「咩」地長叫一聲，就擦起石頭來；一擦，地抖了，老人的箭射偏了；二擦，樹搖了，老人的箭射斜了；三擦，石崩了，老人的箭射歪了。山羊被惹怒了，朝老人衝了過來。兩個老人回頭拔腿就跑。跑了一段，他倆又回頭去瞧，見山羊不追了，就站住看。不一會，山羊又回去，「咩咩」地叫著，又擦起石頭來，弄得地動了，山搖了。兩個老人又腳步虛虛浮浮、歪歪斜斜的，沒命地往回跑。而個老人跑回到那間喝酒的小石屋，等地震過了，喝了半壺山泉水才定下神來。一個說：「這山羊哪天打光才好。」一個說：「老伙計，不死還得去打哩！」

本則傳說故事敘述，兩位擅於獵山羊的老人，已經聯手獵過九百九十八隻山羊，有一次又上山狩獵，看見一隻肥壯的大黑山羊，在大石頭上擦癢後就引發地震，兩位獵人發射了數次箭，都沒有射中，還被大黑山羊追趕。主要描述獵人狩獵山羊，卻無所獲。

本傳說也謂地震的起因是因為山羊在岩石上擦癢而引發地震。阿美族人在山林中長期觀察山羊喜歡在山岩壁擦癢，因此就想像出地震起因於此。本故事的兩個老人家非常可愛，他們想消除對地震的恐懼，因此決心要消滅所有的山羊，但是最終還是壯志未酬。

註釋

註一：內政部委託台灣大學人類學系研究《台灣山胞各族傳統神話故事與傳說文獻編纂研究》，1994 年 4 月 30 日。

註二：林道生《台灣原住民族口傳文學選集》，花蓮縣立文化中心，1996 年 6 月。

註三：范純甫主編《原住民傳說（上）》，台北，華嚴出版社，1996 年 8 月。

阿美族農耕
口傳文學

第七章

傳統阿美族社會是以農耕、漁撈、狩獵、編竹、陶藝等經濟生產為主，主要食物有稻米、粟、高粱、芋頭、陸稻、甘藷、綠豆及獸肉、魚類等。

阿美族人對於財產的觀念比其他族群更清晰，反映在田地、家屋上更是明顯。對於田地界線的劃分，常埋石於地下 1 公尺以為標記。至於家屋，則四週廣植檳榔以為界。社與社之間則築籬笆為界。早期兩社之間常有戰事發生，部落四周常挖有深 1.5 公尺的戰壕與兵坑，做為安全防禦的須要。由於很早就進入水田定耕的農業生活，阿美人完整的畜舍（雞舍、牛舍、豬舍）以及水牛耕作的農村景象隨處可見。（註一）

阿美族在台灣土著中為一獨特的族群，其文化與西部各群頗有不同；在物質文化方面，其生產方式早已進入水田牛群之階段；捕魚也是一種重要的生產，但打獵則已僅屬儀式或娛樂而已。（註二）

阿美人的傳統生產早以農耕為主，兼營漁業和飼養業。他們已知從事水田稻作，耕作技術、農具、化肥、水利等與漢族大體相似。農作物以水稻為主，一年兩季。一般過去以家庭為單位，自耕自種，但在農忙時男女老幼也傾家而出，鄰居和年齡組的成員必要時也盡力相助。……他們採集野果、野菜、捉捕小動物等，常由老人和小孩負責。……阿美人的主要食物是稻和粟，副食有各種肉類、蔬菜，煮法為水煮、炸、蒸、炒。傳統餐具很簡單，有陶鍋，不用碗筷，用手抓食。喜歡酒和檳榔。（註三）

一、阿美族農耕技術神授說

阿美族人的農業耕作口傳文學都與神授有關，亦即阿美族人之穀物農產品等都是天神所賜予，而農耕播種的技術也是天神親自下降凡間傳授。

由於天神對於阿美族人的眷愛，因此阿美族人非常尊敬祂，也就衍生了許多有關農耕的宗教祭儀，以祭祀天神，並祈農作物豐收。

《生蕃傳說集》（1923 年），佐山融吉、大西吉壽著；余萬居譯：（註四）

當祖先還住在 ragasan 時，太陽神之子降臨，賞賜各類作物的種子，並傳授播粟與厭勝的方法。

本傳說故事謂阿美族之農耕播種技術等，是太陽神之子降臨人間，賞賜阿美族人各類作物的種子，還傳授他們播粟的技術與方法。

杜而未〈阿美族的傳說故事〉一文中，敘述天上有一神明見某一家人貧困，便化身為凡人，教導人類要在春天萌芽時播種，秋天就要收割，等人類學會了，神又回到天上。由於糧食是由天神處獲得，人類對於這樣的恩惠也當予以回報，所以人們曾派兩個人到祖神那裡學習有關祭祀穀神的儀式，希望藉由這樣的虔誠行為讓粟的來源不致中斷。（註五）

《原語による台灣高砂族傳說集》（1935 年），小川尚義、淺井惠倫著，余萬居譯：（註六）

古時，曾有 kakumolan sapatolok 和 valaihay（兩位男女神）遵奉父神和母神之命，降臨至地上界，……有二個惡神……就去找海鰻母殺了他們，……kakumolan 及 valaihay 皆逃至天上去，而他們的孩子 stra 和 nakau 來不及逃，……數年後，這兩兄妹……有了五個孩子，……母親 nakau 病了很久，覺得耳朵癢，抓了一抓，結果有粟穀冒了出來。孩子們就決定種這顆粟，但父母認為此事必須向天上的父親 kakumolan 和母親 valaihay 報告一番，果然，他們二神就教授粟的栽培法、收割法及相關的祭祀細節。

本則故事是敘述天神傳授阿美族人粟（小米）的栽培、播種、收割等方法，從此阿美族人就開始種植小米，也是舉行祭祀的濫觴。

劉斌雄等著《秀姑巒阿美族的社會組織》，中央研究院民族學研究所專刊之八（1965 年），記載：（註七）

從前有兄妹二人和他們家人住在 kalapanapanai，一天海天突然來了，把他們的妹妹沖走，他們為了追妹妹坐上了打穀用的方臼，但仍沒追到，結果在 tsilanasan 地方登陸，從

此定居。後來他們兄妹成為夫婦，……天神……便派其兒子
tatqkosan……賜給他們小米、糯米、竹子、香蕉、生薑等植物，
教他們耕種及食用之法。……

本故事是劫後餘生的兄妹結為夫妻，天神派其兒子 tatqkosan 賜給他
們小米、糯米、竹子、香蕉、生薑等植物，並且教授他們耕種農作物以
及食用的方法。

《蕃族調查報告書》阿眉族海岸群（1915年），佐山融吉著，黃文新
譯：（註八）

太古時代天低幾乎可觸人頭，在天之諸神大發慈悲，召來
諸鳥命令他們舉天，但眾鳥均無法辦到。適有 tachu 飛來，只
停在樹枝上觀看並唱起好聽的歌。眾鳥勇氣大增，天便漸被
抬高到如今之高度。當時有稱為 lloku 的男神由天降下而遇到
tanayarawan 姑娘，遂結為夫婦。有天社人到三仙台去以豬肉
為餌釣魚，魚餌被吃掉但卻沒釣上魚。原來是 lloku 潛在水中
取走豬肉。之後有社人赴田中除草，看到社人辛苦勞作而對他
們說，你們看我做。乃取一樹枝，在其末梢結上一索，用此掃
地，草木皆飛走，瞬間成為田地。之後他又取瓢中之種子來播，
不出數月就成熟而可收割，數量不知有幾千，人人稱奇。於是
數日後，lloku 表現得十分得意，因為祂發現天上人與下界人的
區別便在此，天上人不必勞動就可得物甚多，下界人辛苦而收
獲甚少。lloku 對眾人說，瓢裡有粟，用力打破即可得到，他
們可以把粟運到屋裡，而在全部入倉完畢之前不得食用魚類及
龜，並不得在屋內調戲女人。然人類意志不堅，犯了不該犯的
規定，第二天原來庭院內堆積如山的粟已不翼而飛了，穀倉之
粟亦失去半數，眾人後悔但也來不及了，從此過著貧困的日子。
至今族人在收割粟的時候慎戒房事。

本傳說故事描述天神 lloku 由天上下凡後遇到 tanayarawan 姑娘，遂
結為夫婦。天神 lloku 指導族人取瓢中之種子來播，成熟收割後，瓢裡

有粟，用力打破即可得到。大家都收穫頗豐。

　　天神 lloku 對族人說：「在全部入倉完畢之前不得食用魚類及龜，並不得在屋內調戲女人。」不過，有人犯了禁忌，因此，第二天起來一看，原來庭院內堆積如山的粟米，已經不翼而飛了，穀倉的粟米也喪失了半數。

　　族人們很後悔自己不聽天神提醒，要遵守禁忌的話，但一切也已經來不及了，從此之後，過著貧困的日子。至今族人在收割粟的時候慎戒房事，否則家裡會更加貧窮。

　　杜而未〈阿美族神話研究〉：（註九）

　　　　在太陽形成的原始時代，地上只有甘蔗，別的什麼都沒有，大家只吃蔗，不知工作。當時有位天神叫 maladau，教人們工作，人類生活從此漸趨美滿。

　　本傳說故事謂天神 maladau，教授阿美族人們耕作播種，人類有了食物之後，生活從此就漸漸趨於美滿幸福。

　　杜而未〈阿美族的傳說與神話〉，《考古人類學刊》（1984年）：（註十）

　　　　起初人類不知如何種植，以致家境困難，天上的神 maladau 看不下去，化身為人名叫 solol alimolo，告訴老人種植得看季節，春天萌芽時播種，秋天即收。……

　　本則傳說故事是阿美族的天神 maladau 看到族人因為不諳種植之道，以致生活困苦，乃化身為人以教導人類種植與播種，依據季節進行各項農耕事項，例如春天萌芽時播種，秋天即收。

　　阮昌銳〈農業〉載一則神話傳說故事：（註十一）

　　　　傳說中阿美族的農業與神代的 sapalungau（總頭目兼總司祭）有密切的關係。據說第五代 sapalungau 名 tatakosan 使穀物結實，其妻 tsingautsingau 又使穀物長得很好。他們的兒子，馬太鞍人的文化英雄 soror alimolo 更教民何時播種，如何做各種祭儀，從此阿美族人纔真正通曉各種種植的技術。

　　本傳說故事亦謂阿美族的農業與神代的 sapalungau（總頭目兼總司

祭）有密切的關係。

　　從本傳說故事來看，阿美族的穀物似乎也經過了一番耕作研究與改良的過程，最後才臻於完備，完成了有關粟穀的一套文化，其演進的過程如下：

　　（一）粟穀與神代的 sapalungau（總頭目兼總司祭）有密切的關係。

　　（二）第五代 sapalungau 名 tatakosan 使穀物結實，其妻 tsingautsingau
　　　　　又使穀物長得很好。

　　（三）馬太鞍人的文化英雄 soror alimolo 更教族人何時播種，如何進
　　　　　行各種祭儀。

　　經過了三個階段的演進之後，阿美族的粟穀文化建立了一套模式，有關粟穀之農耕祭儀也開始舉行，宗教之禁忌信仰亦逐漸建立與增強。

　　《番族慣習調查報告書第二卷阿美族卑南族》記載米、小米、豬出生之傳說：（註十二）

　　　　南勢群的祖先在人口尚稀，於 naloma'an 建立部落之時，有一貴人從天下凡。族民們見貴賓蒞臨非常高興，為了歡迎貴人，大家都盛裝出列，通過貴人面前時，眾人均行禮問候。當時社中有一閉月羞花之美人，當社民們盛裝出列，那位美人卻穿著日常的工作服，且遲遲才在出列隊伍之後行禮問候。大家行禮完畢後，貴人說：「若得該女為妻，當不歸、留此社。」社民們因此作媒讓二人結為夫婦。然而得到美人的貴人不務正業，每天在家做玩具般的陀螺自娛。而妻子的家人，亦因貴人不助稼業，悠閒在家無所事事，而對此一婚事感到後悔。一日，貴人問家人家裡的耕地在何處，家人答：「放眼望去，所及之處皆為吾家田。」於是他命令家人將之前製妥的陀螺（二、三籠）搬運至耕地，自己則站在田中央凝神祈禱，並且拿出陀螺叫道「kaliyon」（回轉），幾百個陀螺忽然向四面八方散開，如風如漩渦般旋轉，瞬息之間，廣大的耕地連角落全部耕畢，只剩下播種而已，貴人見狀微笑命令一聲「masa'opo」（集

合），幾百個陀螺又再度集中到籠邊。貴人將陀螺收進籠內，同時又在耕好的田中栽植 fasay、awol、fitonay 等三種竹子以及 tananuman（葫蘆），這些植物往後皆順利成長。貴人採收時說：「余將從此竹（fasay）取出米（糯）。」當他拿刀剖開竹子，即見米從中溢出來；其次採 awol 時他又說：「余將從此竹取小米。」結果竹子一剖開就溢出小米；接著採 fitonay 時他又說：「余將從中取豬來。」剖開竹子，即見很多小豬從中現出；其次採 tananuman 時他說：「將自此葫蘆取米（粳）。」隨即揮刀剖開，粳米從中溢出。此即為米（糯、粳）、小米、豬之起源。在此以前，據說族民的食物僅有葫蘆及南瓜之類的東西。貴人創造了這些起源後告訴社民：「雙親正盼，吾欲歸去矣。」言畢即不見其蹤跡。（貴人的名字、招贅貴人家的雙親及其妻之名現今皆已失傳。此外，除了米、小米之外，關於甘藷、芋頭、豆等食物之起源並無任何傳說。）

這是一則阿美族米、小米、豬的起源神話傳說故事，是天上的神下至凡界與凡女結婚，後幫忙娘家耕種，種植 fasay、awol、fitonay 等三種竹子以及 tananuman（葫蘆），其後從中獲得了：

從 fasay 中獲得米（糯）。

從 awol 中獲得小米。

從 fitonay 中獲得豬。

從 tananuman 中獲得粳米。

天神完成任務之後，告訴社民：「雙親正盼，吾欲歸去矣」。言畢即不見其蹤跡。

女神「道吉」是創造人類的 kawas，居於有太陽的地方，咒師（isi-kawas-ai）朝東祭拜「道吉」神。「道吉」、「馬拉塔烏」，都是保祐人們五穀豐收的 kawas。（註十三）

二、阿美族農耕傳說故事

〈加禮宛の傳承二、三〉,《南方土俗》(1931 年),宮本廷人著,柯環月譯:(註十四)

> 古時候有個名叫 irok 的人乘獨木舟從 botol 漂流到 karolan
> 來,之後就定居此地,但是他不喜歡耕作,只去山上做掛羅網
> 捕獸類的事。不得不開墾的時候就拿繩子來掛在所需要的土地
> 上就立刻所有的樹木全部倒下地上。這樣把這塊地做田地。

本則傳說故事的 irok,具有神力,只要把「繩子來掛在所需要的土地上就立刻所有的樹木全部倒下地上」,就能開墾田地了。

杜而未〈田埔阿美族婚喪與神話傳說〉,《考古人類學刊》(1989 年 11 月):(註十五)

> boton 和一女子結婚,但他每日在家中發懶不作工,只是
> 在作線繩,已十二天之久,他岳母日日催促他到田裡工作,
> 他作成了一個 azozol;到第十三天時,他就去田裡工作,帶
> 著 azozol,只一天的工夫,就開了三甲的地,次日他請岳母
> 一起到田裡種菜,岳母還不相信他有田,直到那時岳母才驚
> 訝 boton 已開出如此多的地。三個月後果子成熟,因太多了,
> boton 就請村中之人來幫忙,……那些果子長形和圓形的,經
> boton 剖開,裡面就是糯米和小米。……

本傳說故事謂 boton 有神力,只用線繩 boton,就開闢了三甲的地,其岳母大感驚訝。種植的作物三個月後成熟,因為收穫豐多,因此就請村人來幫忙,這些果子是長形和圓形的,剖開之後,裡面就是糯米和小米。

〈高砂族の雷神と蛇(一)〉《人類學雜誌》(1925 年),佐山融吉著,劉佳麗譯:(註十六)

> 從前,有一位叫 chiyaudai 的男孩,每天只知捻線。他用
> 這線轉陀螺,不一會功夫就耕好了一大片田地,種了南瓜與竹,
> 等到南瓜與竹成熟後,由南瓜裡生出了米,而竹子裡則跑出了
> 豬,於是他成了族裡的首富。

本則傳說故事敘述了一位叫 chiyaudai 的男孩,每天不工作就只知道

捻線。他用了所捻的線轉陀螺，很快地就耕好了一大片田地。然後種植南瓜與竹，等到南瓜與竹成熟後，從南瓜裡生出了米，而竹子裡則跑出了豬，於是他變成了當地族裡的首富。

〈高砂族の雷神と蛇（一）〉《人類學雜誌》（1925 年），佐山融吉著，劉佳麗譯：（註十七）

> 從前，有一位叫 chiyaudai 的男孩，每天捻線。他用線纏住山腳並綁緊另一端，一拉頓時所有的樹木都倒了，他又放個屁就將這些樹木吹到了他處。這樣的一個奇人，卻因喪妻日子寂寞，淪落成好捉弄族裡的婦女。因為只有他一人，所以他拔體毛變形成男孩，一同夜遊，或者變成樹木橫躺路邊，長得不起眼的婦女通過時就縮小，若是美女則變大，大到可以碰到她的下唇。

本則傳說故事中的 chiyaudai 比上一則故事更有神力，他放個屁就將倒下的樹木吹到了他處。但是本則故事中的 chiyaudai 境遇比較悽慘，上則故事之 chiyaudai 變成了族裡的首富；本則故事中的 chiyaudai，因為喪妻，淪落成愛好捉弄族裡婦女的人，十分善於「變幻」之術。

另阿美族居住地域多為平地，在清光緒年間清廷積極「撫番開山」下，南、中、北橫貫公路陸續通達，漢人相繼入墾，逐漸受漢俗影響。因此，阿美族其生活方式中，早已習於水田耕作。（註十八）

註釋

註一：王煒昶主編《山林的智慧》，台灣原住民文化園區導覽手冊，1998 年 5 月。

註二：姚德雄《九族文化村》，日月潭九族文化觀光事業公司，1989 年 11 月。

註三：陳國強《百越族與台灣原住民》，台北，幼獅文化事業公司，1999 年。

註四：內政部委託台灣大學人類學系研究《台灣山胞各族傳統神話故事與傳說文獻編纂研究》，1994 年 4 月 30 日。

註五：浦忠成〈阿美族吃的傳統故事〉。

註六：同註四。

註七：同註四。

註八：同註四。

註九：杜而未〈阿美族神話研究〉，載於《大陸》雜誌第 16 卷第 12 期，1958 年 6 月。

註十：同註四。

註十一：阮昌銳〈農業〉，《馬太安阿美族的物質文化》，中央研究院民族學研究所專刊，1962 年。

註十二：黃智慧主編台灣總督府臨時台灣舊慣調查會《番族慣習調查報告書第二卷阿美族卑南族》，中央研究院民族學研究所編譯，2000 年 11 月。

註十三：古野清人著、葉婉奇譯《台灣原住民的祭儀生活》，台北，原民文化，2000 年 5 月。

註十四：同註四。

註十五：同註四。

註十六：同註四。

註十七：同註四。

註十八：王嵩山《台灣原住民的社會與文化》，台北，聯經出版公司，2001 年 7 月。

阿美族狩獵與漁撈口傳文學

第八章

　　阿美族的部落多半臨海或靠近溪流，因此捕魚便成為阿美人日常生活的重要課題。捕魚在阿美族不僅僅是餬口或提供蛋白質的來源，更有文化上深層的意義。在阿美族的社會裡，舉凡一個活動的結束或喪葬儀式過後都要有捕魚或吃魚的行為（阿美語稱為 paklag），藉此作為活動的休止符，透過吃魚的行為以後，再恢復日常的生活作息。因此，漁撈的行為有脫聖返俗的意義。（註一）

　　阿美族漁獵是集體進行，由長輩主持，先分配獵獲者，後平均分配。阿美人在海上捕鯨、鱔、大刀魚、鯛、鰹、飛魚、海鰻、烏賊等，也在河川捕撈。過去，狩獵曾作為主要勞動，現已為飼養業所代替，狩獵已成為農閒或祭祀、節日前的一種娛樂活動，成為一種顯示年輕人勇敢、機智的活動。（註二）

　　傳說男神「馬拉塔烏」是人們前往狩獵、深山、危險地方時，守護大家的 kawas，在大祭的時候也有祭拜它，祈求免於受傷、不幸。傳說「馬拉塔烏」居於西方。（註三）

一、阿美族狩獵傳說故事

　　杜而未〈阿美族的傳說與神話〉，《考古人類學刊》（1984 年）：（註四）

> 　　起初人類不知如何種植，以致家境困難，天上的神 maladau 看不下去，化身為人名叫 solol alimolo，告訴老人種植得看季節，春天萌芽時播種，秋天即收。等神回天上時，祂父親又叫祂弟弟 kiswol 來到人間，教人巫術和打獵規則。據說 kiswol 曾留在世上娶了一個太太。

　　本則傳說故事謂阿美族的狩獵規則是天上的神叫 maladau 者所教導，狩獵規則包括了狩獵方法、獵肉分配，以及狩獵有關的祭祀禮儀。

　　天神 maladau 曾留在世上娶了一個太太，可見祂在凡間待了一段很長的時間，從事指導農耕、狩獵以及巫術等。

　　林明美〈由太巴塱來的拓荒者——記阿美族高寮部落一位長老所敘

說的歷史與傳說〉,《人類與文化》(1979年):(註五)

　　高寮部落……到第五任頭目時,一天在溪中發現一隻熊,大家合力將熊殺死,抬到會所。但獵到那人的岳父很貪心,不想和眾人均分,可是依習俗要將肉分給大家,並祝禱方才不會發生災禍,那時第一任頭目還在世,他便預言這家會遭不幸。果然就這麼斷斷續續的死了二十個人,這個家只好分家,惡運也到此中止。……

　　在布農族的社會裡,熊是屬於禁忌性的動物,不是每個季節都可以獵熊,依照規定,某個時節才能夠獵熊,倘若不幸在非獵熊的時節,有捕獸器獵獲了熊,就必須進行祓除儀式。本故事謂阿美族人捕獲熊必須「祝禱方才不會發生災禍」,這或許與布農族人獵熊的禁忌信仰相似。

　　本故事涉及到古代獵獲物必須「共食」與「分配」,惟獵獲者之岳父不願意將肉分給大家,結果這個家庭斷斷續續的死了二十個人,最後只好分家,惡運總算才到此中止。

二、阿美族漁撈傳說故事與歌謠

阮昌銳《大港口的阿美族》載阿美人的「魚祭」情形:(註六)

　　港口人在收稻之前,約第一期出穗之時約當五月份,在月圓之夜,青年 kapax 攜帶祭品到秀姑巒溪出海口 tsapo 去祭神 misalisin,這個祭儀以其目的來說可稱之為求魚祭 misatsapo。青年人用肉 titi,糯 tolong 和酒 pax 作為祭品來祭儀,以求多得魚獲。主祭者用酒作灌祭 mevtik,並祈禱曰:kaaliaai ku vutin！kaaliaai ku pulao！(多魚！多小魚！)祭畢,青年下海用網來捕魚和釣竿來釣魚,直至次日中午才回家,所捕得之魚通通吃掉,不准留下,飯後要喝水,青年最高級 mama no kapax 下命令,要所有青年到 tsikakutai(在石梯坪)的泉水處去挑水,每位青年都要參加跑步去挑水,跑得最快者獲「優秀青年」之美名。這一祭儀之目的在求今後一年中捕魚時多得魚

獲，在捕魚時人員的安全。同時這一天最禁忌有人上山工作，
否則就會得不到魚。

本傳說故事是港口人之求魚祭，儀式如下：

（一）五月份，在月圓之夜，青年 kapax 攜帶祭品到秀姑巒溪出海口
　　　tsapo 去祭神 misalisin。

（二）祭品用肉 titi，糯 tolong 和酒 pax。

（三）主祭者用酒作灌祭 mevtik，並祈求漁獲豐多。

（四）祭日捕獲的魚，要全部吃掉。

（五）祭日飲用水，由青年最高級 mama no kapax 下命令到 tsikakutai
　　　挑水，並選拔「優秀青年」。

阿美族男子必須服從年齡階級制度，要絕對服從。祭日這一天最禁
忌有人上山工作，這會導致得不到魚。

馬太鞍阿美人的漁具是不許女孩子們碰的，因為他們相信被女人觸
碰的漁具會捕不到魚。（註七）

有一則阿美族獻麻薯求漁獲的傳說故事，《生蕃傳說集》（1923
年），佐山融吉、大西吉壽著；余萬居譯：（註八）

　　　一日，全社去捕魚，只一名 iruk 的男子背著籃子上山撿拾
別人伐木留下的小木片，回家後，他拿木片去煮去烤，都變成
了魚。出去捕魚的則大豐收，回社烤魚，魚都變成了木片，個
個呆，其後，獲知 iruk 木片都變成魚，猜想他是神，對之崇敬
有加。iruk 要族人爾後每次去捕魚人都要先獻上一個麻薯，就
不會再有魚變成木片的事發生，自此，人人於捕魚前送麻薯到
iruk 家，其習自今未絕。

本則故事是一則奇異的事件，iruk 的男子到山上撿拾別人伐木留下
的小木片，回家後，木片拿去煮及烤，卻都變成了魚。而出海捕魚的人
漁獲豐多，但是回社烤魚，魚都變成了木片。

大家知道了 iruk 的木片變成魚，都將他視為神來崇敬。iruk 要族人
於捕魚前送麻薯到他家，就不會再有魚變成木片的事發生，自此相沿成

習。

杜而未〈田埔阿美族婚喪與神話傳說〉,《考古人類學刊》(1989 年 11 月):(註九)

> boton 和一女子結婚,⋯⋯善於捕魚,有一次他帶著全村小孩出去,可以捕魚讓所有小孩吃,最初他用小米作團子,每個小孩有五個,然後自己在水池捕魚,一次便捕了一百多條,每個小孩均分到許多魚,但有的小孩的筐子沒有蓋子,或者是用繩子串魚,在路上掉了不少魚,據說日後捕魚之後要「跑」回家即從此開始,而當地人捕魚時若不帶 torung 吃,就必帶上五個小米團,以期望捕多一點魚。⋯⋯

至今阿美族人捕魚之後要「跑」回家,即源於本故事,據說捕魚時若不帶 torung 吃,就必帶上五個小米團,以期望多捕一點魚。

帶上五個小米團是有典故的,因為當年 boton 捕魚,「最初他用小米作團子,每個小孩有五個」,因此相沿至今。

林道生《原住民神話·故事全集(三)》載馬蘭社〈網魚的起源〉:(註十)

> 有一艘船在東海岸由南向北行駛中,一位乘客生了病,船靠了海岸讓生病的乘客上岸,又為他搭蓋小屋養病然後離去。過了些時候他的病好了。那時候有一隻牝熊常常來到他的小屋子,日久生情,兩人結成夫妻,生了一子。牝熊每天都去山上採集丈夫和孩子的食物,非常的勤勞。有一次,牝熊又去山上採集食物時,那艘船又靠了岸來尋找他。父子兩人便上了船,正要離去時牝熊回來,見不到丈夫和孩子而追到海岸,看到丈夫和孩子搭船正要離去,牝熊趕緊跳下水游了過去。當牝熊游到船邊,操縱船的人以為是野狗而把牠殺了,並且烹調牠的肉給大家分吃。孩子漸漸長大,生性好打架,村人都指他說是熊的孩子,因為人生的孩子不會像他那樣常常熊性發作。孩子每當出門就受到別人的嘲笑,被逼得只有去問他的父親事情的真

相，但是羞於開口的父親不便直接告訴孩子是母熊所生，而說母親早已死在海裡。想念母親的孩子花了幾天工夫製作了魚網（Tafokod），每天到海邊拋網要網起母親的屍骨，但是無所獲，每次網撈到都是魚蝦類。從此馬蘭部落的阿美族人都學他製作拋網到海邊去網魚。

這是一則人與母熊情的傳說故事，而且還生了個男孩子。不幸孩子的熊母親被族人打死了。孩子長大後知道了事情的真相，便製作了漁網欲網起母親的屍骨，但是終無所獲，只能撈到魚蝦一類。從此馬蘭部落的族人都學他製作拋網到海邊去網魚。

范純甫土編《原住民傳說（上）》載〈紋身的故事〉：（註十一）

居住在台東長濱東面海邊一帶的人們，下海捕魚來作食物。但是，海裡有一種蛟龍，常常來侵襲人們，把人們咬傷或者吃掉。但人們為了生活，不得不冒險下海捕魚。一天，有個老大爺看到蛟龍把人咬傷了，難過地說：「凶惡的蛟龍傷人，我們不要下海捕魚了，上山去打鹿和麂子作食物吧！」但是人們從海邊到山上去，路遠難行，也捕不到麂子和鹿。老太婆嘆息說：「我們去挖芋芳吧，用芋芳來作食物！」可是，芋芳生

▲ 阿美族的捕魚用具／田哲益提供

長在石頭穴縫裡，挖芋芳也不容易。有一個青年人，決心要除掉蛟龍。他拉開弓箭射蛟龍，但渾濁濁的水中看不清蛟龍，一條也沒有射著。這天，青年蹲在海邊礁石上窺測蛟龍行蹤，突然看見幾個男孩在海邊游泳。他們身上都畫著黑色和紅色的斑紋，像五色斑斕的水蛇一樣在海水中游來游去。十分奇怪的是，有條蛟龍在這群孩子中間游來穿去，就是不吃他們。後來，孩子們

上岸來，青年走過去好奇地問他們：「為什麼蛟龍不咬你們？」「因為蛟龍和我們是朋友，我們經常來海中游泳，所以牠不吃我們。」一個男孩說。「因為我們身上畫了花紋，蛟龍身上也有花紋，蛟龍把我們看成同伴了，所以不吃我們！」另一個男孩說。為了解蛟龍為什麼不吃身上繪有花紋的人，青年第二天也在身上畫了紅色和黑色的花紋，決定下海去看看蛟龍是否來咬自己。他媽媽見了，忙阻攔說：「哪有蛟龍不傷人？千萬別去冒險送死了，我的孩子。要是蛟龍把你咬去了，我去哪裡尋你！」青年說：「為了替鄉親們尋出戰勝蛟龍的辦法，我一定要去試一試。我帶著刀，如果蛟龍來傷，我就殺牠。請媽媽放心！」這天，青年滿身畫著彩紋下海去了。果然，青年身上畫上花紋後，海裡的蛟龍就沒有來傷他。他在海水中游了好久，蛟龍在他身邊游過來游過去，就是不傷他一根毫毛。有時到他身邊聞一聞就走了。青年高興極了，終於為鄉親們尋找到了防避蛟龍的辦法了。青年回到社裡，把這件事告訴了鄉親們。開始人們還不相信，後來才在身上畫了花紋，下海去試驗，結果都很靈。從此，人們採取了紋身來防蛟龍的辦法。

本則傳說故事敘述阿美族人下海捕魚，經常會被蛟龍咬傷或者吃掉。有一位青年思考著要如何防避蛟龍的襲害。他看到一群身上都畫著黑色和紅色斑紋的小孩子在海上游泳，奇怪的是蛟龍不會去攻擊這些小孩子，蛟龍把他們看成同伴了，所以不吃他們。青年發現了這個天大的祕密。第二天青年也如法炮製，果然他也沒有受到蛟龍的攻擊。他把這事告知鄉親們，「年長日久，一代一代相傳，紋身便成了一種習俗」。則阿美族古代紋身的習俗，具有避邪、避惡、避難的意涵。

玉里阿美族「抓魚祭」：在青年訓練中，最重要的活動，是他們每年舉行一次的抓魚祭（komolais），值得一提。據他們傳說，古時有abodoyor 神，為使人民連年豐收，便要人民每年舉行抓魚祭，並且藉此可以鍛鍊青年的體魄。它的時期約在每年8、9月間，也就在剛割完稻穀

以後的一週。先是由第五級中年長者在會所決定舉行日期，經過頭目准許後，便通知第五級青年，他們於商定地點後通知第一級青年於先一日轉知各家，各家便先準備糯米飯、米糕、酒等。翌晨，所有各級青年聚集於會所，由第五級中青年代表分配工作人員，指示第五、第三兩級青年到山上割取野芋頭葉，並命其他級青年出發。於是大家爭先恐後，急奔至目的地，否則上級人員會在背部鞭打，尤其是第一級的青年們必須先趕到，免受眾人譏笑。他們先到河邊搭蓋一座臨時用的小茅屋，作為第五級的青年及長老們的休息之所，而且也是發號司令的司令部，先由第五級的青年到河流裡抓些魚，祭 abodoyor 神，並送給長老們。中午時，青年代表召集眾人抽籤，誰抽到最好的籤，就由他擔任祭神禮的主持人。魚煮好後，就舉行祭神禮。祭後請長老與青年代表吃魚飯，因所抓的魚不多，故其他青年們所吃的只是白飯和鹽而已。吃飯中，青年代表向眾人講解下午抓魚的規則。餐畢，即由青年代表發令「去吧！」眾青年便狂奔至河的前段，根據上級的分配，分頭工作，主要的是先搬運石頭、砂土及稻草等材料，然後齊做擋水工作，要在河中橫築一道臨時的水壩，把河水堵住一部分，再沿壩放置魚簍和魚藤等。全部工作完畢時，由青年代表宣布「開始抓魚吧！」此時，第四級的青年提著魚網優先在前專抓大魚，往返數次後，才命其他低幾級的青年們繼續抓魚，直至第二天清早，才抓完魚，集中司令部等待早餐。這頓早餐，便是吃抓來的魚，用野外原始的煮法煮的，由第一級青年先已準備好檳榔皮，和幾個小石子。檳榔皮內放水和魚，小石子經過燒熟後放入檳榔皮內，水遇高熱，自然滾熱起來，魚也跟著煮熟，再放些鹽，即可食之。年紀大的人，可以優先得到大魚吃。吃畢，眾青年紛紛回社，社中各家預備糯米飯、酒、牛肉、豬肉等招待，大家都吃些。老年人還要欣賞青年們強健的體魄，特又命令他們舉行賽跑，跑得最快是件榮譽的事，亦是部落中女青年所愛慕者。賽畢，又在會所前廣場上舉行祭神儀式，求神幫助再能豐收。（註十二）

阿美族童謠〈爸爸去撈魚〉
（註十三）

　爸爸去哪裡
　去加路蘭港東邊撈魚
　爸爸撈到多少魚
　足夠早餐而已

阿美族歌謠〈宜灣是個好地方〉
（註十四）

　淳樸的宜灣
　不論白天或夜晚
　都教人無限依戀
　美麗的宜灣
　靠近海岸邊
　媽媽勤儉
　爸爸康健
　勤勞健康不疲倦

　美麗的宜灣
　海邊是
　山姑撿貝殼的地方
　夏天河水漲
　年輕人都去撒網
　冬天河水乾
　老人都去曬太陽
　宜灣是個好地方

　那魯灣，哦海央

美麗的宜灣
淳樸的宜灣
妳是人間的天堂
阿美族的家鄉

阿美族歌謠〈可愛的家族〉（註
十五）

　媽媽到河邊洗衣裳
　固執的脾氣誰都不能講
　你說她一句她氣得發狂
　把衣服丟進河裡望也不望

　爸爸到河裡去撒網
　固執的脾氣也是不能講
　你說他一句他滿臉紫脹
　把魚兒都放走看你怎麼樣

　哥哥為撿柴上山上
　固執的脾氣和爸媽一樣
　你說他一句他悶聲不響
　撿回 Lidatemg（黑鬼仔
　菜）還吊兒郎當

　爺爺為打獵上山崗
　固執的脾氣全家他最強
　你說他一句他憤恨難當
　抓回一隻野狗對你汪汪汪

註釋

註一：王煒昶主編《山林的智慧》，台灣原住民文化園區導覽手冊，1998年5月。

註二：陳國強《百越族與台灣原住民》，台北，幼獅文化事業公司，1999年。

註三：古野清人著，葉婉奇譯《台灣原住民的祭儀生活》，台北，原民文化，2000年5月。

註四：內政部委託台灣大學人類學系研究《台灣山胞各族傳統神話故事與傳說文獻編纂研究》，1994年4月30日。

註五：同註四。

註六：阮昌銳《大港口的阿美族》，台北，中央研究院民族學研究所，1969年。

註七：丘其謙〈漁撈〉，《秀姑巒溪阿美族的社會組織》，中央研究院民族學研究所專刊，1966年。

註八：同註四。

註九：同註四。

註十：林道生《原住民神話‧故事全集（三）》，台北，漢藝色研文化公司，2002年12月。

註十一：范純甫主編《原住民傳說（上）》，台北，華嚴出版社，1996年8月。

註十二：陳國鈞《台灣土著成年習俗》，國立北京大學，中國民俗學會民俗叢書專號：民族篇第9卷，中國民俗學會景印，1974年。

註十三：林道生《台灣原住民族口傳文學選集》，花蓮縣立文化中心，1996年6月。

註十四：同註十三。

註十五：同註十三。

阿美族動物
口傳文學

第九章

在阿美族動物口傳文學中，對於動物的來源，亦有所探討，阿美族人除了認為人類是天神降下凡間，人類才開始滋養生息之外，至於地球上凡間的所有動物，也都是天神所賜給的。阿美族更有人類生育魚蟹的傳說故事。

阿美人與動物的感情非常深厚，認為有許多動物有恩於阿美族人，例如誓死保衛主人的忠狗，曾經幫助過人類取火的羌仔、花鹿等。

一、阿美族動物的來源

《原語による台灣高砂族傳說集》（1935 年），小川尚義、淺井惠倫著，余萬居譯：（註一）

古時，曾有 kakumolan sapatolok 和 valaihay（兩位男女神）遵奉父神和母神之命，降臨至地上界，並賜給他們豬、鹿、鳶、鳥等動物。……

本傳說故事，阿美族人認為人間凡界所有的動物，例如：豬、鹿、鳶、鳥等，都是天上之神所賜予。

二、狗

陳千武譯述《台灣原住民的母語傳說》載馬蘭社傳說：（註二）

古早，火燒島和馬蘭社之間有個橋，那個叫洛亞卑的人，從火燒島帶三隻狗來狩獵。眾人沒有看過狗，都很羨慕他的狗。他的狗對別人吠得很厲害，有人走近牠就要吠，也有人被咬過。洛亞卑做木柵，把狗放在裡面。有一天，卑南社人做了圓圓的粟黏糕，帶五十個來。那些人站在洛亞卑家的入口說：「我們來玩，打開門吧。」洛亞卑說：「如果我打開門，狗會跳出來咬你們，那就可憐你。你有話，就在那兒講吧。」大家說：「如果狗要咬我們，我們就爬上豬舍頂上去。」洛亞卑說：「你們這麼說，我就不堅持了！」他邊打開門邊說：「咦！你們看，狗跳出來要咬你們了，真可憐。」狗像瘋了一樣狂吠著衝向大家那邊去。此時他們把帶來的黏糕散布在南邊的院子，三隻狗

就衝向五十個黏糕那邊去吃了。黏糕黏黏，黏住狗的牙齒，嘴都張不開，拼命地搖頭，黏糕也脫不掉。叫戴爾比的人，把其中一隻狗裝入布袋裡，帶回卑南社去飼養，也帶去狩獵，從此才開始有狗。

本故事情節如下：

（一）古代火燒島和馬蘭社之間有個橋樑互通。

（二）火燒島早已有人養狗。

（三）有個來自火燒島名叫洛亞卑的人，從火燒島帶三隻狗來狩獵。

（四）台灣本島的人沒有看過狗，都很羨慕洛亞卑的狗。

（五）有一天，卑南社人到火燒島洛亞卑的家用計抓狗，製作了五十個黏糕。

（六）狗吃了黏黏的糕，就不能咬人了。

（七）有個叫戴爾比的人，把其中一隻狗裝入布袋裡，帶回卑南社去飼養，也帶去狩獵，從此才開始有狗。

范純甫主編《原住民傳說》載〈神奇的果樹〉：（註三）

從前有一個叫科巴斯達的老獵人，養了一條大獵狗，名叫「黑豹」。有一天早上，科巴斯達上山打獵，黑豹高高興興地走在前頭引路，走著走著，忽然它不往前走了。科巴斯達知道附近有野獸，他立即搜索，但並沒有發現野獸的蹤影，感到很奇怪。他又繼續搜索，終於發現樹上有一條大蛇張著血盆大口正要撲過來。科巴斯達使勁投出標槍，正中蛇背，大蛇更凶狠地竄來，正在這危險的時候，黑豹猛地撲上前咬住了大蛇的脖子，用鋒利的前爪抓瞎了大蛇的一隻眼睛。大蛇疼得抖抖身子，「唰」地纏住黑豹在地上滾翻扭打。經過一場緊張的搏鬥，大蛇被獵狗咬死，黑豹也被大蛇纏住肋死了。科巴斯達心疼得放聲大哭，他撫摸著黑豹，把牠背回家裡，埋在草屋前的空地上。不幾天，從埋黑豹的土堆上長出了一棵樹，枝葉茂盛，不久就開出花來，結滿了黃澄澄的果子，把枝子也壓彎了。科巴斯達採了好幾背簍

果子放在床鋪底下，半夜，滿屋金光閃爍。一看，啊！果子變成了金果子，天一亮，科巴斯達就把金果子分給了部落裡最窮苦的人。另外，他還帶了最大的五個金果子去送給他的朋友克洛斯。克洛斯為人懶惰刁猾，是個單身漢，沒有哪個姑娘願意嫁他。這天他一見金燦燦的果子，歡喜得眉開眼笑，忙問科巴斯達：「嘿！嘿，老阿哥，你何時交上了好運氣，怎麼發了這麼大的財啊？」「唉！」老獵人科巴斯達難過地長嘆了一口氣，說：「金子是我那心愛的黑豹變的呀！金子再多，也不如那黑豹活著好呵！」接著，他把黑豹如何咬死大蛇，又被大蛇勒死，以及將黑豹埋在門前空地長出金果樹的前後經過細說了一遍。克洛斯聽迷了，眼紅心癢，便跟科巴斯達去瞧那棵寶樹，見樹上密密麻麻地結滿了黃橙橙、金燦燦的果子，又要了許多，還是不滿足。第二天深夜，克洛斯悄悄地溜到科巴斯達門前的金果樹下，緊緊地抓住金果樹幹使勁地搖呀！晃阿！頓時，樹上的果子全變成了石塊，像下冰雹一般，「霹哩啪啦」地砸得他渾身青一塊、紫一塊，痛得他雙手捂住尖腦袋，「哎唷！哎唷！」地喊叫著跑走了。自此以後，阿美人就把狗當成最忠實的家畜了。他們養狗從來不殺，更不吃狗肉，連打狗也不行。不管是誰家養的狗死了，都會把牠掩埋起來，在土堆上栽上一棵樹，變成一種風俗習慣流傳下來。

本傳說故事情節敘述：

（一）一位名為科巴斯達的老獵人，養了一條大獵狗，名叫「黑豹」。

（二）有一天早上，科巴斯達上山打獵，黑豹走在前頭引路。

（三）黑豹突然停止前進，原來樹上有一條大蛇張著血盆大口正要撲過來。

（四）科巴斯達投出標槍正中蛇背，大蛇仍然凶狠地竄來，黑豹猛地撲上前咬住大蛇的脖子，用前爪抓瞎大蛇的一隻眼睛。

（五）大蛇被獵狗咬死，黑豹也被大蛇纏住勒死了。

（六）黑豹死了，科巴斯達傷心大哭，把黑豹背回家裡，埋在草屋前的空地上。

（七）埋葬黑豹的地方長出了一棵樹，不久結滿了黃澄澄的果子。採了幾簍置於床鋪底下，半夜，變成金光閃爍的金果子。

（八）科巴斯達為人不自私，把金果子分給最窮苦的人，還選了最大的五個送給他的朋友克洛斯。

（九）克洛斯是一位單身的貪心漢，知悉了科巴斯達金果樹的祕密，第二天深夜，偷偷去把金果子搖下來，結果金果子變成石頭，紛紛落下砸他，這就是貪心的後果。

傳統阿美族人不殺狗，也不吃狗肉，連打狗也不行。狗死了會把牠掩埋起來，在土堆上栽種一棵樹，變成習慣流傳下來。此俗大概就是緣於本則故事。

三、山羌

《生蕃傳說集》（1923 年），佐山融吉、大西吉壽著；余萬居譯：（註四）

太古時代，沒有火，人們生活不便，一日，舉社入深山尋火，幾天後，在山頂聚集，見海上遙遙處一島有火光，便派遣獸類前去取火種，最後由一隻羌仔達成任務。

在台灣原住民裡的傳說故事中，多有尋找「火種」的母題，此類故事都有共同的特點，就是「火種」皆在遙遠的地方，不是單憑人類能力可以取得的，因此就派遣動物前往「取火」，所派遣的動物各族皆不同，惟都有一個共通點，就是派了許多種動物去「取火」卻都沒有成功，最後會出現一隻動物成功的把「火」取回來，溫暖了人類的生活。

四、花鹿

《生蕃傳說集》（1923 年），佐山融吉、大西吉壽著；余萬居譯：（註五）

古時，sura 和 nakao 二人漂來 ragasan 海岸登陸後，……
有一段時間失去了火，因此，人們發動多種動物，使其競爭，
到南方的 sanasai 島去求火種。……最後去的是花鹿，順利索
來火種了。……

本則傳說是花鹿幫助人類求得火種的故事。花鹿是以游泳的方式游
到遙遠的南方 sanasai 島，把「火種」帶回來給人類。

五、魚蟹

李卉〈台灣及東南亞的同胞配偶型洪水傳說〉,《中國民族學報》
（1955年）:（註六）

太古時代，祖先居住於花蓮港附近的山邊。不久天地變色，
一股熱流從地下噴出，淹沒了整個地表，所有的生物，幾乎完
全絕滅，只有一姊及其弟妹乘臼往南岸逃去，他們在 lalaulang
上岸，向西和南尋求一立命之所。在爬 k'aburngan 山時姊已
覺萬分疲累便在山腰休息，弟妹爬上山後始終未等到姊姊，下
山一探究竟，發現其姊已變為石頭，二人悲傷不已。於是又回
到 lalaulang 尋找昔日所乘之方白，但其白已腐爛，二人只好繼
續四處流浪，躲避熱洪。後來兄妹二人不想再飄浮不定，便在
溫泉處定居，因世上已無他人，為了繁續人類，……二人遂成
夫婦。不久妹妹即懷孕，兩人滿心歡喜的等待孩子降臨，並準
備了許多漂亮的衣服，但卻生下個怪物，他們很懊惱，便把衣
服和子均拋於水中，其一橫流於水中，另一則順水而去，據說
這就是今日魚蟹的始祖。……

本則傳說故事謂洪水氾濫後，兄妹結為連理，但是所生下來的孩子
卻是怪物，於是便拋向水中，其一橫流於水中，此即蟹之始祖；另一則
順水而去，此即魚的始祖。本故事非常可愛，人類生育魚族，此類故事
是很少聽到的。

六、熊與豹

〈台灣土蕃の口碑〉,《東京人類學會雜誌》(1908年):(註七)

　　從前,熊、豹沒有現在的毛皮,他們互相約定,為彼此製造毛皮。熊為豹製作了有美麗條紋的毛皮;豹亦正為熊皮在傷腦筋,但僅完成了腹部,突然起了野心,乃叫山中敵族來襲,趁亂將他未完成的部分抹黑,而熊抓了豹為其製的皮就逃走了。從此,豹身襲美麗條的毛皮,而熊則是漆黑的醜毛皮,因此,熊豹感情交惡。熊與豹彼此互相製作毛皮,熊製作了美麗花紋的毛皮給豹,豹亦製作毛皮給熊,但是僅完成了腹部。豹的心態不好,暗中請敵族來襲,趁亂將要給熊的毛皮抹黑,因此,豹現在有一襲美麗的花紋,而熊則是一片黑。而且自此熊豹感情交惡。

　　本則故事描寫熊與豹交惡的緣由,認為豹的居心不良,故意將熊塗抹成一身黑,因而造成交惡。

七、鯨魚

林道生《原住民神話‧故事全集(二)》載奇密社〈卡利莫艾的遭遇〉:(註八)

　　從前,在一個阿美族的部落裡住著一位叫做卡利莫艾的人。有一天,卡利莫艾上山去採藤。卡利莫艾採藤的方式和其他族人先用工作刀去掉葉子及尖刺的方法不同,而是把整條藤,就是藤蔓連同葉子又帶刺地整條拖回家。當卡利莫艾從山上拖著長長的藤蔓回到部落外圍,看見有個小孩正在地上玩耍便大聲警告:「娃娃,走開!」卡利莫艾雖然警告了小孩,卻也不回頭地繼續前進。可是,玩得起勁的小孩也沒注意到卡利莫艾的警告,繼續玩耍沒有避開,因此被卡利莫艾的藤蔓捲著拖回去了。到了家,卡利莫艾這才發現他拖回來的藤蔓不但捲

著小孩，而且死了。卡刊莫艾心想：「糟了！闖禍了！這怎麼辦呢？」卡利莫艾心中害怕。想了一會兒，決定把小孩埋了。數天過後，卡利莫艾心中仍然害怕早晚會被發現。於是站在屋頂上大聲對部落的人宣布：「各位親愛的族人！請大家都到集會所集合。」部落的人聽了起了一陣騷動，也不知道發生了什麼重大的事情，要在集會所集合。大家都到了集會所，卡利莫艾對族人坦白宣布了小孩的事情，族人商量了一下，認為大家應該去海邊打魚。當部落的人都到了海邊。有幾個人合力把卡利莫艾推落崖下，不一會兒，魚來了，卡利莫艾用手捉了魚，把牠丟得遠遠地，魚就摔死了。又過了一會兒，大一點的魚來了。卡利莫艾又用手捉了大魚，把牠丟得更遠，大魚就摔死了。又過了一會兒，又來了許多的魚，也都被卡利莫艾丟得遠遠地摔死了。卡利莫艾殺死了許多魚，死魚已經堆得很高了。這時候，來了一隻大鯨魚，卡利莫艾對著大鯨魚衝過去，要去捕捉大鯨魚。不料，整個人都被大鯨魚張開的大嘴巴吸了進去，死在大鯨魚的肚子裡。

本則傳說敘述一位叫做卡利莫艾的人上山採藤，回家途中卻意外地害死一位小孩。為了掩飾罪行，他把小孩偷偷埋了，但是仍感到良心不安，於是坦承了這件事情。發生此事，族人商量後認為部落族人應該去海邊打魚。到了海邊，族人合力把卡利莫艾推落崖下。最後卡利莫艾被大鯨魚吃了，死在大鯨魚的肚子裡。

林道生《原住民神話‧故事全集（二）》載奇密社〈乘鯨到巴里桑〉：（註九）

　　從前，在靠近海岸的部落，住著一位男子名叫薩達邦。有一天，薩達邦跟往日一樣的乘著竹筏出海去打魚。不久，看見前方。海上有個以前沒見過的小島，這時由於他肚子餓了，便趕緊划著竹筏登上這個小島，又從竹筏上取下薪柴，在小島上升起火要烤魚充飢。但是，只那麼一會兒，很不可思議的竹筏

竟快速的離開了小島，薩達邦驚訝的看看四方，原來是小島離開竹筏，而不是竹筏離開了小島，這才發現自己所站立的小島原來是一隻大鯨魚。在鯨魚的背上點火燒起木柴，難怪鯨魚要被燒痛的游動起來。薩達邦趕緊熄滅了火，左思右想，他想不出什麼好辦法，只好暫時乘坐在鯨魚的背上愁著臉觀看四周的大海。鯨魚繼續往西方游，然後在另外一個更大的島岸邊停了下來。薩達邦眼看有救了，高興的趕快從鯨魚的背上跳到島上的沙灘。仔細一看，竟被一群手持竹槍以樹葉為短裙的女人包圍，卻不見一個男人的影子。這時有五、六個女人一擁而上像是要捉他似地，薩達邦心想我是男子漢大丈夫，才不怕妳們這些女人哩！因此出其不意的先下手摔倒最靠近他的一個女人，順勢好奇的看了一下倒在地上女人的下面，卻沒有看到帕卡的大門（陰部）而不可思議，再看她們沒有表情的臉，難怪她們是一群薩達邦從未見過的，沒有帕卡的怪異女人。這一群並不懷有敵意的女人帶著薩達邦進入主人的屋子裡，擺出許多美酒海味招待他，又喝又唱地，不久已經吃飽了。倒是這些女人吃東西只是吸著熱湯的氣而已，因為她們的臉上也沒有帕卡大門（嘴巴），是身體上欠缺了上下兩個帕卡的女人。薩達邦這才微微的點頭，大有原來如此的感覺。那天晚上他就睡在暖和的茅屋裡。次日清晨，薩達邦被帶到用竹子重重圍著的豬圈裡竟被當做豬來飼養。每天三餐，與第一天來時有天壤之別，她們只給他吃草根、樹皮而已。但是薩達邦心中一陣悲哀，擔心有一天會像豬一般地被宰了。數日後，薩達邦偶然發現竹籬旁的地上有一把小刀而高興雀躍。認為祖先將要幫助他脫逃而興奮起來。便趕緊用小刀花了些時間割斷竹籬的藤索逃了出來，跑到數天前上岸的海邊。沒想到竟是一連串的好運，萬事都安排得那麼恰當如意。原先帶他來到這個女人島巴里桑的鯨魚好像在等待他似地又浮現在海邊，歸鄉心切的薩達邦一躍而跳到

鯨魚的背上。鯨魚像是在對他說：「如果我潛入水中太久讓你
難受的話，要拉一拉我的耳朵，我就會立刻浮出水面讓你呼吸
透氣。」薩達邦照著心中鯨魚告訴他的話，一共拉了五次鯨魚
的耳朵，彷彿在瞬間，故鄉已在眼前。薩達邦在鯨魚的協助下
安然回到了故鄉，可是村裡竟沒有人認識他，原來已經經過了
很多年。他只好跑去向最年老的長者敘述自己的故事，也被認
為是虛言而不被相信。這時，薩達邦想起了自己曾在後院埋了
一塊卡 kiu（磨刀石）。便告訴長者不妨一起去看看，以證明
自己所說的是真話。薩達邦借了把鋤頭與長者及其他村人一起
到他家後院，使力挖了幾下便找到了卡 kiu，村人才相信了他
說的話而大為驚訝，覺得他的經歷實在太不可思議了。這時，
從薩達邦以前住的老屋子裡走出一位老女人：他以前年輕時的
妻子。高興的抱著他的頭，大聲叫著：「我的馬多阿塞·薩達
邦！」而歡喜流淚。周圍的村人看了也都為這一對馬多阿塞能
再相逢而流下感動的眼淚。當即決定報答救了薩達邦的鯨魚而
宰豬，又把蒸好的都論盛在竹簍裡拿到海邊，讓海浪把豬肉及
都論沖入海中餵食鯨魚。後來，奇密社阿美族人到了小米（粟
米）的除草期，村裡的頭目都會叫村人以鹽水、豬肉搗成都論，
放在河裡讓水流把它帶到大海以祭鯨魚而報恩。奇密社的阿美
族人，真是不忘報恩的好民族。

八、蛇

林道生《原住民神話·故事全集（三）》載馬蘭社〈升上天的兄弟〉：
（註十）

從前，有個兩兄弟及一個妹妹的家庭。有一天，妹妹去河
邊洗衣服，傍晚天色漸漸暗了都沒回來，兩兄弟擔心起妹妹的
安危而一起到河邊搜尋。他們在河邊的石頭上發現了妹妹帶去
的衣服，但是妹妹不在河邊。兄弟兩人繼續往山裡去查看，發

現了一條大蛇正張開嘴巴衝了過來要吃他們，兩兄弟同時拔出刀砍向大蛇，把大蛇殺死了。兩兄弟一塊塊地切著蛇身，竟響出「卡喳」的一聲怪聲來，仔細查看原來是切到妹妹的手鐲，而知道已經為妹妹報了仇。夜晚，兩兄弟宿在山中，但是沒有食物，不得已偷摘了幾根別人的甘蔗來吃。沒想到甘蔗園的主人是個很仔細的人，平日為了防賊，在甘蔗園撒了灰，第二天早上順灰上的足跡捉到了偷甘蔗的弟弟，逃了哥哥。弟弟被主人綁著關在竹柵裡，只給他吃些蛇肉、大便之類奇怪的東西。逃回家的哥哥決心要去救弟弟。於是做了一個他最拿手的紙鳶（風箏），隨風揚起在天空中，許多人家都看到了大紙鳶而驚奇不已。被綁著的弟弟也看到了大紙鳶，心中猜想一定是從小就喜歡紙鳶的哥哥做的，所以當紙鳶在弟弟頭上慢慢降下來時，弟弟也趕快抓住紙鳶的長尾巴隨著升天。哥哥看到弟弟已經穩穩抓住了紙鳶的長尾巴，自己也抓著繩子一起升上天。從此兄弟兩人又在一起了。

本則傳說故事敘述妹妹到河邊洗衣服，到傍晚都不見她回來，兩兄弟就到河邊搜尋，但是沒有尋到。往山裡去找，有一條大蛇欲吃他們，他們合力把蛇殺了，為妹妹報了仇。在山上沒有食物可吃，就偷摘了幾根別人的甘蔗來吃。沒想到第二天早上，弟弟被甘蔗園的主人抓住，綁著關在竹柵裡。逃回家的哥哥製作了風箏，成功的營救出弟弟。

註釋

註一：內政部委託台灣大學人類學系研究《台灣山胞各族傳統神話故事與傳說文獻編纂研究》，1994年4月30日。
註二：陳千武譯述《台灣原住民的母語傳說》，台北，台原出版社，1995年5月。
註三：范純甫主編《原住民傳說（上）》，台北，華嚴出版社，1996年8月。
註四：同註一。
註五：同註一。
註六：同註一。
註七：同註一。
註八：林道生《原住民神話‧故事全集（二）》，台北，漢藝色研文化公司，2002年1月。
註九：同註八。
註十：林道生《原住民神話‧故事全集（三）》，台北，漢藝色研文化公司，2002年12月。

阿美族植物
口傳文學

第十章

一、阿美族煙草傳說故事

《生蕃傳說集》（1923 年），佐山融吉、大西吉壽著；余萬居譯：（註一）

古有一少女，並不醜，可是一直嫁不出去，空閨寂寞，一日，她對父親說：「我生而不幸，活不下去了，我死了之後，每天都會去提水回來，我墳上會長出一種草來，請你把它移植到別處」。不久，少女便生病死了。雙親悲傷不已，第二天，母親起床做事，水缸裡果然有滿缸清水，墳上果然也長出未曾見過的草，父親依言將之移植別處，這種草便是菸草，父母懷疑水缸水滿，墳土長草，懷疑是人為，以為女兒未死，四處託人尋訪不果，索性掘墳，只挖到一堆白骨，遂將墳土覆回，不再多想，是日起缸中再無清水自來。

本傳說故事情節要述：

（一）一名一直嫁不出去的少女，因為空閨寂寞，鬱鬱不歡，終於生病死了。

（二）她曾經對其父親說：「我生而不幸，活不下去了，我死了之後，每天都會去提水回來，我墳上會長出一種草來，請你把它移植到別處」。

（三）她死後，次日，果然她提水滿缸，墳上也長出一種草來，是為菸草，父親就將菸草移植到別處。

（四）父母親懷疑女兒未死，於是掘墳，挖到一堆白骨，女兒真的已經往生。

按馬太鞍社的悲劇主角是男性。

又載：（註二）

古有一美少女名 marupiten 與青年 marupiruku 感情甚篤，後來，男子病死，少女傷心自殺身死，死前對母親說：「五天之後，你到我墳上，墳上長出一種草，將葉子摘下，晒乾，切

碎，無聊時，點上火，吸吸看，將會忘掉一切憂愁」。這種草，便是菸草。註：奇密社的傳說，是一個妻子死了，為安慰活著的丈夫，變成煙草。

本傳說故事是謂少女殉情自殺身亡的悲劇故事，少女死後，墳上長出菸草，將葉子摘下，晒乾，切碎，點上火吸，將會忘掉一切憂愁，於是族人開始吸煙。

孫家驥〈台灣土著傳說與大陸〉，《台灣風物》（1989年）：（註三）

　　昔日有兄妹二人，互行夫婦之道，為父母所責，遂萌自殺之念，乃雙雙以箭互刺而死。數月後，於男墓上，生出有筋之煙草一株；女墓上，生出圓葉之煙草一株。

本則傳說故事講述兄妹觸犯禁忌，互相交媾而被父母親責難，於是兄妹以箭互刺而死。數月後，兩人的墳上都長出了菸草。本傳說故事涉及到菸草的品種，最初阿美族人發現的菸草有兩種：有筋的菸草（男墓上）及圓葉的菸草（女墓上）。

高淵源《台灣高山族》載〈菸草之起源〉：（註四）

　　很久很久以前，有一位美女叫「瑪爾比干」，和一位美男子叫「瑪爾比烈克」，二人相愛甚篤，有一天美男子猝然病死，美女也因傷心過度憔悴而死，臨終時告訴她的母親說：「請恕女兒不孝之罪，女兒死後五日，墓邊會長出奇異香草，請母親帶回家裡，種在後園妥為培植，其葉茂盛之後，可摘取晒乾，而後點燃吸食，其香味雋永，當有忘憂解勞之效。」這就是菸草之來源。

這是一對癡男怨女相繼死去的傳說故事，女墓邊上長出奇異香草，此即菸草的來源。

以上關於阿美族菸草的起源故事，主角都為悲劇性人物，令人惋嘆。

二、阿美族檳榔傳說故事

杜而未〈田埔阿美族婚喪與神話傳說〉，載於《考古人類學刊》（1989年11月），其中提及有關檳榔的故事：（註五）

　　　從前有一戶人家,他們的女兒十七歲即死了,因家境困苦,雖然難過,仍要下田糊口,常常沒作飯,無取水,只以地瓜充飢。一日,他們回家後發現屋內米足水滿,覺得十分詫異,日後天天均如此,他們詢問親友,但無人說是他們作的,於是他們便特意在家等,查明原委。大概十點左右,他們的小孩來了,幫忙他們杵米提水,父親疑女兒未死,前去相抱,但女兒說父親身上有魚腥味,別抱她,父親一撒手,女兒隨即消失不見了,母親怨父親放走女兒。當夜便到墳前痛哭,一連五日,均未見女兒蹤影,但其墳上長出了二種草,一個是煙草,一個是檳榔。

　　本傳說故事描述一戶困苦家庭,「常常沒作飯,無取水,只以地瓜充飢」。後來,有一日,夫婦回到家發現屋內米足水滿,而且日後天天如此,他們覺得很詫異。果然發現是已死去的女兒所為,當女兒前來杵米提水,「父親疑女兒未死,前去相抱,但女兒說父親身上有魚腥味,別抱她,父親一撒手,女兒隨即消失不見了,母親怨父親放走女兒」。

　　連續五天夜裡夫婦兩人到女兒墳前痛哭,希望見到女兒,但是都未能如願,卻見墳上長出了菸草和檳榔。

　　《蕃族調查報告書》阿眉族海岸群(1915年),佐山融吉著,黃文新譯:(註六)

　　　以前有不睦的夫婦,經常因瑣碎的小事而口角,鄰居不堪其擾。太太還經常趁其夫不在,帶情夫回家,但此事終於爆發了。一天,妻子與姦夫同睡一床時被其夫撞見,羞愧之餘偕姦夫自殺。後來在兩人的墳土長出兩種不同的植物,一種直立而高聳入雲,時節一到就會開花結果;另一則為蔓草,纏在樹上不離開。人們很好奇,後有心人摘取樹上的果實,用蔓草葉包起來吃,起初有一點澀澀地,後來漸漸感覺到甘味而心情愉快。於是,他喚社人嚐試,皆喜其味,以後便經常吃它,這就是現今檳榔的由來。

　　本傳說所言之阿美族「檳榔」與包檳榔的葉「蔓草」的故事都是悲

劇的產物。偷情中的婦人被其夫撞見，羞愧之餘偕情夫自殺。後來在兩人的墳土長出兩種不同的植物纏在一起，即檳榔和檳榔葉蔓草。此即現今檳榔的由來。

檳榔在阿美族的社會裡有正式的價值功能，太巴塱國小校長李來旺在他的《阿美族神話故事》中提到檳榔與荖葉是一對兄弟與少女死後所變成的；也有說法提到是古時有一位美麗少女未成年而死去，眾人都相信是被愛慕她的神 animism 所迎娶，她父母日夜悲傷，後來她的墳地長出檳榔樹。以傳說來解釋物種和來源，這些淒美的故事，也讓檳榔這種植物增添了不少情韻。（註七）

范純甫主編《原住民傳說（上）》載〈檳榔的傳說〉：（註八）

在山寨裡，幾乎每家每戶的房屋前後，都堆放著一些岩石，岩石跟前栽著高大的檳榔樹，在岩石和檳榔樹上，緊纏著數不清的葛藤。檳榔、岩石和葛藤為什麼纏得這樣緊密呢？據說，這裡有個動人的傳說。從前，有一家兄弟倆，哥哥叫賓郎，弟弟叫嚴實。他倆靠打獵為生。一天，兄弟倆在一座山上打獵，一直打到天黑，也沒有打到一隻野物，只好空著手回家。忽然，他倆聽到紫藤林裡傳來陣陣女人的呼救聲：「救人啊！救人啊！」賓郎和嚴實急忙跑進紫竹林裡，只見一隻凶狠的老雕把一個姑娘撲倒在地上，用利爪挖出了姑娘的心臟和雙眼，張開大嘴吃進肚裡。它剛要吞食姑娘的肝肺，賓郎拉起弓來，一箭射進了老雕的眼睛。老雕疼得尖叫一聲，急忙向空中飛去。賓郎和嚴實見姑娘慘死在地上，很不忍心。怎樣才能把姑娘救活呢？他們想了老半天也沒想出個好辦法。他們想啊！想啊！還是賓郎有辦法。他說：「咱倆一個把眼睛挖出來，安進姑娘的眼窩裡，一個把心臟挖出來，安進姑娘的胸膛裡。這不就能把姑娘救活嗎？」弟弟說：「好，就這麼辦，我把心挖出來，獻給姑娘。」賓郎拉住弟弟的手，說：「慢！人沒有眼睛能活，沒有心就活不成了。還是讓我把心獻給她吧！」「不，還是讓我把心給她！」「不，還是讓我把心給她！」他們哥倆正

在爭執不休的時候，一隻小鳥飛來，對他們說：「兩位好心的阿哥，這姑娘叫藤嫚，她身邊沒有一個親人，現在又遭到惡雕殘害，你們一定要救活她。不過，挖你們自己的眼睛和心臟來救她，不是個辦法。」「那你說什麼辦法好？」還得在老雕的身上想辦法。那老雕，住在北邊的玉山上。你們要是能逮住它，讓它把眼睛和心臟還給藤嫚，藤嫚才能得救。」「好，我們一定去逮住老雕。」小鳥又說：「那玉山離這裡很遠很遠，不等你們走到，姑娘的眼睛和心臟就會在老雕肚裡化掉。你們必須在三天之內，把老雕逮回來，姑娘才能有救。」兄弟倆發愁起來：「路這麼遠，三天之內怎麼能回來呢？」小鳥讓他們伸出手來，便從嘴裡吐出兩顆寶珠，說：「這是兩顆避水珠，你們把它含在嘴裡，到海裡去治服火龍，讓火龍馱著你們到玉山，才能盡快逮住老雕。我在這兒看住姑娘，你們趕緊去吧！」兄弟倆辭別了小鳥，急忙跑到海邊，跳進海裡。他們找到火龍，同火龍搏鬥了兩天兩夜，終於把火龍治服了。他們騎著火龍，向天空飛去。不大工夫，就飛到玉山。玉山頂上，颳著寒風，飄著大雪。火龍頂住寒風，融化了大雪，他們終於在懸崖頂上的一個石洞裡，找到了老雕。老雕因為眼睛受傷正在昏睡，他們趁此機會，逮住老雕，很快飛回了紫竹林。兄弟倆逼著老雕，把姑娘的眼睛和心臟吐出來，送還姑娘的眼窩和胸腔裡。藤嫚姑娘救活了，他們這才放走了火龍和老雕。賓郎、嚴實兄弟倆告別了小鳥，把藤嫚領到家裡，像親兄妹一樣對待她。平時，他倆到山上打獵，藤嫚就在家裡釀酒、舂米、做飯和縫補衣裳。天長日久，兄弟倆都看上了這個美麗的姑娘。藤嫚也喜歡這兩個好心腸的小伙子。她想：「可惜只有一個身子，要是能變成兩個人，讓他倆都得到幸福，那該多好啊！」藤嫚天天這樣想，越想越發愁，不久，就愁病了，每天，哥倆都輪流在家侍候她。一天，哥哥賓郎在家侍候她，弟弟嚴實到山上打獵。傍晚，嚴實從山上回來，走到窗前，聽見哥哥在同藤嫚說話。哥哥說：「阿妹，你的心裡我全知道，你是

為我們兄弟倆的婚事而愁病的。說心裡話，我非常愛你，可是，我弟弟也非常愛你。我是哥哥，應該把幸福讓給弟弟，我看，你就嫁給嚴實吧！」藤嫚已泣不成聲：「你們倆都是好人，哪一個我也捨不得。」嚴實聽到這裡，再也站不住了，他為了讓藤嫚解除痛苦，讓哥哥得到幸福，就走出家門，一頭撞死在門旁的山腳下。哥哥聽見動靜，走出來一看，心都痛碎了，也一頭撞在山腳下，倒在弟弟的身邊。天色晚了，藤嫚還不見賓郎和嚴實回家，她放心不下，拖著病體走出來一看，哥倆都撞死了，她難過極了，也一頭撞在山腳下，倒在兄弟倆的中間。後來，弟弟嚴實的屍首變成了一塊大岩石，哥哥賓郎的屍首變成了一棵結滿圓果的大樹，人們都管它叫檳榔樹，藤嫚的屍首變成了一棵枝葉繁茂的葛藤，緊緊地纏繞在岩石和檳榔樹上。人們都說，他們三個人死後，還在相親相愛著。人們把檳榔果、岩石末、葛藤葉弄到一起，搗粘糊，含在嘴裡嚼，立刻就變成紅色。從此後，原住民男女青年，在談情說愛的時候，嘴裡就嚼著血紅的檳榔，互相表達忠貞的愛情。在接待客人的時候，也給客人嚼檳榔，以表達客主之間的親密感情。

本則傳說故事謂兄弟二人靠打獵為生，哥哥叫賓郎，弟弟叫嚴實，有一天，突然在紫藤林裡聽到女人的呼救聲，趕緊前往搭救，老雕把一位姑娘挖出了心臟和雙眼吃，哥哥引弓矢射進了老雕的眼睛，老雕疼得向空中飛去。

但是姑娘已經死了，他們想辦法要救活她。兄弟倆爭相把眼睛及心臟挖出來，試圖救活她。後來飛來一隻小鳥告訴他們到玉山把老雕逮回來，從它的肚子拿出姑娘的眼睛及心臟，這樣才能救活姑娘。

他們騎著火龍飛到玉山，逮住了老雕，逼著老雕將姑娘的眼睛和心臟吐出來，放回姑娘的眼窩和胸腔裡，藤嫚姑娘被救活了。

藤嫚姑娘因為無親無故，兄弟倆就把她帶回家，日子久了，大家都產生了感情。藤嫚也喜歡這兩個好心腸的小伙子，但是她不知道要如何才好，每天想這個問題而生病了，兩兄弟照顧她無微不至。

有一天，哥哥侍候她，弟弟到山上打獵，傍晚弟弟回家時聽到哥哥對藤嫂說嫁給弟弟吧！弟弟為了讓哥哥得到藤嫂，就撞死在門旁的山腳下，哥哥聽到聲音，趕忙出去，心都痛碎了，也撞死在山腳下，倒在弟弟的身邊。藤嫂抱著病體出去探視，難過極了，也撞死在山腳下，倒在兄弟倆的中間。

後來弟弟變成了一塊大岩石，哥哥變成了檳榔樹，藤嫂變成葛藤，緊緊地纏繞在岩石和檳榔樹上。

范純甫主編《原住民傳說（下）》載〈阿美族舞蹈的傳說〉：（註九）

阿美人是個喜歌善舞的民族。可是，在很早以前，阿美人只會唱歌，不會跳舞，以後怎麼變得能歌又善舞？相傳，那時部落裡有個叫凱蘭的姑娘，很會唱歌，她的歌聲能喚起百鳥和鳴，能衝開烏雲見太陽，能驅散鄉親們的心頭愁。部落裡的人，不論是老人或是年輕人，他們都很喜歡凱蘭。凱蘭喜歡唱，喜歡笑，成天快快活活，但是她卻不會跳舞。一天，凱蘭到深山裡割了一擔藤，來到一片檳榔裡歇息，她唱起歌來：「天上有金色的太陽，金色的陽光把檳榔林照亮；小朵朵的花兒纏著青藤，美麗的花朵開在我心上……」她唱著唱著，看見，那一棵棵檳榔樹在風中上下起伏，那濃密的樹葉也在風中「沙寧寧，沙寧寧」地鳴響著，很像一個個婀娜多姿的姑娘正在唱歌跳舞。凱蘭望著風中的檳榔樹出了神，高興了，歌兒就越唱越響亮，竟不自覺地模仿風中的檳榔樹的動作，左右搖擺，上下起伏，手舞足蹈起來，她一會兒踢踢腳，一會兒擺擺手，步子忽前忽後，身子一俯一仰，讓歌聲和動作揉合得那麼默契，那麼和諧，把心裡的那股說不出的興頭全都表現出來了。這時，正好部落的卡吉達安（部落頭人）走了過來，看見凱蘭邊唱邊跳的模樣兒十分優美，連聲喝彩，「真好，真好」！隨後他又問：「姑娘，你這唱歌跳舞是從哪裡學來的？」凱蘭回答道：「尊敬的卡吉達安，我唱歌是跟小鳥學的，跳舞是向檳榔樹學的。」卡吉達安聽了，就叫凱蘭教姑娘們唱歌跳舞，

讓大家都快快樂樂的。以後，每當月亮升起來的時候，姑娘們就到檳榔樹林裡來，凱蘭教她們模仿檳榔樹隨風搖擺的動作，邊唱歌，邊跳舞，歌聲清暢，舞姿優美。從此，阿美人就有了自己姿態獨特的舞蹈。直到現在，阿美人跳舞的動作總是忽左忽右，上下起伏，和風中的檳榔樹一個模樣。

本則傳說故事敘述阿美族一位姑娘名叫凱蘭，很會唱歌，大家都很喜歡凱蘭。

據說凱蘭姑娘從鳥學習唱歌，模仿檳榔樹隨風搖曳跳舞，歌聲清暢，舞姿優美。她教授了部落的姑娘們唱歌跳舞，後來阿美族變成台灣原住民族中最擅長歌舞的民族。

凱蘭也模仿風中的檳榔樹的動作，左右搖擺，上下起伏，手舞足蹈，一會兒踢踢腳，一會兒擺擺手，步子忽前忽後，身子一俯一仰，讓歌聲和動作揉合緊密。

後來，凱蘭也教授婦女唱歌跳舞，大家一起歡樂，如今，阿美人的舞蹈動作總是忽左忽右，上下起伏，和風中的檳榔樹一個模樣。

三、阿美族椰子傳說故事

孫家驥〈台灣土著傳說與大陸〉，《台灣風物》（1989年）：（註十）

在 jipaputok 地方，若有同居之人死亡，會將該人的頭置於岩石之上。不久，再返回視之，可發現頭顱上會生長出芽苗來。此乃椰子樹之來源。

本則傳說故事謂椰子樹來源於 jipaputok 地方同居之人死亡，將其頭顱置於岩石之上所長出的芽苗。

四、阿美族柚子傳說故事

《蕃族調查報告書》阿眉族海岸群（1915年），佐山融吉著，黃文新譯：（註十一）

以前社人與木瓜群不和時均會帶槍到田地去工作，一天父子

三人一起去耕作，因天熱而想到河裡去洗澡。父親比兒子晚去，但走了一條捷徑而先到河裡去。其子到時一看已有人在河中洗澡並把水弄濁，於是立刻舉槍將其人殺死並砍下其首級。雖然該首級酷似其父，但他一直以為父親在他之後，應該還沒到河邊。他想把首級先給母親看，於是便急行回家。回家後，問母親父親到那兒去了，母親也不知道。於是拿出首級，結果真是父親的頭，眾人大悲，七天之後到田地裡去，發現田裡長了一棵柚子樹。柚樹一年後開花結果，有一天想自樹上採果時卻發現果實哭了，剖開一看裡面竟有一男孩，眾人大喜，便把他帶回家去養。男孩六個月大時就能站了，經數年之後，他一看到被誤殺的父親的東西就說那是我的。其母忍不住哭泣說：「莫非是他又復活了？」於是加倍地疼愛小孩。有天，小孩說要把所有東西帶走，於是便用網帶提到田裡去。中午時他到河邊便沒有再回來了，母親很悲傷，召來通靈人，亡父藉其口說：「我曾在河中遭長子所誤殺，為了報仇而藉柚子樹之果實再生，但我不會殺害次子，並且還會保護他。」次年夏天，長子果然在河邊失足滑落河中溺斃。當天正好是其父之忌日。柚子樹不久之後便枯死了。

本傳說故事謂父親藉柚子樹之果實再生，以報復長子誤殺他於河裡，果然在其忌日時長子在河邊失足滑落河中溺斃。自此，柚子樹也枯死了。

註釋

註一：內政部委託台灣大學人類學系研究《台灣山胞各族傳統神話故事與傳說文獻編纂研究》，1994年4月30日。

註二：同註一。

註三：同註一。

註四：高淵源《台灣高山族》，台北，香草山出版有限公司，1977年。

註五：同註一。

註六：同註一。

註七：浦忠成〈阿美族吃的傳說故事〉。

註八：范純甫主編《原住民傳說（上）》，台北，華嚴出版社，1996年8月。

註九：范純甫主編《原住民傳說（下）》，台北，華嚴出版社，1998年4月。

註十：同註一。

註十一：同註一。

阿美族宗教祭祀
口傳文學

第十一章

阿美族信仰多神化，神靈已具系統。「祭儀」是基本的宗教行為，大多在集體公開的場合舉行。

　　在東部之母系社會的部落活動，多以男子會所為中心來推動。因此會所之長老有時會兼任祭團司儀，大部分由氏族之領袖兼任，但不管是何種身份來擔任，司儀是一種非常崇高的職責。他們多以祖靈祭為中心，把若干兄弟氏族或氏族內之世系群連結在一起，以維繫他們的祭祀組織。(註一)

　　阿美族的神靈崇拜是一種萬物皆有靈的觀念，根深蒂固的存在於不同地區的阿美族群之間。這種神靈的崇拜是以「卡瓦斯」為核心，但所指的神靈極為廣泛，各種神靈、精靈及死靈都被納入這個範疇，只是由於地區的不同，對於神靈的名稱、崇拜與禁忌，各有近似又略有不同的觀念。阿美族人的宗教觀念趨向兩極化，族人認為神靈棲息在人類的兩肩上，棲息在右肩的是善靈，棲息在左肩的是惡靈。位於右肩的神靈，監控人類不可有惡行，如有違犯即遭懲罰，是男性的化身，為教導人類如何行善的男神，位於左肩的神靈則是迷惑人類的女神。族人並認為右手代表男性，左手代表女性，因此平日工作時，多使用右手，左手少被使用，而且非常輕視用左手的工作者。(註二)

　　阿美族有兩項最大的禮儀：其一是所有阿美族人皆參與，對神靈、祖靈感恩的豐年祭，其二是男性個人生命過程中，最具社會意義的成年禮（某些地區阿美族群之成年禮合併在豐年祭儀式中舉行）。此外，祈晴祭、乞雨祭也為農耕階層所重視，河神祭與海神祭則是海岸阿美族群的年中行事之一。(註三)

一、阿美族祭祀神授說

　　《原語による台灣高砂族傳說集》（1935 年），小川尚義、淺井惠倫著；余萬居譯：(註四)

　　　　古時，曾有 kakumolan　sapatolok 和 valaihay（兩位男女神）遵奉父神和母神之命，降臨至地上界，……他們在地上界住的第三年，有二個惡神……就去找海鰻母殺了他們，……

kakumolan 及 valaihay 皆逃至天上去，而他們的孩子 stra 和 nakau 來不及逃，就留在地上界。數年後，這兩兄妹……有了五個孩子，……有一次，母親 nakau 病了很久，覺得耳朵癢，抓了一抓，結果有粟穀冒了出來。孩子們就決定種這顆粟，但父母認為此事必須向天上的父親 kakumolan 和母親 valaihay 報告一番，果然，他們二神就教授粟的栽培法、收割法及相關的祭祀細節。

本傳說故事謂阿美族人粟的耕種、收割等農耕技術，都是天神所傳授，而舉行相關於「粟」的種種祭典儀式，也都是天神所指導的。

劉斌雄等著《秀姑巒阿美族的社會組織》，中央研究院民族學研究所專刊之八（1965 年），記載：（註五）

　　從前有兄妹二人和他們家人住在 kalapanapanai，一天海天突然來了，把他們的妹妹沖走，他們為了追妹妹坐上了打穀用的方臼，但仍沒追到，結果在 tsilanasan 地方登陸，從此定居。後來他們兄妹成為夫婦，……天神……便派其兒子 tatqkosan……賜給他們小米、糯米、竹子、香蕉、生薑等植物，教他們耕種及食用之法。並降下大竹筒，竹中有豬，教他們祭祀。

本傳說故事謂天神派其兒子叫 tatqkosan 者，下凡人間教授阿美族人宗教祭祀的方法。

《生蕃傳說集》（1923 年），佐山融吉、大西吉壽著；余萬居譯：（註六）

　　大古時代，kakumodansapatoroku 神降臨此地。不久，海神發動大海嘯，kakumodansapatoroku 神回天上去，但是其子女 sura 和 nakao 二神乘坐 doudan（臼），逃至 ragasan，定居下來，並結為夫妻。兄妹相婚本為神之所禁，可是此乃窮餘之策，而他們又在恐懼神責之餘，一切謹慎從事，所以也沒遭遇不幸。不久，他們發現了粟，也生了五個子女，生活美滿幸福。sura 和 nakao 想，能有如此安樂的生涯，是祖神的庇佑

之所賜，若連祭禮的儀式也不會，必有斷粟的一天，於是差遣
tomaimasura，tapanmasura 二子，到祖神那裡去學習。二子
奉命昇天去學會了儀式的方法和動作等，其中多數是有關穀神
（亦即日月，tsidarupurar）和祖神（matoasai-nokawas）的儀
式。註：他們說太陽是女神，月亮是男神。

本則故事與其他故事不同的是，許多故事皆謂天神下降直接教授阿
美族人的祖先農耕、祭祀、狩獵等，本則傳說則是派遣兒子到天神那裡
學習祭祀的儀式和方法。

二、阿美族收割祭傳說故事

劉斌雄等著《秀姑巒阿美族的社會組織》，中央研究院民族學研究
所專刊之八（1965 年），記載：（註七）

> 從前有一對天神住在 taurajen，在衪們的北方居住另一對
> 夫婦和他們的子女。一日天神向凡人討鹿被拒後，惱羞成怒引
> 發洪水，洪水來時，那對兄妹正在山上玩，正好看見一個木臼，
> 就坐上它逃難，最後飄流到 tsilanasan 的地方，居住於樹洞，
> 吃野草和野菜為生。後來從妹妹耳中掉出一顆小米和稻米，讓
> 他們想起以前和父母種穀的情形，就開始種植。收割後舉行
> misalisin 祭拜他們的父母，請他們保佑，可以有好收獲。儀式
> 完後，就到河邊捉魚，若不捉魚就會生病。……

本傳說故事謂「收割祭」也是向祖靈請求庇祐以及期望農耕作物有
好收穫，而且「收割祭」儀式完畢之後，最後還要到河邊抓魚或捕魚，
如果不去抓魚就會生病。

按台灣原住民族，有許多祭典儀式舉行完畢之後，都會以狩獵或漁
撈來結束整個祭典活動。大家又回復平常的日子生活，而祭典期間之禁
忌亦隨之解除。

因此，原住民族祭典後舉行狩獵或漁撈活動是以此區隔「祭典日」
與「平常日」的分野。

按「祭典日」與「平常日」的宗教生活要求是不盡相同的,「祭典日」比較嚴謹,有許多特殊的宗教禁忌;「平常日」則較寬鬆,大致上僅遵守一般生活的宗教禁忌。

阿美族農事祭的對象比較複雜,包括祖靈、粟神、穀神等,不過,大多或一面祈求善神或善靈保佑,或一面祈求惡神不再為害農作物。(註八)

台東縣太麻里鄉大王村收穫祭,約於每年7月份在大王國小操場舉行。

阿美族所有的祭祀都少不了女神「齊塔魯」。主祭者在收穫祭時,會高呼女神「齊塔魯」之名;並在穀物收割時,也向此神表示感謝之意。(註九)

三、阿美族 misataloang 祭傳說故事

杜而未〈阿美族神話研究〉,《大陸雜誌》(1958年6月):(註十)

> 從前有一個時期,泰雅族和阿美族不合,互相獵頭。阿美族賴 maladau 的幫助,屢戰屢勝。他們為感念恩德,在三月間舉行 misataloang 祭禮,要大家勇敢的打仗,不要忘記 maladau。

本傳說故事謂「misataloang 祭禮」,其意要大家勇敢的打仗,不要忘記了古代 maladau 曾經幫助過阿美族人戰勝泰雅族的恩德。

四、阿美族海祭傳說故事

林道生《台灣原住民族口傳文學選集》載奇美社〈沙拉萬與鯨魚〉:(註十一)

> 從前,住在台灣東海岸的阿美族部落奇密社,有個男子名叫沙拉萬,是個捕魚的高手。有一天,沙拉萬又跟往日一樣地,乘著竹筏出海去捕魚。在海上沒多久,沙拉萬已經捕了不少魚,正想休息的時候,看見前方海上有個以前沒見過的小島。

這時候，沙拉萬由於肚子也餓了，便趕緊划著他的竹筏登上小島，又從竹筏上取下一些薪柴，在小島上升起火要烤魚充飢。但是，只那麼一會兒，很不可思議地，竹筏竟離開了小島漂走了，而且速度還滿快地。沙拉萬心中覺得怪異，站了起來·看看四方。這才發現不是竹筏離開了小島漂走，而是小島在離開竹筏。經常在海上打魚的沙拉萬，心中覺得不對勁，以前從來沒發生過這種怪事。經仔細查看一下，這才發現自己所站立的小島並不是小島，而是一隻大鯨魚。沙拉萬抓了幾下頭，自言自語地說：「原來我在鯨魚的背上點火燒木柴，難怪鯨魚要被燒痛而游動起來。」「對不起哦！鯨魚。」沙拉萬說。沙拉萬趕緊熄滅了火，左思右想，也想不出可以回到自己竹筏的地方。只好暫時乘坐在鯨魚的背上，愁眉著臉觀看四周的大海，竹筏早已不知那裡去了。鯨魚載著沙拉萬繼續往西方游去。然後在另外一個更大的島的岸邊停了下來。沙拉萬眼看有救了，高興地趕快從鯨魚的背上跳下來，走往島的沙灘。就在這個時候，從四週傳來唏哩嘩啦的人聲。很快地沙拉萬已經被一群手持竹槍，穿著以樹葉為短裙的女人包圍，卻不見一個男人的影子。沙拉萬心中還在想：「這到底是什麼地方呀！」「這群女人為甚什麼每一個人都手拿竹槍？臉上都沒有什麼表情？」「但是，好像又不懷有敵意？」這時，有五六個女人擁而上把沙拉萬捉住，挾著往海灘附近的矮樹林走去，帶他進入女主人，像是頭目住的茅屋裡。女主人擺出了許多海產及水果招待他。只是這群女人只喝湯而不吃食物。那天晚上，沙拉萬就睡在暖和的茅屋裡。次日清晨，被帶離開茅屋，關到用竹子重重圍著的豬圈裡，跟幾隻豬一起被飼養。每天吃的跟豬一樣。沙拉萬心中想：「她們莫非也把我當禽獸來飼養？等養肥了也把我當做豬宰了不成！那可不妙！」沙拉萬想著，心中一陣悲哀，思想起家鄉來。數天過去了。有一天的清晨，沙拉萬偶然發現竹籬旁的地

上有一把小刀而高興雀躍，為祖先之將要幫助他脫逃這個地方而興奮起來。便趕緊用小刀花了些時間割斷竹籬的繩索逃了出來。很快地跑到數天前上岸的海邊。沒想到竟是一連串的好運，萬事都安排的那麼如意。原先載他來到這個女人島的那隻大鯨魚，好像知道他要回去似地又浮現在海邊，歸鄉心切的沙拉萬向鯨魚招招手。也不管鯨魚是不是聽懂他的話地說：「鯨魚呀！我們回去吧！」說罷，一躍而跳到鯨魚的背上。沙拉萬坐在鯨魚背上，覺得鯨魚好像在對他說：「如果我潛入水中太久讓你難受的話，只要拉一拉我的耳朵，我會立刻浮出水面讓你透透氣。」沙拉萬對鯨魚說：「知道了，你是一條好魚。」鯨魚飛快地朝著沙拉萬的家鄉游去。途中沙拉萬一共拉了五次鯨魚的耳朵，浮出水面透氣。不久，故鄉已經在眼前。沙拉萬在鯨魚的協助下又安然回到了家鄉。可是，村裡竟沒有人認識他，好像已經經過了很多年了。沙拉萬跑去找最年老的長者敘述自己的故事，也被認為是虛言而不予相信。後來，沙拉萬想起了自己曾在後院埋了一塊kakiu（磨刀石），便告訴長者不妨一道去看看，以證明自己所說話的是真實。沙拉萬借了把鋤頭與長者以及其他村人一起到他的老家後院，使力挖了幾下便找到了kakiu。村人看了大為驚訝的才相信了他的話，覺得他的經歷實在太不可思議了。這時候，從沙拉萬以前住的老屋子裡走出來一位老女人，沙拉萬年輕時的妻子，高興的抱著他的頭，大聲的叫著：「我的馬多阿塞·沙拉萬！我的馬多阿塞·沙拉萬！」（註：馬多阿塞是阿美語對老人的尊稱），兩位老人相逢喜極而流淚。周圍的村人看了，也都為這一對馬多阿塞之能再相逢而流下感動的眼淚。當即決定報答救了沙拉萬的鯨魚而宰豬，又把蒸好了的都論（註：阿美族的糯米糕）盛在竹簍裡拿到海邊，讓海浪把豬肉及都論沖入海中餵食鯨魚。後來，奇密社的阿美族人到了小米（粟米）的除草期，村裡的頭目都會叫村人

以鹽水、豬肉、搗成都論，放到河裡，讓秀姑巒溪的流水把它帶到大海以祭鯨魚而報恩。

本則故事是沙拉萬的奇異歷險記，沙拉萬因不慎被鯨魚背載漂流到了女人島，後又被鯨魚背載返回故鄉奇密社，奇密社的族人都對沙拉萬奇異的歷險記，感動而流淚，「當即決定報答救了沙拉萬的鯨魚而宰豬，又把蒸好了的都論（米糕）盛在竹簍裡拿到海邊，讓海浪把豬肉及都論沖入海中餵食鯨魚」。

此後，每當到了粟米的除草期，族人就會以「鹽水、豬肉、搗成都論（麻糬），放到河裡，讓秀姑巒溪的流水把它帶到大海以祭鯨魚而報恩」，這就是奇密社海祭鯨魚的由來。

林道生《台灣原住民族口傳文學選集》載南勢阿美〈女人島與巴萊姍〉：（註十二）

　　從前，有一位叫馬傑傑的人，有一天，到河裡撈魚，不小心掉落河中，被激流沖到大海，雖然大聲喊叫救命，卻聽不到回應的聲音，只聽到怒濤拍岸的聲音。馬傑傑只好把自己的命運交給天，在波濤間漂浮。到了傍晚已經是水天彷彿之間，遠方微微可見島影，馬傑傑帶著一絲希望用他那早已疲憊的手腳用力地游，雖然已前進不少，但是好像什麼也沒看到，不過馬傑傑並不氣餒，繼續用力地向前游，他的身體更加疲勞了，眼前除了波濤還是波濤，一望無際，一無所有。馬傑傑累了改用仰泳，躺在海浪上仰天觀望。不一會，馬傑傑驚訝地聽到了人的說話聲音，抬頭一看，正有許多人圍集在他的身邊，原來他是躺在沙灘上，這些人你一句我一句地不知道在說些什麼。馬傑傑心想，如果這裡是食人族的島那就不好了，我不是成了他們的食物了。他，動了動手和腳坐了起來，一看，哦！原來都是婦女，心也安了不少。「啊呀！真稀奇，是個男人，快決定做誰的丈夫呢？」婦女們爭著拉他的手把他帶到美麗的宮殿。那兒山珍海味堆積如山，馬傑傑受了最高貴的接待，才知道這裡是女人島巴萊姍。在女人島上每天被一大群美麗的女

人圍繞著。接受貴賓的招待，馬傑傑心中雖然快樂，時日一久難免思念起故鄉及親人。有一天，馬傑傑又走到當日登陸的海岸，眺望著故鄉的天空，自言自語地說：「哦！我的妻子現在做什麼呢？我的母親呢？」怨聲嘆氣地埋怨起眼前這個大海來，可是一望無際的大海何止千萬里，要再度與母親、妻兒相見恐怕是不可能了。馬傑傑兩眼無神地注視著一波波的海浪拍岸。這時，忽然在浪濤間浮出了一隻鯨魚，好像在對他說：「別怨聲嘆氣了，快坐上我的背，讓我帶你回故鄉吧！」馬傑傑大為高興，跪在沙灘上拜謝神後騎上了鯨魚的背部。鯨魚飛也似地乘風破浪，一蹴千里，很快就抵達了故鄉的海岸。數年不見的故鄉大有改變，一切是那麼地新鮮·回到了家，竟無人認識他，走訪親戚也沒人記得他。馬傑傑祇好從頭敘述他的經歷，說起從前的事情，才有人記憶起馬傑傑的名字來，表示他們有一位叫馬傑的祖父，有一天去河裡撈魚卻不見回來，並且表示這一家就是馬傑傑的家。一方面，鯨魚與馬傑傑分手的時刻也到來。鯨魚告訴馬傑傑五天後帶豬五頭、酒五瓶、檳榔五把來這裡祭我，馬傑傑照約定於五天後帶著所有的東西來到海邊祭鯨魚。當時鯨魚還教阿美族人造船的技術。

本則傳說故事謂馬傑傑為感謝鯨魚自女人島載送他回到故鄉，因此就帶著豬五頭、酒五瓶、檳榔五把到海邊祭鯨魚。這就是海祭鯨魚的由來。

陳國均〈花蓮吉安鄉阿美族（上）〉：（註十三）

傳在一千四百年前，有七位阿美族的始祖駕著三隻獨木舟由萊美社（一說里壟）到北海濱登陸，在此地築屋而居。這七位祖先傳到第六代子孫，其中有一名叫馬壽壽，一天他駕船出海捕魚，忽被風浪捲去，正當危急之際海神出手相救，帶到一王宮去住，過了五日，馬壽壽要求回家，等到家時，卻發現子孫滿堂，原來已經過了五十年了，為感念海神恩德，叮囑子孫一定要祭祀海神。

本傳說故事謂阿美族祖先馬壽壽出海捕魚被風浪捲去,由海神救到一王宮去住,過了五日,馬壽壽回到家時,卻發現子孫滿堂,原來已經過了五十年了。馬壽壽為了感念海神救命的恩德,叮囑子孫一定要祭祀海神。從此開始舉行海祭。

據范純甫主編《原住民風情》傳說:(註十四)

在遙遠的古代,阿美人有一位女祖先里漏,帶著兒子吉玻朱,生活在海外一個神聖的地方。有一天,吉玻朱與海神沙依寧邂逅相遇,結為朋友,彼此交遊甚篤。沙依寧傳授吉玻朱造舟之術,並教會他駕舟、游水。後來,里漏出海遭遇大颱風,他們乘坐三隻小舟歷盡艱險,才來到這塊未經開拓的處女地。為了紀念祖先開基創業的卓著功勳,繼承和發揚祖先追求理想無所畏懼的戰鬥精神,遂把祖先登岸駐足之地命名「里漏」,以垂千古。

按里漏當年駕駛的木船,也被置於海灘上一座茅棚裡,供後人崇仰。里漏的後裔每隔十四年(後改為七年)舉行一次隆重的「海祭」,永誌不忘。

里漏社阿美人的「船祭」,就是祭祖儀禮的典範。「船祭」也稱「海祭」,它是里漏社阿美人緬懷祖先定居里漏,開基創業的傳統祭祀。

陳國鈞〈花蓮吉安鄉的阿美族〉載:(註十五)

今仁化村(即昔之里漏社)七鄰的轄地內,有一座茅棚下,放置著三隻黑心木製的獨木船,船身已殘破不堪,僅供參觀之用。據傳說三隻獨木船乃仁化村阿美族人的始祖乘波來此者,為一古老的遺物。按在日據時,仁化村原名舟津,即取其始祖乘舟靠岸之意,對此三船特加珍惜,築一藏船之所,保管此古老遺物。光復後該屋傾坍,住該處的阿美族人以祖先遺物,任憑風雨摧殘,必至滅跡,無以對祖先開土之恩,乃在原處再築一茅棚安放,每隔七年猶舉行一次莊嚴古雅的「船祭」。

按阿美族人舉行「船祭」,其目的是為紀念先人渡海來台的艱苦與

緬懷祖先之英勇。

> 阿美族歌謠〈祭海神〉（註十六）
>
> 我們準備的菜餚豐盛
>
> 要去迎接尊貴的海神
>
> 阿吉卡貝德呀！
>
> 你是我們的海神
>
> 你在百忙中來到人間
>
> 我們感謝你的神聖
>
>
> 為你預備的菜餚豐盛
>
> 我們的朋友賽寧是真神
>
> 人神結為朋友最真誠
>
> 我們划舟在海浪間
>
> 保護我們的是真神
>
>
> 收下我們的祭物回你的殿
>
> 不用在這裡苦等
>
> 你是我們的海神

五、阿美族捕魚祭、捕鳥祭

「捕魚祭」：北部阿美稱之為 Miladis，海岸阿美稱之為 Misacepo，秀姑巒阿美稱之為 Kumoris。舉行的時間為豐年祭之前，各地區時間不一，大致在六至八月之間，捕魚祭代表年度的終止。傳統上以毒籐毒魚，目前多改為撒網、垂釣或漁撈。此為男子的活動，女性禁止參與。（註十七）

林道生《原住民神話‧故事全集（三）》載荳蘭社〈阿拉卡蓋之子〉：（註十八）

> 從前，在荳蘭社住著一位母親和兩個兒子。有一次，母親要

大兒子揹著小弟弟一道去田裡工作。到了田地，哥哥揹著的弟弟哭個不停，母親覺得太吵了而對大兒子說：「吵死了！你揹著弟弟到這一點的地方，順便採些野生的瓜（Vitanal）當作午餐的菜。」哥哥揹著弟弟走開去找野瓜。不一會，有人在背後叫他，哥哥回頭一看是媽媽在叫他。母親說：「要給嬰兒餵奶了！」哥哥從背上把弟弟放下交給母親。母親邊餵弟弟邊說：「再去採多一點的野瓜！」哥哥很高興能放下背上弟弟的重擔，帶著輕鬆的心情再去採野瓜。過了些時候母親又再度要哥哥揹弟弟，而自己繼續在田裡工作。過一會，母親又呼喚哥哥：「把弟弟揹過來，要餵奶！」哥哥覺得有些奇怪的問：「不是剛剛餵過了嗎？弟弟已經吃得很飽，睡熟了！」母親聽了哥哥的回話也覺得奇怪的說：「我什麼時候餵過弟弟呢？我一點印象也沒有！」母子兩人爭執了起來。最後母親說：「啊！別管這麼多了，把弟弟揹過來就是了！」母親看了弟弟，還真睡熟了，當她抱起來時才感覺弟弟變輕了許多，經查看肚子是凹進去的，再進一步仔細看，啊！這才發現弟弟的內臟已被挖走，是死了不是睡熟了！母親傷心的說：「剛才餵弟弟的不是我，是阿拉卡蓋的怪物偽裝成媽媽餵弟弟喝奶，然後殺了弟弟取走了內臟。」母子兩人傷心的回家。過了不久，部落要舉行捕魚祭。早晨雞啼第一聲時，男人們都去捕魚，婦女留在家。不一會，很突然的太陽已經下山，部落漸漸昏暗，婦女們趕快炊飯。去捕魚的男人們也都挑著魚回來，家家戶戶用晚餐，然後就寢睡覺。但是。很快的天又亮了，婦女們醒來，但床舖上看不到自己的丈夫，婦女們正在奇怪時，鄰居的婦女們互相談論著，大家的情形也都一樣。就在這個時候，她們的丈夫們又回來了。婦女們問丈夫：「你剛才不是回來過嗎？」丈夫們表示沒有呀！並且指著太陽說：「還沒有到傍晚呀！」部落便起了騷動，大家都在猜先前回來的男人們到底是誰，是從哪裡來的？婦女們懷疑是不是一群阿拉卡蓋化作她們的丈夫回來跟她們用晚餐一起睡過覺。後來，有

一位婦女生了一個男嬰，一生下就像是人類九歲的孩子那麼大，怎麼看都不像是人類的孩子，全身毛茸茸，倒像是阿拉卡蓋的孩子。孩子被取名為特萊（Torai），到了十五歲時已經有八尺高了，部落的人沒有一個可以相比。部落的人商討要把異類阿拉卡蓋們驅逐。青年忙著採竹製作要掛在阿拉卡蓋部落門口的網，那時阿拉卡蓋有他們自己的部落，後來日本人在其遺址建立了 Zingza（日語的神社，吉野村，台灣光復後改為吉安鄉。吉野神社成為軍營）。大批荳蘭社的青年帶著武器、竹網到 Zingza 追逐阿拉卡蓋。阿拉卡蓋狼狽逃走，但是有一個陷入了網中被捕獲，他的名字叫德茲（Daits）。德茲對阿美族壯丁們說：「不要殺我，我就教你們有關祭儀的事情。你們從來沒有像樣的祭祀，一個部落如果沒有舉行祭儀，人就會疾病、死亡。」因此阿美族的壯丁們饒了阿拉卡蓋一命。阿拉卡蓋德茲說：「當你們的粟（小米）收成入倉後，第二天要去捕魚，那天早上要吃山豬肉。捕魚祭其間的九天要斷食，因為照日常那樣進食會污穢祭儀的神聖。」說完話，阿拉卡蓋德茲往東方海邊逃走，當他涉入海浪中，海水僅及於他的膝蓋部位，使荳蘭部落的阿美族壯丁看了大為驚訝。

本則傳說故事敘述阿拉卡蓋人的惡行惡狀，殺死嬰兒、強暴婦女。荳蘭社的阿美族人忍無可忍，青年人帶著武器、竹網到阿拉卡蓋的部落驅逐阿拉卡蓋，阿拉卡蓋狼狽逃走，其中一個叫德茲的陷入網中而被捕獲。他祈求阿美族人不要殺他，就教阿美族人捕魚祭的儀式作為交換。阿美族人於是放過阿拉卡蓋，讓他們逃走。

花蓮市阿美族捕魚祭約於每年 6 月舉行，辦理地點在花蓮縣木瓜溪、七腳川出海口及花蓮市河川及海邊。瑞穗鄉奇美村捕魚祭，約於每年 8 至 9 月於秀姑巒溪流域舉行。花蓮縣壽豐鄉溪口村於每年 6 月在豐田、溪口山花蓮溪舉行捕魚祭。

壽豐鄉水璉村捕鳥捕魚節於每年 5 至 6 月，在水璉至蕃薯寮水璉海口舉行。壽豐鄉壽豐村捕鳥節於每年 12 月，在壽豐村轄內農田舉辦。壽

豐鄉溪口村捕鳥節於每年12月，在豐田、溪口山花蓮溪舉行。

六、阿美族豐年祭

阿美族最重要的粟祭，又稱為「豐年祭」，即是祈求與酬謝小米之豐稔以及祈求子孫之繁榮與平安。（註十九）

豐年祭（Ilisin）是阿美族的過年。原始意義為感謝神靈的宗教活動，西方宗教進入以後，傳統的宗教意義漸漸淡薄。每年7月中旬，由台東的阿美族揭開序幕，依次往北推，至花蓮吉安鄉已是8月底或9月初。各村有自發性的豐年祭，時間由一至七天不等，是真正表現阿美族文化的祭典。按照傳統的習俗，豐年祭在夜晚揭開序幕，第一天禁止女孩子參與，最後一天則是女孩子必須全部參加，並由女孩子的歌聲作為結束。豐年祭有專屬的歌曲，各個年齡階級又有屬於自己的歌謠。早期，祭歌在平時不准唱，目前已無此規範。嚴格來說，豐年祭是男子為主的活動，其間包含了對年輕男子生活禮儀、歌謠、舞蹈的訓練，而非外界認知純粹娛樂性的歌舞。舞蹈時也有一個社會規範：依次由年齡階級高者帶頭領唱，每一階級依序圈舞，不能混亂，未到或遲到者甚至要罰錢。（註二十）

阿美人每逢7、8月，在各村落舉行豐年祭，原來是男子自衛禦防的軍事訓練演習，藉嚴格的體能訓練以培養族人的團結、服從；現在軍事訓練內容已大為縮減，僅保存象徵性的運動競賽或下海捕魚，以及連日的歌舞。但是，每逢有子弟應召入伍，在入伍前夕，家人要為他舉行隆重的送行晚宴，邀請眾親友在家中門前團聚歌舞。在他們觀念中，依然認為男子從軍入伍接受國家的軍事訓練，是生命中的重要階段。（註二一）

每年7至8月，阿美族各地舉行豐年祭，例如台東縣大武鄉南興社區、尚武村、大武村、大鳥村、加羅板、大竹村。台東縣關山鎮電光部落、德高社區、新福社區、里瓏社區、豐泉社區。台東縣成功鎮忠仁里、三仙里、宜灣。台東縣東河鄉泰源、興昌、隆昌、都蘭、北源。

台東縣卑南鄉富山村、利吉村。台東縣太麻里鄉北里村、泰和村、香蘭村、多良村大溪部落。台東市阿美族各部落、台東縣沿岸海邊各河川溪流等。花蓮縣鳳林鎮、玉里鎮、豐濱鄉、富里鄉、花蓮市、新城鄉、光復、吉安鄉、瑞穗鄉加那那、掃把頂等各部落。

都會區阿美族豐年祭：台南市都市原住民阿美族聯合豐年祭，於每年8月份在新營舉行。宜蘭縣蘇澳鎮阿美族豐年祭，於8月份舉行。

每年7至9月份也有許多場「都市原住民聯合豐年祭」，例如台北市、新北市、高雄市、基隆、土城、樹林、中和、新莊、三重、淡水、萬里、鶯歌、瑞芳、板橋、泰山、林口、汐止、大溪、新竹市、彰化縣、台南永康、鳳山、池上等，都有大型的原住民聯合豐年祭。

七、阿美族米撒利流

花蓮縣吉安鄉阿美族各部落（十九村）舉行「米撒利流」（狩獵祭），約於每年12月舉行。部落長老除帶著年輕族人集體外出狩獵數週、設置野外陷阱，還會進行射箭技藝比賽，傳承古老原住民文化。

吉安鄉南勢阿美族，早期都會在秋收春耕的播種期前，在農忙時節組成農耕隊，稱為「Paliw」，開放族人前往田地捕鳥，集體外出狩獵數週。深信一定要把害鳥捕光後，隔年的作物才會繼續豐收，並在狩獵後隆重舉辦祭典，除能凝聚族人感情，更有祈求家人安康的意義。舉辦射箭比賽，讓族人不至於遺忘原住民的狩獵精神，更希望透過部落耆老的教導，讓族人每年都有實際演練的機會，學習重要的狩獵技藝。

八、阿美族祭祀歌舞

台東縣鹿野鄉阿美族於每年7至8月在活動中心舉行，由各部落自行舉行。

阿美族祭祀歌舞，以台東成功鎮宜灣部落迎靈祭為例：老年組和耆老們依照年齡大小由左至右圍坐在場中央，「卡巴」（青年組）和「巴格隆愛」（少年組）穿上各自的傳統服飾在外圈歌舞。……跳時，大家一律

向內，因為「善神在內，邪靈在外」，而所謂的歌其實是禱詞，舞則是相應的肢體動作。今晚的祭典只有男子可以參加，他們以此紀念祖先，驅除惡靈，祈求豐收。……豐年祭的歌舞和一般山地歌舞，如情歌、工作歌等不同，有其神聖性，平常是不准練習的。等到老年組紛紛起身加入，帶頭領唱，眾人應和，氣氛方逐漸熱絡起來。他們唱著，音律雖簡單，氣勢卻雄渾動人。……大意是「青年們啊歌舞吧！哈嘿，哈嘿。神靈賜福你們，哈嘿，哈嘿。愛人等著你們，哈嘿，哈嘿。老人們啊教導我們，哈嘿，哈嘿。謝謝前輩，哈嘿，哈嘿」。最年輕的「巴格隆愛」，不時為場中的老人敬煙斟酒，也提著裝滿米酒的大水桶給行伍中的人們打氣；負責督察的幹部在一旁吆喝著：沒吃飽是嗎？有力氣一點！冷不防「馬馬諾卡巴」（青年幹部）拿起領唱的木杖往眾人肩上橫掃過去，一陣驚叫聲中，大家趕快蹲低。「這是要訓練服從的精神」。長幼有序，一向是原住民的傳統美德，……、仍在一年一度的豐年祭中清楚彰顯了它的運作。（註二二）

年齡階級組織是阿美族男子的專利，負責的是整個部落的事宜，與從母姓、行招贅婚、母親擔任家長的母系制度產生微妙的制衡。看來，這才是個真正「男主外，女主內」的社會。有趣的是，各階級依年齡分成的許多組，是以編入「巴格隆愛」那年所發生的大事來命名的。譬如黃貴潮所屬的「拉民國」，正是那年中華民國光復台灣；還有「拉電話」，是宜灣那年開始架設電話線；……這些組名，不但顯示了他們在組織中的順位，也順道記下了宜灣的歷史。（註二三）

九、阿美族宗教領袖大頭目

領袖制度與年齡階級制是阿美族部落政治的兩大基本要素。部落裡的最高領袖是大頭目，在大頭目之下，有地域領袖，年齡階級領袖及司祭。其頭目為選舉制，司祭家則為世襲者。以馬太安的部落組織為例，其地域團體的單位有三級：最大的一級是部落、第二級是區、第三級為鄰里組織。一個部落通常包括若干區，一區包括若干鄰里，每一鄰里為

數家或十數家所組成。每一區內通常有兩個代表，管理區內事務，排解區內之糾紛。部落領袖稱為頭目，每一社通常是四到五個頭目，這些人口才流利，並且熟悉各部落內社會經濟宗教事務者；如上所言，頭目是由長老們在開會時所選舉出來的，其權力呈現在對外交涉、與對內安排公眾事務的面相之上。（註二四）

馬太安阿美，除了頭目之外，還有一個大頭目，不但是政治上的領袖，亦且由於通曉各種儀式方式，而成為部落的宗教領袖與神聖的象徵。其出頭之法，乃經由長老、頭目集會，從眾頭目中選出；其權威的主要條件，乃在於因其能精通部落歷史、部落創立的神話傳說，以及各特殊家系系譜（如部落神神譜、坐帥長名譜、祭司家名譜、各代大頭目名譜和自己家族系），並通曉部落農事各種儀式、行事歷法和禁忌戒律等。我們可說大頭目藉由掌握特殊的知識，變成部落中具備特殊知識才能者，而此特殊知識的內涵，主要在於政治知識與關係，以及各種象徵事物理解之上，大頭目藉此而將部落緊密的整合。權力的合法性不但立基於其才能，同時也有宗教信仰為基礎。（註二五）

東部阿美族社會，其部落雖由母系氏族所構成，但其社會組織普通只有低於氏族之亞氏族與世系群單位，同時部落之領袖權不在於氏族之長老，而是掌握在男性的年齡組織中，也就是以會所為中心，來處理一切部落事務。（註二六）

....

十、阿美族祭司與巫司的階梯體系

馬太安阿美族人有一龐大系統的傳說神話，敘述他們的宇宙開創、人類起源、神祇職司、祭祀家源流譜系，以及各奉祭司的意義。這些神話把「神代」的神祇英雄和「人代」的祭司頭目聯貫起來，而成為一「階梯體系」。例如：太陽神、月神、與 lopalangan 神在其神統之中居於階序的最高位，其後代則出生而成各類神祇如祭司神、巫師神、穀物神、漁撈神、狩獵神、戰爭神、獵頭神、生育神等。在與政治組織有關的宗教組織層面，更能呈現出此一特色，亦即馬太安阿美人的祭司以

kakitaan 為主，是最高的主要世系群之直系嗣宗，其他小祭司 lisin，其地位次於 kakitaan。kakitaan 不但為最高祭司，其世系群並且世襲其特權，以下則各小祭司家依序而列。不但如此，馬太安阿美族人的巫師也自成一個階序。每一部落有一個巫師長，在巫師長之下有若干巫師，巫師之下又有若干助手或學徒巫師。巫師長的地位並非世襲的，而是由年老的巫師選任的。因此，李亦園院士認為這個「階梯體系」可以被視為阿美族社會的結構原則。(註二七)

十一、阿美族語彌撒曲

傳統的阿美族信仰以「嘎瓦司」(kawas)為核心，女巫角色重要。信仰改宗後，各村通常都有天主教和基督教兩種教堂，但傳統的音樂及儀式仍然受族人重視，他們還有用母語演唱的一套彌撒曲。(註二八)

註釋

註一：高淵源《台灣高山族》，台北，香草山出版公司，1977年2月。
註二：劉鳳學《台灣原住民舞蹈》，商周編輯顧問公司，2000年12月。
註三：同註二。
註四：內政部委託台灣大學人類學系研究《台灣山胞各族傳統神話故事與傳說文獻編纂研究》，1994年4月30日。
註五：同註四。
註六：同註四。
註七：同註四。
註八：同註三。
註九：古野清人著，葉婉奇譯《台灣原住民的祭儀生活》，台北，原民文化，2000年5月。
註十：杜而未〈阿美族神話研究〉，載於《大陸》雜誌第16卷第12期，1958年6月。
註十一：林道生《台灣原住民族口傳文學選集》，花蓮縣立文化中心，1996年6月。
註十二：同註十一。
註十三：陳國鈞〈花蓮吉安鄉的阿美族〉(上)，載於《大陸》雜誌第14卷第8期。
註十四：范純甫主編《原住民風情》，台北，華嚴出版社，1996年8月。
註十五：同註十三。
註十六：同註十一。
註十七：王煒昶《山林的智慧：台灣原住民文化園區導覽手冊》，1998年5月。
註十八：林道生《原住民神話‧故事全集(三)》，台北，漢藝色研文化公司，2002年12月。
註十九：同註一。
註二十：同註十七。
註二一：陳國強《百越族與台灣原住民》，台北，幼獅文化事業公司，1999年12月。
註二二：劉德芳〈上山過個夏季年──宜灣豐年祭〉，《與鹿共舞：台灣原住民文化(二)》，光華畫報雜誌社，1995年2月。
註二三：同註二二。
註二四：王嵩山《台灣原住民的社會與文化》，台北，聯經出版公司，2001年7月。
註二五：同註二四。
註二六：同註一。
註二七：同註二四。
註二八：溫秋菊《乘著歌聲的翅膀：Ne Ne Ne 台灣原住搖籃曲導讀手冊》，台北，信誼基金出版社，2001年5月。

阿美族巫祝
口傳文學

凡是落伍的原始民族，都深信禍福之發生與轉移，乃是精靈作祟而起，而精靈之為祟也可以用巫術轉化，轉禍為福，轉危為安。因此巫術在台灣原住民族之間甚為流行。（註一）

　　阿美族人舉凡個人生命禮俗、部落大事，巫師、祭司擁有相當大的決策權利，竹占也被一般人所相信。

　　竹占在阿美人和卑南人地區很普遍，如逢家人生病或連續死亡，必須行竹占，來決定應否請巫師禳祓或移居他處或祭祀祖靈祈求保佑。竹占是專門法術，要請占卜師先砍伐 2 尺長左右的竹管，占卜時把竹管折斷，然後根據裂斷處竹絲的形狀，由占卜師判斷疾病輕重和應施的除災法術。（註二）

　　草卜流行於阿美族中部地區，占卜前先到野外尋找茅葉之東向者，請巫師前往斬伐持歸使用。占卜時由巫師持茅葉一端對準口際，呼神之名，請問災祟的原因和疑難事由。然後撫觸茅莖，謂如符合所說者，茅莖可以伸長觸口作答。（註三）

　　日常生活中，阿美族人也非常重視「徵兆」與「占卜」。徵兆是寓有積極意義之預示作用，如認某種現象之是吉是凶。在某種重要行為之前，特別重視徵兆啟示，以決定可否與行止。……每於重要行為，藉鳥占、夢占等方法，卜問吉凶，來決定是否與行止，不過因族而異。（註四）

一、阿美族巫祝神授說

　　《生蕃傳說集》（1923 年），佐山融吉、大西吉壽著；余萬居譯：（註五）

　　　　當祖先還住在 ragasan 時，太陽神之子降臨，賞賜各類作
物的種子，並傳授播粟與厭勝的方法。

　　本傳說故事謂當祖先還住在 ragasan 時，太陽神之子降臨，並且傳授了巫祝厭勝的方法。也傳授其他農耕技術等。

　　杜而未〈阿美族的傳說與神話〉，《考古人類學刊》（1984 年）：（註六）

　　　　起初人類不知如何種植，以致家境困難，天上的神

maladau 看不下去，化身為人名叫 solol alimolo，告訴老人種植得看季節，春天萌芽時播種，秋天即收。等神回天上時，祂父親又叫祂弟弟 kiswol 來到人間，教人巫術和打獵規則。據說 kiswol 曾留在世上娶了一個太太。

本傳說故事謂天神 maladau 派其孩子 kiswol 下凡人間，教導人類巫術，阿美族自此有了巫術宗教儀式信仰。

《生蕃傳說集》（1923 年），佐山融吉、大西吉壽著；余萬居譯：（註七）

古時，某地，一名 katsautamo 之人，全身癱瘓已久，命在旦夕，不久，便斷氣，全身僵硬，但其右手拇指尚能微動，第五天之後的黃昏時分，他恢復呼吸，醒來告訴家人他被神拉到天上去，被封作人界巫師的經過，據傳，後來逢有機會，每一占卜，無不靈驗。

本傳說故事謂一名叫 katsautamo 之人，在斷氣後第五天恢復呼吸醒來，原來他是被神拉到天上去，封為人界的巫師，此後，每一占卜，無不靈驗。

杜而未〈阿美族神話研究〉：（註八）

billugalau 神是男子、不老、不死，也不吃飯，祂有妻子和女兒及弟弟，在祂的部下有二神，一名叫 kakomodang-tsidal 幫助管理人類，另一名叫 matiti，祂用土創造了阿美族的第一個女人 alaliwihi，此外 billugalau 還創造了男人，靈魂，而且巫術也從其身上而來的。有一次，許多人作了夢，而且還有人因夢而生病，於是 billugalau 說：「有病之人當作頭目和巫師」。於是就把生病的人帶到遠處，那有一鍋沸水，祂將他們置於沸水中，數小時後，他們的身體均變了形，而且有能力看到鬼神。那些人中有些人成了頭目，有些人成了巫師。

本傳說故事敘述許多人因作了夢而生病者，billugalau 神把他們帶到遠方的一鍋沸水處，並置於其中，數小時後，他們的身體均變了形，而且有能力看到鬼神。後來他們有些人成了頭目、有些人成了巫師。

二、阿美族占卜醫病傳說故事

《生蕃傳說集》（1923 年），佐山融吉、大西吉壽著；余萬居譯：（註九）

在祖先還住在 ragasan 時，太陽神之子降臨，頒賜各種農作物的種子，並傳授播粟的程序和壓勝之法等。患病時，sikawasai 將 kowatsin（芒草）剁成左右攤開雙手的長度，將其一端拿到嘴巴前面，念念有詞，神就會說出病因來，占卜則是以竹片鋸木，觀其鋸傷情形判斷，占卜結果若疾病乃惹神怒所致，則需宰豬，將麻薯、紅豆糯米飯、野生薑、藤等祭祀眾神，向神懺悔。

本傳說故事謂醫病占卜：

（一）將芒草剁成左右攤開雙手的長度。

（二）芒草的一端拿到嘴巴前面，念念有詞，神就會說出病因來。

（三）以竹片鋸木，觀其鋸傷情形判斷。

（四）疾病若因為是惹了神怒而導致，就必須宰豬，準備麻薯、紅豆糯米飯、野生薑、藤等祭祀眾神，向神懺悔。

古代阿美族人相信巫術，認為疾病是因為身體虛弱，靈魂遭受鬼魂侵害，以致於身體失衡，而致病的原因認為是得罪了神靈或者做了什麼不應該做的事或犯了禁忌等。

必須請巫師調整其失衡的身心，以配合大自然，身體就會健康起來，巫師治療有疾病的求診者，必須招其魂、安其魂，治療禮儀過程中，巫者不斷與神鬼協商，將病人的靈魂招回來。

阿美族巫師治病會把致病的蟲吸出來，有時致病者是很厲害的惡靈，巫師還須請更高階的神或多神，一起會診。

阿美族人的病痛觀，有些族人甚至認為招贅過來的女婿，生病最好不要住在妻家，以免傳染給其他家人，女婿應該回到生身之家或單獨居住在田間茅屋療養，這是一種隔離的措施。

三、阿美族盲眼女巫傳說故事

林道生《台灣原住民族口傳文學選集》載太巴塱社〈盲婦娥莎璞〉：
（註十）

從前，在太巴塱社住著一位眼盲的老寡婦娥莎璞。家裡只有她和孫女兩人，靠著耕地生活。有一年，正好是部落燒山獵動物的時期，部落的年輕們集合在一起討論燒山的事情，有人提議說：「我們把老婦的土地也燒了吧！」當他們去向老婦提起燒山的事，老婦說：「不可以。年輕人，你們不能那樣做。如果你們燒了我的土地，以後我要怎麼生活呢？我的土地上又沒有什麼可獵的動物！」年輕人向老婦反覆幾次說了一樣的事情也沒有什麼結果。老婦最後提醒年輕人說：「年輕人，別做那樣的事，要聽我的話！」年輕人聽了說：「伯母！那麼妳等我們去妳的土地那邊看看，有沒有野獸！」年輕人到了老婦的土地，把它給燒了。他們捉到了許多水鹿、花鹿及山豬回來。他們帶著獸頭來到土地的主人老婦的住處對她說：「伯母！我們帶來了捕捉的野獸的頭給妳，快拿出容器來。」老婦在庭院鋪上草蓆，青年們在草蓆上一一放下野獸的頭，「卜咚！卜咚！」地響個不停。盲眼的老婦聽起來的感覺是好多的野獸頭。最後青年們說了一聲「伯母再見。」大家都回去了。這時候，老婦要她的孫女兒數點野獸的頭顱，她說：「一定有很多吧！」孫女兒看了看說：「這裡只有一個野獸的頭，而且是小鹿的頭而已。」老婦不相信地說：「給我看看！」然後用手去觸摸，而感覺到軟綿綿的小鹿的頭。老婦想了想，才知道原來年輕人只是給了一個小鹿的頭，而在草蓆上反覆丟了好幾次才不斷響出「卜咚！卜咚！」的聲音。老婦傷心地流下眼淚，心中覺得「這些年輕人為什麼要欺負一個沒有依靠的盲眼老婦呢？到底是誰說了要去燒我土地的話呢？」於是，老婦絕食向她的祖先及天神、地神祈禱，部落便發生了三個月的旱災，河川、溪流統統乾涸了。部落的農作物都枯死了。只有老婦的家，

從水甕中不斷地流出水來。部落的人都問：「伯母，為什麼妳家的水不會乾涸了泥？而我們都沒有水，快渴死了。」大家都去老婦家商談，看看有什麼方法可以解決。老婦和孫女在庭院擺了些石頭，要給年輕人當作椅子坐。當大家都坐好了，老婦對他們說：「年輕人哪！要聽我的話，不然災難將臨頭，你們要為沒有水而哭泣。」「可比！可比！」（kopi kopit）老婦的咒詛聲，年輕人說：「沒關係！」年輕人就是不聽他的話。不一會，吹起風下起雨來，年輕人想逃走，可是屁股都被石頭黏住了。暴風雨持續到第二天早上，他們還是坐在石頭上一直淋著雨。老婦對孫子說：「看看那些年輕人！」孫子去看了，回來說：「都坐在那邊，一動也不動！眼睛蒼白哪！」老婦聽了走到屋外祈禱，風雨便停了。老婦為年輕人祓除咒詛，他們便又都活動起來。老婦對他們說：「這樣的遭遇感覺如何？你們如果不欺負我的話下場就不會是這樣！」從此以後，部落的人都不敢欺負弱小婦女了。

本故事是一則年輕人欺侮盲眼老寡婦的故事，當時正是燒山焚獵的期間。年輕人要燒盲眼老寡婦的土地，為盲眼老寡婦所阻止。惟年輕人還是執意擅自燒山焚獵，捉到了許多水鹿、花鹿及山豬回來。

他們叫盲眼老寡婦拿出容器盛裝野獸的頭，「卜咚！卜咚！」響個不停，盲眼老婦感覺拿到了很多野獸頭，趕緊叫孫女數一數，結果卻只有一個小鹿的頭而已。

老婦非常傷心流下眼淚，氣憤這些年輕人為什麼要欺負一個沒有依靠的盲眼老婦，於是，老婦絕食向她的祖先及天神、地神祈禱。

結果部落發生了三個月的旱災，河川、溪流的水都乾涸了，農作物都枯死了。只有盲眼老婦的家

▲ 阿美族的臼／田哲益提供

的水甕不斷地流出水來。

大家都去盲眼老婦家商談解決「水」的問題，老婦和孫女在庭院擺了些石頭，給年輕人坐。

盲眼老婦教訓年輕人要為沒有水而哭泣，但是年輕人都聽不下去，不久，風起雨下，年輕人想逃走，屁股卻被石頭黏住了。暴風雨持續到第二天早上，他們一直坐在石頭上淋著雨。

風雨停了，盲眼老婦為年輕人祓除咒詛，他們又可以活動了。自此，再也沒有人敢欺負弱小婦女了。

四、阿美族祈雨傳說故事

〈台灣土著の口碑〉，《東京人類學會雜誌》（1908 年），伊能生著，劉佳麗譯：（註十一）

> 從前，天氣非常乾旱，滴雨不下，因此，脹痛者相繼出現，ridau 全社感到棘手。為了求雨，他們來到海邊，此時出現了一條叫 tsisairin 的海魚（似鯨）銜住一名叫 matsiutsiu 的青年，往 varisan 游去，此處只有女人居住。兩天後，海魚欲送青年返鄉，但他想再待幾天不願回去，海魚只好強迫地銜住其耳，拉至海中任其飄浮。數日後，他安然到達 ridau，經過這五天，旱象已解，疾病亦消匿無蹤。從此，有了對海祈雨的儀式。

本則故事謂阿美族人亦會向海祈雨的緣由。至於祈晴祭（pakacidal），亦為不定期活動，如連續下雨不停時才舉行。

在豐濱鄉石梯坪之南距港口村約 1 公里，有一個天然的鐘乳石洞穴，也是港口部落原住民眼中的一塊淨地；洞中有積水成池大約 5 公尺，湖水會隨著月亮盈虧而漲落，所以稱作「月洞」，又名「月井」。月洞是阿美族人祈雨的遺址，洞內空間狹窄如縫，僅供小船前進後退。岩壁上可見倒掛在上面的蝙蝠群和鐘乳石，有伏流、石筍、燕窩化石、魚頭化石等奇特景觀。

註釋

註一：高淵源《台灣高山族》，台北，香草山出
版公司，1977 年 2 月。

註二：陳國強、田富達、林瑤棋、周立方《高
山族史研究》，中國人類學學會，1999 年 10
月。

註三：同註二。

註四：同註一。

註五：內政部委託台灣大學人類學系研究《台
灣山胞各族傳統神話故事與傳說文獻編纂研
究》，1994 年 4 月 30 日。

註六：同註五。

註七：同註五。

註八：杜而未〈阿美族神話研究〉，載於《大
陸》雜誌第 16 卷第 12 期，1958 年 6 月。

註九：同註三。

註十：林道生《台灣原住民族口傳文學選集》，
花蓮縣立文化中心，1996 年 6 月。

註十一：同註五。

阿美族禁忌口傳文學

口傳文學

第十三章

由於對自然界之蒙昧與無知，畏懼精靈，崇信命運，所以從他們的日常生活到祭祀行為，有很多的禁忌，尤其越是重要的行為，其禁忌愈多，譬如平時認為神聖之事物乃至招致災害之邪惡事物都是不能接觸的。同時每一個人對於禁忌事物莫不提高警覺，以免一時疏忽而招致災難。禁忌也分為一般的與特殊的兩種，前者是沒有時空限制，後者則對於特定之時空場合或人物的禁忌。(註一)

阿美族人的日常生活有許多禁忌，如果在某一工作開始時，或外出剛好在開門時，打了個噴嚏，都認為是不祥之兆，會馬上停止工作，也不外出。(註二)

一、阿美族飲食之禁忌

阿美族除了豐富的食物，在飲食上也表現了文化意義。

（一）傳說昔禁食猴肉、蛇肉和狗肉。

（二）孕婦禁食有胎的動物。

（三）病人忌食醃的食物。

二、阿美族懷孕與生育之禁忌

婦人在懷孕期間有各種禁忌如食物的選擇等，以求順產與孩子之安全，在產期前後家人共同遵守禁忌。(註三)

阿美族婦女懷胎與生育禁忌信仰傳說甚多，他們制訂了許多妊娠與生育之禁忌，例如：

（一）孕婦之夫禁忌切剖豬的腹部，否則所生下來的孩子，一生將永難免於腹痛之疾。

（二）孕婦忌看猿猴，禁食並禁觸摸家鴨，他們認為若犯此忌，會生出如猴子或鴨子般的嬰兒（台東阿美）。

（三）婦女進入停經的懷孕狀態，至腹部胎形可察時，其家中禁忌從事家具、日常用具、臼、牛車等農具製作，以及木材、竹材等的加工。他們認為若有家人犯了此忌，動用繩墨、刀

斧，她會生出皮膚帶墨斑、身體有刀痕，或是畸形的嬰兒。
（註四）

（四）孕婦之夫禁忌破壞蟻巢，否則所生下的孩子，必受其作祟而罹患滿身如蟻巢般之諸種皮膚病。

（五）不用拾來漂流之柴薪。

（六）不用曾生育雙生兒人家之器具。

（七）不經過因生育死亡婦女之墳墓。

（八）自己衣物不能被人踐踏。

（九）丈夫與孕婦不能夠參加各種祭典。

（十）孕婦之夫不得親自埋葬死者（陪同處理喪事則無妨），否則會發生死產或產兒無法生長的情形（南勢阿美）。

（十一）族人最忌雙胎，認為是魔鬼，或其一分給他人撫養。

（十二）禁忌遇見獵手。

（十三）禁忌與被視為不祥人物的鰥寡接觸。

（十四）孕婦之夫必須接受孕婦所交給的東西，否則會有難產發生。

（十五）禁食並生果實，如雙生檳榔、雙生香蕉。

（十六）禁用刀斧砍削或製作木器。

（十七）丈夫與孕婦不參加喪葬。

（十八）孕婦之夫不可將豬的陰囊灌氣使之膨脹，否則產兒會罹患陰囊膨脹之病。

（十九）忌男子觀看生育，尤忌寡婦觀看。

（二十）不可淫佚，否則會生出雙胞胎。（南勢阿美）

（二一）不殺穿山甲、蜈蚣、蛇類等。

（二二）孕婦腹部不能被人觸摸。

（二三）嬰兒一降生禁忌生父懷抱，以免患軟骨症，不能長成獵手。

（二四）婦女懷孕盡量不要與丈夫同歡，尤禁臨盆前一兩個月內夫婦同居。

（二五）阿美族對於胎教衛生等亦頗注意，妻子妊娠五個月後即與

丈夫分眠，不再交合。

（二六）孕婦必須操作勞動，以使胎兒健康。

（二七）阿美族婦女生育忌諱丈夫來看，因此特地在宅外走廊僻靜
　　　　的角落上臨時搭建「產婦棚」供產婦於小草屋內分娩坐月。

（二八）嬰兒的臍帶脫落以前，忌諱他人擅入屋內。

（二九）不許用圍布 sokon 接受東西。用圍在腹上的圍布接受 niapid
　　　　芋類時，出生來的嬰兒頭上會生瘤。用圍布接受蔬菜時，
　　　　嬰兒的身體上會生赤色或青色的痣子。用圍布接受衣類
　　　　時，嬰兒的身體上會生黑痣。（註五）

（三十）不許強要他人的東西 ngitangit、強給東西於別人 pangitangit
　　　　或有東西人家要而不給 mapodoh，都會引起難產。（註六）

（三一）不許殺蛇、蟲等類 nipatai to oʔngur。犯之，嬰兒會得吐舌頭
　　　　的習慣。（註七）

（三二）嬰兒的胎衣若埋在常丟灰塵的地方，則嬰兒身上會生皮膚
　　　　病。（註八）

（三三）胎衣若埋得過深，則嬰兒的牙齒會生得遲。（註九）

（三四）男人若接觸了胎衣，則作戰會失利、狩獵會不獲。（註十）

（三五）產後二個月內產婦不能站在豬旁邊聽豬叫或將家裡的東西
　　　　賣給他人，否則會生病。（註十一）

（三六）家中如有人死亡時，必須到鄰家去生產，不然產婦有遭遇
　　　　死亡的危險。（註十二）

（三七）產婦在生產過後要在自己的房間內，在嬰兒臍帶脫落之前
　　　　以進入他人房間為忌諱。（註十三）

三、阿美族豐年祭之禁忌

（一）阿美族在豐年祭慶祝期間，絕對不可以吃蔬菜。

（二）按照中部阿美傳統的習俗，第一天禁止女孩子參與，最後一
　　　天則須全程參加，並由女孩子的歌聲作為結束。

（三）豐年祭的歌舞富有靈性，因此，早期平日禁忌出現，祭歌在平時不准唱，連練習都有禁忌，犯者會招致禍患或生病，自家農作物會受災害。由於種種的禁忌與限制，因此，古昔之豐年祭歌舞保留不易，所以日漸消失，現在流傳的不多。如今豐年祭歌舞，目前已無禁唱之規範。

（四）阿美族舉行豐年祭，未到達會場參加祭典歌舞者或遲到者，甚至會被罰錢。

（五）豐年祭是阿美族最重要的祭儀之一，豐年祭期間，族人嚴守禁忌，各部落宣布公休，大家團聚在一起，吃新米新酒，小孩穿新衣，大人穿盛服，年輕人與情人約會談心，同時大家赴歌舞盛會，載歌載舞同歡笑，族人個個知道豐年祭是為了慶祝稻米的豐收及感謝祖靈與諸神明的保佑，因此全心全意地迎接豐年祭並享受它帶來的歡樂。

（六）全體現役男子年齡階級皆須義務參加豐年祭，違者會被處分。現在有些部落會視需要來要求每戶婦女一人參加服務，其餘社民自由參加。

（七）豐年祭部落公休期間不得在田裡工作，否則犯者其家的農作物會受到病蟲害。

（八）豐年祭男子組的夜間歌舞（迎靈舞）活動中禁忌女子參加，也禁忌吃肉，違者會患婦女病。

註釋

註一：高淵源《台灣高山族》，台北，香草山出版公司，1977 年 2 月。

註二：劉鳳學《與自然共舞：台灣原住民舞蹈》，商周編輯顧問公司，2000 年 12 月。

註三：阮昌銳《大港口的阿美族》（下），台北，中央研究院民族學研究所，1989 年。

註四：黃智慧主編，台灣總督府臨時台灣舊慣調查會原著《番族慣習調查報告書第二卷阿美族卑南族》，中央研究院民族學研究所編譯，2000 年 11 月。

註五：劉斌雄等著《秀姑巒阿美族的社會組織》，台北，中央研究院民族學研究所專刊之八，1965 年。

註六：同註五。

註七：同註五。

註八：同註五。

註九：同註五。

註十：同註五。

註十一：同註五。

註十二：同註五。

註十三：林道生〈原住民生與死的古今風俗〉，《東海岸評論》第 65 期，1993 年 12 月。

阿美族喪葬
口傳文學

第十四章

阿美族傳統葬墓的形式很特殊，以竹籬圍成圓形作半穴式的葬坑，葬坑並不加以維修，而是任其毀損，甚至自然消失。目前已改為公墓式的葬法。（註一）

南勢阿美族人認為人類透過神靈的助力，才能夠生生不息，當人死去時，靈魂即回到他們過去祖先所居住的地方，所謂的「卡瓦斯的靈」的世界，過著與現世一樣的農耕漁獵生活。同一地區的族人認為小孩的出生是祖先的靈再度轉世，他們對於祖先的祭祀不敢稍有怠慢，每二年舉行一次的祖靈祭（過去是五年舉行一次）就是為了取悅祖先神靈，供奉祖先食用的供品，也力求豐盛。（註二）

秀姑巒溪一帶的阿美族群，則認為不同的神靈在天上的位置也各不相同。善神位於天的西方，女神則位於天的北方，所有惡靈則在東方。因此凶死、不得善終者於死後都奔向東方。祖靈均位於南方，因此當供奉祖靈時，均面向南方，人死後須使頭部指向南方，顏面轉向右方。供品裝在布袋中，置於頭部的一側，埋葬於住家附近。（註三）

一、阿美族長生不死說

據傳說古代人類為長生不死者，杜而未〈田埔阿美族婚喪與神話傳說〉，《考古人類學刊》（1989年11月）記載：（註四）

> 古時候的人均不會死，到年老時只脫一層皮，又返老還童，所以到處均有人脫的皮。但小孩看到人皮就害怕，於是大人們就把人皮收集起來，埋在土中。此後人即開始死亡。

本則傳說故事謂人類原來是長生不死的，因為有人把到處所脫的人皮集合埋於土裡，人類便開始有了死亡。

《番族慣習調查報告書第二卷阿美族卑南族》亦有相似的記載：（註五）

> 太古時代人類本是長生不死，衰老了便將皮膚剝下、折疊收藏起來，如此就可再次變年輕而不會死亡，其所剝下的皮膚具有眼、口、鼻、耳等，形狀極為恐怖。有一次，孩童發現了

▲ 阿美族的墳墓／田哲益提供

剝下來的皮膚，害怕得哭泣起來，大人於是倉促地把剝下來的皮膚埋藏於土中。從此以後人老必死，而且開始有了屍體的土葬。雖然家屬近親等皆不忍與死者分別，但是家人還是儘早挖掘墓穴予以埋葬。這是因為擔心埋葬前有地震，如有地震，死者之靈就會深入地底下或升天而不知其所在，如此一來縱使欲將其送到祖靈所在處，恐怕巫師也無法找到該靈。

本則傳說故事說明了阿美人「土葬」的由來，當家人有人去世，就會盡快挖掘墓穴埋葬，唯恐有地震把死者之靈帶走而不知飄散於何處，如此就不能將其送到祖靈所在之處。

二、阿美族之靈魂信仰

劉斌雄、丘其謙、石磊、陳清清等著《秀姑巒阿美族的社會組織》記載馬太鞍的靈魂信仰：（註六）

人死後，其住在頭上的生命靈 papaorip 應去的地方有二個，一個是在天上的靈界，一個是在地下的靈界，前者是善死者應去的地方，後者是凶死者所到的地方。天上的靈界在北方天上的島上，從東到西再分成幾個階段，每一層由不同身份者所居住。由地上到天界的路，在中途分成三條：在東側的顯一條大路可到達天界的最高處，惟這條大路只有大頭目 sapalungau 可以走，sapalungau 到達最高層後在這裡與天神們共住。第二條大路在半路再分成三條中路，其東側的一條是巫師 sikawasai 所走的路，可達到第二層的靈界；中間的一條再分成二條小路，其一是 tsitavadai（曾獵過敵首者）、sakopangai（年齡階級內守禁忌者）、papikdan（年齡階級內的領導者）等所走的路，可達到第

三層靈界，另一條小路是 tsilipasai（用槍或火槍殺死敵人，但他本人沒有砍過敵首者）所走的路，此小路在末端又分出，是讓給 tumaloanai 所走者。tumaloanai 為獵首回來時盛裝而攜酒接待者，獵首隊出發前由 tsitavadai 用 holol 而選定的部落內的美女，被相信是 tsitavadai 的異性盟友，被選定為 tumaloanai 者應嚴守五日為期戒律，如禁欲、不吃蔬菜等等。第三條中路是 saosalai 所通過的。saosalai 為特殊信仰之一，想做 saosalai 者必須殺一只豬並由 sapalungau 灌祭 mistek 祈禱後始可，他將成為 sapalungau 之密友之一。在西側的第三條大路，再分成二支，東支是 tsivodolan 所走的路，tsivodolan 是指未婚的男女，他們在天上另成一團住在一起；西支即最後一條是不屬於上述各階級的一般人 mapatajai 所走的路，所走到的靈界位於天界的最下層。到地下冥府的路，也同樣的分成三條：頭一條是被砍首者 maluvotai 所去的地方。此外，戰鬥中戰死而被敵人誠首者即稱曰 mavitangalai，這些人是要上天界去的，其中以前獵過敵首者即到 tsitavadai 所到的地方去。第二條路是 a?limem 應走的路。為 a?limem 無同胞或親屬者，死亡時沒有人給他（或她）作便當 tavo（死者帶 tavo 到靈界上，當禮物送給祖靈們，無 tavo 者羞見祖靈，不敢進天上靈界）者，或者流行病及其他種種不善的原因而死亡者。第三條路是吊繩等自殺者 makinasootai 應去的地方。自殺者也是 a?limem 之一種，喪葬時不給 tavo 時即去第二條路到一般的 a?limem 所到的地方去，假若給 tavo，就走第三條路到另一個冥府去云。

本則故事把人分為好幾個等級，如頭目、誠首者、年齡階級領袖、一般凡人、善死者、惡死者等，死後其住在頭上的生命靈 papaorip 分別前往天上的靈界（善死者應去的地方）以及地下的靈界（凶死者所到的地方）。

三、阿美族供奉逝者之起源

杜而未〈田埔阿美族婚喪與神話傳說〉,《考古人類學刊》(1984年)記載:(註七)

不知道何時來了一些 arakakai 人,他們原本住在美崙山上,後來到了田埔和薄薄社與阿美人同居。arakakai 身材很高,有阿美人的四倍,他們見阿美人不作祭祀,就教阿美人作宗教埋葬和工作之前的儀式;從此阿美人學會了作祭儀,並且開始供奉已逝者。

本則傳說故事謂阿美族人的喪葬儀式以及供奉已逝者的宗教儀式,是由來自美崙山上的 arakakai 人所教導。

四、阿美族卡利莫艾闖禍娃兒致死

林道生《台灣原住民族口傳文學選集》載奇密社〈卡利莫艾的遭遇〉:(註八)

從前,在一個阿美族的部落裡住著一位叫做卡利莫艾的人。有一天,卡利莫艾上山去採藤。卡利莫艾採藤的方式,不同於其他族人之先用工作刀去掉葉子及尖刺,只採藤蔓回家,而是把整條藤,就是藤蔓連同葉子又帶刺地整條拖著回家。當卡利莫艾從山上拖著長長的、他所採的藤蔓回到部落外圍,看見有個小孩在地上玩耍便大聲地警告小孩:「娃娃!走開!」卡利莫艾雖然警告了小孩,卻也不回頭地繼續前進。可是,玩得起勁的小孩也沒注意到卡利莫艾的警告,繼續玩耍沒有避開,因此被卡利莫艾的藤蔓捲著拖回家去了。到了家,卡利莫艾這才發現他拖回來的藤蔓不但捲著小孩,而且死了。卡利莫艾心想:「糟了!闖禍了!這怎麼辦呢?」卡利莫艾心中害怕,想了一回,決定把小孩埋了。數天過後,卡利莫艾心中仍然害怕早晚會被發現,於是站在屋頂上大聲對部落的人宣布:「各位鄉親父老們!今天請大家都到集會所。」部落的人聽了,起了一陣騷動,也不知道發生了甚麼重大的事情,要在集會所集合。大家都到了集會所了。卡利莫艾對大家坦白宣布了小孩的事情,因此大家商量了一下,認為應該去海岸打魚。當部落的人都

到了海岸，有幾個人合力把卡利莫艾推落崖下。卡利莫艾從崖下掉落到海邊，不一會，魚來了。卡利莫艾用手捉了魚，把牠丟的遠遠地，魚就摔死了。又過了一會，大一點的魚來了，卡利莫艾又用手捉了大魚，把牠丟的更遠地，大魚就死了。又過了一會，又來了許多的魚，也都被卡利莫艾丟的遠遠地摔死了。卡利莫艾殺死了許多魚。死魚已經堆得很高了。這時候，來了一隻大鯨魚，卡利莫艾對著大鯨魚衝過去，要去捕捉大鯨魚。不料，整個人都被大鯨魚張開的大嘴巴吸了進去，死在大鯨魚的肚子裡。

這是一則叫做卡利莫艾的人闖禍的故事，最後他還是難逃死亡的命運，從本故事來看，卡利莫艾雖然有著大難不死的堅強生命力，但是一物剋一物，終難逃大鯨魚的吞噬。他也終究得到了報應。

卡利莫艾犯了很大的錯誤，第一他採藤的方式與一般人不同，亦即他是與社會習俗與規範相違逆的，他之所為是危險的、具有危害性的。第二他雖然警告了小孩離開，但還是逕自不回頭地繼續前進，可見得他是一位散漫對待別人生命的人。基於這兩點，當他要族人到集會所商量時，族人內心便已經有了底譜，認為應該去海岸打魚，以便把他推落崖下。

五、阿美族停屍營火之起源

秀姑巒阿美喪葬停放屍體的晚上，在前院要生一乃至二、三處的營火，關於其起源傳說，劉斌雄、丘其謙、石磊、陳清清等著《秀姑巒阿美族的社會組織》有載：（註九）

> 從前，有一次在夏天舉行喪事。晚上太悶熱，參會者除去前壁使其通風，正在納涼時有一陣強風吹進來把室內的油燈熄滅，乘其隙，死者的首級給砍走了。從此以後，在前院生營火任警戒為常則。

本則故事謂辦理喪事停屍期間，為保護屍體免受騷擾或傷害，尤其是馘首時代，曾有人的屍體首級被敵人砍走，因此夜間必須升營火以利護衛工作。

六、傻丈夫把嬰兒燙死

林道生《原住民神話・故事全集（二）》載丁仔漏社〈傻丈夫〉：（註十）

　　從前在部落裡住著一對夫妻，丈夫的腦筋並不怎麼靈活。有一天，妻子要下山去買東西。臨走前向丈夫交代：「哦—伊。要把所有的雞統統帶到雞屋去關起來！」「知道了！」丈夫回妻子的吩咐。「給小孩洗澡，要先燒熱水！」「知道了！」妻子聽到了丈夫的回話，知道應該不會有問題了。因此下山去採購日用品。太陽下山了，丈夫記得妻子交代過要燒熱水，於是趕快去燒熱水。他又記起妻子交代過，雞要帶到雞屋並且關上門。這時，他在燒的水已經滾開了。丈夫抓了一隻雞，把牠放進燒開水的鍋裡，雞一下子就死了。他用一支尖竹子插入雞的脖子，把雞拿到雞屋子掛在牆上，照妻子的吩咐關上了門。丈夫想：「我還有一件妻子交代的事情沒做完！」丈夫想起來了，要燒熱水給孩子洗澡。因此趕緊又去燒水。不久，水開了。丈夫去抱來才幾個月大的小孩，把他放入滾水的鍋裡，小孩一下子就死了。丈夫看著，小孩洗澡從來沒有這麼乖過，他記得的，老婆給小孩洗澡的方式，把小孩抱起來放到乾的布上面包起來讓他睡覺。丈夫做完了妻子交代的兩件重要工作——把雞關到雞屋，然後燒水給小孩洗澡。現在應該可以準備晚餐了。丈夫便去廚房準備晚餐。不一會兒，妻子辦完事回來了。妻子問丈夫：「雞關起來了沒有？」丈夫回答：「哦—伊。」妻子又問：「是不是燒水給孩子洗過澡了？」丈夫回答；「哦—伊，小孩在睡覺了，笑著睡了。」妻子覺得奇怪，怎麼會笑著睡著了呢？妻子問：「在哪裡？」丈夫說：「在他的床舖上，笑著睡覺。」妻子走去臥房一看，小孩是張開著嘴巴死了。妻子很生氣地責罵丈夫：「你這個笨蛋，你用開水給小孩洗澡？」丈夫回答：「妳說要燒熱水給小孩洗澡，我就照

妳的話做了。妳看，小孩子笑得那麼開心地在睡覺。還有，雞也在雞屋子裡睡覺。」妻子走到雞屋子一看，雞是用竹釘子掛死在牆壁上的。妻子破口大罵：「你這個大笨蛋。孩子死了、雞也死了。你又笨又壞。」過些時候，妻子的心靜了下來，對丈夫說：「我們把孩子埋了吧！」丈夫便把孩子連同包著的布一起抱著，要去屋子後面埋葬。丈夫把孩子連同包著的布一起抱著，要去屋子後面埋葬。但是，在途中，也不知道是什麼時候，小孩掉了下去，丈夫也沒注意到。到了屋後的一棵樹下，丈夫挖了個洞把孩子埋了，其實只埋了包小孩的布。回來的時候，丈夫看到一個死嬰掉落在路上。回到家裡，丈夫告訴妻子：「別家死了的孩子掉落在路上，我沒有埋他。我們的孩子，我已經埋好了！」妻子一聽，知道又是笨丈夫出差錯了，而大聲吼起來：「你這個大笨蛋，你說謊！事情不是你說的那樣。那是你兒子，你把他掉落在路上。」丈夫聽妻子那麼大聲又那麼生氣，趕緊跑回去看。真的是自己把孩子掉落在路上了。因此又抱起來，重新把他埋了。丈夫埋好了兒子，回到家裡。妻子一看到丈夫，就大發脾氣。丈夫想一想：自己什麼事都做不好。於是對妻子說：「我還是離開的好！」妻子阻止說：「不要說那種話！」不過，到了晚上丈夫還是離開了這個家。

這是一則笨手笨腳傻丈夫的故事，惟因其笨拙，造成了悲劇。真是無可奈何呀！阿美族是母系社會，家庭以女性為主，實施招贅婚，最後這位傻丈夫選擇了默默悄然的離開了這個家。

七、阿美族殺害雙胞胎

阿美族人迷信難產是產婦自身的惡報應，若產婦及嬰孩因難產而同死，便放在同一棺材內，草草埋葬之。對私生子極厭惡，多於出生後使之窒息而死。視雙胎兒為違背天意，等於禽獸一般，過去須殺害，也有

迷信乃係產婦誤食雙生的香蕉或檳榔所致。也有生下怪胎的，如缺嘴、跛腳、五官不正等，迷信係由於生婦或丈夫，甚至是祖先，因做了壞事，或過於殘殺動物，而受到神的一種懲罰，只好自怨命運不濟，如能把怪胎養活，就一切聽其自然。(註十一)

八、怨靈傳說故事

范純甫主編《原住民傳說（下）》載〈怨靈〉：(註十二)

從前，阿美族的南勢人和木瓜人雙方失和，互相仇殺，因此他們平常出門都帶著槍，預防意外。有一天，南勢人有父子三個人到田裡去耕作，中午時，因天氣悶熱，要去溪邊洗浴。兒子先走，父親後來才去。可是父親走了近路，結果比兒子倆先到，就先入溪裡沐浴。等到兒子們來到的時候，看見溪裡有個巨漢在洗澡，把溪水都弄髒了。哥哥不疑有他，以為是仇敵的木瓜人，一怒之下，投槍殺死了那個人。殺了之後，才發現那人酷似自己的父親，吃了一驚。不過又想，父親遲來不會有先到的道理，這樣想著，心裡雖有一點不安與驚惶，卻仍把屍首趕忙帶回家給母親看。母親一見不是別人，正是自己的丈夫，悲傷之餘，大罵兒子不孝。兒子這才明白犯下了大逆不道的罪。然而後悔莫及，心裡暗自希冀，但願殺死的不是父親而是別人，父親說不定還活著，一兩天內會回來。這樣，盼了幾天，父親終是沒有回來。父親死後的第七日，母親在園裡發現地上生出了一株名叫朱欒的果樹，就把那株樹帶回家，移植於牆邊，將來樹大可作為菜園的遮蔭，一面也可防阻外人的侵入。朱欒長得很快，一天長了一兩寸長，到了亡父的忌日，它便開花，不久結了一顆熟黃的大果實。家人把它摘來吃，剝皮的時候，卻不可思議地聽到朱欒的果實發出哀訴的聲音。把它割開，從裡面生出來一個男孩子。家人喜出望外，將他養育。六個月後孩子已能走路。再過了一兩年就會說話，而每當看見亡父的遺物就開口說是他的東西，使得兩個哥哥都覺

得有些怪異。母親也漸漸地開始懷疑著這個孩子是不是丈夫轉世。轉眼，小孩已五歲了。一天跟家人要去園裡的時候就說要把自己所有的東西全部帶去，說著即將亡父的遺物悉數裝進網袋裡背出去，到了中午，又說要洗澡，一個人去了溪邊，到了日暮時候還沒有回家，母親非常愁苦，次晨即到巫覡處問卜。一時，父親的靈魂附在巫覡身上，說：「我以前要和兒子一起在溪裡洗浴，卻被長子刺殺，為報復此仇，借了朱欒的樹復生，不過，次子是無辜的，所以不但不會加害他，而且會好好地守護他，這一點妳可以安心。」果然，第二年夏天，長子在水浴時，失足滑倒溺斃。那一天剛巧是父親的忌日。不久，那棵朱欒樹便枯謝了。

九、阿美族巴格浪

台東市阿美族各部落舉行的巴格浪（漁撈祭），為不定期逢婚喪、慶典結束後舉行，表示敬神淨身等，並回歸正常生活。

註釋

註一：王煒昶主編《山林的智慧》，台灣原住民文化園區導覽手冊，1998年5月。

註二：劉鳳學《與自然共舞：台灣原住民舞蹈》，商周編輯顧問公司，2000年12月。

註三：古野清人《高砂族的祭儀生活》，南天書局，1996年。

註四：內政部委託台灣大學人類學系研究《台灣山胞各族傳統神話故事與傳說文獻編纂研究》，1994年4月30日。

註五：黃智慧主編，台灣總督府臨時台灣舊慣調查會原著《番族慣習調查報告書第二卷阿美族卑南族》，中央研究院民族學研究所編譯，2000年11月。

註六：劉斌雄等著《秀姑巒阿美族的社會組織》，台北，中央研究院民族學研究所專刊之八，1965年。

註七：同註四。

註八：林道生《台灣原住民族口傳文學選集》，花蓮縣立文化中心，1996年6月。

註九：同註六。

註十：林道生《原住民神話‧故事全集（二）》，台北，漢藝色研文化公司，2002年1月。

註十一：陳國鈞《台灣土著生育習俗》，國立北京大學，中國民俗學會民俗叢書專號：民族篇第8卷，中國民俗學會景印，1974年。

註十二：范純甫主編《原住民傳說（下）》，台北，華嚴出版社，1998年4月。

阿美族鬼魂妖怪
口傳文學

第十五章

陳千武譯述《台灣原住民的母語傳說》載荳蘭社「妖怪」傳說：（註一）

　　古早，母親在旱田忙碌耕作，讓大的孩子揹嬰兒。哥哥揹嬰兒去找野生瓜子。但是嬰兒突然哭起來了。此時有人叫哥哥的名字、一看是母親。母親說：「我來給嬰兒餵奶。」哥哥就解下嬰兒給母親，而覺得輕鬆了。說：「你去找一點瓜。」哥哥很高興就去下。過一會兒，母親要他再揹嬰兒，他就揹了。可是沒多久，母親又來要給嬰兒餵奶。哥哥說：「妳不是剛剛餵過奶了嗎？」「沒有啊！」他倆為了這件事爭論了。母親說：「無論如何，你解下弟弟給我看。」哥哥把睡著的嬰兒解下來，母親一抱，嬰兒很輕。「咦！這到底是怎麼啦？哥哥啊！」母親撫摸嬰兒，卻沒有肚子，內臟被挖掉了。「這個嬰兒，一定被妖怪阿拉凱挖走了內臟，剛才那個是妖怪變的。」他倆母子悲傷地哭著回家了。不久在村社舉行漁獲祭，社人聽了第一次雞啼就出海去漁獵。女人們都留在家裡，而過了中午不久，突然天黑起來了，女人們以為快夜晚，就趕緊煮晚飯，煮完，去撈漁的男人們就扛著魚回來。他們吃過晚飯就睡，此時男人姦污女人，之後男人就跑出屋外，瞬間天光亮起來。女人們很驚訝。「怎麼忽然天又這麼亮？」她們互相那麼說。此時她們的丈夫們回來了。女人們說：「怎麼啦，你們剛才回來不久……」丈夫們說：「甚麼？你看看太陽，現在太陽不是在吃點心的時候嗎？」社裡的人開始騷鬧。「那剛才回家來欺騙我們的是誰？」大家討論了結果，「會做這種事的，必定是妖怪阿拉凱。」事實就是阿拉凱做的，他們都猜對了。因受過阿拉凱侮辱，不久有個女人生了男孩，一生出來就像八、九歲那麼大個子，身體的肢節都有毛。經過判斷，那是阿拉凱的孩子。叫特賴。特賴十五歲，身長就有八尺，社裡的人比起他，就像雛雞。大家商量說：「我們應該趕走阿拉凱。」青年們就去採竹子，裝設陷阱的綱。他們到社內去把阿拉凱趕出來。阿拉凱很狼狽，立刻逃跑。

但有一個阿拉凱被陷阱網抓到了，名叫道茲。道茲說：「不要殺死我，我將村社的祭事告訴你們，你們才不會因沒有祭事而全部死去。」因此社裡的人救了他一命。道茲說：「你們要舉行粟祭，把粟子放進儲倉，第二天去漁獵，出發的早上可以吃豬肉，但漁獵祭要絕食九天，知道嗎？」然而道茲講的話與事實相反，他是要污染祭典而亂講的，話講完就向海的東方逃跑了。他涉海的時候，海水只到他膝蓋而已，大家看了大吃一驚。

從本則傳說故事中，在阿美族人的觀念裡，古代曾經有個妖怪叫做阿拉凱，阿拉凱是個很可惡的妖怪，曾經挖走嬰兒內臟，混亂白天與黑夜時序乘機姦淫婦女，壞事做絕。

李嘉鑫〈豐南村瀑布〉載一傳說：（註二）

相傳古時在瀑布落入的潭邊，經常坐著一個身高一尺半，頻頻梳髮的女鬼，聽見人聲則隱入潭中不見，她曾有誘騙村人迷失山中，至今仍然找不到的紀錄。這是花蓮縣富里鄉豐南村的傳說故事。在瀑布的潭邊，經常坐著一個頻頻梳髮的女鬼，聽見人聲則隱入潭中不見了。她曾經誘騙村人讓其迷失在山中，至今仍然找不到迷失者。

陳千武譯述《台灣原住民的母語傳說》載「兩個眼睛」傳說：（註三）

奧雅特自從誕生就有兩個眼睛，一個眼睛在頭前，一個在頭後面。走路時，前後的東西都可以看得見。如果頭前的眼睛看到敵人，他就往後跑，頭後的眼睛看到敵人，就往後面跑。因此，奧雅特從來沒有被敵人殺過了。

這是前後都有眼睛的怪人傳說故事，他前後眼睛都可以看到，所以從來沒有被敵人殺過。

《蕃族一班》（1916年），警察本署著，黃文新譯：（註四）

食人種之一種族 arakakai 族，居於米崙山，另一族為 bakato，居於月眉庄，另一非食人種的 shirawa 族亦同住於該庄，前兩族已不知去向，而 shirawai 族，ami 族臆度現在的太魯閣

為其子孫。……幾千年前，我們祖先居住在 naumaan 時，有一arakakai 的異種族人，在米崙山下穿鑿穴洞以棲息。人口僅有五人，長髮白膚，鬍鬚長垂至臍，手腳也長毛，身高一丈許，而且孔武力大，奔走神速，拔取手毛一吹即變為數千之士兵，而有魔術能幻化成丈夫或母親，做盡壞事，祖先商議後，派遣勇士，二次襲其巢穴，皆敗落，於是將婦女天癸所染的污穢褲，插在竹竿尖端，由先鋒勇士手執進攻，終於破其魔術，投降立誓不再住此地，臨走前，其兩人授祖先們行祭日期，祈禱之式，及其它式儀後，四人渡海而去，海水僅波及足踝耳，僅有 chikutai 留在七腳川社，在深山中生活，死後成為該社之神，聽說有時化為豚或蛇而出現在山麓附近之部落。另一稱謂 arakakai 的異人種，橫行南勢各群後，又出現於馬太鞍或太巴塱各地侵犯婦女，在馬太鞍留下 chiadahoan，而在太巴塱留下 chikaba 等二個兒子。

本則傳說故事謂米崙山下有異種族人稱為 arakakai，共有五個人，身高一丈許，孔武力大，能變魔術幻化成別人的模樣，做盡壞事。

祖先曾二次攻打他們皆敗落，於是將婦女污穢褲插在竹竿尖端，勇士手執進攻，終於破其魔術而令其向阿美族人投降，並立誓離開此地。

arakakai 族人臨走前，其兩人授祖先們行祭日期、祈禱之式，及其他式儀後四人渡海離開。僅有 chikutai 一位留在七腳川社，據說有時還會化為豬或蛇出現。

又有傳說謂 arakakai 族人在馬太鞍留下 chiadahoan，而在太巴塱留下 chikaba 等二個兒子。

林道生《原住民神話‧故事全集（三）》載南勢阿美〈吃蛇的人〉：（註五）

從前，有一位喜歡吃蛇的男子巴卡多，父子兩人常常一道去捕蛇吃。巴卡多有一位部落裡最美的女兒，許多英俊的青年都追求她而想入贅。美女最後選了一位容貌清秀的青年阿拉賽入贅為丈夫，巴卡多有了英俊的女婿也大為高興。有一天，巴卡多帶著

女婿阿拉賽去捕蛇。阿拉賽本來就怕蛇，也從來沒有抓過蛇，偏偏一到山上就有條大蛇朝他過來，一副要吞食他的恐怖模樣，阿拉賽害怕的逃回家去。不久，巴卡多毆死了大蛇帶回家，對女婿阿拉賽的怕蛇覺得很奇怪，而且認為自己那麼會抓蛇實在不應該有一位怕蛇的女婿，因此決定好好訓練阿拉賽的膽量，讓他不再怕蛇。不久，巴卡多又帶阿拉賽到山上捕蛇。阿拉賽看到蛇就躲開，甚至躲藏起來。巴卡多把捕到的蛇交給阿拉賽帶回家，搗米、酌酒，以蛇做菜餚。同時又要阿拉賽帶一些煮熟了的蛇肉回去孝敬他的母親。阿拉賽心中覺得奇怪，自己那麼怕蛇，岳父卻要他做些盡是跟蛇有關的事情。他還偷聽到岳父跟兒子的講話：「阿拉賽那麼膽小實在沒什麼用，我們不如把他醃漬給吃了算了。」女兒也聽到他們的談話，心中悲傷的哭泣。阿拉賽照著岳父的吩咐帶著蛇肉，走到途中把它丟入河中，趕緊跑去告訴母親，要母親在兩天後去救他。當阿拉賽回來的晚上，睡覺的時候岳父和他的兒子，把鹽巴塞入阿拉賽的鼻子和嘴巴，再把整個人塞入大瓶子中醃漬。阿拉賽在瓶子中忍受痛苦，自己先把鼻子和嘴巴內的鹽巴挖出來，靜坐著等待母親來救他。第二天早上，瓶中的阿拉賽聽到了母親的呼喚聲：「阿拉賽！阿拉賽！」聲音越來越近了，阿拉賽也大聲回應母親，瓶子就在他的回應聲中破裂開來，母親救起了阿拉賽。但是母親竟沒有看到附近有親家的屋子，只是一片荒野，原來是鬧鬼事件。

本則傳說故事，阿拉賽誤入贅了一個奇怪的吃蛇之家，因為他怕蛇，使其岳父母不悅，他整個人被塞入大瓶子中醃漬起來，準備要吃他。最後阿拉賽的母親前來救援，脫離困危險境。原來這是一樁鬧鬼事件。

范純甫主編《原住民傳說（下）》載〈伊里和拉納莫〉：（註六）

很久以前，在一個村寨裡有一戶窮苦人家。夫妻倆年四十出頭了才生了一對孿生兒子，老大拉納莫，老二叫伊里。哥弟倆聰明可愛，兩三歲就能和成年人對歌、講故事。誰知道，當他倆十

歲那年，寨子裡遭到一場瘟疫。有個巫師進寨驅鬼，硬說哥弟倆是招邪的鬼胎，只有把他倆處死，全寨人方能消災免禍。夫妻倆聽了，愁得抱頭痛哭。最後，夫妻倆背著哥弟倆商量，以打柴為名，要把孩子悄悄地丟進荒林裡。夜裡，夫妻倆從鄰居家裡借來一點稻米，燒了四竹筒米飯，全家人飽吃了一餐，接著，又做了些粘粑粑當乾糧。沒等天亮，阿爹就領著哥弟倆悄悄出寨進山去了。阿爹腰挎斧頭走在前頭，哥弟倆手提粑粑跟在後面。走啊！走啊！他們涉過一道道的小溪，越過一座青山。哥弟倆從來沒見過走過這麼多的地方，可高興啦。一路上，阿爹沒有說過一句話，只是一個勁地往前走。伊里心眼兒活，每到拐彎處就找棵樹貼上一片粑粑。就這樣，他們一直走到天黑，到了一片大森林裡。阿爹說：「坐下歇一會兒吧！我去採些野菜來做晚飯。」哥弟倆說：「阿爹！你快點回來喔。」阿爹沒有說什麼，摸了摸孩子們的臉蛋，就慢慢地走了。夜深了，阿爹還沒有回來。哥弟倆在漆黑的森林裡嚇得直哭喊：「阿爹，你在哪裡？你快來呀！」眼淚流乾了，嗓子喊啞了，還見不到阿爹的人影子。哥弟倆只好手挽著手，高一腳，低一腳，摸著黑往回走。伊里一邊走，一邊細心尋找白天留在樹幹上的粑粑。走了一會兒，粑粑摸不著了。原來樹幹上的粑粑被螞蟻吃掉了。沒有路標，一步也不能再走了，哥弟倆又坐在地上痛哭起來。伊里想，在樹下什麼也看不見，要是爬上樹梢，不就能見到天上月亮和星星，找到回家的路了？他立即攀上一棵大橡樹上，四下眺望。他看到遠處小溪畔有一星燈火，他越看越覺得眼熟，便禁不住歡叫起來：「哥，看到我們的家了！」他連忙滑下樹來，拉著阿哥，一直朝燈火方向奔去。哥弟倆穿密林，越山澗，好不容易來到亮燈的地方。走近一看，原來這兒不是自己的家，而是一幢奇形怪狀的石頭房屋。主人掌燈出來，滿臉堆笑地把哥弟倆迎進屋裡，問明情由後說：「苦命的孩子，餓壞啦，先吃點東西，飽飽肚子吧！」主人一轉身，端出兩大碗噴香的米飯和兩盆熟肉讓哥弟

倆吃。拉納莫一見米飯，就狼吞虎嚥起來，伊里動起筷子夾起熟
肉吃著。他咬呀咬呀，突然看到熟肉裡有一隻手指頭。他小聲對
阿哥說：「糟啦，房主不是好人，煮的是人肉啊！」拉納莫一聽嚇
傻了。兩人躡手躡腳走到石牆邊，透過牆縫往裡一看，只見房主
披頭散髮，青面獠牙，伸出的舌頭足有半尺來長，原來他是個妖
怪。哥弟倆放下碗筷連忙撒腿就要往門外跑。妖怪聽見屋裡的聲
響，立即恢復人形，跑出屋裡挽留說：「苦命的孩子，外邊黑燈瞎
火的，你們先在這裡住一宿，明天再走吧！」小哥倆不敢強走，就
被安排在裡屋廚灶房裡，由小妖兒陪伴著睡覺。妖怪給小哥倆蓋
上一條粗毛毯子，給小妖兒蓋上一條細毛灰毯子。妖怪看著三人
齊頭躺下後，搖身一變，現出本相，急忙去屋後磨刀。哥弟倆聽
著屋後霍霍磨刀聲，感到殺身大禍要臨頭了。拉納莫輕聲叫阿弟
快逃，伊里說：「不！我們現在這樣跑是跑不掉的！」說完，他把
他倆蓋的那條粗毛毯輕輕地蓋在睡熟了的小妖身上，又把小妖蓋
的那條細毛毯換給自己蓋。說來也巧，他們剛剛調換好毛毯，一
妖怪就手執鬼頭刀推門進來了，他一走進屋裡，舉起刀來，朝著
粗毛毯裡睡著的人一連猛砍幾刀，然後走出門外。這時候，哥弟
倆一骨碌翻起身來，撒腿起步從後窗跳出房外，摸黑逃跑了。妖
怪聽見屋裡有響聲，立即跑進屋裡一看，被殺的不是那兩個外人，
而是自家的小妖，就穿上寶靴，拚命地追去。哥弟倆聽見身後有
追趕的聲音，料想是妖怪追來了。伊里急中生智，拽起拉納莫躲
進一個大樹洞裡。妖怪追到樹洞前，聞到人味兒，就伸頭往樹洞
裡鑽，但他身軀肥大，怎麼也鑽不進去，沒法，只好靠著樹幹坐
著等。剛坐下，只覺得兩腿有些疼，伸手一摸，原來跑得太急，兩
隻腳都扭傷了。於是脫下寶靴，揉著腳踝子骨，揉著揉著，竟發
睏合上眼睛，打起呼嚕來了。哥弟倆聽見鼾聲，屏住呼吸鑽出樹
洞，伊里又輕手輕腳地換上寶靴，架起拉納莫就跑。哥弟倆邊跑
邊喊：「妖精，妖精，追吧！你用盡力氣追吧！」妖怪猛地被驚醒，

趕緊摸寶靴，身前身後摸遍了也沒有。這時，他才恍然大悟，自己
的寶靴被哥弟倆穿走了。哥弟倆跑了好久好久，來到一個很遠的
地方。忽然眼前金碧輝煌，兩人失聲驚叫：「呀！這是皇宮呀！」
衛士們見哥弟倆行走如飛，感到很驚奇，就帶他倆進宮朝見皇帝。
皇帝見哥弟倆穿著寶靴，就想在他們身上打主意。皇帝說：「你
們藏了寶靴不獻給皇上，本當治以死罪，念你們年幼無知，寬饒
你們這一次，但是你們務必在三天內獻出一匹神馬來，否則就將
你們處斬。」哥弟倆被安置在皇宮的馬廄裡，愁死了。到哪裡去
找神馬呢？他倆整夜沒合眼，第二天一早，就出宮去尋神馬。他
們翻過了九座山，涉過了九道水，連馬的影子也沒有見著。他們
來到一棵參天古樹下，又饑又渴又累，背靠大樹坐下休息一會。
沒料到屁股坐下就睡著了。他們倆都做了一個夢。拉納莫夢見他
們無法按期獻出神馬，被皇宮衛士們押出去要殺頭；伊里夢見一
匹神馬飛奔而來，約他一道進宮交差。哥弟倆個被嚇得哭醒；一
個被樂得笑醒。兩人睜眼一瞧，啊！真有一匹高頭大馬站在面前。
馬對哥弟倆說：「我就是神馬，特意來幫助你們的，走，帶我進宮
吧！」哥弟倆高興地領著神馬進宮。皇帝一見神馬，喜出望外。
但他又對哥弟倆說：「皇上還缺少一個像仙女一樣的美女，限你
倆三天內獻來，否則，定將處斬。」哥弟倆不敢違抗，四處尋找。
可是，天下女子那麼多，他們怎麼也辨別不出哪一個算得上同仙
女一般。這時，伊里忽然心裡一亮，說：「哥，那棵古樹也許有神
靈，上次在那兒夢見了神馬，說不定這也能夢來仙女呢！」拉納
莫覺得弟弟說的有理，兩人又來到那棵古樹旁。當他們睡著以後，
果然，走出來一個仙女。於是他們把她帶進了皇宮。皇帝見了如
花似玉的仙女，有說不出的高興。忽然，皇帝心一沉，想，這麼兩
個小毛童竟然能弄到我所要的東西，莫非是個怪物？現在不治死
他們，豈不留下後患？於是，他對哥弟倆說：「我平生最喜歡遊
戲，愛看人在開水鍋裡洗澡，明天一早，你倆表演給我看吧！」這

皇帝有多狠毒啊！哥弟倆晚上躺在馬廄草堆裡暗暗直淌眼淚。一會兒，透過月亮，只見那個仙女飄然而來，合著手掌說：「兄弟別愁，快去拿根木棍，在神馬身上猛敲幾下，牠就會吐出許多白唾沫。你們用白唾沫塗遍全身，下開水鍋就燙不壞身體了。」身旁的神馬也說：「小兄弟，快動手吧！」一會兒天就亮了。哥兒倆找來木棍，照著做完。天剛發亮，仙女就跨上神馬，凌空而去。天亮了，皇宮裡早已燒好兩大鍋開水。文武百官簇擁著皇帝。前來觀看表演。哥兒倆「撲通、撲通」跳進了兩口大鍋。皇帝又命令添柴加炭，水被燒得直冒泡泡。但是，哥兒倆卻在開水裡翻騰擦洗，越洗越歡快自在。皇帝吃驚地問小毛童：「不燙嗎？」拉納莫說：「不燙，泡在開水裡可舒服啦！」伊里說。「洗開水澡，豈止渾身舒服，還能長命百歲哩。」皇帝動心了，忙叫哥兒倆出來，讓自己下鍋試一試。哥兒倆跳出鍋來。皇帝迫不及待，連龍袍也顧不得脫，就「撲通」一聲跳進了水鍋。霎時間，皇帝「嗷嗷」慘叫幾聲，就被燙得皮開肉綻，四肢蜷縮，一命嗚呼！哥兒倆降妖怪、皇帝的事，很快傳遍了四面八方，人們紛紛擁護坐龍廷當皇帝。哥兒倆推辭說：「榮華富貴我們不要，我們只想回家去與家人團聚。」就這樣，當初被丟進荒林的棄兒，終於回到了阿美人的故鄉，與爹娘團聚。

本則傳說故事敘述聰明的拉納莫、伊里兩雙胞胎，降妖除魔和降伏皇帝的故事。他們的部落發生了一場瘟疫，巫師指說兄弟倆是招邪的鬼胎，只有將他們處死，部落的人才能消災免禍。於是父母忍痛把他們丟棄在深山荒郊野地。他們經歷了妖怪要殺他們，但運用智慧脫離了魔掌。其次是他們也成功的化解了皇帝要處死他們的危機。最後他們回到了家鄉，與父母親重逢相聚。

註釋

註一：陳千武譯述《台灣原住民的母語傳說》，台北，台原出版社，1995年5月。
註二：李嘉鑫〈豐南村瀑布〉，《中國時報》「休閒遊」，1999年7月27日。
註三：同註一。
註四：內政部委託台灣大學人類學系研究《台灣山胞各族傳統神話故事與傳說文獻編纂研究》，1994年4月30日。
註五：林道生《原住民神話‧故事全集（三）》，台北，漢藝色研文化公司，2002年12月。
註六：范純甫主編《原住民傳說（下）》，台北，華嚴出版社，1998年4月。

阿美族飲食與
嗜好物口傳文學

第十六章

阿美族人有關飲食口傳文學，從「火」的發明，到各種主副食，甚至調味品，都有起源傳說，故事情節亦很精采。

....

一、阿美族「火」的傳說故事

　　「火」是人類從「生食」階段過渡到「熟食」階段最重要之物，阿美族人有關於「火」的傳說很多。

(一)「火」的發現

　　　　古時，一男神降臨台灣本島東海，一個小島上，一女神降臨在其小溪對岸上，二神互生好感，遂同居。一日，二神發現了火。……

　　這是最初發現「火」的情形，始祖神的時代，就已經發現了火。

　　「火」的傳說，人類求火種的故事，火種的來源，大致有三種方式：

1、原始自然取火：多是派遣動物去取回。曾經幫忙過阿美族人取火的動物如：羌仔、水鹿、山羊、花鹿、tatachu 鳥、蛆、塔塔特尤鳥、小蟲等。

2、摩擦生火：利用摩擦生熱的原理生火。

3、擊石取火：利用兩個白卵石相擊取得火種。

(二) 羌仔取火

　　《生蕃傳說集》（1923 年），佐山融吉、大西吉壽著；余萬居譯：（註一）

　　　　太古時代，沒有火，人們生活不便，一日，舉社入深山尋火，幾天後，在山頂聚集，見海上遙遙處一島有火光，便派遣獸類前去取火種，最後由一隻羌仔達成任務。

　　「火」在古代人的生活裡，實在是太重要了，從本故事說「舉社入深山尋火」可知。即使現代生活，「火」仍然是最重要的。火不但溫暖了古代人的生活，也生生不息的養育著人類的生存與發展。

　　本故事謂「見海上遙遙處一島有火光」，這裡所指的「一島」，不

知是指何島？會不會是指也是阿美人傳說中海外遷徙台灣島途經的「綠島」或「蘭嶼」？

本故事謂阿美人先後派遣了多種動物前往「一島」取火，最後由羌仔取得了「火種」交給人類。

要到「一島」取「火種」，涉及到入水游泳的問題，據知羌仔並不是游泳的好手，牠是怎麼辦到的，頗耐人尋味！

(三) 花鹿取火

《生蕃傳說集》（1923 年），佐山融吉、大西吉壽著；余萬居譯：（註二）

> 古時，sura 和 nakao 二人漂來 ragasan 海岸登陸後，用小刀敲石頭而始得火，但是，後來有一段時間失去了火，因此，人們發動多種動物，使其競爭，到南方的 sanasai 島去求火種。最先派遣出去的是水鹿，要來了火種，可是，將要上岸的時候一個巨浪打來，火遂熄。次由山羊去，同樣是回到岸邊時又熄了火。最後去的是花鹿，順利索來火種了，人們蜂湧而至，紛紛用手去撫摸牠的身體，慰勞牠，讚賞牠。因此，花鹿的毛才會那麼地光豔柔滑。

本故事情節敘述：

1、本故事涉及阿美族古代先祖遷徙的問題，「古時，sura 和 nakao 二人漂來 ragasan 海岸登陸」。

2、先祖登陸 ragasan 的時候，無意間以「小刀敲石頭」得火，不過又有一段很長的時間失去了火。

3、人們發動許多種動物競爭至南方的 sanasai 島（蘭嶼）去求火種，水鹿、山羊、花鹿等三種動物都去了，最後花鹿成功取到了火種。

據說花鹿的毛光豔柔滑，是因為當花鹿到 sanasai 島取到「火」後，人們都很興奮，蜂湧而至，紛紛用手去撫摸牠的身體，慰勞牠、讚賞牠，所以，花鹿的毛才會如此美豔柔順。

(四) 摩擦生火

林道生〈阿美族的口碑與傳說故事〉:(註三)

太古時,有一對男女神降至人間,……一日,女神無意間拉動枯乾的藤枝,竟因摩擦了幾下而燃燒起來,這便是天地間有火的開始。……

本故事謂阿美族的「火」,緣於「女神」無意間拉動藤枝,以致摩擦生熱,因而燃燒了起來,此即「火」之肇始。

〈諾冊二尊の話に似たる台灣蕃人阿眉族の口碑〉《人類學雜誌》(1914年),佐山融吉著,劉佳麗譯:(註四)

太古時代,在台灣東部一座稱為 botoru 的孤島,abokupayan、tariburayan 兩尊神同時降落在河的兩岸,他們合力搭建小屋同住,並利用樹藤發明了火。……

本傳說故事謂太古時代 abokupayan、tariburayan 兩尊神同時降落在台灣東部一座稱為 botoru 的孤島之河的兩岸,兩神利用了樹藤發明了火。

本故事只提出了生火的材料是樹藤,但是沒有提到生火的方法,試想大概是「摩擦生火」。

(五)擊石取火

《蕃族調查報告書》阿眉族海岸群(1915年),佐川融吉著,黃文新譯:(註五)

洪水後由地中噴出熱泉,全社幾乎瀕臨絕滅,當時有兩兄妹正在搗粟,看到來勢洶洶的水,跳入臼中任水漂流,終於漂到一高山。……於是便取道西南面到了 nalumaan。……然到了 nalumaan 時無火可用,乃以藤與木摩擦以生火,其過程甚為費時,一日看見 tatachu 鳥之來臨而命其取火來,tatachu 鳥飛向東方去取火回來,然在其飛回海岸時不慎將火種掉落海中。後來又看到蛆來,託其取火,蛆也取火來,但不久就熄滅了。兄妹不得已取白石合碰以生火,又傳給子孫。……

本則兄妹逃過了的洪水後由地中噴出熱泉的厄運,他們漂流到了台灣,起初用藤與木摩擦以生火,但是取火的過程非常耗費時間,因此

「託動物取火」，tatachu 鳥飛向東方去取火，沒有能夠成功，又請「蛆」取火，最後還是失敗。

阿美族人請「蛆」取火，這在台灣原住民神話傳說中是很特殊的。雖然取火都沒有成功，但是他們發明了「白石合碰以生火」，即以此傳授後代子孫「取火」的方法。

范純甫主編《原住民傳說‧搗粟的兄妹》載：（註六）

> 阿美斯南勢部落的狩獵地，叫里那哈木。這裡流傳著這麼一個故事。那是很久很久以前，里那哈木洪水泛濫，洪水淹沒了整個部落。當洪水暴發時，有兄妹兩人正在屋舍前搗粟。他們忽然看見洶湧而來的洪水，一時無法躲避，就慌忙躲進石臼裡，兄妹兩人在石臼裡，隨著水浪飄呀飄呀，也不知道過了多少時間，他們被飄到一個高山上。過了幾天，洪水退了。他們下了高山往南走，來到了花蓮港溪邊。這裡溪流湍急，兄妹無法過溪，又朝西方向走去。他們過了一山又一山，終於來到了一個名叫娜努馬安的地方。這裡氣候好，土壤也好，兩人就在這裡定居下來，結為夫妻。初到娜努馬安的時候，沒有火種，兄妹倆十分煩惱。他們取來野藤與樹木，試了試用摩擦能不能取火，結果不頂用，取不出火來。於是兄妹倆又請一種名叫塔塔特尤的小鳥去尋找火種。小鳥展開翅膀向東方飛去。過了一些時候，小鳥果然叼著火種飛回來了。小鳥眼看快到海岸了，高興地叫了一聲。這一下，火種就掉進海裡。這時，海面上浮動著一群小蟲。小蟲接過火種，向海灘游來。可是，小蟲游得很慢，火種就在海面上熄滅了。兄妹倆眼看著火種熄滅了，十分惋惜。一天，兄妹倆在舂米時，石杵與石臼相碰過猛，跳出火星。兄妹倆心頭一亮，就取來乾枯的落葉，然後用一塊石頭碰擊另一塊石頭，引出了火苗。從此，他們學會了擊石取火了。不久，他們生下一男一女，就把擊石取火的辦法傳給孩子。

這是一則擊石取火的傳說故事。火是人類非常重要的東西，尤其是遠古時代，更需要火來取暖與照明，原始農業需要火，飲食更需要火。

本故事描述因洪水氾濫倖存的一對兄妹，結為夫妻，他們也曾經用摩擦生火來取火，但是不管用；他們也請了叫做塔塔特尤的小鳥去尋找火種，「火」是找到了，但是快要回到目的地的時候，「火」不慎掉落海裡，浮動在海面上的一群小蟲，接過火種，向海灘游來，但是因為速度太慢，火種熄滅了。

有一天，他們發現石頭撞擊會生火星，於是就學會了擊石取火苗。

阿美族之神話謂，其祖先自天降世時未攜帶火，後由羌至 sanayasai（今蘭嶼）取得火種。另有神話謂，最初無火，天神 lopalangau 以藤與木摩擦生火，因覺太麻煩而令 tatatsiu 鳥去取火，此鳥至東方取，但至海岸時落入海中，lopalangau 試以白石相擊，得火而採用此法取火。（註七）

▲ 阿美族人烤魚／田哲益提供

據此則可知古代阿美族人「火」的運用歷史，從原始自然取到火種，而至「以藤與木摩擦生火」，惟覺得較為費時與費力，因此又發展為「白石相擊」得火，這涉及到了原始人「發明」與「進步」的問題。

「火」的發明與運用是人類的一件大事，因此，「火」是神聖之物，甚至有的民族有「祭火」與「拜火」的宗教儀式。而阿美族有些神話謂「火」是「神」所發明或賜予，依此特別尊敬「火」。

二、阿美族食物傳說故事

（一）甘蔗的傳說故事

杜而未〈阿美族神話研究〉：（註八）

在太陽形成的原始時代，地上只有甘蔗，別的什麼都沒有，大家只吃蔗，不知工作。當時有位天神叫 maladau，教人們工作，人類生活從此漸趨美滿。

這是一則有關甘蔗的故事，謂古代的人生活只吃甘蔗，後來天神

maladau 教導人們工作，人類的生活就生活美滿了。

（二）食鹽的傳說故事

阿美族關於食用鹽，《生蕃傳說集》（1923 年），佐山融吉、大西吉壽著；余萬居譯：（註九）

> 古時有人到海邊，發現海水有鹹味，遂以土器盛之，並置於火上煎，不久出現白色粉粒，將之帶回，煮菜時放些，味道甚美，從此，社人熱心製鹽。薄薄社人知之大怒，認為社人製鹽影響他們的收成，社人只得運鹽到遙遙社去製，薄薄社人仍不放過，要求社人更改 mitorup 祭和階級祭的日期。

本則為阿美族人製鹽的傳說故事。按阿美族飲食的調味料鹽，位於豐濱鄉磯崎村的磯崎海水浴場，阿美族早年稱之為「加路蘭」，昔日阿美族人皆利用此處的天然地勢曬鹽，而每次狩獵完畢即順道在此取鹽回家，非常方便。清光緒四年加禮苑平埔族亂定，阿美族人始居於此，靠捕魚維生。

（三）粟的傳說故事

阿美族關於「粟」的起源，有神賞賜說、人身生粟說、撿拾說及發現說。

1、神賞賜說

《生蕃傳說集》還有神靈傳授種子的傳說故事：

> 當祖先還住在 ragasan 時，太陽神之子降臨，賞賜各類作物的種子，並傳授播粟與厭勝的方法。

本故事的情節如下：

（1）粟種的獲得是當祖先還住在 ragasan 時。

（2）粟種是太陽神之子降臨賞賜給阿美族人。

（3）太陽神之子除了賞賜阿美族人主食粟之外，還賞賜了其他副產品的各類作物種子。

（4）除了賞賜各類作物的種子，還傳授播粟的方法。

（5）太陽神之子也教授巫術厭勝的方法。

劉斌雄等著《秀姑巒阿美族的社會組織》，中央研究院民族學研究所專刊之八（1965年），亦載阿美族的食物神賜說的傳說故事：（註十）

> 從前有兄妹二人和他們家人住在 kalapanapanai，一天海天突然來了，把他們的妹妹沖走，他們為了追妹妹坐上了打穀用的方臼，但仍沒追到，結果在 tsilanasan 地方登陸，從此定居。後來他們兄妹成為夫婦，……天神看見了人間的煙火，便派其兒子 tatqkosan 下凡查看。……並依其母吩咐賜給他們小米、糯米、竹子、香蕉、生薑等植物，教他們耕種及食用之法。並降下大竹筒，竹中有豬，教他們祭祀。……

本則傳說故事，大神派其兒子 tatqkosan 下凡賜給阿美族人小米、糯米、竹子、香蕉、生薑等植物，教他們耕種及食用之法。並降下大竹筒，竹中有豬，教他們祭祀。

本故事天神賜給阿美族人的食物包括主食：小米；副食：糯米、竹子、香蕉等；調味品：生薑；肉類：豬等，非常豐富。

2、人身生粟說

《生蕃傳說集》（1923年），佐山融吉、大西吉壽著；余萬居譯：（註十一）

> 一日，nakao 突發高燒，幾成聾子，且耳孔很癢，他伸手挖耳朵，挖出一種圓圓小小的粒狀東西，隨手往地上一扔，幾天後，該處長出幾棵小草，後來又結出小果，取一粒來煮，變成數小粒，nakao 另取一粒，切成數片，取其中一片，剛好煮出一鍋飯，這便是粟，因被切過，粟穀的表面才有如今可見的條痕數道。

本則故事是「粟」的來源說，有一位叫 nakao 的人發高燒，耳朵非常癢，就用手指挖耳朵，挖出一粒粟，往地下一扔，後來發芽結果，而且可以煮食，主要描述人類在無意間發現了粟的故事。

本故事也述及「粟」的形狀，因為 nakao 取一粒切成數片，取其中一片煮食，因被切過，所以粟穀的表面才有如今可見的條痕數道。

又本故事也述及古人煮飯，只要一粒粟米切成數片，取其中一片，

即可煮出一鍋飯。

《原語による台灣高砂族傳說集》（1935 年），小川尚義、淺井惠倫著；余萬居譯：（註十二）

> 古時，曾有 kakumolan sapatolok 和 valaihay（兩位男女神）遵奉父神和母神之命，降臨至地上界，並賜給他們豬、鹿、鳶、鳥……等動物。他們在地上界住的第三年，有二個惡神……就去找海鰻母殺了他們，於是，海鰻母製造大水沖走他們家，kakumolan 及 valaihay 皆逃至天上去，而他們的孩子 stra 和 nakau 來不及逃，就留在地上界。數年後，這兩兄妹……有了五個孩子，四男一女。有一次，母親 nakau 病了很久，覺得耳朵癢，抓了一抓，結果有粟穀冒了出來。孩子們就決定種這顆粟，但父母認為此事必須向天上的父親 kakumolan 和母親 valaihay 報告一番，果然，他們二神就教授粟的栽培法、收割法及相關的祭祀細節。

本傳說故事與上則相同，因為耳朵發癢而挖出粟穀的都是叫 nakau 的人，他們向天上的父母神稟告，獲得神教授粟的栽培法以及收割法，並且也教導了相關祭祀。

劉斌雄等著《秀姑巒阿美族的社會組織》，中央研究院民族學研究所專刊之八（1965 年），記載：（註十三）

> 前有一對天神住在 taurajen，在祂們的北方居住另一對夫婦和他們的子女。一日天神向凡人討鹿被拒後，惱羞成怒引發洪水，洪水來時，那對兄妹正在山上玩，正好看見一個木臼，就坐上它逃難，最後飄流到 tsilanasan 的地方，居住於樹洞，吃野草和野菜為生。後來從妹妹耳中掉出一顆小米和稻米，讓他們想起以前和父母種穀的情形，就開始種植。……

本則傳說故事謂洪水氾濫乘坐木臼逃難的兄妹，從妹妹耳中掉出一顆小米和稻米，他們回憶過去曾經與父母種穀的情形，就開始從事種植小米和稻米。

3、撿拾說

李卉〈台灣及東南亞的同胞配偶型洪水傳說〉,《中國民族學報》
(1955年)記載:(註十四)

太古時,這一帶地方有許多人居住。有一天,天降大雨
洪水起,只剩下姐 avas-matsitar 和弟 tsilhang 二人坐上木臼
隨水飄流到豈蘭社的西邊 kakong 山上,因無食可吃,只有抓
頭上的虱子果腹。等到洪水退時,他們順著水退走到 tsili tsili
malataoan 拾到一些小米和旱稻的種子,後來又邊到 taoran(荳
蘭),又找到山薯的種子耕種。……

本則傳說故事與荳蘭社有關,洪水過後,姊弟兩人乘坐木臼漂流到
豈蘭社的西邊 kakong 山上,起初沒有食物可以吃,洪水漸漸退去後,兩
兄妹陸續撿拾到了小米和旱稻的種子以及山薯的種子,從此開始耕種。

4、發現說

〈諾冊二尊の話に似たる台灣蕃人阿眉族の口碑〉,《人類學雜誌》
(1914年),佐山融吉著,劉佳麗譯:(註十五)

太古時代,在台灣東部一座稱為 botoru 的孤島,
abokupayan、tariburayan 兩尊神同時降落在河的兩岸,他們合力
搭建小屋同住,並利用樹藤發明了火。一日他們蹲在火邊烤地瓜
時,才發現了各為男女的差異,偶而看見鴿鳥交尾,從此數年後
兩人生下十幾個小孩,又經過數十年,地狹人稠生活困苦,欲謀
他處但不知如何渡海正愁苦惱之際,忽然發現傾倒大樹其腐蝕部
分容易挖掘,乃以大樹作成形如臼的東西。abokupayan 欣喜之餘
將此移到海邊,與妻及 teposurayan、pasautayan 兩兄弟出海去了。
其時風平浪靜,先後到了猴仔山、花蓮港,但都已有人居住而作
罷,最後來到宜蘭地方,決定長住。他們偶然發現有很多 panai
(米)及 habai(粟),摘穗食之不僅味美可口而且腹部狀況甚好。
為了栽培,以竹木的碎片耕地播種,這就是族人耕作的開始。

本則傳說故事情節謂男女始祖神降落於台灣東部的一座孤島,他們
生下了很多孩子,後來地狹人稠生活困苦,便發明了臼形的渡海工具,

來到了宜蘭地方。他們發現米及粟，覺得美味可口，便開始栽培耕種。

本故事涉及到：

(1)「火」的發明。

(2)領悟性交的方法。

(3)「臼」的發明。

(4)遷徙的路線。

(5)發現「米」及「粟」。

(6)栽培與耕種。

(四) 樹豆的傳說故事

有關種植樹豆，阿美人有一則傳說故事：

> 據說阿美族人遷居到 vataan 時，發現這裡長著許多樹豆，可以當主食，便把當地稱為 vataan，即今花蓮縣光復鄉馬太鞍部落。

本故事敘述：

1、阿美族人遷居到 vataan 的時候，發現樹豆可以當主食。

2、vataan 此地，因為生長著許多樹豆，樹豆稱為 vataan，此地便以植物命名為 vataan，即今花蓮縣光復鄉馬太鞍部落。

(五) 冬瓜的傳說故事

〈加禮宛の傳承二、三〉，《南方土俗》（1931 年），宮本廷人著，柯環月譯：（註十六）

> 古時候有一個人看到了冬瓜的種子。拿來種下就發了芽，不久結冬瓜。冬瓜熟得正適於吃了，將要剖開的剎那，裡面有聲音說不可以剖開。一會兒從冬瓜裡面生出來女孩名叫 abes kawa，越大越漂亮，非常漂亮。她出去提水時，人家為了要接近她而頻頻向她要水喝，因此平常還沒回到家以前提水的容器就空了。於是父親就在房屋外做起來高棚，又蓋屋頂，叫她在那裡織布，這樣保護她。可是有一天因為織布機的一部分掉下去了，為了要下去撿回來，而滑了腳，跌倒地上死了。

本則傳說故事謂從冬瓜獲得絕世美麗的小女孩，但是卻又因為太愛她而又失去了她。

　　有一句話說：「愛之適害之」。本故事中的父親為了保護她而不讓人親近，築起高棚讓她在那裡單獨織布，卻為了撿拾掉落的織布機零件，不幸滑腳跌倒地上死了。如此美好的女子就這樣結束了短暫的生命，真是可惜。

三、阿美族出筍故事

　　林道生《台灣原住民族口傳文學選集》載太巴塱社〈出筍〉：（註十七）

　　　　在太巴塱的阿美族部落，住著一戶人家，有祖母、母親及兒子三代同堂。有一天，母親要去挖取阿美族人常用來做各種器具的原料粘土。就把兒子交給看家的母親，就是兒子的祖母照顧。母親便出門去挖取粘土。過了不久，孩子哭個不停，祖母怎麼哄騙都哭個不停。很生氣的祖母便把孫子給殺了。然後，到屋子後面的竹林挖了竹筍回來，切成片，連同孫子也切成一塊塊地一起煮了。過了些時候，孩子的媽媽帶著粘土回來了。媽媽：「媽！孩子到那裡去了？」祖母：「哦！孩子到隔壁人家那裡吃奶去了。」媽媽聽孩子的祖母這麼一說，便去隔壁看個究竟。可是隔壁的人家說，孩子不在這邊。於是又回家去問母親。媽媽：「媽，孩子不在隔壁吃奶。妳把孩子送到那一家去了？」這時祖母回答說：「妳的孩子在那邊睡覺！」媽媽照著母親所指的房間去看，也沒有看到孩子。孩子的媽有一點著急起來。祖母：「妳快吃午飯吧！」孩子的媽照著母親的意思吃午飯。祖母：「這一鍋竹筍香不香？」媽媽：「很香，比平常我們吃的還香。」祖母：「很香嗎？妳說很香的食物不是什麼東西，是用妳的孩子煮的！」媽媽聽了嚇了一跳，悲傷地哭著說：「媽媽，妳怎麼把我的孩子煮了？」後來，在太巴塱部落，每當新筍出來的時候，部落裡生病的人也特別多，

就是這個緣故。

這是一則悲劇故事，衍生出「在太巴塱部落，每當新筍出來的時候，部落裡生病的人也特別多」的典故。

....

四、阿美族釀酒傳說故事

吳燕和〈造酒〉，《馬太安阿美族的物質文化》，中央研究院民族研究所專刊之二（1962年），有阿美人造酒的傳說記載：（註十八）

> 太古時地上有一家人，一日父母外出工作，僅留小孩看家，忽然天上降下四神，但見其家中未有大人，只告訴小孩其父母在南邊田中作活，就升回天上了，父母回家後，小孩就把天神降臨之事說出。次日，父母心想神會再來便不出外，果然神又下來，但祂們嫌地上髒不肯下來，於是神便叫他們把小米、高粱和糯米三種混合，倒在水桶中再滲水，並攪拌；過了幾天後神又要他們把穀物放在陽光下曬，曬過後神要回天上去了，臨行前告訴夫婦，次日需口嚼桶內穀粒，並在屋內外噴唾。第二天夫婦如是做了，剛剛噴完，四神就臨於屋上，見地上乾淨了，於是就率先下地，吩咐夫婦此氣味芬芳之奇物，分送大家一瓢，自然村中的人均會製造，此後神還教他們作酒桶的方法，然後四神就消失不見。

本則傳說故事是阿美族人釀酒的歷史故事，阿美人會釀製芬芳的酒，皆因神的教導。

天神教導阿美族人釀酒的方法如下：

（一）小米、高粱和糯米三種混合。

（二）三種倒在水桶中再滲水，並攪拌。

（三）過數日，把穀物放在陽光下曬。

（四）次日口嚼桶內穀粒，並在屋內外噴唾，於是氣味芬芳之奇物製作完成。

有四位天神教導阿美族人釀酒，天神教完了釀酒的技術後，任務已經完成，就消失不見了。阿美族自此學會了釀酒的技術。

五、阿美族美味

「杜侖」：阿美族的特殊食品稱為「杜侖」，逢慶典祭儀或全家團圓、接待客人之時，熱情的族人都會製作這項杜侖應景。杜侖就是麻糬，阿美族婦女首先將糯米蒸熟，然後放進「塔里」木臼中，用木杵捶打，把糯米捶均勻，同時增加其黏性，使杜侖呈現香Q狀。過去，吃杜侖是不加任何佐料的，純粹吃其香甜又Q的味道口感；如果想吃鹹的口味，多半會配上醃過的鹹魚、獸肉。現在東海岸的族人為了招待外來賓客，通常會將杜侖配上花生粉等，吃法和漢人麻糬一樣。（註十九）

「海鮮」：靠海的阿美族人，平日三餐很有海味，主要的菜餚大部分是海草類。烤海膽是一道美味，「阿旺」是它的名稱。由於海膽吃海中植物，因此，其內臟烤起來特別軟香，同時具有甜鹹味，在炎炎夏日被譽為阿美族的聖品。如果喜愛清淡口味，以煮清湯的方式烹煮阿旺，也很受歡迎。另外，族人嗜吃一種稱「蘇魯拉松」的海草，它可醃可煮湯。從溪邊捉來的魩仔魚，則用「沙西米」生吃，據說很滋補。野生植物中常見的是黑甜菜、妹仔菜與野苦瓜、藤心等，都是住所附近易採摘的植物。阿美族人也會醃製食品，舉凡魚肉、魚卵、魚內臟，還有豬肉、牛肉及其內臟，都可以做醃製的素材。製作時，只要灑上鹽巴，加一點酒，密封在罐子內，大約兩星期即可食用。對這種醃製食品，阿美族和卑南族都稱為「希勞」，所不同的是，阿美族醃製「希勞」時不用「小米酒糟」，式樣較簡單。（註二十）

「黃藤心」：阿美族人的黃藤心，從古至今都被視為珍品食物。原生黃藤植物，生長於高山懸崖峭壁間，或者攀附在數公尺高的樹上，摘折藤心的困難度相當高，也因此成為阿美族傳統佳餚中的上品。藤心除了供長者食用外，平時很難得有機會嚐到，除非在節慶或豐年祭中，其餘時候不易看到。民間傳說，藤心有清血、降火氣、降血壓等養顏美容的療效，因而頗受一般民眾歡迎。以往，阿美族人用來煮清湯食用，吃起來苦中帶有一絲甘味。現代人則多半用來燉排骨湯，尤其在吃膩了大魚

大肉之後，來一碗藤心排骨湯，清涼降火，有益健康。(註二一)

「蝸牛肉」：阿美族人吃蝸牛肉有自己的一套哲學。族人往昔都是以撿拾為主，尤其在雨天過後的夜晚，是蝸牛出現最多的時機。族人通常背著竹籃出門，隨意到野草地、田邊即可撿到這種野味，往往一趟就豐收滿簍筐，這是以往的經驗，現在則有天壤之別。撿回來的蝸牛，洗乾淨但不去殼，連殼帶肉下鍋炒，不必理會滿鍋子的蝸牛唾液，一直炒到乾為止。吃的時候，再以牙籤挑出蝸牛肉，沾生薑、蒜頭一起吃，和現代人的吃法頗相似。(註二二)

六、阿美族菸草之起源

高淵源《台灣高山族》載〈菸草之起源〉：(註二三)

> 很久很久以前，有一位美女叫瑪爾比干和一位美男子叫瑪爾比烈克，二人相愛甚篤。有一天美男子猝然病死，美女也因傷心過度憔悴而死。臨終時告訴她的母親說：「請恕女兒不孝之罪，女兒死後五日，墓邊會長出奇異香草，請母親帶回家裡，種在後園妥為培植，其葉茂盛之後，可摘取晒乾，而後點燃吸食，其香味雋永，當有忘憂解勞之效。」這就是菸草之來源云。

本則傳說故事謂相愛甚篤的美女(瑪爾比干)與美男子(瑪爾比烈克)相繼過逝後，在美女的墓邊長出了奇異的香草，培植後晒乾，就是現在菸草的起源。

七、阿美族檳榔的故事

林道生《原住民神話・故事全集(三)》載馬太鞍社〈嚼檳榔〉：(註二四)

> 從前，有一位很美麗的少女，被父母視為心中寶貝的養育著，片刻也不敢讓愛女離開身邊。少女美麗的容貌打動了天神馬拉道的心，於是把她接回天上。離開了家的愛女雖然是被天神接回天上，父母親還是日夜傷心悲嘆。兩個月後，不可思議的從埋葬愛

女遺體的墳土上長出了一棵檳榔樹，旁邊還長了叫做 Bira 的荖葉。母親第一次看到從前沒有見過的新草木，覺得很珍貴，順手摘了一葉放到嘴裡咬了一下，味道帶有一點辛辣，但是口感很好。檳榔樹上也長了許多小果實，她也摘了一顆咬了一下，味道有一點澀，靈機一動拿起一塊石頭用力的敲檳榔，石頭卻粉碎了，原來是石質比較軟的石灰石。母親把碎了的石粉夾在檳榔中間，再用荖葉包起來放在嘴裡咬，先是有一點澀味，然後越咬越沒有澀味，反而變成甜的味道，真是妙極了。母親把她發現的新奇檳榔介紹給別人，不久便成了全部落裡大家最喜歡的嗜好物，人人都在嚼檳榔，祭神、迎親都少不了它。使用的石頭粉，後來成了石灰粉。嚼檳榔也擴大到各個阿美族的部落。

本則傳說故事敘述一位美麗的少女，死後墓上長出一棵檳榔樹和荖葉。這就是後來阿美族人嗜食檳榔的起源。

註釋

註一：內政部委託台灣大學人類學系研究《台灣山胞各族傳統神話故事與傳說文獻編纂研究》，1994 年 4 月 30 日。

註二：同註一。

註三：林道生〈阿美族的口碑與傳說故事〉，1991 年 12 月載於《東海岸評論》。

註四：同註一。

註五：同註一。

註六：范純甫主編《原住民傳說（上）》，台北，華嚴出版社，1996 年 8 月。

註七：陳清清〈飲食〉，《馬太安阿美族的物質文化》，中央研究院民族研究所專刊之二，1962 年。

註八：杜而未〈阿美族神話研究〉，載於《大陸》雜誌第 16 卷第 12 期，1958 年 6 月。

註九：同註一。

註十：劉斌雄等著《秀姑戀阿美族的社會組織》，台北，中央研究院民族學研究所專刊之八，1965 年。

註十一：同註一。

註十二：同註一。

註十三：同註十。

註十四：同註一。

註十五：同註一。

註十六：同註一。

註十七：林道生《台灣原住民族口傳文學選集》，花蓮縣立文化中心，1996 年 6 月。

註十八：吳燕和〈造酒〉，《馬太安阿美族的物質文化》，中央研究院民族所專刊之二，1962 年。

註十九：林建成《後山原住民之歌》，台北市，玉山社出版公司，1996 年 10 月。

註二十：同註十九。

註二一：同註十九。

註二二：同註十九。

註二三：高淵源《台灣高山族》，台北，香草山出版公司，1977 年 2 月。

註二四：林道生《原住民神話‧故事全集（三）》，台北，漢藝色研文化公司，2002 年 12 月。

阿美族婚姻
口傳文學

第十七章

在社會組織方面，阿美族為母系社會民族，與西部各族之父系社會不同；其年齡階級、男子會所制度很發達，亦為其文化特徵之一。

傳統的阿美族社會是母系社會，舉凡家裡的大小事情均由女主人作決定。部落性的政治活動或捕魚、建築才是男子的工作。女子的強勢作風與男子的溫順性格在阿美族的家庭裡比比皆是。阿美族的男子也樂見家裡有一位女強人。早期，阿美族的男子入贅於女方家，在婚姻上有服役婚的觀念，也就是要為女方義務工作幾個月或一、二年。在阿美人的想法裡，入贅是一件光榮的事情，男子可以藉此機會改善女方家的生活。對於追求兩性平等的今日，相信會獲得許多女子的青睞。然而今日阿美人的社會也日漸受到漢人的影響，入贅婚比較少見。家裡的經濟權也漸漸轉移到男子身上，母系社會的特質已漸漸淡化。（註一）

阿美族是典型的母系社會，女性在親族社會中有絕對優勢的地位，男子則處於從屬情況，因此男性為與女性在親族社會的地位相抗衡，乃著力於男性在地緣組織中權力的發展，也就造成阿美族部落組織之嚴密。每一部落自成一單位，有其整體之政治組織，有一部落會所或男子會所作為全部落的中心，而以一組織緊密的年齡階級作為整個部落組織的骨幹，以老年人或年長階級作為處理部落事務的權力者。（註二）

台灣原住民之結婚風俗，雖然因族而異，但除了構成階級社會的排灣族的上層階級可以娶妻納妾外，其他的族群則嚴守著一夫一婦之制。……至於結婚的對象，在阿美族，到了適婚年齡時雖可自由選擇結婚對象，但尚須經過尊長們形式上的認可與媒介才可定案。其他的族群則屬於尊長的干涉婚姻。（註三）

一、阿美族神與凡女結婚

《蕃族調查報告書》阿眉族海岸群（1915 年），佐山融吉著，黃文新譯：（註四）

太古時代天低幾乎可觸人頭，在天之諸神大發慈悲，召來諸鳥命令他們舉天，但眾鳥均無法辦到。適有 tachu 飛來，只

停在樹枝上觀看並唱起好聽的歌。眾鳥勇氣大增，天便漸被抬高到如今之高度。當時有稱為 lloku 的男神由天降下而遇到 tanayarawan 姑娘，遂結為夫婦。……

本傳說故事謂當「天」還是很低，諸鳥把「天」抬高的時候，有一男神叫 lloku 者，下降凡間，遇到了 tanayarawan 姑娘，他們兩結為夫妻。

杜而未〈阿美族的傳說與神話〉，《考古人類學刊》（1984 年）：（註五）

> 起初人類不知如何種植，以致家境困難，天上的神 maladau 看不下去，化身為人名叫 solol alimolo，告訴老人種植得看季節，春天萌芽時播種，秋天即收。等神回天上時，祂父親又叫祂弟弟 kiswol 來到人間，教人巫術和打獵規則。據說 kiswol 曾留在世上娶了一個太太。

本則故事是阿美族的天神 maladau 化身為人教導人類種植播種，以及其弟 kiswol 教人巫術狩獵。kiswol 神曾經留在世上，還娶了一個凡間的太太。

二、阿美族兄妹創世婚

《原語による台灣高砂族傳說集》（1935 年），小川尚義、淺井惠倫著；余萬居譯：（註六）

> 古時，曾有 kakumolan sapatolok 和 valaihay（兩位男女神）遵奉父神和母神之命，降臨至地上界，並賜給他們豬、鹿、鳶、鳥……等動物。他們在地上界住的第三年，有二個惡神經過他們家，欲向他們要幾隻動物，但 kakumolan 和 valaihay 皆不肯，因為那惡神是未經天神同意而擅來地上界的。結果，惡神就去找海鰻母殺了他們，於是，海鰻母製造大水沖走他們家，kakumolan 及 valaihay 皆逃至天上去，而他們的孩子 stra 和 nakau 來不及逃，就留在地上界。數年後，這兩兄妹隔著打過洞的山羊皮發生性關係，而有了五個孩子，四男一女。……

本傳說故事謂始祖神的孩子 stra 和 nakau 兩兄妹隔著打過洞的山羊皮發生了性愛的關係，他們生下了五個孩子，四男一女，從此，人類開始繁衍。

《蕃族調查報告書》阿眉族海岸群（1915年），佐山融吉著，黃文新譯：（註七）

> 洪水後由地中噴出熱泉，全社幾乎瀕臨絕滅，當時有兩兄妹正在搗粟，……跳入臼中任水漂流，終於漂到一高山。……取道西南面到了 nalumaan。在此兄妹結為夫婦。……

阿美族遭逢洪水大劫難後，倖存的兄妹在無計可施下，又要傳承生命，只好兄妹結婚，阿美族人才得以傳衍下來，成為台灣原住民族人口最多的一族。

范純甫主編《原住民傳說・搗粟的兄妹》載：（註八）

> 阿美斯南勢部落的狩獵地，叫里那哈木。……里那哈木洪水泛濫，……有兄妹兩人正在屋舍前搗粟，……就慌忙躲進石臼裡，……隨著水浪飄呀飄呀，……他們被飄到一個高山上，……又朝西方向走去，他們過了一山又一山，終於來到了一個名叫娜努馬安的地方。……兩人就在這裡定居下來，結為夫妻。……

本傳說與上則故事相似，劫後餘生的兄妹，最後都變成了夫妻。

《蕃族一班》（1916年），警察本署著，黃文新譯：（註九）

> 上古稱 sabato loku 男子和 bauaihabu 女子，從天用黃金造的梯子下降至 tabira 溪上游的 taurayan 山上，後生二子，兄為 sura，妹為 nakau。……後經過一段時間，sura 和 sakau 在外遊玩回家，發現父母不見了，二個小孩悲傷……突然間大洪水出現，二個小孩急忙跳上木臼，隨波漂流，漂到人仔山邊，定居下來。……不久，二人乃結為夫婦，數年後移居 bukulo（在人仔山之南），而生了五男、一女。……

本傳說故事天神下降凡間，生下兄妹二人，有一天兄妹兩離開父母到外面遊玩，回家時沒有見到父母，突然洪水來襲，他們乘坐木臼逃

難，最後兄妹結為夫婦，生了五男、一女。

杜而未〈阿美族的故事與傳說〉，《考古人類學刊》（1984 年）記載：
（註十）

> 從前有二兄弟殺死其父，母親為懲罰他們，要他們五日不吃
> 飯，作為五日工為贖罪，還要去山上找年幼的壯鹿，殺死敵眾獵
> 取人頭。他們一一照作了，便要祭祀這些人頭，哥哥穿戴好衣服，
> 站在門口大叫及跳，就上了天；弟弟亦隨之上天，母親也上了天。
> 他們便成了天上的星辰。家中只剩一個女兒，她結婚生下一男一
> 女，過了十幾年後，天降天雨四十天，將大地淹沒，只有那兄妹二
> 人存活。因無他人，所以他們成了夫妻生下二個女兒。後來父母
> 死了，姊妹在萬里一帶種地瓜而生，那兒地勢很高，姊妹煮飯時
> 的火焰會被他處人看到。在北富村和大馬村的男子看到，便上山
> 一探究竟，發現二個美女，大女兒嫁給大馬村、小女兒嫁給北富
> 村，大女兒生下了許多兒子，他們成了阿美族、布農族及台灣人
> 的祖先。

本則兄妹創世婚的情節較為繁多：

（一）有一女其母親與兩個哥哥升天變成了天上的星辰。

（二）該女結婚生下一對兄妹。

（三）發生洪水氾濫，兄妹結為夫妻，生下兩女。

（四）妹妹嫁給北富村。

（五）姊姊嫁給大馬村，生下了許多兒子，他們成了阿美族、布農
　　　族及台灣人的祖先。

劉斌雄等著《秀姑巒阿美族的社會組織》，中央研究院民族學研究
所專刊之八（1965 年），曾載：（註十一）

> 從前有兄妹二人和他們家人住在 kalapanapanai，一天海天
> 突然來了，把他們的妹妹沖走，他們為了追妹妹坐上了打穀用
> 的方臼，但仍沒追到，結果在 tsilanasan 地方登陸，從此定居。
> 後來他們兄妹成為夫婦，所生的子女均為蛇和青蛙。天神看見

了人間的煙火，便派其兒子 tatqkosan 下凡查看。tatakosan 告訴他們不可再飼養蛇蛙，那些將來對人有害，……天神告訴他們之所以生青蛙和蛇，是因為他們是兄妹的關係，只要以後行房時用羊皮隔在中間，就可辟除兄妹通婚之禁忌。之後他們就生了二個女兒，長女是太巴塱人的祖先，次女是奇美人的祖先。

本兄妹創世婚的故事謂，兄妹所生的子女均為蛇和青蛙。後來神告訴他們原因，是由於他們是兄妹的關係所致。並且教導他們行房的方法，必須用羊皮隔在中間，就可辟除兄妹通婚之禁忌。後來他們的兩個女兒，長女是太巴塱人的祖先，次女是奇美人的祖先。

劉斌雄等著《秀姑巒阿美族的社會組織》，中央研究院民族學研究所專刊之八（1965年），記載：（註十二）

從前有一對天神住在 taurajen，在祂們的北方居住另一對夫婦和他們的子女。一日天神向凡人討鹿被拒後，惱羞成怒引發洪水，洪水來時，那對兄妹正在山上玩，正好看見一個木臼，就坐上它逃難，最後飄流到 tsilanasan 的地方，居住於樹洞，吃野草和野菜為生。……後來二人就成夫妻，生了五個子女，老大是太巴塱祖先，老二是芝霖三的祖先，老三是 anlau 部落的始祖；老四是大港口的祖先；老五是 lahatal 地方的始祖。

本兄妹創世婚生下的孩子，都變成了各部落的開基始祖：

（一）老大是太巴塱祖先。

（二）老二是芝霖三的祖先。

（三）老三是 anlau 部落的始祖。

（四）老四是大港口的祖先。

（五）老五是 lahatal 地方的始祖。

劉斌雄等著《秀姑巒阿美族的社會組織》，中央研究院民族學研究所專刊之八（1965年），曾載：（註十三）

從前有兄妹二人和其家人住於舞鶴（karara），一天海水突然來了，二人為躲避海水坐在一隻打穀用的木臼（dodan）

內，隨海水沖流，結果後來在 tsatsulaan 地方居住。後來兄妹
長大，基於生理需求，哥哥把一張獸皮遮住妹妹的臉及上半身
成其好事，自此之後二人共生子女十二人，六男六女互為婚配，
分別是阿美族馬太鞍社、七腳川社、里漏社、布農族 iwatan 社
和太魯閣族木瓜群、太魯閣群的祖先。在此兄妹棄木臼逃生之
時，亦在另一對兄妹以壁板（tsavong）逃命，漂流到 amanalai
（或 taporo），兄妹成婚也有子孫繁衍。對方木臼系統的子孫
稱 pakado-danai；壁板系統的子孫稱 pakatsavoyai，這二個系
統均與馬大安人有關。

阿美族的始祖傳說多同胞型兄妹婚的故事，自此人類繁衍，馬太鞍
社、七腳川社、里漏社、布農族 iwatan 社和太魯閣族木瓜群、太魯閣群
等，都是他們的子孫。

本故事同時還提出，當時洪水氾濫大地，除了乘坐木臼的一對兄妹
外，還有另一對兄妹以壁板逃命。這二個系統均與馬太鞍人有關。

這兩隊兄妹各自成婚，子孫亦各自成系統：

木臼系統的子孫稱 pakado-danai。

壁板系統的子孫稱 pakatsavoyai。

馬太鞍社的始祖傳說如下：（註十四）

　　從前有兄妹二人，和他們的家人一齊住在舞鶴（karara，
或稱 aulikitan）的地方。哥哥的名字叫 pilukalau，妹妹的名字
叫 marokirok。一天海水突然來了，家人全被沖走，他們兄妹
二人為了躲避海水而坐在一隻打穀用的方木臼 dodang 內，任
海水沖流，結果流到 tsatsulaʔan 的地方而居住下來。後來兄妹
各長大成人，基於生理的需要，兄向妹求歡。妹妹在半推半就
下任哥哥擺布。哥哥把一張獸皮遮住妹妹的上半身與臉而成好
事。自此以後，儼若夫婦。共生子女十二人，六男六女，各自
互相婚配。……當 pilukalau 和 marokirok 兄妹二人等方木臼逃
命之時，途中 tsihtsih（女）和 patorau（男）兄妹也乘著房屋

的壁板 tsavong，也在逃命，漂流到 amanalai（或稱 taporo）

定居下來。兄妹成婚也有子孫繁衍下來。

阿美族人稱方木臼系統的子孫為 pakadodangai；而稱壁板系統的子孫

為 pakatsavongai。這兩個系統的人都與馬太鞍人有關。

從本則故事可知馬太鞍人的始祖有兩個系統，即「方木臼系統」

（pakadodangai）與「壁板系統」（pakatsavongai），而且兩個系統都是同胞型

兄妹婚情。

值得注意的是「方木臼系統」始祖兄妹求歡之事「哥哥把一張獸皮

遮住妹妹的上半身與臉而成好事」，據其他各族同類型的傳說故事，此

儀式具有「避邪」的作用。

阿美族「方木臼系統」始祖兄妹婚情，與泰雅族始祖兄妹婚情所不

同的是，阿美族是由哥哥採取主動，妹妹半推半就，泰雅族則是由妹妹

化妝（刺黥）誘引哥哥而後成婚。唯兩者都是以傳衍後代為目的，其意

義是神聖的，這是初始人類繁衍一定必經的過程。

太巴塱始祖傳說：（註十五）

從前有兄妹二人，和他們的家人住在 kalapanapanai 的地方，

哥哥的名字叫做 lutsi，妹妹的名字叫 lalakan。突然間海水來了，

將他們兩人的妹妹 tiamatsan 沖走，他們為了追趕妹妹，才坐一隻

打穀用的方木臼（dodang）。結果沒有追上而被沖到 tsilangasan

的地方，遂登陸定居下來。後來他兄妹成為夫婦，但所生的子女

都是蛇和青蛙，他們很失望，就把這些蛇和青蛙放在一雙藤箱

（nanukawan）內。因為生火的關係，而被天上的神 saulingau 看到。

為了明瞭真相起見，saulingau 遂派遣他的兒子 tatakosan 到凡界

察看。tatakosan 到了凡界後，就問 lutsi 為什麼到此地來，lutsi 就

把自己的經過告訴他，又陪 tatakosan 到放他們所生的青蛙和蛇

的地方查看，tatakosan 告訴他們這種東西不能撫養，如果等他們

長大後，就會危害他們夫婦，他們聽 tatakosan 的勸告而放棄了

繼續飼養他們所生下來的動物。tatakosan 也就回去向他的母親

saulingau 報告調查的經過。他的母親又命他二次下凡，傳達她的意旨給 lutsi 和 lalakan，她要賜給他們小米和糯米的種子。如果他頭癢而抓頭時，小米和糯米就會像蝨子一樣的掉下來，要分別貯藏保存。tatakosan 又上天覆命，後又下凡傳達 saulingau 的意旨，告訴他們開墾種田。後來又賜給他們粗竹子（nalanhau）、細竹子（tsilibidau）、香蕉（walikawai）、藤子（kalarkai）、生薑（sat'u-asi?）、茅草（taumitsmits）等植物。這些植物按照敘述的順序一種一種從天上掉下來的，事先 tatakosan 曾告訴他們天上每掉下來一種植物就馬上種好，他們就按照 tatakosan 的吩咐做好。saulingau 又吩咐 tatakosan 下凡查看小米及糯米生長的情形，並按照它們生長的情況而教他們除草等工作。等小米和糯米快成熟時，tatakosan 又教他們收穫時應有的知識，收穫又告訴他們做米糕的方法。saulingau 和她的兒子 tatakosan 到他們家裡，讓他們把從天上掉下來的大竹筒取出來，打開後，卻是一隻豬，一會兒的工夫，豬就長得很大。用尖尖的竹刀把豬殺了，用茅草生火，用火把豬鬃燒光，然後把豬解剖，弄乾淨後用藤掛起。以 satapas（藤編的器物，用以盛食物）盛豬的前右腿、肝、心、肺和一片豬皮，一個米糕和一個 ourar（經浸水後的生米做成的米糰），用以祭祀，這就是 ilisin 和 misalisin（ilisin 是豐年祭，每年收穫後舉行，misalisin 就是祭儀）的起源。事後他們在一起吃豬和飯，並替 lalakan 和 lutsi 醫治不能生育真正子女的病。並且告訴他們所以不生子女而生蛇蛙，是因為他們是兄妹的關係。經此醫治後就不會再有生蛇、蛙的現象。並且又告訴他們以後行房事時應該用羊皮隔在中間，這樣就可以解除兄妹通婚的禁忌。神又告訴他們，以後會生兩位女兒，事後果然。長女取名 tsetse-tsitav，次女取名 lalikajan-tsitav。長女就是太巴塱人的始祖；次女就是奇美 kiwit 人的始祖。

這是一則阿美族始祖兄妹近親結婚之傳說故事，因此不能夠正常生

育而生下「蛇」、「蛙」等動物。後來天神 saulingau（女神）派遣他的兒子 tatakosan 到凡界，指導並且協助這一對夫妻從事農業耕作、收穫、製米糕等。

天神 saulingau（女神）先賜給他們小米和糯米種子（只要他們頭癢而抓頭時，小米和糯米就會像蝨子一樣的掉下來），後來又賜給他們粗竹子、細竹子、香蕉、藤子、生薑、茅草等植物，這些植物按著順序一種一種從天上掉下來的。

這時候他們也殺豬，並且以 satapas（藤編盛器）盛豬的前右腿、肝、心、肺和一片豬皮，一個米糕和一個 ourar（經浸水後的生米做成的米糰），用以祭祀，因而在此時，也開啟了 ilisin 豐年祭儀式。可見阿美族 ilisin 豐年祭時代之久遠了。

天神 saulingau（女神）又醫治這一對同胞兄妹婚情不能正常生育的問題，指導他們行房的時候要用「羊皮隔在中間」，這樣就可以解除兄妹通婚的禁忌了。

本則故事兄妹行房用「羊皮隔在中間」與上則故事「哥哥把一張獸皮遮住妹妹的上半身與臉而成好事」，都是具有強烈的巫術儀式，能夠辟邪與解除禁忌。

李卉〈台灣及東南亞的同胞配偶型洪水傳說〉，《中國民族學報》（1955年）載：（註十六）

　　太古時代，祖先居住於花蓮港附近的山邊。不久天地變色，一股熱流從地下噴出，淹沒了整個地表，所有的生物，幾乎完全絕滅，只有一姊及其弟妹乘白往南岸逃去，他們在 lalaulang 上岸，向西和南尋求一立命之所。在爬 k'aburngan 山時姊已覺萬分疲累便在山腰休息，弟妹爬上山後始終未等到姊姊，下山一探究竟，發現其姊已變為石頭，二人悲傷不已。於是又回到 lalaulang 尋找昔日所乘之方白，但其白已腐爛，二人只好繼續四處流浪，躲避熱洪。後來兄妹二人不想再飄浮不定，便在溫泉處定居，因世上已無他人，為了繁續人類，便問太陽二人能否結婚，太陽告訴他

們可以，二人遂成夫婦。不久妹妹即懷孕，兩人滿心歡喜的等待孩子降臨，並準備了許多漂亮的衣服，但卻生下個怪物，他們很懊惱，便把衣服和石均拋於水中，其一橫流於水中，另一則順水而去，據說這就是今日魚蟹的始祖。在事後的第二天，月亮即教導他們：「因你們是兄妹本不應結合，所以應把席子挖個洞放在你們的中間，這樣才會生育。」他們如是做了，卻生下了一塊白石，兩人甚感生氣，但月亮要他們好好保存，就會達到他們目的。有一天兄妹在 arapanai 發現有一大塊平地，長著茂密的青草，便在插起了一根木杖定居下來，後來這根木杖就變成了一枝大竹。不久哥哥就死，只剩下妹妹，她便抱著那塊白石以解除她的寂寞。而月亮就同情地說：「這種寂寞只是暫時，不久之後你就可得到安慰了。」五天之後，那白石突然變大，從中生出了四個孩子，二個是銑足的，另外二個是穿鞋子的。妹妹收養了那二個銑足的兄妹，十分寵愛他們；他們長大後結為夫婦，從此人口得以繁殖，據說那二個穿鞋子的孩子就是平地人的祖先。

本傳說故事情節要述如下：

（一）熱流洪水淹沒大地，只剩下姊、弟、妹三人乘臼逃難成功。

（二）姊姊在爬 k'aburngan 山時已覺萬分疲累便在山腰休息，結果她變成了石頭，大地只剩下兄妹二人。

（三）兄妹二人請示太陽能否結婚，二人遂成夫婦。

（四）妹妹懷孕卻生下怪物而拋於水中，成為魚蟹的始祖。

（五）月亮教導他們：「因你們是兄妹，本不應結合，所以應把蓆子挖個洞放在你們的中間，這樣才會生育。」

（六）妹妹懷孕，但卻生了石頭，月亮要他們好好保存。

（七）後來哥哥死了，白石中生出了四個孩子，二個是銑足的，另外二個是穿鞋子的。妹妹收養了那二個銑足的兄妹，長大後結為夫婦，從此人口得以繁殖。

（八）其餘二個穿鞋子的孩子就是平地人的祖先。

三、阿美族姊弟創世婚

李卉〈台灣及東南亞的同胞配偶型洪水傳說〉,《中國民族學報》（1955年）載：（註十七）

> 太古時，這一帶地方有許多人居住。有一天，天降大雨洪水起，只剩下姐 avas-matsitar 和弟 tsilhang 二人坐上木白隨水飄流到荳蘭社的西邊 kakong 山上，⋯⋯等到洪水退時，他們順著水退走到 tsili tsili malataoan，⋯⋯等姐弟二人長大後，懂了人事，遂結成夫婦，子孫繁衍，形成了今日的荳蘭杜。

本則是荳蘭社姊弟創世婚的故事，按阿美族姊弟創世婚的情節，大致是與兄妹創世婚的情節是一樣的。

陳國鈞〈花蓮吉安鄉的阿美族（上）〉：（註十八）

> 傳說在許久以前，某一部落全體出海捕魚之時，發生強地震，山崩地裂，海水也變得滾燙，全部人均被滅頂，只有一對聰明的姊弟，手抓糯米，駕著一隻小船逃出升天。過了一週後他們在拉瓦山登陸了，他們原本所帶的糯米早在船上吃完，幸虧在陸地上找到殘存的小米及山芋苗，他們小心的種植，後來便於此地建一草房定居下來，十多年後兩人長大就結為夫婦，生下了一男一女。那時生活仍非常苦，又苦無淡水可喝，只好捕野獸為生，後來在山中捉到一條狗，靠著那狗的幫忙找到了水源，生活漸趨安定，子孫繁衍，人口變多了，就遷移到四處。

本則是吉安鄉姊弟創世的故事，唯與其他傳說不同的是，他們逃難是坐小船。姊弟結為夫妻後「苦無淡水可喝，只好捕野獸為生」，後來靠狗幫忙找到了水源。他們生下的子孫繁衍，就遷移到四處。

四、阿美族砍柴割藤示愛慕之情

范純甫主編《原住民傳說（下）》載「砍柴、割藤、制牛」：（註十九）

> 住在花蓮地區的原住民小伙子愛上姑娘後，就砍柴割藤，大

大方方地送到姑娘家去，表示愛慕之情。大膽一點的小伙子，放下柴擔，還會向姑娘的伊娜（媽媽）、阿瑪（爸爸）問好。姑娘呢，如果初步看中了小伙子，也會親親熱熱地到小伙子家，幫著挑水、杵米、做飯。寵愛女兒的伊娜，除平常細細觀察小伙子的一舉一動之外，還會到部落頭目家了解小伙子的勞動、品行和健康情況。如果頭目說：「瑪拉格（勤勞）頂呱呱！」姑娘的母親還會親自考察小伙子的勇氣和能力。這時，她就會悄悄地躲在牛棚邊，讓部落頭目把小伙子叫來。一見到小伙子，她就從牛棚裡拉出一頭大水牛，並用勁地拍打牛屁股，牛受了驚，迅即朝前奔跑。小伙子見到水牛，就要迅速衝上前去，抓住牛角把牛制得服服貼貼。這樣，姑娘的母親才會笑逐顏開，表示放心了。這以後，姑娘和小伙子就可以公開自由來往了。小伙子為了表現自己勤勞，天亮前就要砍好一大捆柴木放在姑娘家門口。姑娘也常到小伙子家勤快地挑水做飯。幹完活，男的必須送女的回家。按風俗，男的必須走在後頭，讓女的走在前頭。這樣一應一和地唱著歌回家。過了一、二年，雙方便可以定下婚期了。

這是一則男子打柴送至女家以獲得青睞的故事，古時候到深山上採藤心給母親吃是一種最高級的孝道。做為一個人母總希望自己的女兒招贅得一個好女婿，因此總會多方打聽男子的品德，甚至於加以考驗一番，才放心女兒與其自由交往。

五、太陽與月亮結婚

高淵源《台灣高山族》載〈太陽與月亮〉：（註二十）

遠古時候，太陽和月亮，本是一對夫婦，做妻子的太陽，非常妖媚淫亂，月亮因不悅太陽不守婦道，出走他去。月亮走後，太陽空閨難耐，望見名叫普羅的細竹，長得修長漂亮，在地上載歌載舞，深感愛慕，於是自天而降，誘惑普羅與之成親，但普羅知道她不是一個循規蹈矩的女人，不肯與她成親。太陽不得已悵然

飛天。自從別妻出走後，月亮也深感寂寞，所以下凡與名叫笠答都的稀葉竹成親，無奈，此竹也淫亂成性，到處招蜂引蝶，月亮遂棄之復歸天上。此後稀葉竹痛悔前非，為懷念前情，拚命往上昇高，欲與月亮重修舊好。但終因藍天太高，無法攀上只得喪氣而回。從那時起，日月永未再相聚，而稀葉竹也有時舉頭望天，有時垂頭傷心云。

按世界上許多民族都是以太陽為雄性（男性），月亮為雌性（女性），母系社會的阿美族則相反。太陽因妖媚淫亂，月亮出走他去，至今仍未復合。

六、阿美族通姦故事

林道生《原住民神話·故事全集（三）》載奇密社〈復仇殺戮〉：（註二一）

布塔灣·汀卡斯（夫）與帕莉·汀卡斯（妻）的夫妻關係曾引起全部落族人之間殺戮。當布塔灣·汀卡斯發現妻子帕莉·汀卡斯有了情夫之後，心有不甘的丈夫布塔灣決定找出妻子的情夫而每天把孩子扛在肩上外出去尋找。在途中每當看見男人就問孩子：「你媽媽常常去找的是這個男人嗎？」孩子回答：「不是。」直到有一次遇見的男人被孩子指著說：「是這個人！」布塔灣便當場用刀刺死了妻子的姦夫。被殺者的親族知道了憤慨的說：「他是我們的兄弟！」而為兄弟復仇殺死了布塔灣·汀卡斯。之後，布塔灣的親族又為自己的兄弟復仇；部落兩氏族便互相殺來殺去，殺人復仇不斷，最後全部落的人都死了。鄰近部落的老人看了對晚輩們說：「那樣悲慘的事情是從布塔灣·汀卡斯殺妻子的姦夫而引起的。所以不能做那樣（通姦）的事，如果你們以長者的妻子為姦婦的話，我們也會互相殺戮，最後全部的人都會死在彼此的刀下。」

這是一則奇密社通姦的故事，布塔灣·汀卡斯殺死了妻子的姦

夫，兩氏族從此互相殺來殺去，復仇不斷，最後全部落的人都死了。戒慎啊！

七、阿美族陰部長牙的女人

林道生《原住民神話・故事全集（三）》載馬蘭社〈陰部長牙的女人〉：（註二二）

> 從前有一位美女，每次一結婚，第二天丈夫就死了，美女的母親覺得怪異而檢查女兒的身體，發現原來女兒的陰部長了牙齒，才會在新婚夜咬死了丈夫。母親便製作了一個大木箱，忍痛把女兒裝入木箱投入海中。木箱浮在海上，隨波浪漂流到知本的海岸沙灘上。知本的卑南族人來到海岸撿漂流木做薪柴，看到一個漂亮的木箱正要打開來看時，聽到木箱內傳來「咯咯」的怪聲音，嚇了一跳，趕緊跑回部落報告頭目。一大群人跟著來到海岸查看這一隻美麗的怪箱子，然後打開了箱子，裡面竟然是奄奄一息的一位美人，大家都大大的驚喜，把她帶回部落，盛宴款待。幾天沒有進食的美女，吃飽又喝酒醉睡著了，便由老婦解開她的腰帶，檢查身上的狀況，才發現她的陰部長了牙齒。幾位卑南族老婦人用石頭磨掉美人陰部的牙齒後，由頭目娶她為妻子，從此過著很好的生活。

本則傳說故事敘述有一位美女的陰部長著牙齒，結婚數次，在新婚夜就咬死了丈夫。她的母親把她裝入木箱投入海中。木箱隨波浪漂流到知本的海岸沙灘上，被知本的卑南族人撿拾，箱子內竟是奄奄一息的一位美人，並被帶回部落盛宴款待，美人酒醉睡著了，幾位老婦解開她的腰帶，發現她的陰部長了牙齒，便用石頭磨掉美人陰部的牙齒。後來頭目娶了這位美女為妻子，他們過著很好的生活。

八、阿美族實習新娘

范純甫主編《原住民傳說（下）》載〈實習新娘〉：（註二三）

阿美族青年戀愛時，有一種獨特的傳統習慣，即開始戀愛的一個月後，女方自願到男方家裡勞動一段時間，當實習新娘。阿美人把它叫做「米達別」，意思是成親前的一道難關。原來，阿美人的傳統習慣是，家庭由女人來當家。在結婚前女方到男方家勞動一段時間，不僅可以增進雙方的了解，使愛情得到進一步的發展。也是使女方鍛鍊當家理財能力的一個機會。在姑娘到男方家當實習新娘期間，男方家庭把她當作自己家庭成員一樣看待，共同勞動一塊吃飯。但實習新娘不住在男家，每晚都由男方陪送回家。勞動時間多長，主要由男家決定，但事先保密，不讓姑娘知道。一般從二、三個月到一年不等。姑娘經過實習，男方如果認為不行不滿意，那麼男方必須提出充足的理由，並給以一定的勞動報酬。

九、豐濱鄉大港口漢人阿美族化

　　大港口位於秀姑戀溪出海口，位置孤立，人數較少的漢人與阿美族通婚後，被融入阿美文化中。據胡傳在《台東州採訪冊》所載，清光緒 9 年（1983）有漢人六戶共 33 人住在大港口，他們可能是從大陸（福建福州）前來墾殖定居的農民。……由阮昌銳組長當年田野調查的情況顯示，昔日的漢人移民以曾、金、蕭三姓為主。早期對外交通不便，與外界漢人連繫、運補，十分困難。從大港口往北直到豐濱都是阿美族人的生活圈，向西得步行四、五個小時，經阿美族的奇美部落，才能到瑞穗，南下也需走半天才到得了長濱。大港口漢人，必需花半天腳程穿過阿美族勢力範圍，才能接觸到漢人。在這個孤立的環境中，漢人和人多勢眾的港口阿美族人，產生了密切的關係，許多公共事物常互相合作，如築路、修建房屋、外禦、團體狩獵及捕魚等；而影響最大的莫過婚姻。由於地廣人稀，需要人力開墾，人丁就是財富。漢人為了要更多勞力，嫁女兒時依阿美習俗，招贅阿美男子到家裡來……。漢男娶媳婦時，因為傳統而不入贅阿美族女方家，且漢人生活較好，阿美女子多願

依漢俗嫁給漢郎。民國 54 年，大港口共有四十對夫婦，其中的二十六對行招贅婚，比率高達百分之六十五，餘為嫁娶婚。換句話說，漢人的父系繼承及阿美的母系招贅並存於大港口。在此情況下，確實達到增加人口之目的，但也使得阿美血統日濃，影響日深。當年的調查顯示，大港口的阿美族居民共有二十八戶，214 人；漢人僅十九戶 44 人，若扣除擔任國小教職、警政機關及光復後遷入者，早期漢裔幾已全被同化。由於阿美人在漢人家族中逐漸形成多數，經過幾代後，大港口的漢人後裔，身上有著阿美及漢的融合文化，而前者又濃於後者，甚至形成漢文化逐漸消失的局面，其中最徹底的是語言。大港口漢人由於通婚及大環境的影響，再加上早期移民多為教育水準較低的農民，無法用文字記錄及傳授漢語，因此很快就失去母語。根據阮昌銳當時的調查，漢語被阿美語徹底取代，沒有混雜的情形，語法結構也完全阿美化。現在當地 60歲以上老人多半只會阿美語。不過，在語言同化的過程，阿美語中也加入了碗公、阿公、阿媽、廟等。除語言之外，由於結婚配偶主要來自港口阿美人，因此結婚採阿美式。男女雙方在豐年祭時訂情，以檳榔和酒為聘禮。婚禮則多在收割後舉行，由家長主持，告祖靈、宴親友，婚禮次日舉行阿美式的集體海邊捕魚，漁獲由村民共享。農業則繼承漢祖先的技術，闢水山、引水灌溉、用耕牛，對不宜水耕之地，採阿美旱作方式，如燒山墾田、混作休耕，不施肥等原始農業特質！比較奇特的是，他們會用阿美巫術來保護作物。農閒時上山打獵，農忙的時候用陷阱獵，陷機學自阿美，裝陷機時唸阿美咒語。(註二四)

十、阿美族是母系社會

典型的阿美母系社會，行從母居制，財產和家系的傳承都是母女相承。最基礎的親屬團體是家族；較大於家族的親屬團體，南部阿美為母系氏族，中部及北部阿美則僅有母系世系群。馬太鞍阿美的世系群，非外婚的單位，也不是財產、土地的共有團體，更不是親屬的功能團體。劉斌雄先生認為，馬太安阿美親族功能團體的構造範圍是：母系血親

▲ 花蓮阿美族女子服飾／
田哲益提供

群、父系血親群、舅、表舅、外舅公族、親友團體，共同形成。其主要功能是：共負罪責等血仇責任、參加喪葬、共守禁忌、參加禳祓祭儀及慰問餽贈等等。然而，實際上，此種以母系世系群為主要基幹所發展出來的團體，除了呈現出以其親屬群為主要基幹的層級（rank）系統之外，其功能已大半為地域團體和年齡組織所取代。雖然如此，此單系的組織原則，與其系統化的政治組織有密切的關係。呈現在親屬體系中完整的階層關係的特質，也顯示在其龐大的宗教信仰體系之中，並可在其宗教組織看出此一特性。（註二五）

阿美人有著獨特的母系氏族制度，母系社會在阿美人保留較主要特徵是財產和家系的繼承，是母女相繼的長女繼承制，宗嗣系統是單系繼承制，即：上代只從母方追溯到祖先世系，下代是女繼母。由此形成了母系社會的基礎——家族組織。家族又分為血親關係和姻親關係兩種。血親關係是指祖母、母親、姨母；姻親關係是指招贅進來的外祖父、父親、姨丈。由於男子屬於姻親關係，在母系社會裡便處於從屬地位。因此，男子入贅女家之後，僅靠勞動換取夫妻生活，沒有獨立的經濟地位，對家庭的生產及家族財產無權過問。但是出贅的男子對自己的兄弟姊妹仍保留監護的權利，也就是娘家若有重大決定，出贅的男子也有一定的發言權，可以參與決定……。有些男子因受漢族的影響，想娶而不願入贅，但沒有女子願意出嫁的，再加上人們的傳統觀念，視不願出贅的男子為懦夫，因此，母系制度的遺風仍然被保留下來。（註二六）

由於母系氏族制，阿美人習慣上是男嫁女娶，嚴格實行一夫一妻制。他們嚴禁近親結婚，實行氏族外婚制。男女結合的形式是自由戀愛，多為女方向男方求婚。離婚後可以再結婚。女方死亡，男方可以回娘家，子女隨女方家庭。阿美人辦婚事，均由女方主動。如果雙方戀愛

成熟，女方在徵得母親的同意後，母親派適當的人到男家求婚。得到男方的母親答允後，女子即擇日盛裝赴男家服役，直到男方母親滿意為止，時間一般在一個月左右，過去有持續二、三年的，滿期便可擇日籌辦婚事。結婚那天，新娘由親友相伴到新郎家迎親，新郎卻故意逃跑，由其好友相勸並伴送至新娘家。第二天早晨，新郎由新娘陪伴回娘家，男方邀請家族飲宴，然後新婚夫妻與雙方家人同去河裡捕撈魚蝦。再回新娘家，邀請女方家族及村裡青年男女聚餐慶賀，喝酒、唱歌、跳舞，熱鬧通宵。（註二七）

註釋

註一：王煒昶主編《山林的智慧》，台灣原住民文化園區導覽手冊，1998 年 5 月。

註二：姚德雄《九族文化村》，日月潭九族文化觀光事業公司，1989 年 11 月。

註三：高淵源《台灣高山族》，台北，香草山出版公司，1977 年 2 月。

註四：內政部委託台灣大學人類學系研究《台灣山胞各族傳統神話故事與傳說文獻編纂研究》，1994 年 4 月 30 日。

註五：同註四。

註六：同註四。

註七：同註四。

註八：范純甫主編《原住民傳說（上）》，台北，華嚴出版社，1996 年 8 月。

註九：同註四。

註十：同註四。

註十一：同註四。

註十二：同註四。

註十三：劉斌雄等著《秀姑巒阿美族的社會組織》，台北，中央研究院民族學研究所專刊之八，1965 年。

註十四：同註十二。

註十五：同註十二。

註十六：同註四。

註十七：同註四。

註十八：陳國鈞〈花蓮吉安鄉的阿美族〉（上），載於《大陸》雜誌第 14 卷第 8 期。

註十九：范純甫主編《原住民傳說（下）》，台北，華嚴出版社，1998 年 4 月。

註二十：同註三。

註二一：林道生《原住民神話・故事全集（三）》，台北，漢藝色研文化公司，2002 年 12 月。

註二二：同註二一。

註二三：范純甫主編《原住民傳說（下）》，台北，華嚴出版社，1998 年 4 月。

註二四：鄭元慶〈入山隨俗──大港口漢人今俗〉，《與鹿共舞：台灣原住民文化（二）》，台北，光華畫報雜誌社，1995 年 2 月。

註二五：王嵩山《台灣原住民的社會與文化》，台北，聯經出版公司，2001 年 7 月。

註二六：陳國強《百越族與台灣原住民》，台北，幼獅文化事業公司，1999 年 12 月。

註二七：同註二六。

阿美族生育與懷孕口傳文學

第十八章

從台東到花蓮之間的東部峽谷平原與東部海岸一帶，除了太魯閣族、賽德克族、布農族、排灣族、撒奇萊雅族、噶瑪蘭族中延伸到這一帶的少數部落外，大部分都是屬於母系社會的阿美族。

阿美族原是母系社會制的，以女子為家庭的中心，故在過去是生女重於生男，生下女孩便加倍歡喜。現在受到平地漢族的影響，也有不少家庭的家主早已改為男子，可說已是過渡型的母系社會，故而生男或生女都一樣的歡喜。（註一）

世界任何一個民族社會之中，對於生男育女這件事，可說從來都是被重視的，因此就有很多特殊的習俗，而為各地民族社會中重要的傳統習俗之一。台灣原住民族，因為各自的來源和環境等的不同，故而在許多的風俗習慣之中，便表現出不少特異之點。單就生育這方面來說，也由於他們特別重視的緣故，更有不少顯著特異的習俗，不論在產前或是產後，還通行著各種的禁忌、迷信、和慶祝舉動，這都值得我們深加研究的。（註二）

一、阿美族生男育女由神支配

任何族群均認為人口多為強，因此喜歡增加人口。但由於不瞭解生育知識，均以為生子是神靈的賜與。

阿美族認為生男育女之事，完全是由神來支配的，那是一位女神，名叫 Iungi，平時各家對之頗為虔誠，在每年農曆八月間的豐年祭及七月間祭祖先時，均須順便祭 Iungi。此外，凡欲求子女之家，還不定期的常祭 Iungi。據他們說，這位女神常化作白髮老婆婆，手執酒器及生薑葉子，可以在夢中見到她莊嚴慈祥的面貌，觀察她的表情好否，以定吉凶，例如她是滿面憤怒或是發笑等，便表示快要生育，而且是一切順利，倘使她拿泥土拋你衣服，則表示不能生育，或者是難產。凡是做到的夢不好，就要請女巫來家祭神，用米糕、豬肉、檳榔及酒等為祭品，分放在芭蕉葉內，擺到孕婦的睡床之上，女巫手舞足蹈，並噴水至手掌心，而手不停按摩孕婦全身，口中還唸唸有辭，認為這樣一定可順產的。臨產時，若遇難產，除請女巫來家做祭神的舉動之外，還用香

蕉葉、蕉樹苞、檳榔及生薑等混合一起，摩擦孕婦全身，據說這些都是治理難產的特效藥。提供女巫們的酬勞，現多用貨幣，過去係將祭祀所用的祭品全送給她，也有另送一、二把小米。他們對於一般不會生育子女者，都具有輕視的觀念，而對會生育子女者，不論其貧苦，認為已盡了做人的義務。一般不會生育子女者，在年輕時大多離婚，也有因感情好而不願離婚者，便多設法在近親之中收養男嬰或女嬰，多在斷乳時抱來，不必要主約，也不必多花錢。她們以為不生育，便是自己的運氣不好，也有以為這對夫妻是前世的冤家，他倆的祖先可能曾互相殘殺，才會不生育子女的。甚之，因為不生育，竟去請教巫師，用法術吹去在生殖器中一種叫 bolalas 的白石子，由女巫吹不育之女的生殖器，男巫則吹不育之男的生殖器，如此每月都要來吹，每次巫師都會得到一批相當的酬勞，這是由於過分重視生育而有的迷信，才會受盡巫師們的百般愚弄。(註三)

二、阿美族懷孕及生育

阿美族有關生育之事，懷孕以孕婦最後一次月經的停止算起，並以看月亮的情形計算，認為懷滿九個月的生育，是正常的，小產多在五、六月間，遲產則為十一、二月，稱遲產的嬰孩為「牛子」。因為牛需要十二個月才能產出的。(註四)

阿美族在懷孕及生育時有許多必須要遵行之事項：(註五)

(一) 不可打死一切動物，例如蛇的舌頭常常伸出來，倘被打死，會使小孩的舌頭也像蛇那樣常常伸吐。

(二) 客人來訪，孕婦親送的茶、酒，客人須從快接受，不可推卸。

(三) 孕婦須敬老尊長，不講虛言，不作惡聲，否則嬰孩會受神靈處罰。

(四) 孕婦不可看屍體。

(五) 孕婦不可看殺豬宰羊。

(六) 孕婦臨產陣痛時，除其父母及夫可按摩身體外，其他人都不

可以。

（七）孕婦臨產陣痛時，其夫須趨前安慰，連說對不起，表示道歉，其目的在減少孕婦的痛苦。

（八）孕婦之夫遇親戚死亡時，可去弔喪，但不能抬屍體及擔任埋葬工作。

（九）孕婦及夫不能挖洞種花或挖洞做土灶，否則生下嬰孩會缺嘴。

（十）孕婦之夫不能割豬腹。

（十一）孕婦之夫不可損壞蜂巢。

（十二）孕婦之夫不製造家用雜物、漁船、農具等。

臨產之時，全家人都要休息，不出外工作，要請女巫來家祈禱並按摩，同時，產婦之母或姊嫂等都來幫助。一切須用之物事先準備好。普通多是在家中生產，雖然在工作，亦急忙趕回家來，靜躺在屋角的睡床上等待，一陣陣痛得厲害，只是呻吟而不願哭喊，以免引人恥笑。也有因屋內狹小，臨時在屋外走廊角上圍建一小草屋內生育的。要生時，除丈夫外，其他男人自動走避，都不可以去觀看。要生之時，用麻袋或草蓆張鋪地面，產婦離床蹲下而生。嬰孩生下，過去向用竹片或茅草稈割斷臍帶，並用麻絲或白線綁緊臍眼。現在已改用剪刀來剪臍帶。臍帶及胞衣用檳榔樹皮或稻草包好，深埋在自己家屋的周圍，避免被狗吃去。脫落下來的臍帶，則視為廢物而棄之。嬰孩於過去係用冷水洗淨，現在已改用溫水。等嬰孩洗淨後，用布片包好，便與產婦都到睡床上休息。產婦在產後的休息時間長短不一，普通為一周，最長為十天。剛生下時，產婦暫不吃飯，也不吃油鹽，只吃茅根之心及去皮的木瓜用水煮湯吃，吃到乳水多時才止。次日始吃乾飯，還捕些淡水魚及採些野菜來助餐，略加些鹽。近來受平地漢族的影響，也有注重產後的營養者，吃些雞和肉類，甚至吃些補品如魚肝油、養命酒、人參等。（註六）

三、阿美族生育之迷信與賀禮

阿美族之迷信：他們迷信難產，是產婦自身的惡報應，若產婦及嬰孩因難產而同死，便放在同一棺材內，草草埋葬之。對私生子極厭惡，多於出生後使之窒息而死。視雙胎兒為違背天意者，等於禽獸一般，過去須殺害，也有迷信乃係產婦誤食雙生的香蕉或檳榔所致。也有產下怪胎的，如缺嘴、跛腳、五官不正等，迷信係由於生婦或丈夫，甚至是祖先，因做了壞事，或過於殘殺動物，而受到神的一種懲罰，只好自怨命運不濟，如能把怪胎養活，就一切聽其自然。（註七）

阿美族生育賀禮：凡生子以前贅婚的，夫族須先殺猪用鹽醃之，於生子之日即送到婦家為賀，夫之兄弟分居者亦贈酒、肉、衣物為賀。生子之家須於當日或擇日招宴眾親。近年也有在滿月之時，辦滿月酒宴慶賀的，親友們送些實用物品，如毛巾、童衣等作為賀禮。又在滿月之後，還須帶嬰孩及猪肉等到娘家去，而娘家亦送些雞帶同。（註八）

四、阿美族懷孕傳說故事

《番族慣習調查報告書第二卷阿美族卑南族》載「化為丈夫冒犯婦女」：（註九）

　　小米收穫之後有 miladis 祭的漁獵。社民扶老攜幼前往米崙溪（美崙溪），社裡只有婦女們留守。感覺方過中午時分，而太陽卻已西斜即將日暮，因此在 safong' atang 家裡留守的妻子非常慌張，趕緊準備黏糕等候丈夫兒子們回來。不久，丈夫和兩個兒子各帶四條魚回來，一家團圓和樂。吃完晚飯後沒多久就上床睡覺。妻子覺得天快亮了，於是起床走到屋外，這時太陽雖已西斜，但是離日暮尚早。她以為是在作夢，覺得非常不可思議，進屋後，發現方才還睡在床上的丈夫和兒子都不見了。就在她驚愕住的時候，丈夫和兩個兒子各帶四條魚回來。妻子以為是丈夫開她玩笑，嘴裡咕嚕地發起牢騷，但是看見丈夫似乎確實一直待在溪邊，並無可疑之處，便告知他剛才所發生的事情。夫妻倆都認為係妖怪所為而毛骨悚然。由於此事，

妻子後來懷孕生下一名男孩，取名 toray，男孩長大後容貌魁偉，身高丈餘，聽說與 'alikakay 族人無異。

本則故事是 'alikakay 族男子，把日夜的時序弄亂了，以迷惑婦人，而化為婦人之丈夫，並且與婦女同寢，因此懷下一名男孩叫做 toray，男孩長大後容貌魁偉，身高丈餘，據說他是 'alikakay 族人。

南勢群尚未在 naloma'an 建一部落時，有稱為 'alikakay 的異族在米崙山（美崙山）穴居。他們的皮膚白皙，眼球如貓眼，頭髮長，鬢髯蓬茂掩住胸部，胸毛長至肚臍，手腳之毛濃密且長達寸餘，身高則高達丈餘。不知他們在何時從何地遷來。其人數僅有五人，社民稱之為 hothot、takuy、'alatukes、doec、pato'an。他們奔馳如風，擅長變身之術，拔手毛吹氣即可變出所要的人物，或變出數千個士兵，或變成嬰兒的母親，或變成婦女的丈夫，經常出沒於族社，冒犯婦女或吃嬰兒，據說族人為此苦惱不已。（註十）

五、阿美族育嬰傳說故事

《番族慣習調查報告書第二卷阿美族卑南族》載〈吃嬰兒的心臟〉：（註十一）

> 某日，一少女背著嬰兒跟隨前往耕地的母親，當她停下來摘採路邊的草時，有一個 'alikakay 族人見狀，立即拔下自己的手毛唸咒化身為母親的樣子，從少女的背後接過嬰兒，假裝要哺乳，卻剖開嬰兒的胸腔挖出內臟，然後說：「嬰兒睡得甜，暫請照料。」他把嬰兒放回少女的背上就消失綜影了。經過一陣子，母親要餵乳時才發現慘狀而悲泣如狂。這類被害事件不止一、兩次，社民以為是妖怪所為，或是社中有人犯了禁忌觸怒神明而受罰，因而驚恐不安。但是，被害事件接二連三地發生，最後便懷疑是 'alikakay 族人所為。

這是一則阿美人育嬰遭害的傳說故事，古代有一個種族叫做 'alikakay 族，唸咒後即可化身為他人的模樣而加害之，本則是嬰兒的胸

膛被挖出內臟的殘忍畫面。此類事件，族人都以為是妖怪所為，或者是社中有人違犯了禁忌，因此觸怒了神明而受到懲罰。

故而古代阿美族人無時不在惶恐中，由此阿美人更是嚴守禁忌，唯恐觸犯而遭害。

六、阿美族懷孕生蛋傳說故事

《高山族語言文學》，中央民族學院少數民族語言文學三系高山族語言文學教研室編（1988年）：（註十二）

從前有對老夫婦、膝下無子，因此天天向神明祈求賜子，不久、妻子果然懷孕了，可是生下的卻是一個蛋，老倆口雖難過，但仍細心地照顧他。日子一天天過去，蛋不但學會了說話、還能從藍筐裡滾出來到院子裡和其他孩子玩耍。七歲時，他想放牛，便要求他爹將他放在牛耳朵裡，果然牛乖乖地到牧場吃草。長大後，他想砍柴，他爹說：「沒有手怎麼砍柴？」可是他仍要他爹將柴刀繫在他身上，當他滾到半路上沒人時，把蛋殼一掙，跑出了個漂亮的小伙子，砍了一大堆柴，然後又穿上蛋殼回家，叫他爹到田裡用牛車將柴運回來，第二天蛋在田裡看到個漂亮的姑娘，於是又偷偷地掙脫蛋殼，藏起來，然後和姑娘認識。一起回家時，蛋騙姑娘說：「你先回去吧，我到那邊解個手！」姑娘先走了，蛋才穿上蛋殼，一路滾回家。日子久了，蛋和姑娘搞得很熟了，有天晚上，姑娘到蛋家裡玩，沒見到漂亮的小伙子，只見到一個蛋和他爹媽說話，姑娘感到莫名其妙，只好走了。第二天，他們又一起見面，到了晚上回家時，走到半路上，蛋又騙姑娘說：「你先走，我去解個手！」於是姑娘趁小伙子不注意，躲在不遠的地方，清清楚楚地看到小伙子穿蛋殼，一路滾回家，姑娘一直跟在後面，當天晚上，姑娘就去蛋家裡，偷偷地把事情告訴他爹。第二天蛋又去田裡工作，他爹悄悄跟在後面，看到從蛋裡跑出了個漂亮小伙子，心中真是有說不出的高興，於是他偷偷把蛋殼帶回家藏起

來並且告訴妻子。到了晚上，蛋找不到蛋殼，正在發愁，老倆口找到他，母親高興得緊緊抱著兒子。老倆口說：「走，咱們回家吧！」於是一家三口愉快地回家了。後來，小伙子娶了那個姑娘，老倆口也很喜歡這個勤快而漂亮的姑娘，從此一家過著幸福的生活。

本則傳說故事謂老夫婦祈神賜子，結果生下一個蛋，他們雖然難過，但是還是細心的照顧蛋。蛋長大後，不但學會了說話，還能從籃筐裡滾出來到院子裡和其他孩子玩耍。7歲的時候，蛋要求其爹把他放在牛耳朵裡放牛，果然牛乖乖地到牧場吃草。

長大後，要他爹將柴刀繫在他身上以便砍柴，「當他滾到半路上沒人時，把蛋殼一掙，跑出了個漂亮的小伙子，砍了一大堆柴，然後又穿上蛋殼回家，叫他爹到田裡用牛車將柴運回來」，父母親都不知道他用什麼方法砍柴，更不知道他可以脫殼出來工作，而且還是個漂亮的小伙子。

有一天，蛋在田裡看到一位漂亮的姑娘，於是他掙脫蛋殼，把蛋殼藏起來，然後去和姑娘認識。但是一起回家時，蛋以要解個手請姑娘先走，其實他是去穿上蛋殼，然後一路滾回家。

蛋與姑娘日久生情，有天夜裡，姑娘到蛋家裡玩，但是沒有見到平常見到的漂亮小伙子，卻見到一顆蛋和他爹媽說話，姑娘感到莫名其妙，只好走了。

蛋又與姑娘會面，到了晚上一起回家，蛋又對姑娘說要解個手，請姑娘先回，姑娘決定偷偷觀察蛋在做什麼？卻發現這位漂亮的小伙子穿上蛋殼，一路滾回家，姑娘則緊跟在後。

此夜，姑娘把見到的事告訴小伙子的父母親。第二天，蛋又去田裡工作，其父偷偷跟隨在後，結果看到蛋裡跑出了個漂亮小伙子，父親真是高興極了，希望他不要再穿上蛋殼，於是便把蛋殼帶回家藏起來。結果蛋找不到蛋殼，非常憂心。

到了晚上，夫妻兩老尋到正在發愁找不到蛋殼的兒子，於是一家三口快快樂樂的回家了。後來漂亮的兒子與他交往的姑娘結婚了，從此一家過著幸福的生活。

七、阿美族懷孕生蜥蜴傳說故事

杜而未〈田埔阿美族婚喪與神話傳說〉,《考古人類學刊》(1989年11月)載:(註十三)

> boton 和一女子結婚,……雖然 boton 十分能幹,但他仍不得岳母的歡心。一日他實在受不了,所以要和妻子離異。當時妻子已身懷六甲,既將臨盆,不願離開丈夫,丈夫說要到山上去,她也跟著去,在山路上她生出了許多綠色的蜥蜴。雖然妻子很痛苦,boton 一直不理她,後來在一處陡斜的地方,妻子從山上墜入河中,此後 boton 一人獨居一處,不知所終。

本傳說故事是一則「愛的痛苦」,死心塌地深愛著丈夫的妻子,不但懷孕生下了綠色的蜥蜴,造成身心無盡的痛苦,又加上丈夫對於她的不理睬,雪上加霜,更是無盡苦楚,最後在一處陡斜的地方,從山上墜入河中而死,真是悲悽。

阿美族為母系社會,男子入贅女家,本故事涉及到男女結婚與家人相處的對待關係,故事中的男主角 boton 是一位十分能幹的人,但是他仍然得不到岳母的歡心。一日他實在受不了,所以要和妻子離異,而造成了妻子的不幸遭遇,岳母也因此失去了女兒。

八、阿美族懷孕生蛇傳說故事

〈高砂族の雷神と蛇(一)〉《人類學雜誌》(1925年),佐山融吉著,劉佳麗譯:(註十四)

> 從前,有一位叫 chiyaudai 的男孩,每天只知捻線。他用這線轉陀螺,不一會功夫就耕好了一大片田地,種了南瓜與竹,等到南瓜與竹成熟後,由南瓜裡生出了米,而竹子裡則跑出了豬,於是他成了族裡的首富。不久,妻子懷孕竟產下蛇。

本則傳說是屬於農耕的故事,部落裡的首富突然冒出「不久,妻子懷孕竟產下蛇」。這是神話傳說故事亦經常使用的「驚奇」手法。

九、阿美族之體質

在體質方面，阿美族較其他原住民族高身、長頭、扁鼻。

十、阿美族嬰孩取名

嬰孩的取名，一般多在產後，快的在生產當日，慢的在三日後，也有等生後數日內得到吉夢而命名的。大多數是由外祖母命名的，但所取名字必須得到家中長者的同意，大家的協議而定，倘有反對者即另定。通常多是孫子用祖父之名，孫女用祖母之名，親屬中常有幾個是同名的。也有取名之前，觀察嬰孩的身貌的特徵，而取一適當名字。也有以嬰兒出生當時所行之事而取名，例如在男夫出門打獵，或捕魚，或耕種等時，見到什麼事物，就稱為嬰孩之名，因而該族以魚為名者多。又如打獵打得野豬，認為大吉祥，便為其子取名為豬，認為像豬一樣易於長大。也有在產後突來貴客，便取該貴客名，或則請貴客代取一名。……嬰孩雖已取名，但不久以後，身體發育不佳，則請女巫來家，另取一名，往往是改取祖父母之名，以為一切可以轉好。（註十五）

阿美族最常見到的名字，有下列幾個：（註十六）

（一）女孩之名，多用女神之名，如 Iwngi、na Gou、Avas、Pohai。

（二）男孩之名，多用男神之名，如 Gajou。

（三）男孩通用之名，有 Kilion（意為樹）、Koumaga（意為集合）、Boingt（意為魚）、Atobo（意為打獵）、Botalo（意為院子）。

（四）男女孩共用之名，如 Bana（意為稻花）、Dibae（意為米）、Lala（意為豆類）、Sama（意為茅）。

名字的典故，像取名「巴耐」的人很可能跟祖母同名；取名「娜魯灣」，很可能是母親愛跳舞，或是期望女兒舞跳得好；取名「帕踏」很可能在收穫季節或是曬穀場生產的。……（註十七）

十一、阿美族嬰孩取名

阿美族〈Oyoyoyo Oyoyoyo〉（阿美族哄睡歌）

Oyoyoyo opapapay！（重複八遍）

Oyoyoyo opapapay！Awa ciing oyoyoyo

Aka togi haw wawa o yoyoyo opapapay（重複）

Oyoyoyo opapapay！opapapay！Tra to ciing mino kay yai

Oyoyoyo opapapay！opapapay！Tra to ciing i ti ya to

Oyoyoyo opapapay！opapapay！Miclen kocirat ano honi

Oyoyoyo opapapay！opapapay！Oyoyoyo opapapay

乖乖睡吧，不要哭。我的寶寶，快睡吧！媽媽去捉螃蟹，快睡吧！乖乖，媽媽捕蚱蜢給你吃，快睡吧！乖乖，快睡吧！媽媽去田裡工作，睡吧！乖乖太陽下山，媽媽，快回來了。乖乖，睡吧！我的孩子，你看，媽媽回來了。

這首歌原本是由祖母唱給孫兒聽，現在大多是由女性演唱。（註十八）

註釋

註一：陳國鈞《台灣土著生育習俗》，國立北京大學，中國民俗學會民俗叢書專號：民族篇第8卷，中國民俗學會景印，1974年。

註二：同註一。

註三：同註一。

註四：同註一。

註五：同註一。

註六：同註一。

註七：同註一。

註八：同註一。

註九：黃智慧主編，台灣總督府臨時台灣舊慣調查會原著《番族慣習調查報告書第二卷阿美族卑南族》，中央研究院民族學研究所編譯，2000年11月。

註十：同註九。

註十一：同註九

註十二：內政部委託台灣大學人類學系研究《台灣山胞各族傳統神話故事與傳說文獻編纂研究》，1994年4月30日。

註十三：同註十二。

註十四：同註十二。

註十五：同註一。

註十六：同註一。

註十七：陳淑美〈都市原住民奇美行〉，《與鹿共舞：台灣原住民文化（二）》，台北，光華畫報雜誌社，1995年2月。

註十八：李瑋禎編輯《Ne Ne Ne 台灣原住民搖籃曲》，台北，信誼基金出版社，2001年5月。

阿美族生長週期與年齡階級

第十九章

一、阿美族之生長週期

阿美族的年齡分期可以台東馬蘭社為例，分為五期，每一期的稱號如下：（註一）

（一）嬰兒期：稱 ripot。

（二）幼兒期：稱 kamanai。

（三）少年期：未加入組織者，稱 pakaronai。

（四）成年期：因其責任事務不同，分 mixininai、mirmurumai、paravirai、itokarai 等階級。

（五）長老期：平時稱 maritonai，祭禮時稱 isuweai。這最後的長老期，是最受特殊尊敬與享受的退休階級。他們的階級服從與敬老尊長的制度，適用於生活各方面，在祭禮時，宴飲時尤須嚴格依照各人的長幼級組，排定座位，而部落中分配餽贈時，亦須嚴格依所屬級組而決定其分配量的多少。

花蓮玉里附近的阿美族女子，在很久以前，亦分三級：第一級稱 kaiin，即未婚少女，約 16 歲至 25 歲，平時有客來，或是節日，祭神、跳舞時，她們都出來接待；第二級稱 chiwubaha，是已婚而有子女的少婦。有客來時，飯菜都是由她們燒煮；第三級稱 tokalor，已有子女多人，年紀稍大，為該族女性之中最高階級者，有關女子的事，都是由她發布命令的。女子的成年較早，滿 16 歲即是。她們在成年時，由部落的頭目或長老，親自在家接待她們一起餐敘，餐後舉行舞會，情殊熱鬧。（註二）

二、阿美族年齡階級

阿美族成年習俗是因居住地區的不同而有異。成年禮的真正意義，乃在於訓練該族男子在成年後的健強身禮和毅力，還有對於本社的責任心和服從精神。阿美族男子的成年是要舉行一次成年禮以後，並須經過嚴格的儀式和訓練。女子僅有簡單的通名年齡級，而無組織，也沒有成年儀式和訓練。

（一）北部花蓮南勢地區

　　指花蓮吉安鄉，包括現有的荳蘭、薄薄、里漏三社。他們行一種嚴格的年齡組織。凡是男子均須行成年禮，在未行成年禮之前，為未加入組織的時期，一直生活在自己家庭之中。一個少年男孩 mamisral，到 14、5 歲時，必須加入年齡組織的預備級，先行接受短期的體格與武術的訓練，這可以說是未成年以前的一種訓練。在過去，他們的男子是以 18 歲，始為成年，也即從此由少年期進入了青年期，必須經過一次正式的成年禮，稱 marenren，原意為賽跑，或競走。此禮原定每七年舉行一次，而決定其參加組織的專用級名，是由會所長老以當年大事命一新名，是終身不變的。每次舉行成年禮前，需要一個月前的準備，例如齋戒、學習歌舞、練習跑步等活動。全社該年齡組織的青年，都集合於野外訓練。除了歌舞外，在食的方面，可分三個階段，第一個十日為第一階段，本來三餐，改為早晚兩餐，本來吃三碗飯，改為兩碗飯；第二個十日為第二階段，每日又改為兩餐，各吃一碗飯；第三個十日為第三階段，每日又改為全部不吃，至多喝些米湯，飲水亦只能以竹管吸之。雖然是這樣的規定，但要視身體如何而定。這項的訓練，乃是勇氣和毅力的表現。每一次的集中訓練，亦分組舉行，大多是志同道合的在一起，而不限於人數的組合。同時，每次訓練的地點，也是有一定的，以野外沒有人到的地方練習為佳，大多是一社的社界之外。昔時，每社均有一道堅固的竹牆，四方各有一門出入。在上述一個月的準備中，主要的為演講、歌唱、舞蹈、學跑等訓練，要求很嚴格，而且都有一定集合時間，猶如現在的軍訓般。每一種訓練，由每組中善於此項活動者出來領導，上一級的人僅是在旁指導連絡，並可以木棍打之，以求姿勢的正確。他們在白天，自己在外練習，晚上則回到會所 taroang，練給上級人看，並接受上級的批評和指導。每一組中均有其領導人，這不一定是年齡最大者，而主要的是看他的能力、口才和力氣而定，這是很自然形成的。這個領導人，稱為 babuluai，有些是組織人，或是自然產生的。babuluai 為發起人，常是 papnlai 的預備者，其年齡多係較大者。

babuluai 在一百個參加組織的人中，約有三個，每二十人中，約有一個 misatatatai。每一級通常為八十至一百人左右。每級中均有級長一人，副級長兩人。……（註三）

他們所行的年齡組織，共分九級，係循環式的，每級有一專名，共有九個級名，每經過一次成年禮時，便是進級一次，依序排列，循環使用，其社會責任與待遇亦隨進級而有變動的。因而，各年齡級組，都有一個級長，為接受上級命令與執行命令的負責人。他們中階級服從的原則，在生活與工作任務上，是普遍地適用的，這好像在軍隊裡的情形一般。（註四）

級別	名稱	涵義
一	alamai	霧
二	aladewas	神器
三	alabanas	楝樹
四	madavok	不明
五	maorad	雨
六	maolats	磨
七	maowai	藤
八	alamud	植物名
九	rarao	荒土

要之，每個人的級名，乃係表明其在社會中的年齡與團體的關係，一直可以用至終身而不變的。

在行成年禮前有一個月的準備和訓練，往往是由 7 月 15 日開始訓練，至 8 月 13 日就停止練習，至 8 月 14 日，全社各家都準備賽跑大會時所要穿的衣褲和飾物，並做一些粟酒、粟糕，以及殺雞，雞要白色的，以示純潔。雖在 8 月 13 日已停止練習，但在是日下午約 3 時左右，全體準備參加組織的青年集合一起往野外去徒手抓野鳥，須抓活的，如不幸抓到是死的，即表示其未來的運氣不佳。在這抓鳥活動中，所抓的大部

分是一些小鳥，如能抓得最多，或抓到雉雞（即野雞），最為光榮，也是一項很大的榮譽，表示將來一定會有相當成功。抓鳥的活動，到當天下午 5 時即止，各自返家。當晚，集合參加組織的青年們於會所，聽長老訓話，其內容謂 15 日將舉行賽跑大會，大家都應努力以赴，爭取最高榮譽，現在大家要好好休息去。其實，此時的集合訓話是討論會性質，大家聽完話後可以分別提出些意見來討論。14 日的白天，參加組織的青年全都休息養神。等到當晚 9 時，大家集合在賽跑的出發點，全社的男女老幼都前往參觀，情殊熱烈。首由頭目向參加青年訓話，其內容大約是「你們賽跑以後將成為好青年，不可以去做壞事，必須服從老人指示，這是本社的祖訓。」詞畢，青年們取出自備的粟酒獻給老人們喝，在喝酒以前，頭目須祭軍神（malatas），並為眾人祝福，其大意為：「明天這些青年將行成年禮的賽跑，希望神明保佑他們，使他們各自成功，無一失敗。」此時那些青年們都已赤裸其上身，僅穿白色丁字褲，白色衣褲為未成年人的服色，等到參加成年禮後，才改穿紅色衣褲。還有，該族的習慣，有老人在場時，青年人是不可喝酒，故上述獻酒，只是獻給老人喝，這是表示敬老的意思。當晚，等頭目祭完神，老人喝過酒，青年們才解散回家，稍事準備，又回到會所過夜，直到拂曉 5 時左右，參加青年又去出發點集合，準備 6 時左右賽跑。賽跑時多身穿白色丁字褲，頭帶薑葉環飾，手拿著兩三個帶葉莖根的老薑，這種薑有驅逐惡魔的作用。當他跑倦了時，他可以一邊吃薑，一邊吐薑，可以趕走惡鬼近身，增加自己體力。在清晨 6 時賽跑前，全社的人都齊集參觀。頭目又向參加此項成年禮的青年們訓話，其大意為：「今後你們是成年人了，已經不是小孩子，當認真使自己成為一個好青年。」訓畢，又向軍神祈禱，眾人也跟著祈禱。頭目的禱詞為：「請神保佑這些青年個個能成功勝利。」禱畢，即由頭目發出發口令，語極簡單，大意為：「爾輩青年，自今日起始為 alamai 級，賽跑開始！」全體青年們聽到口令，就開始起跑了。賽跑的長度，約為 5 至 6 公里。賽跑時，參加青年的兄弟朋友大都出陣助跑，而且大多在最易疲倦的地點等待加油及扶助。老人們留在

出發點，但由另一老人引導，先行一段平地，再競登砂山，以決勝負，然後搶先到達海岸上的終點，大約要跑二十多分鐘就到達，其地形大致如下：頭目派一能幹有經驗在終點評判勝負，並檢點人數。還有，在出發時，派一成年有力氣者一手拿一標槍，另一手拿一活的白雞，跟在賽跑青年們後面，邊跑邊喊：「快跑！」一手還不停地把雞毛拔出來向四面拋去，以示趕鬼和加油。如有跑慢著，拔雞毛擲其身，各青年家人亦跟隨保護，蓋十日來饑渴的訓練，至此常體力不支而告暈厥，家人則將其抬至海濱。到達目的地的第一名稱 sayawai，最末名稱 saligulai，第一名並有獎品，最是榮耀。當最後這位抓雞者到達終點時，賽跑的活動就完畢，全體休息約 20 分鐘。此時參加的青年們又集合成一大圓圈，手拉手準備跳舞。由一參加賽跑的青年中年紀最大者出來領導，他手持標槍站在圓圈中，大聲喊道：「今天是我們成立了某某級，我們已經很成功地完成了這項重大的典禮，今後大家應該負起成年的責任，不顧自己生命與家庭保衛全社的安全和修路，打仗等事。成年以後，我們應帶刀如身體一般，帶鍬如手足一樣，大家要竭盡義務。」詞畢，此人手持標槍快跑到海濱，浸足於海水中約兩尺深，表示洗淨身體的污點，取得生命的力量，成為一個好青年，從此開始成年的生活。這位青年也是在賽跑時領先到達終點者，即被選為級長。此式完畢，眾青年便在海濱列成圓圈，再手拉手跳舞，還輪唱五種戰歌。直至晚間 7 時，大家再到發點集合，歌舞一番後，各自回家吃飯、洗澡等。約在晚間 10 時，換穿成年人穿的紅色新衣服，由其父兄幫助換穿，並戴特製的羽冠，插耳軸。等衣冠穿好後，青年們手帶白公雞，米糕和粟酒等，再到出發點集合，終夜歌舞不止，以為慶祝。次晨，由級長領導至會所前，向著太陽跳到中午，才在原地殺雞吃飯，青年只吃雞的內臟，全部雞肉則送長老和上一級的人吃，並請老人們喝酒。吃畢，又向太陽跳舞至下午 5 時半左右，大家回家，脫掉衣冠後休息。至當晚 8 時左右，眾青年又集合在出發點，此時雖穿紅衣，但非上午所穿的盛服，而是另一種較簡單的便服。大家又歌舞至半夜。級長根據長老的指示，向青年們宣布明天要做的工

作後,各自回家。在這 15 日一天中,每次跳舞時,上一級的青年都在旁督導,如不認真,可以用棒打之,或以毛葉 bieodan 刺身,其痛難受。同時,青年們的母親往往準備了許多檳榔在旁送給其子吃。還有,請其子的女友也到場觀看。16 日的活動。為「抓魚」,仍是集合加入組織的青年們去抓的,並在海濱就地煮吃,別具風味。在這個活動中,上級的級長們也都來參加。除了吃魚之外,還吃粟糕,至傍晚始返家。晚上又集合在一起歌舞,並宣布明天的工作。至此,一連串的成年禮算是全部完成。至 17 日,這批新加入組織的青年們開始做事,專做社內公事,而不做自己家事。像這樣地要做到七年,都是由上一級的青年從旁監督。在這七年中,早晚都會有事做的,如有違背規定時,處罰是很重的。但此七年中的飲食,都是在自己家中的。等到滿七年以後,他們才可以做自己的家事,不必再受人的干預了。該族男子經成年禮後,才算是成年。倘要結婚,應在隔年一月的 9 月間才許結婚,否則違法。因之,一般男子的結婚年齡大多要在 19 歲以上。男子在未成年以前,是絕對禁止結婚的,但女孩子是不禁止的。她們大多是在 17、8 歲便結婚,甚至也有 14 歲就早婚的。(註五)

南勢阿美族的男性以其在社會中的地位,大體可分為四個階級:(註六)

1、mamisral 少年階級:為尚未入級的少年,在部落中毫無地位,生活方面須守許多嚴格的限制,在此時期的少年,夜間不得在家中住宿,須住在青年會所,接受預備入級的訓練,跟從已入級的長者學習長幼禮法與組織紀律,狩獵、捕魚及戰鬥技能。衣食粗陋,禁止吸煙、飲酒,不得公開與女子親密,自然還不能結婚。對所有已入級的男子,都必須表示尊敬與服從,一切飲宴及會議都沒有資格參加,在訓練過程中時常遭受體罰,但不得反抗。

2、utrots 新級:為參加成年禮後的男子,接受新的級名,他們在整個年齡組織內的地位最低,所負責任最重,七年之間,部落中一切重要勞役都以他們為主力,舉凡修路、造橋、救災、及會所的建造等都由他

們擔任。一切祭儀典禮的籌備負責,在對外部落作戰時居戰陣第一線,任何食物分配只能分得最小的一份,對任何上級男子必須保持謙抑服從的態度,在參加祭儀時可以穿載盛裝,戴羽冠、頭巾,耳插耳軸,頸掛貝串,掛胸衣,束腰帶,入級後的男子始得結婚。

3、第二級以上的 kapax,他們在男子會所與年齡組織中,已有正當資格。雖說他們與第一級青年同為部落的服役階級,然而最嚴格的服役期間已過,在各種祭儀中穿著盛裝,唯稍別於 utrots 者即較為自由,可不必一定要戴羽冠頭巾,在對外部落作戰時,為主要戰鬥兵員。

4、matoasai 長老階級:已完全解除服役義務,出漁行獵可完全照自己興趣行事,在部落社會有參與公共事務義務,服飾方面反較 kapax 趨簡單,祭品及漁獲物的分配得最優厚的份量。在對外部落大規模的戰爭中,matoasai 亦參加作戰。

(二)中部花蓮秀姑巒地區

馬太安人的年齡階級,是把全體成年男子,依其年齡大小,分為十三年齡級。每一年齡級,從第一次參加,每隔四年舉行一次成年儀式後,即成為年齡階級組織中的新級,逐自一套級名譜中選擇一名為級名。按該族的年齡階級名制,計有二種,一為襲名制,是承襲祖先原有的級名;一為新名制,即新創的級名。各階級在組機中,以長幼提攜和服從等原則下,互相協助,以完成男性的教育,訓練與服務部落為責任。自最新的一級至第六級為壯丁階級,稱 kapah,為接受上級的命令,並服務於部落的服役階級,第七級為壯年階級,稱 papiklan,為執行一切事務的階級。第八級至第十二級,稱曰 matoasi,為老人階級,亦為指導執行事務者。第十三級為退休階級,稱 kalas。每一年齡階級有一位或數位負責人,負責指導其他級級友,或與級外聯絡,或仲裁級內糾紛等。新年齡級自有上級派來負責訓練的人,協助其新入級者學習各種應有的技能與知識。全部年齡階級以頭目 sapalunau 為領袖,重要事項的決定又需老人級和各級負責人舉行會議討論之。該族的年齡階級

組織，在實際上是負起全部落對內對外的事務，它不但是教育訓練的機構，而且是每個人在社會地位和待遇的依據，它不但是部落軍事行動的樞紐，而且也是部落行政，祭儀的主持機構，它不但是部落中成員互助合作的基礎，而且更是全部主要生產活動（闢田、狩獵、漁撈）的執行團體。要之，它早已被如此地充分運用，成為該族人生活各方面的規範和根據了。他們的祭祀很多，其中以成年禮和豐年祭最為重要，而且在同時舉行的，豐年祭於每年的開墾之前舉行，以祭司 kakitaan 家為祭場，全體年齡階級的人都要來參加，每一級各有一定職務，上一級的人指導其次一級的人工作，下一級的人則完全服從上級的命令，在這九天的祭期中，正如給予他們一次受工作訓練的機會，以加強鞏固這項階級組織體制。成年禮要五年舉行一次，每一次要有一個新級加入組織，同時也有一個老年級退休，在這新舊交替的祭期中，又給予這一階級組織輪轉移動的原則最明顯的表現。總之，每一階級，每五年必往上進一級，一直到最高級為止。（註七）

（三）中部花蓮玉里地區

玉里附近的阿美族，青年男子到了 18 歲算是成年，並分作五個階級：第一級稱 bakarogin，年約 18-20 歲之間；第二級稱 chiwubekai，年約 21-23 歲之間；第三級稱 tokolor，年約 23-25 歲之間；第四級稱 kakatokoler，年約 25-26 歲之間；第五級稱 chiwutai，年約 26-28 歲之間。第一級為最低的的一級，須服從上級的指示和命令，第二級為專訓練第一級者，第三級為指導第二級管教第一級者，第四級稱 kakatokoler，其意為 tekolor 之兄（koko），為監督（tekolor）者，當 tekolor 不能盡其所能時，由第四級直接負責。第五級為總管青年組織的事務，亦可稱為該組織的總務組。（註八）

（四）南部台東馬蘭地區

他們自 20 歲左右的新級，到 80 歲左右的長老級，共有級名二十一

個，再加上少年的預備級，計有組織的年齡級共有二十二個之多。自最新的一級到第九級，統稱 kapok 的服役階級。第十級至第十四級，各有會所內的任務，即以其職司為階級的通稱。第十四級即會所總管，是會所的執行領袖，對平時部落事務有最高權威。第十五級以上，都是退休的長老，雖然已無實權，但在會所仍有極大的發言權與影響力量。他們的少年級時即祕密組織了起來，開始自我訓練，練習跑步、摔角、跳舞等，到 16 歲時，自己認為訓練已足，等到三年一次的成年禮時，即參加海岸捕魚競賽，稱 mikisie，為儀禮的中心，其對凡成年級中各階級的人，均依其級次在海濱搭起帳幕，住宿兩晚，新級長只參加各種服務。由管事階級指揮青年們各組捕魚，長老各級到海濱觀賞，退休長老則在社內會所靜候，飲宴。新參加的預備級只奔走於海濱與會所間服勞役，搬運漁獲。等到捕完魚回社時，自長老以次，作凱旋行列，新預備級則穿綴於行列之間作圓環舞，行列到社外時，由各人親屬攜盛服相迎，其姊妹及女友各贈以新衣飾，即在社外換穿盛服，戴羽冠，仍列隊到會所周圍繼續舞蹈，以娛長老。又至成年級中的舊 mixiniyai 家參加昇級的交代酒宴，此儀式稱為 pauumunem，在儀式中成年級的各級，皆有一定的尊卑座次，而青年級的人只是在院外舞蹈。至宴會最後一節，由成年級中 nixiniyai 人至本社會所迎接長老級中 isuweai 的代表來會，正式舉行叉手飲酒禮，宣布新級的專名。此式終了以後，由新升入 isuweai 的初級人至各級收取魚酒，以饗 isuweai 各長老，各家婦女並往會所送酒糕，以饗各氏族長老，而成年級中的 mirmurumai 人，又將此糕依級組資格分配給各級級長，由各級級長再分配於同級各人。當日的青年級的人仍在會所前的廣場上繼續的激烈舞蹈，直至成年級中的 itokarai（為司察與最高統治級）命令停止時，才告結束，否則不得休息。自第二日起，新入組著各家，復輪次飲宴慶祝，連續達數日後始停止。（註九）

三、阿美族年齡階級之意義

　　阿美人男子有一整套完整的區分年齡組（階級）的制度。他們崇尚

敬老與服從，平日由頭目與長老共議村落裡的事，其下依年齡組執行各項職務，年幼者服的勞役最多。……童年對上年級組織的成員要必恭必敬，在家裡居住。少年開始步入集體，接受嚴格訓練，集中管理，集體住宿。青年是骨幹力量，除負責家庭主要生產勞動外，還要負擔全部落的安全防衛工作及集體生產勞動。進入青年組，才被承認為成人，有結婚的資格，婚後才能離開集體回家居住。壯年是已經過成年組的嚴格訓練，不再住集體宿舍，仍然有負擔全部落的公共事務。這一時期的男子享有衣飾的特權，部落事務的發言權，以及接受年輕一級的服務和監督其生活。老年是年齡組的最高期，享有更多的權利和逐步減少對公共事務的責任，可以說，老年為領導階級，受到尊重。每個阿美人男子從少年開始，自然進入年齡組的體系直到死亡。每晉升一級，都有嚴格的考核，並承擔與前一級不同的義務。正因為阿美人對長輩尊敬，對同齡者要友善，對幼者要愛護和訓導，故阿美人社會呈現和祥、安定。（註十）

註釋

註一：陳國鈞《台灣土著成年習俗》，國立北京大學，中國民俗學會民俗叢書專號：民族篇第9卷，中國民俗學會景印，1974年。

註二：同註一。

註三：同註一。

註四：同註一。

註五：同註一。

註六：同註一。

註七：同註一。

註八：同註一。

註九：同註一。

註十：陳國強《百越族與台灣原住民》，台北，幼獅文化事業公司，1999年12月。

阿美族女人村
口傳文學

第二十章

陳千武《台灣原住民的母語傳說》：(註一)

　　有一天，一個叫沙拉旁的人去海上捕魚。午餐時刻就在島上起火。當火燃燒起來時，島竟開始漂流，向海中央流去。他很焦急，心裡嚇死了。然後察看清楚，才知道那不是島，而是鯨魚。他趕快把火弄熄，鯨魚才慢慢地游到海岸。沙拉旁立刻跳下，走到娃利散地方去。「這裡是什麼地方？」他正在探視周圍的時候，被娃利散人抓到了。而住在娃利散的，全都是女人。女人們檢查了沙拉旁的身軀，說：「咦！這兒有尾巴，持有這種異樣的東西，還算是人嗎？」大家都感到奇怪。她們說尾巴，其實就是他的男根，女人們都沒有看過。有個老婆級的女人說：「有尾巴的當然不是人，一定是豬，我們應該建造木柵，把豬關起來，好好飼養，養肥了再屠殺。」於是她們便把沙拉旁關在牢固的木柵裡，天天給他吃好的食物肉和飯。其實娃利散人不吃東西，只吸煮食物的蒸氣而已。沙拉旁在牢裡被關了二個月。每天送東西來給他吃的女人，由於天天接近他，不久便對他生情了。有個晚上，她潛入沙拉旁睡的地方，和他同衾。不久，女人懷孕了，產期後，生下了一個男嬰。全部落的人知道她生孩子，都跑來看嬰兒。她們說：「像這樣有尾巴的嬰兒，算是怎麼樣的人呢？」大家都覺得很不可思議，於是每個人都輪流伸手拉了一次嬰兒的男根，男嬰竟因此而生病死去。沙拉旁肥了，娃利散人商量道：「我們的豬，已經到了可以屠殺的時候了。」沙拉旁聽到這個消息，相當害怕，準備逃脫牢柵。幸好，那天送飯的女人把晚餐送來，有個鐵片在食物裡。沙拉旁拿起來看清楚，真是一支小刀。他非常高興，等到娃利散人都睡了，便用小刀把綁著木柵的藤子割斷，打開一個剛好能夠穿過身子的洞，立刻逃跑了。他跑到他原先漂流來時的海岸，看見西邊海上有個大岩石，預感自己不趕快離開這裡，必會被抓到，於是拚命地游到大岩石去。第二天，娃利散人去豬舍時發現

沙拉旁不在了。娃利散人非常憤怒，一夥人便拿著弓箭去追沙拉旁。她們的狗沿著路向前走，走到海岸。可是沙拉旁站在岩石上時，有一條鯨魚出來對他說：「你是怎麼了？為甚麼在這裡哭呢」？沙拉旁把經過的情形告訴了鯨魚，並且說：「我要回家，但不知道怎麼回去，所以我哭了。」鯨魚說：「如果你願意坐在我的背上，我可以帶你回去。不過，我潛進海裡時，你如果感覺呼吸困難，就咬我的耳朵，我才會浮出海面讓你呼吸。」沙拉旁聽了很高興，爬上鯨魚背上，鯨魚就出發了。在海裡，鯨魚從水裡浮上海面三次，讓沙拉旁休息。不久，終於到達沙拉旁的村社海岸。沙拉旁從鯨魚背上下來問：「朋友啊！你到底是誰？」鯨魚說：「嗯！我叫馬啾啾，是專救好人的馬啾啾。」沙拉旁說：「啊！原來你是海神，你救了我並送我回來，我會永遠記得你。」他們互相敬禮之後便分離了。分離時，馬啾啾說：「你們在社裡有祭典的時候，一定要用一隻白雞，還有用麵包樹葉子包的粟餅和豬肺送到海邊來祭拜。」沙拉旁說：「這一點，我一定做到。」就回家去了。沙拉旁回到村社，可是家屋和道路都變得跟以前不一樣了。他問人家說：「我是沙拉旁，我的兄弟家在哪裡？」可是，對方卻回答說：「你說謊，沙拉旁很早以前就死了。」沙拉旁說：「我沒有死！我自己去找好了。」他找到了家，告訴家人他回來了。家人卻說：「不對，你雖然像沙拉旁，但是沙拉旁前年已經死了。」沙拉旁說：「我沒騙你，在我出門之前，曾把磨刀石放在踏台下面，你們找找看。」家人去找的結果，果然有磨刀石，因而母親和兄弟們都高興極了。沙拉旁說明了事情的經過，並告訴社裡的人，要到海邊祭拜的事。從此，社裡有祭典，就照他所說的做了。沙拉旁對家人說：「若我死了，就把我的膽子，拿去海邊給馬啾啾看吧！」後來沙拉旁死了時，家人就依照他的遺囑，拿他的膽子去放進海裡，現在海水鹹的原因，就是放進了沙拉旁的膽子的關係。還有，海水那麼青藍，也是沙拉旁的膽子的關係。

　　本則故事敘述一位阿美族漁夫海上歷險記，差一點被女人島的女人當作豬殺來吃，所幸被一條鯨魚拯救，背載他回到故鄉，而救助他的正是海神馬啾啾。

　　本傳說故事情節要述如下：

（一）沙拉旁去海上捕魚，誤把鯨魚當小島，在其背上升火煮午
　　　餐，鯨魚則因為感覺到熱而開始漂動至海中央，沙拉旁趕緊
　　　把火弄熄，鯨魚則游至娃利散地方去。

（二）娃利散全都是女人，女人們查看了沙拉旁的身體，有尾巴（男
　　　根），都感到奇怪，而認為他是豬，於是關在木柵裡餵食他。

（三）沙拉旁發現娃利散的女人們不吃東西，只吸煮食物的蒸氣。

（四）沙拉旁被關起來兩個月，每天餵食他的女人在一天夜裡潛入
　　　沙拉旁關的地方與之同衾，而懷孕生下一男嬰。娃利散的女
　　　人們好奇，紛紛拉了一次嬰兒的男根，男嬰生病死去。

（五）沙拉旁每天被餵食，長胖了，女人們就要殺他來吃。

（六）此夜送晚餐的女人，有個鐵片在食物裡。他便用鐵片把綁著
　　　木柵的藤子割斷，穿洞立刻逃跑。

（七）他逃跑至當初漂流至此地的海岸，往西邊海上大岩石拚命游
　　　去。

（八）次日娃利散的女人們，發現沙拉旁已經逃走，便帶著狗尋找
　　　抓拿他。

（九）大岩石旁有一條鯨魚願意送沙拉旁回到故鄉。

（十）沙拉旁坐在鯨魚的背上回家，鯨魚沿途三次浮出水面，讓沙
　　　拉旁休息一會兒。

（十一）沙拉旁終於回到故鄉的海岸，原來救他的鯨魚就是海神馬
　　　　啾啾。臨別時，海神指導沙拉旁海祭的方法，「你們在社裡
　　　　有祭典的時候，一定要用一隻白雞，還有用麵包樹葉子包
　　　　的粟餅和豬肺送到海邊來祭拜。」

（十二）沙拉旁回到村社，村社的家屋和道路都已經改變了。村人

不認識他了，連家人也都不認識他。

（十三）沙拉旁為了證實，他說：「在我出門之前，曾把磨刀石放在踏台下面。」果然有磨刀石，他的母親和兄弟們都高興極了。

（十四）沙拉旁敘述了歷險記，並告訴社人要到海邊海祭。從此，社裡有祭典，就到海邊海祭。

（十五）沙拉旁死後，家人將其膽子，拿去海邊給馬啾啾看，如今海水是鹹的，是因為放進了沙拉旁的膽子的關係。還有，海水是青藍色的，也是因為放進沙拉旁膽子的關係。

林道生〈乘鯨到巴里桑：奇密社阿美族的教育故事〉：（註二）

　　從前，在近海岸的部落有個名為薩達邦的男子，一日，他因出海打魚來到一個小島，當他要在島上起火烤魚充飢時，小島突然開始移動起來，他才發現他身處之地非小島，而是在一隻大鯨魚的背上。鯨魚繼續往西方游，最後在一島岸邊停了下來，薩達邦趕緊跳下來，原來他來到了女人島巴里桑，並很驚訝地發現那裡的女人缺少了上下兩個帕卡（大門，指陰部與嘴巴）。後來，那些女人將他當豬一樣地飼養，他擔心有朝一日會給殺來吃，遂趁隙逃開豬圈，跑到數天前上岸的海邊，正巧發現原帶他來到巴里桑的鯨魚仍在那裡，並好心地將薩達邦載回家鄉去。……

　　本傳說與上則故事相似，都是一位打漁的漁夫，誤把鯨魚當作小島在其背上煮食，鯨魚因背發熱而移動，把漁夫載到了女人島，女人都把他當作豬來飼養，以便日後可殺來吃。最終能化險為夷，都是鯨魚把他帶回了故鄉。

　　本故事對於女人島的女人們的形象敘述不同，謂這些女人們缺少了上下兩個帕卡（大門，指陰部與嘴巴）。

　　林道生《原住民神話・故事全集（二）》載奇密社〈乘鯨到巴里桑〉：（註三）

　　從前，在靠近海岸的部落，住著一位男子名叫薩達邦。有一天，

薩達邦跟往日一樣的乘著竹筏出海去打魚。不久，看見前方海上有個以前沒見過的小島，這時由於他肚子餓了，便趕緊划著竹筏登上這個小島，又從竹筏上取下薪柴，在小島上升起火要烤魚充飢。但是，只那麼一會兒，很不可思議的竹筏竟快速的離開了小島，薩達邦驚訝的看看四方，原來是小島離開竹筏，而不是竹筏離開了小島，這才發現自己所站立的小島原來是一隻大鯨魚。在鯨魚的背上點火燒起木柴，難怪鯨魚要被燒痛的游動起來。薩達邦趕緊熄滅了火，左思右想他想不出什麼好辦法，只好暫時乘坐在鯨魚的背上愁著臉觀看四周的大海。鯨魚繼續往西方游，然後在另外一個更大的島岸邊停了下來。薩達邦眼看有救了，高興的趕快從鯨魚的背上跳到島上的沙灘。仔細一看，竟被一群手持竹槍以樹葉為短裙的女人包圍，卻不見一個男人的影子。這時有五、六個女人一擁而上像是要捉他似地，薩達邦心想我是男子漢大丈夫，才不怕妳們這些女人哩！因此出其不意的先下手摔倒最靠近他的一個女人，順勢好奇的看了一下倒在地上女人的下面，卻沒有看到帕卡的大門（陰部）而不可思議，再看看她們沒有表情的臉，難怪她們是一群薩達邦從未見過的，沒有帕卡的怪異女人。這一群並不懷有敵意的女人帶著薩達邦進入主人的屋子裡，擺出許多美酒海味招待他，又喝又唱地，不久已經吃飽了。倒是這些女人吃東西只是吸著熱湯的氣而已，因為她們的臉上也沒有帕卡大門（嘴巴），是身體上欠缺了上下兩個帕卡的女人。薩達邦這才微微的點頭，大有原來如此的感覺。那天晚上他就睡在暖和的茅屋裡。次日清晨，薩達邦被帶到用竹子重重圍著的豬圈裡竟被當做豬來飼養。每天三餐，與第一天來時有天壤之別，她們只給他吃草根、樹皮而已。但是薩達邦心中一陣悲哀，擔心有一天會像豬一般地被宰。數日後，薩達邦偶然發現竹籬旁的地上有一把小刀而高興雀躍，認為祖先將要幫助他脫逃而興奮起來。便趕緊用小刀花了些時間割斷竹籬的藤索逃了出來，跑到數天的上岸的海

邊。沒想到竟是一連串的好運，萬事都安排得那麼恰當如意。原先帶他來到這個女人島巴里桑的鯨魚好像在等待他似地又浮現在海邊，歸鄉心切的薩達邦一躍而跳到鯨魚的背上。鯨魚像是在對他說：「如果我潛入水中太久讓你難受的話，要拉一拉我的耳朵，我就會立刻浮出水面讓你呼吸透氣。」薩達邦照著心中鯨魚告訴他的話，一共拉了五次鯨魚的耳朵，彷彿在瞬間，故鄉已在眼前。薩達邦在鯨魚的協助下安然回到了故鄉，可是村裡竟沒有人認識他。原來已經經過了很多年。他只好跑去向最年老的長者敘述自己的故事，也被認為是虛言而不被相信。這時，薩達邦想起了自己曾在後院埋了一塊卡kiu（磨刀石）。便告訴長者不妨一起去看看，以證明自己所說的是真話。薩達邦借了把鋤頭與長者及其他村人一起到他家後院，使力挖了幾下便找到了卡kiu；村人才相信了他說的話而大為驚訝，覺得他的經歷實在太不可思議了。這時，從薩達邦以前住的老屋子裡走出一位老女人，是他以前年輕時的妻子。高興的抱著他的頭，大聲叫著：「我的馬多阿塞‧薩達邦！」而歡喜流淚。周圍的村人看了也都為這一對馬多阿塞能再相逢而流下感動的眼淚。當即決定報答救了薩達邦的鯨魚而宰豬，又把蒸好的都論盛在竹簍裡拿到海邊，讓海浪把豬肉及都論沖入海中餵食鯨魚。後來，奇密社阿美族人到了小米（粟米）的除草期，村裡的頭目都會叫村人以鹽水、豬肉搗成都論，放在河裡讓水流把它帶到大海以祭鯨魚而報恩。奇密社的阿美族人，真是不忘報恩的好民族。

本則故事漁人薩達邦被鯨魚載入了女人島，女人把他當豬來養，後來他逃離豬圈來到海邊，又被鯨魚載著回到了他的故鄉。但是部落的人都不認識他，原來這一趟誤入女人島已經過了好幾年了。他用曾經在老家後院埋的一塊卡kiu（磨刀石）來證明，族人才相信了他。他已經老邁的妻子也從屋子裡出來迎接他，讓族人都很感動。後來為報答鯨魚之恩，奇密社頭目在小米的除草期，會叫村人以鹽水、豬肉搗成「都

論」，放在河裡讓水流並把它帶入大海祭祀鯨魚、感謝鯨魚。

林道生〈阿美族的口碑與傳說故事〉:(註四)

> 從前有一位叫馬傑傑的人，有一天到河裡去撈魚，不小心掉落河中，被激流沖到大海，……才知道這裡是女人島巴萊姍。在女人島上每天被大群美麗的人圍繞著，接受貴賓的招待，馬傑傑心中雖然快樂，時日一久，難免想念起故鄉及親人。……馬傑傑大為高興跪在沙灘上拜謝神後騎上了鯨魚的背部。鯨魚飛也似地乘風破浪，一蹴千里，很快就抵達了故鄉的海岸。

本則故事與前幾則故事不同，誤入女人島的馬傑傑享盡榮華富貴，但是他還是想念故鄉及親人。最後鯨魚護送他回到了家鄉。

林道生《原住民神話‧故事全集(二)》載花蓮南勢阿美〈女人島巴萊姍〉:(註五)

> 從前有一位叫馬傑傑的人，有一天到河裡去撈魚。不小心掉落河中，被激流沖到大海，雖然大聲喊叫救命，卻聽不到回應的聲音，只聽到怒濤拍岸的聲音。馬傑傑只好把自己的命運交給天，在波濤間漂浮。到了傍晚，微微見到一些島影，馬傑傑鼓起一絲希望用他那早已疲憊的手腳用力地游，雖然已前進不少，那些島影也沒變得更清楚，不過馬傑傑並不氣餒，繼續用力地向前游，他的身體更加疲勞了，眼前除了波濤還是波濤，馬傑傑無奈地改用仰泳，躺在海浪上仰天觀望。不知道過了多久，馬傑傑彷彿聽到了人的說話聲音，抬頭一看，正有許多人圍集在他的身邊，原來他是躺在沙灘上，這些人你一句我一句地不知道在說些什麼。馬傑傑心想，如果這裡是食人族的島那就不好了，我豈不成了他們的食物。他挪動一下身子坐了起來，一看，哦！原來都是婦女，頓時安心下來。「啊呀！真稀奇，是個男人，快決定做誰的丈夫呢？」婦女們爭著拉他的手，把他帶到美麗的宮殿。那兒山珍海味堆積如山，馬傑傑接受了最盛情的接待。不久便知道這裡是女人島巴萊姍(巴萊姍與台灣的舊名蓬萊山語音近似。本故事與奇

密社〈乘鯨到巴里桑〉頗為雷同）。在女人島上每天被一大群美麗的女人圍繞著，馬傑傑心中雖然快樂，時日一久難免思念起故鄉及親人。有一天，馬傑傑又走到當日登陸的海岸，眺望著故鄉的天空，自言自語地說：「哦！我的妻子現在在做什麼呢？我的母親呢」？唉聲嘆氣地埋怨眼前這個大海來，可是一望無際的大海何止千萬里，要與母親、妻兒再相見恐怕是不可能了。馬傑傑兩眼無神地注視著一波波的海浪拍岸。忽然，在浪濤間浮出了一隻鯨魚，好像在對他說：「別唉聲嘆氣了，快坐上我的背，讓我帶你回故鄉吧！」馬傑傑喜出望外跪在沙灘上拜謝神後騎上了鯨魚的背部。鯨魚飛也似地乘風破浪，很快就抵達了故鄉的海岸。數年不見的故鄉大有改變，一切是那麼地新鮮，回到了家，竟無人認識他，走訪親戚，親戚也沒有人記得起他。馬傑傑祇好從頭敘述他的經歷，說起從前的事情，好不容易才有人憶記起馬傑傑的名字來，並且表示他們有一位叫馬傑傑的祖父，有一天去河裡撈魚卻不見回來，而現在這位親戚住的房子正是馬傑傑以前的家。這時，鯨魚與馬傑傑分手的時刻也到來。鯨魚告訴馬傑傑五天後要帶豬五頭、酒五瓶、檳榔五把來這裡祭牠，馬傑傑照約定於五天後帶著所有的東西來到海邊祭鯨魚。當時鯨魚還教阿美族人造船的技術。

本則傳說故事敘述馬傑傑到河裡去撈魚，不幸掉落河中被沖入大海，誤游到了女人島巴萊姍。他在那裡接受女人們很好的禮遇，但還是很想念故鄉的妻子與母親。有一條鯨魚出現在海邊，便載著馬傑傑回到故鄉。馬傑傑並不知道他已經在女人島生活了數十年。部落的族人都已經不認識他了，好不容易才有人記憶起他了。過了五天，馬傑傑帶著豬五頭、酒五瓶、檳榔五把到海邊祭祀鯨魚，以感恩鯨魚的救援。當時鯨魚還教阿美族人造船的技術。

范純甫主編《原住民傳說（下）》載〈女人島〉：（註六）

很早以前，阿美族有一個名叫瑪賽齊的男人，一天，到河邊

去撈魚，不慎失足，溺於激流中，終被捲入波浪滔天的大海裡去。瑪賽齊無可奈何，祇有聽天由命，隨浪濤漂浮。不久，水天髣髴處，他遙見一小島嶼。再過些時，耳邊似聽到了人語的聲音。仰頭一看，已漂流到剛才所見的那小島，岸上有一群人影。於是，瑪賽齊就登上了這個島嶼。原來這是一個世外的女人島，島名叫做巴萊仙島，島上的女人對於出現在她們眼前的男人，難免感覺很稀奇。當然是無不爭先恐後地走來圍睹瑪賽齊。結果，他被女人們搶著帶到她們的宮殿裡去，日夜在那邊享盡了豐富的山珍海味。卻說，瑪賽齊住在巴萊仙島，過著歡樂的日子，卻也忘不了遙遠的故鄉。一天，他正在海岸獨自思鄉時，突然海上浮出了一隻大鯨，向他說：「如要回鄉，可帶你去。」瑪賽齊喜出望外，就拜了天地和神明，祈求一路平安，乘上了鯨背逐浪回故鄉去。這時，故鄉已非昔日的面目。他所看到的與聽到的，事事都是陌生的，有隔世之感。遍找了以前自己的住家及妻兒，怎麼也找不到，連親戚故舊也找不出一個人。最後，他和一位老人談起以往的事，告訴了老人他的名字，那位老人這才憶起了一段很古老的故事。他說：「在他祖父的時代，聽說曾有一個名叫瑪賽齊的男人，有一天去撈魚以後失蹤了。」說完，老人且指了一間木屋，告訴瑪賽齊，在那間木屋裡現在住著的就是他的後裔。瑪賽齊聽到世事滄桑，的確像一場春夢。在這之前，當鯨魚要與瑪賽齊離別時，曾囑咐他：「五天後，請以五隻豬、五缸酒、五顆檳榔為供奉，做為酬勞。」馬賽齊便在五天後，按著牠的囑咐去供奉鯨魚。據傳，鯨魚又在這時教了阿美族人造船的技術。

註釋

註一：陳千武譯述《台灣原住民的母語傳說》，台北，台原出版社，1995年5月。

註二：林道生〈乘鯨到巴萊桑：奇密社阿美族的教育故事〉，1991年10月載於《東海岸評論》。

註三：林道生《原住民神話‧故事全集（二）》，台北，漢藝色研文化公司，2002年1月。

註四：林道生〈阿美族的口碑與傳說故事〉，1991年12月載於《東海岸評論》。

註五：林道生《原住民神話‧故事全集（二）》，台北，漢藝色研文化公司，2002年1月。

註六：范純甫主編《原住民傳說（下）》，台北，華嚴出版社，1998年4月。

阿美族建築與
交通口傳文學

第二一章

一、阿美族的住屋

阿美族的生態環境與其生活物質有很大關係。在住屋和附屬建物的材料上，都以堅質木材為主要樑柱，欅木、楠木等常被使用，其他副樑以竹及檳榔桿為多，壁面為箭竹雙層編排而成，主屋牆壁則在雙層箭竹中央編茅草以阻擋冬風，主屋居室多以箭竹或粗籐桿編成連床，角落有火塘。炊事房及農具室分開建於主屋旁，成「L」型，中間留有晒穀場。（註一）

二、阿美族普通住屋

一般家屋居住十餘年即常拆除重建。建築五、六年後因家中人口增加，空間不足使用時，也常拆除重建。子女成年，結婚三、四年有二子女後，大多分家另建小屋居住。屋頂茅草每隔三、四年需換修一次。修建房屋，一般都在收穫後，8、9月農閒時為之。建築新屋或拆除舊屋以前都須先行祭祀。子女欲分家時，家長指定一附近之地讓其建屋，建屋前其父在家內，以酒及米糕為裸祭，向神祈禱，保祐新屋順利完成。拆除舊屋前，屋主以酒、糯米糕、糯米糰及檳榔等祭於門內，告知神祇，要拆除舊屋，新屋建成後再請其入宅。阿美族家屋都為平地式，可分為單室正門與複室側門兩類。北部阿美之家屋形式，以前者為主；南部阿美以後者為主，中部阿美則有二型家屋混合使用的形式。傳統式住屋一室兼作睡眠、作息及炊事之場所，草蓆、被褥、衣飾及飲食器皿、耕作工具都放置於屋內，但各物有一定之放置位置。阿美族之耕作生產方式由燒墾進步到定耕後，其住屋布置方式，逐漸將炊事及農具室改在室外。另建專炊事廚房及農具室，在農具室側建牛舍。（註二）

三、阿美族太巴塱社祖祠

姚德雄《九族文化村》載〈太巴塱社祖祠〉：（註三）

傳說太巴塱（Tavarong）社的祖先，都是住在南方的天神。

傳到第四代有六兄弟姊妹，因么妹為海神看上，強求婚姻，家人躲藏避難，但終為海神發現，怒生洪水強娶么妹而去。母親思妹心切，變成海鳥留在海邊，父親攀登絕壁變成蛇木，守著海邊。大哥避難深山，後來變成泰雅族的祖先，二哥則跑到西方，變成那個地方的祖先。三妹跑到南方，成為布農族的祖先。四弟和五妹在大雨中，坐在一隻木舟隨洪水漂流到貓公山上，後來結成夫婦。兄妹結婚後，連續三次生下大蛇、山蛙和蜥蜴，夫妻非常悲傷。有一天，天神來幫助他們，使他們連續生下三個女兒和一個男孩。孩子長大後，最小的男孩和大姊、三姊自山上遷到平原，二姊則獨自遷到奇密社地方，後來成為當地的祖先。姊弟三人因覺得平原地方地形不佳，幾經遷播，最後才移到太巴塱地方，大姊和三姊就成為太巴塱兩家 kakitaan 的最早祖先。過了好幾代，在一次洪水之後，天神告訴太巴塱的族人，要他們建立祖祠和建立大祭司制度，以便祖先們可以來保護他們，延長部落生命。但族人都不聽天神的話。有一年住在花蓮的阿美族來攻打太巴塱，並駐兵現在 kakitaan 地方，太巴塱不敢出戰。有一個「無用的人」（matoaai）非常勇敢，他領導族人祭祀祖先和天神，求先人和神保護族人，然後帶隊出戰，一戰功成擊潰敵人。回到部落後，大家商議，遵照以前天神之指示，建立祖祠，並以砍來的敵人首級來祭祀祖先和天神（太陽和月亮），祈禱部落豐收。

阿美族是母系社會的土著族，家族的承繼以女性為中心，kakitaan 的承繼權雖是由大姊和三姊家的女性後裔來承受，但主持事務和祭儀的，都是主人的兄弟，由男性來執行；往往主人的兄弟被招贅到別家，一到舉行祭儀的時候，必定回到自己的家來，負起這一份責任，而由其姊妹來輔助他。祖祠的本義，只是一家 kakitaan 代表性的房屋；kakitaan 卻包含著多重的意義。它代表一個宗族世系的中心，其興衰與祖祠的存亡有著很密切關係。總之，它代表著一個部落民族的若干文化要素，如世系的承繼制度，宗教的祭祀制度和領土財產的所有及支配制度。也

由於 kakitaan 的存在和所形成的力量，使部落社會成為一系統的健全組織。（註四）

四、阿美族太巴塱社祭司住家

屋內全部舖設籐床，左右各有一火塘，為單室正門開的型式。正面入口處及室內主柱據說是該社的祖先雕像。樑柱上均刻有裝飾紋樣，是文獻上少數保有雕刻的阿美族建築。此屋在西元 1935 年時由台灣總督府指定為天然紀念物史蹟加以保存，後因年久失修而損壞。（註五）

五、阿美族大港口社住家

從外面堆放的農具、漁具來看，是典型的農漁生活家居，兩側各有一竹牀，屋內全部舖設籐床、無隔間。屋內有一火塘，後半部堆置了各種容器，牆壁上有多層放置食器的置物架。

六、阿美族馬蘭社住家

馬蘭社的住家將老人、已婚、未婚的睡床分別隔開，是阿美族住家的一大特色。

七、阿美族集會所

阿美族集會所正面為開放式、無門的設施。會所內為凹字形的竹床，中間有火塘。根據族人使用的習慣，年齡階級高者才可以享用竹床。集會所為男子專用，女性禁止進入或靠近，是男子聚會、訓練的場所。

八、阿美族附屬建築

穀倉每家都有，普通人家有二倉，富者可多至十數倉二十餘倉。阿美族之穀倉建於地面而無防鼠板。豬寮建於住屋附近。牛舍、牛車房及堆肥處均建於住屋附近，不與家屋毗連。雞舍建於家屬左右。（註六）

阿美族的附屬建築物尚有獵寮、田間茅屋等。

九、阿美族建築歌謠

〈採藤歌〉（註七）

　　哦！

　　青年正在走山路

　　為了採藤不怕苦

　　彎彎曲曲爬坡路

　　朋友，

　　你的呼吸呼嚕嚕

　　就像火車爬山路

　　嘟嘟嘟那麼急促

▲ 新城鄉巴拉米旦部落祭祀廣場／田哲益
提供

〈採藤的青年〉（註八）

　　哦！

　　青年快步走在小路上

　　為了採藤要上山

　　上坡的路曲曲又彎彎

　　朋友，你的呼吸

　　有如奔馳的火車那樣急

　　你的心跳

　　像個鐘擺不停地瑤

　　哦！

　　青年小心走在彎曲的路上

　　揹負著採到的藤要下山

　　微笑掛在他的臉上

　　急著要回家把藤交給娘

▲ 阿美族茅屋涼亭／田哲益提供

十、新磯隧道海盜洞

花蓮豐濱鄉新社與磯崎之間的新磯隧道海盜洞的由來傳說故事：
（註九）

> 新磯隧道南向入口崖邊下方是傳說中的「海盜洞」，據說
> 荷蘭人曾經派船隊在東部航行觀測地形，卻遇到颱風而人船漂
> 流到這個斷崖。在這個海蝕洞避難時碰到路過的原住民，在瞭
> 解情況後，原住民款待並幫助荷蘭人修復船隻返航，之後此處
> 便命名為「海盜洞」。

十一、親不知子斷崖

花蓮豐濱鄉新社與磯崎之間「親不知子斷崖」，是古代唯一的對外
交通要道，曾有一則傳說故事：（註十）

> 根據新社村復興部落的阿美族頭目王明源說法，以前新社通
> 往磯崎沒有打通的隧道，族人都要走這段危險的臨海斷崖，有一
> 次一對夫妻帶著孩子通過，丈夫不小心落海（也有傳說是妻子先
> 落海），妻子將孩子放在崖邊上去救丈夫，結果兩人都被大海吞
> 噬；族人將孩子帶回扶養，長大後孩子不知道自己親生父母是
> 誰。這段悲慘的故事就是取名「親不知子斷崖」的由來。

註釋

註一：姚德雄《九族文化村》，日月潭九族文化
觀光事業公司，1989年11月。
註二：同註一。
註三：同註一。
註四：同註一。
註五：姚德雄《九族文化村》，日月潭九族文化
觀光事業公司，1989年11月。
註六：同註一。

註七：林道生《台灣原住民族口傳文學選集》，
花蓮縣立文化中心，1996年6月。
註八：同註七。
註九：劉月瑩〈來去親不知子吼海洋——花蓮
豐濱鄉臨海古道轉型觀光天空步道〉，《原住民
族》2016年2期。
註十：同註九。

阿美族器物與
發明口傳文學

第二二章

一、阿美族鐵器傳說故事

林道生《台灣原住民族口傳文學選集》載太巴塱社〈伊瓦丹社遺跡地〉：（註一）

> 在馬太鞍社（今花蓮縣光復鄉）的馬太鞍溪右岸小高地，曾發掘到有人工痕跡的數百個石獸口，馬太鞍社的人稱這個地方為伊瓦丹社的遺跡地。當掘其地從斷面調查，距地面一尺深地方呈黑色，往下一尺半為淡黑色，植物的根深入到淡黑色的下方，再往下掘，呈紅色，結晶片岩露出其間。有人工痕跡的石器發掘於淡黑色土中間及紅色之中，在石器中發現有二枚重疊的結晶片岩的破片。後來更在一呎至一尺深的地方發掘了更多的石器，有關此遺跡地的傳說如下：太巴塱社的頭目說是從祖先馬堯沙巴爾聽來的。從前有叫柯阿來及陳可的漢人來到此地，送給我們的祖先刀及鋤頭。並且說：「我們每年會來到這裡，現在要送你們鐵的種子，把這些種子種植在地中，那麼每年都會自然地增殖，任何東西都可以用鐵來製造。」我們的祖先便在沙畢利達的地方種下了這些鐵的種子。後來每年都增殖，不論是刀、鋤頭、除草器、汲水器具，都用鐵來製造。伊瓦丹社的人聽了都來到我們的村社太巴塱向我們要鐵，並且以石頭刻成各種型以鑄造鐵器。伊瓦丹社遺跡地發掘的石器，就是當時鑄造的。

本則傳說故事很可愛：

（一）傳說阿美族人的「鐵種」是漢人送的。

（二）只要把「鐵種」種植在地中，那麼每年都會自然地增殖，任何東西都可以用鐵來製造。

（三）阿美族祖先便在「沙畢利達」一地種下了這些鐵的種子。

（四）阿美族祖先種下「鐵種」後，每年都增殖，因此不論是刀、鋤頭、除草器、汲水器具，都是用鐵來製造。

《原語による台灣高砂族傳說集》（1935 年），小川尚義、淺井惠倫

著;余萬居譯:(註二)

　　古時,曾有 kakumolan sapatolok 和 valaihay(兩位男女神)遵奉父神和母神之命,降臨至地上界,……結果,惡神就去找海鰻母毀了他們,……kakumolan 及 valaihay 皆逃至天上去,而他們的孩子 stra 和 nakau 來不及逃,就留在地上界。數年後,這兩兄妹……有了五個孩子,四男一女。……之後,當地穀物豐且人口漸增。但是,當地的農具落後,後來,天上二神又賜給他們一個漢人,是個能夠打鐵製刀和鋤頭的人。……

　本傳說故事也非常可愛,天神因為看到阿美族人農具落後,因此,賜給他們一個會打鐵製刀和鋤頭的漢人,幫助阿美族人製作鐵製的農耕器具。

　《生蕃傳說集》(1923 年),佐山融吉、大西吉壽著;余萬居譯:(註三)

　　古時,漢人傳來刀劍、鋤頭和鐵的種籽,祖先將種子種下,種子漸長,成為一大鐵塊,一天,有一人帶來 rabune(粟的一種)飯,那日起大鐵塊變成粘土般軟軟的東西,怎麼也打不硬,鐵器自此失傳。

　本則傳說故事謂本來阿美族人學會了打鐵的技術,而且他們也種植鐵種,取之不盡,不過,有一日,有人帶來 rabune(粟的一種)飯,從此大鐵塊變成粘土般軟軟的,再也打不硬,無法製作鐵器,自此鐵器製作技藝便失傳。

　范純甫主編《原住民傳說(上)》載〈鐵種〉:(註四)

　　從前,阿美族的祖先住在拉喀山的時候,有兩個平地人傳授了刀劍和鍬具,也傳授了鐵的種籽。他們就將它種植在沙畢里斯的地方,那種籽便慢慢地長成為一塊鐵。大家很歡喜,就用那鐵塊,造成刀劍、鐮鍬,及盛水的用具等。然因製鐵具的工作很重,做這種工作的人需要補給較多的食物。但是有一次,有人帶了拉普尼(粟的一種)去給他們吃,很奇怪,從那次以

後，鐵變得像泥土一樣軟，再也鍛冶不出鐮鍬了。一度曾傳於山地的鐵器，從此便不傳了。

本則傳說故事與上則故事相似，惟本故事對於「鐵的種籽」什麼時候傳入，有比較明確的敘述，即：

（一）當祖先住在拉喀山的時候，有漢人傳授了鐵的種籽。

（二）他們把「鐵的種籽」種植在沙畢里斯的地方。

二、阿美族酒桶傳說故事

吳燕和〈造酒〉，《馬太安阿美族的物質文化》，中央研究院民族研究所專刊之二（1962年），載阿美人造酒的傳說：（註五）

> 太古時地上有一家人，……神便叫他們把小米、高粱和糯米三種混合，倒在水桶中再滲水，並攪拌；過了幾天後神又要他們把穀物放在陽光下曬，……次日需口嚼桶內穀粒，並在屋內外噴唾。……吩咐夫婦此氣味芬芳之奇物，分送大家一瓢，自然村中的人均會製造，此後神還教他們作酒桶的方法，然後四神就消失不見。

本則傳說故事謂阿美族人釀酒的技術得之於天神的教授，天神還教導他們製作酒桶的方法，以便利釀酒。

三、阿美族鍬與刀傳說故事

《蕃族一班》（1916年），警察本署著，黃文新譯：（註六）

> 上古稱 sabato loku 男子和 bauaihabu 女子，從天用黃金造的梯子下降至 tabira 溪上游的 taurayan 山上，後生二子，兄為 gura，妹為 nakau。……後經過一段時問，sura 和 sakau 在外遊玩回家，發現父母不見了，二個小孩悲傷……突然間大洪水出現，二個小孩急忙跳上木白，隨波漂流，漂到人仔山邊，定居下來。他們感到用牛角、獸骨耕地不便，便沿梯子昇天，請父母賜給鍬與刀。……

本傳說故事敘述天神的孩子 gura 和 nakau 兩兄妹，認為用牛角、獸骨來耕地，諸多不便，於是便沿著梯子昇天，請天上的父母神賜給他們鍬與刀，以利農業耕作。

四、阿美族船傳說故事

林道生〈阿美族的口碑與傳說故事〉：（註七）

> 從前有一位叫馬傑傑的人，有一天到河裡去撈魚，不小心掉落河中，被激流沖到大海，……才知道這裡是女人島巴萊姍。在女人島上每天被大群美麗的人圍繞著，接受貴賓的招待，馬傑傑心中雖然快樂，時日一久，難免想念起故鄉及親人。……馬傑傑大為高興跪在沙灘上拜謝神後騎上了鯨魚的背部。鯨魚飛也似地乘風破浪，一蹴千里，很快就抵達了故鄉的海岸。……鯨魚與馬傑傑分手的時刻也來到。鯨魚告訴馬傑傑，五天後帶豬五頭、酒五瓶、檳榔五把來這裡祭我，馬傑傑照約定於五天後帶著所有的東西來到海邊祭鯨魚。當時鯨魚還教阿美族人造船的技術。

本則故事是馬傑傑掉入河中漂流到海上而到達了女人島的故事，雖然他在島上，受到如貴賓般的招待，但是他還是想念著故鄉。

後來鯨魚送他回故鄉，馬傑傑為了感恩便到海邊祭祀鯨魚，當時鯨魚還教阿美族人造船的技術，或許這就是阿美族人造船的濫觴。

范純甫主編《原住民風情》：（註八）

> 在遙遠的古代，阿美人有一位女祖先里漏，帶著兒子吉玻朱，生活在海外一個神聖的地方。有一天，吉玻朱與海神沙依寧邂逅相遇，結為朋友，彼此交遊甚篤。沙依寧傳授吉玻朱造舟之術，並教會他駕舟、游水。……

本則傳說是里漏地方的故事，謂里漏的女祖先帶著兒子吉玻朱，生活在海外一個神聖的地方。吉玻朱與海神沙依寧相遇而結為非常好的朋友。

因此，海神沙依寧傳授了吉玻朱造舟的技術，並且也教會了吉玻朱如何駕駛舟船和游泳的技術。

林道生〈阿美族的口碑與傳說故事〉：（註九）

> 太古時，有對母子住在一起。一日，兒子在海邊撿薪柴時，見到一位神乘著舟浮於海面，兒子很想過去玩，於是神就教那青年如何游泳，那青年學會後很開心。後來，神又教他造船的技術及船祭的儀式及歌唱。不久，青年召告村人所發生事情的經過，村人高興得跳舞歌唱，歡呼讚美神的恩德。

本則傳說故事謂，一位青年被神教導造船的技術及船祭的儀式與歌唱，自此，阿美族人跳舞歌唱，歡呼讚美神的恩德。

陳國鈞〈花蓮吉安鄉阿美族（上）〉：（註十）

> 里漏社的祖先相傳較薄薄社遲來二百年，本居於里壟（台東縣關山鎮），出海捕魚，為水阻不得返，夢見海神教其造船之法，乘船到今居地，因不忘其本源，仍稱其地為里壟，後人誤稱為里漏。

本則傳說故事謂，里漏社的祖先造船之法乃夢見由海神教授而來，於是他們乘船到今居地，原來稱為里壟，後人誤稱為里漏。

《蕃族調查報告書》阿眉族海岸群（1915 年），佐山融吉著，黃文新譯：（註十一）

> ……從前加路藍社有古船、每年八月間麻荖漏社、施龜彌映社、跋便社等共同供祭此船。這是因為距今六十餘年前有叫做 agai 的人帶族人乘船由奉鄉知路藍社來到麻荖漏居住三十年，後又移居藍路古映社。祭船是因祖先是乘船來的。族人奉船為神，除船主及親戚之外不得觸及，若誤觸則會立刻生病，附近族人若有發熱則會專程來藍路古映社請託 chikawasai 在其船中祈禱。如今船已燒失無存，但據說通常可乘五人。在大俱來社、馬稼海社調查，發現該船為其祖先從猿仔山到達納納時乘用的，後移居到加路藍社去便把該船棄置。後由 agai、

sura、katsau、mayau 等四人發現，乃乘船前往藍路古映社去。

本則傳說故事敘述從前每年八月間麻荖漏社、施龜彌映社、跋便社等共同供祭一條古船，這是紀念 agai 的人帶領著族人乘船由奉鄉知路藍社來到麻荖漏居住三十年，後又移居藍路古映社。

本故事亦涉及到阿美族人對於船的禁忌信仰，例如：「除船主及親戚之外不得觸及，若誤觸則會立刻生病」。這艘古船也成為族人生病祛熱的醫療功能。

這艘古船的歷史非常悠久，據日治時期調查，古船最早是其祖先從猿仔山到達納納時乘用的。後由 agai、sura、katsau、mayau 等四人發現，乃乘船前往藍路古映社去。

五、阿美族圓鍬與竹籠傳說故事

〈台灣土著の口碑〉，《東京人類學會雜誌》（1908 年），伊能生著，劉佳麗譯：（註十二）

> 從前 kareoanu，有一位美女，一天她到溪邊採藻類時，不幸為山上的敵族所殺（tsonaao）。其老母抱著屍骸，悲傷不已。美人魂魄，欲永留天上，長期與母親會面，乃帶著圓鍬，竹籠登上天。現在我們看到的黑影即是，黑影大的是圓鍬，小的則是竹籠。

本則傳說故事謂美女被人所殺，其母悲傷不已。美女想要永留天上便能夠長期與母親會面，於是帶著圓鍬與竹籠登上天。如今所見之大黑影即為圓鍬，小黑影即是竹籠。

六、阿美族圓簸箕傳說故事

〈台灣土著の口碑〉，《東京人類學會雜誌》（1908 年），伊能生著，劉佳麗譯：（註十三）

> 從前，有位宅心仁厚的老翁，一日出外割草，忽然下了大雨，正感苦惱時，不知由何處來了一群猴子，借他獸皮外套，

並邀他到深山家中一坐。所有的猴子皆熱忱地迎接他，入夜後享受山中珍味，招待得極為周到。但聞老母猴長年重病，乃拿出攜帶藥材，和在作飯的薪灰中，讓其服用，不久便生效，多年痼疾一夜全癒。隔天，他欲啟程返，猴子為他作餅，鋪路，還送他一個能篩開穀穗與穀糠的圓箕，猴子教他要放米粒篩，老翁再三言謝後，循重修的平坦路回到家。家中的幼兒一日不見竟長大不少，一問之下，才知已過三年，而用圓箕篩米時，少量的米頃刻間多得溢出了圓箕，充塞整個房子。從此過著不虞潰乏的生活。

本傳說故事的老翁，因為宅心仁厚，所以他出外割草下大雨時，一群猴子借他獸皮外套遮雨，且請他到家中。猴子熱烈招待他山珍。老翁聽聞老母猴長年重病，於是拿出藥材和在作飯的薪灰中，讓其服用，竟一夜全癒。

次日，老翁欲返家，猴子們為他作餅和鋪路，為了感謝老翁，便送給他圓簸箕。他回到家看到幼兒長大不少，原來時間已經過了三年。他用圓簸箕篩米時，少量的米變得溢出了圓箕，充塞整個房子，他們從此過著豐饒的生活。

七、阿美族的服飾

阿美人，穿衣服主要為禦寒，但在節日有盛裝，原料為麻織物及獸皮，還有貝珠、瑪瑙、羽毛等飾物，及從漢族購買的紡織品，各地形式時有差異，但都在成年以後才有裝飾的權利，各個年齡組也有區別。不論男女，以黑、白、藍為主，少女則喜歡穿紅的。(註十四)

從花蓮到台東，阿美族的服飾大致上分為北、中、南三大系統。但各村的差異性也不小，故無法一概而論。北、中部女子的頭飾是以里漏社的頭飾最普遍。上衣、長裙以紅色為主。為了區分不同的年齡階級，有的地區以藍色（中年）、黑色（老年）來區分。南部阿美族的頭飾以宜灣、膽曼的女子帽飾最普遍。傳統的男子服飾以藍、黑色長袖上衣為

主。北、中部以類似劍帶的片裙為主，南部則以有著刺繡花紋的一片裙為主，目前許多部落的男女都以Ｔ恤來代替傳統的衣飾，甚至以Ｔ恤的色彩來區別不同的年齡階級。(註十五)

阿美族在服裝方面，男的成年以後，穿衣由白色改為紅色，女的是黑色與白色混合，每當舞會，或重要祭典，或喜慶之時，男女均穿古老的盛裝。還有，成年的男子才可戴插羽毛等飾物。

八、阿美族發明製陶

阿美族工藝表現上，除一般編竹用具外，製陶工藝是本島土著中(蘭嶼雅美族也有製陶)唯一僅有者。其製陶工作都是女性所為，其成品都為食器及容器，如；水壺、飯鍋、陶甌等；但也作祭器，祭器為個人所有物，在大小形態上各有不同，持有者及名稱有男女之分，持有者死亡時，該持有之祭器即為殉葬品。(註十六)

阿美人原可自己製造陶器，婦女使用陶拍(用木材製成的掌形木板)、托子(從河裡揀來的天然卵石)、竹刮刀(竹板削成)等簡單工具，使用拍托法製成陶容器。燒陶常是用稻草鋪底，上是陶胚，堆蓋管榛，最上層覆蓋米糠，由下點火，燃燒一至三日。可能是燒成祭祀用的小陶杯，是男子成年時，家人為他準備逢慶典儀式，便以此杯斟注祭酒，敬告祖先，這種風俗一直保留到日本侵略為止。同時，婦女也製造水壺、飯碗、飯鍋、陶瓶、酒杯、酒瓶等。(註十七)

高淵源《台灣高山族》載〈製造陶器之故事〉：(註十八)

往昔，人們喜拿泥丸拋入火中取樂，火熄後泥丸會變成堅硬的石塊，大家覺得很有意思，於是將泥丸捏成凹狀，拋進火中，但燒出來的都起了裂縫。於是有一個名叫瑪爾比塔的人專心研究改良，終於知道泥中加砂，用炭火慢慢燒製之法。這是製造陶器之開始云。

本故事謂原先族人取樂而將泥丸拋入火中，發現泥丸會變成堅硬的石塊。經瑪爾比塔研發，於是阿美族人開始製造陶器。

貓公社製陶為女人的工作。……製陶的第一步驟是採泥。泥稱

data?，灰黑色，因為貓公社的陶工不會調捏（temper）陶土，所以泥以略含沙粒者為佳，因為可以免於燒成龜裂。泥採來以後、就要搗泥，稱 mitevak，就是把泥放置在大型竹簆中，用舂穀的木杵搗它，製作十餘個陶壺所需的泥，需搗泥時間約二十分鐘。泥搗好後，通常要揀去泥中所含比較粗的沙礫，稱為 mipilih，沙礫揀淨後即可供製作陶器之用。製作陶器時，婦人們蹲踞在盛泥的竹簆的旁邊，把所需用的泥，取至身旁，先略捏勻（minih），即開始塑型（palelun）。描公的製陶法為塑捏法（moulding）而以墊拍修整。墊石（anvil）自河床選用徑約 7cm 之卵石為之，稱 ?arimoleh，拍板（paddle）作槳形，通常長 25～30cm，闊 5～8cm，厚 1～3cm，稱 sateteh；墊拍的動作稱 mibuso?。陶器的塑捏，在製陶墊座上進行之，墊座稱 langah，亦陶製，作無底附圈足淺豆形，其大小通常口徑 26～28cm，底徑 12.5～13.5cm，高 9～10m。陶坯拍成後，用手濡水，把器面撫勻，稱 milanol，這時亦可加捏上其他附屬部分，如甕壺的耳部，或祭器（dewas）的飾條等等，這樣製坯即告完成。一個陶壺的製作，熟練的陶工需時約為一小時；陶甗約需時一倍。陶坯放在室內陰乾，通常為四、五天。乾後即可燒陶。燒陶稱 milboh，在溪埔或空曠地舉行。採集乾柴或茅枝，疊架成堆，陶坯放置堆上，其上又蓋覆以柴枝乾草，然後再蓋覆以穀殼，即可點火。我們的製陶者 Sauma' 是巫師，她在點火之前，先環柴堆用手作勢，狀如趕出惡魔，同時口中念念有詞，如此二次，即行點火。火燃點後，又同樣做了一次。這種動作是要使燒成的陶器不會龜裂，以免前功盡棄。為了免於龜裂，製陶者在製作期間且應嚴守不得與丈夫同床的禁忌。貓公社阿美族稱一般的陶器為 kuren，製陶稱 misakuren。貓公社常見的陶器有飯鍋（pitu'aj），陶甗（tatonan），有蓋鍋（kabo'aj），水壺（'atomo'），和祭器（dewas）等各種。……從前，鐵鍋之類的炊具不容易得到的時候，貓公社每年集體製陶一次，通常在五月舉行，幾乎每戶都有一個婦女參加，每人一次製作二、三十個不等，以供自用。近年因為鋁製品的普遍，陶器的製作亦便成偶一而行的事了。（註十九）

台灣各族，除泰雅和賽夏外，均保有陶器。阿美和雅美直至晚近仍從事陶器製作。製陶術在排灣群失傳較早，故視其固有陶器為傳家之寶。台灣各族之製陶族，各屬圈泥法和堆捏法，但均以墊拍修整。布農族和平埔族在拍板上刻畫紋樣，故器面有印文。阿美族有時加附泥條為文飾；排灣群則施以圈點文和刻線文。（註二十）

台灣高山各族，除泰雅和賽夏族外，均持有陶器；鄒族、布農、阿美和雅美諸族且至晚近仍有陶器的製作，不過今日繼續製陶的，恐怕只有阿美和雅美二族了。關於阿美族的陶器製作，曾有馬偕、烏居龍藏、古野清人諸氏和《蕃族調查報告書》紀錄過。馬偕氏和《蕃族調查報告書》所記甚簡；烏居多論列陶器的源流和分布；而古野則以記述祭器為主，上記四文獻均以南勢群為其記述對象。（註二一）

高淵源《台灣高山族》載〈製造陶器的故事〉：（註二二）

> 往昔，人們喜拿泥丸拋入火中取樂，火熄後泥丸會變成堅硬的石塊，大家覺得很有意思，於是將泥丸捏成凹狀，拋進火中，但燒出來的都起了裂縫。於是有一個名叫「瑪爾比塔」的人專心研究改良，終於知道泥中加砂，用炭火慢慢燒製之法。這是製造陶器之開始。

本傳說故事情節敘述：

（一）阿美族人製陶緣始於喜拿泥丸拋入火中取樂。

（二）將泥丸捏成凹狀試做盛器，拋進火中，但是燒出來的都起了裂縫。

（三）於是開始有一個名叫「瑪爾比塔」的人專心研究改良製陶技術。

（四）「瑪爾比塔」發明了泥中加砂，用炭火慢慢燒製之法。從此阿美族人開始製陶。

《生蕃傳說集》（1923 年），佐山融吉、大西吉壽著；余萬居譯：（註二三）

> 古人玩泥巴，把粘土搓成團，用火燒，又摻砂子去燒，愈

玩愈有趣，幾經嘗試發展出燒不破，又能盛水不漏的陶器。

　　阿美族製陶的技術與方法是很原始的，族人是在玩樂中學會了製陶的方法與技術。

九、阿美族製作藤竹編器

　　阿美人運用藤、竹編成背簍、提籃形背簍、小提簍、圓足提簍、小口提簍、提籃等，以及盛物的筐、橢圓形筐等，編織中揉合美術、繪畫等工藝。

▲阿美族圓簸箕／田哲益提供

十、阿美族漁網之發明

　　陳千武譯述《台灣原住民的母語傳說》載「網的起源」：（註二四）

　　　　有一艘船駛向北方，有一位乘客生病了，就下岸，在海邊蓋個小屋休息養病。病好了，有隻牝熊來訪小屋，跟他做了夫妻。不久生了一個男孩。牝熊每天不休息到山上去採取食物。有一天牝熊上山去了之後，以前載他的船又來了，丈夫帶孩子乘船。剛好被回家的牝熊看到，於是追逐船，游泳在海裡。操船的人以為追逐的是狗，把牠殺死，肉也吃掉了。孩子長大了，性格好鬥。大家都說，他是熊的孩子，好鬥而喜歡打架。常常嘲笑他。他問父親：「我的媽媽在哪裡？」他的父親覺得羞恥不敢說，只告訴孩子說：「你的母親游泳出去漁獵，死在海裡。」孩子不斷地想著母親，終於做了網，每天去海裡想要網到母親的骨頭。海很廣闊，始終找不到像母親骨頭模樣的東西，他撈到的都是魚。從此以後，社裡的人都開始做網去撈魚了。

▲阿美族漁網／田哲益提供

本則故事是男子因為在船上生病了，因此靠岸一小島養病，卻與牝熊結為夫妻，還生下了一男孩。後來船隻又回來了，男子帶著男孩登上船回家鄉。

孩子長大後，性格好鬥而喜歡打架，就像熊一樣，但是他一直很想念他的母親，父親羞恥不好意思明講，只好打迷糊仗說：「你的母親游泳出去漁獵，死在海裡。」

但是，孩子還是不死心，終於發明了網，要去撈母親的遺骨，但是最終還是撈不到母親的屍骨，可是卻撈到了許多魚。從此以後，社裡的人都開始做網去撈魚了。

本故事中的男孩子雖然好鬥而喜歡打架，但卻是個性情中人，感情豐富令人可佩。與其母「牝熊」對其夫之情感，亦同樣都很高操、也令人感動。

本故事的受害者是牝熊，但是牠在其夫生病期間，「牝熊每天不休息到山上去採取食物」。惟人獸殊途，早知如此，就不該種下情緣。

講到加害者的丈夫，當然他是一個不負責任、不肯面對現實，忘恩負義的之人。卻忍心眼睜睜的看著情感豐富的牝熊，追逐著船上的丈夫、孩子，游泳在海裡，而被操船的人以為是狗，把牠殘殺而死，肉也吃掉了。這位丈夫的一生將不知道如何了卻？能無悔恨乎？

十一、阿美族臼之發明

〈諾冊二尊の話に似たる台灣蕃人阿眉族の口碑〉，《人類學雜誌》（1914年），佐山融吉著，劉佳麗譯：（註二五）

太古時代，在台灣東部一座稱為 botoru 的孤島，abokupayan、tariburayan 兩尊神同時降落在河的兩岸，他們合力搭建小屋同住，並利用樹藤發明了火。一日他們蹲在火邊烤地瓜時，才發現了各為男女的差異，偶而看見鴿鳥交尾，從此數年後兩人生下十幾個小孩，又經過數十年，地狹人稠生活困苦，欲謀他處但不知如何渡海正愁苦惱之際，忽然發現傾倒大

樹其腐蝕部分容易挖掘，乃以大樹作成形如臼的東西。……

本則傳說故事，男女祖先神降落在台灣東部一座稱為 botoru 的孤島，他們生下了許多孩子。過了一段時間之後，地狹人稠生活困苦，想要渡海來台，乃以大樹作成形如臼的東西。

十二、阿美族文字之發明

「文字」是人類用來表示觀念、紀錄語言的符號。台灣原住民族有創造文字的傳說故事，如布農族、排灣族、阿美族、泰雅族、太魯閣族、賽德克族等諸族，其中布農族祭祀曆板，已經近似象形文字了。

林道生〈阿美族的口碑與傳說故事〉：（註二六）

> 從前在村社裡，有三個人聚在一起寫字。一人寫在檜木片上，一人寫在阿拉外樹上，另一人寫在石頭上。他們把寫好的字浸泡在水裡，檜木片浮在水上可以明顯地讀出所寫的字，阿拉外樹上的文字並不明顯，而寫在石頭上的字則沈到水裡不見了。把字寫在檜木上的人後來離開此地不再回來，可能是日本人的祖先；把字寫在阿拉外樹上的是漢人，而寫在石頭上的是阿美族人，於是，阿美族的文字便失傳至今日而成為無文字的民族。

本則傳說故事謂阿美族人、漢人、日本人，以前是住在一起的，同住在一個村社裡，這三個人各把文字寫在：

（一）日本人的祖先寫在檜木上。

（二）漢人的祖先寫在阿拉外樹上。

（三）阿美族的祖先寫在石頭上。

三人各自分離，阿美族的祖先寫在石頭上的字則沉到水裡不見了。於是，阿美族的文字便失傳至今日而成為無文字的民族。

本故事也說明為什麼阿美族人至今沒有文字的原因。

台灣原住民各族沒有文字，神話傳說的流傳都以口耳行之。19世紀以前，除了在部落內，這些神話傳說並沒有一個固定的文字版本流通，其敘述的方式、內容因而充滿自由與想像的空間，有時因人因地因時而

有著不同的變形；族群接壤的部落，也常因相互的傳播，造成故事內容的穿插錯接。這雖然加深了我們對原住民各族神話原型掌握的難度，但是無形中也增加了故事的豐富性，留給我們遼闊的研究、欣賞空間。（註二七）

因為沒有文字，傳統的禁忌、祭儀、知識、觀念、歌謠、神話系統等都是靠口傳，所以口傳文學是部落的寶藏，若不重視其存在，在社會變遷快速的現在，等老一輩人凋零之後，山裡的故事就還給了自然，海裡的傳說將回歸深海。（註二八）

由於文字本身就是文化自主的利器，在原本沒有文字的部落，重新用文字記錄部落的精華，一方面可幫助年輕族人了解族群，期待他們受吸引而攜手共行，另一方面則能向大社會傳播。

註釋

註一：林道生《台灣原住民族口傳文學選集》，花蓮縣立文化中心，1996年6月。

註二：內政部委託台灣大學人類學系研究《台灣山胞各族傳統神話故事與傳說文獻編纂研究》，1994年4月30日。

註三：同註二。

註四：范純甫主編《原住民傳說（上）》，台北，華嚴出版社，1996年8月。

註五：同註二。

註六：同註二。

註七：林道生〈阿美族的口碑與傳說故事〉，1991年12月載於《東海岸評論》。

註八：范純甫主編《原住民風情》，台北，華嚴出版社，1996年8月。

註九：同註七。

註十：陳國鈞〈花蓮吉安鄉的阿美族〉（上），載於《大陸》雜誌第14卷第8期。

註十一：同註二。

註十二：同註二。

註十三：同註二。

註十四：陳國強《百越族與台灣原住民》，台北，幼獅文化事業公司，1999年。

註十五：王煒昶《山林的智慧：台灣原住民文化園區導覽手冊》，1998年5月。

註十六：姚德雄《九族文化村》，日月潭九族文化觀光事業公司，1989年11月。

註十七：同註十四。

註十八：高淵源《台灣高山族》，台北，香草山出版公司，1977年2月。

註十九：陳奇祿《台灣土著文化研究》·〈貓公阿美族的製陶、石煮和竹煮〉，聯經出版公司，1992年。

註二十：同註十八。

註二一：同註十九。

註二二：同註十八。

註二三：同註二。

註二四：陳千武譯述《台灣原住民的母語傳說》，台北，台原出版社，1995年5月。

註二五：同註二。

註二六：同註七。

註二七：孫大川《台灣原住民之想像世界》，文化建設委員會，1997年6月。

註二八：鄭元慶〈回到部落〉，《與鹿共舞：台灣原住民文化（二）》，光華畫報雜誌社，1995年2月。

阿美族神與鬼的情感世界口傳文學

第二三章

一、神之媾合傳說故事

　　林道生〈阿美族的口碑與傳說故事〉,《東海岸評論》(1991 年 12 月),記載:(註一)

　　　　太古時,有一對男女神降至人間,彼此情投意合,而後又領會男女媾合之道,遂生有眾多子孫。一日,女神無意間拉動枯乾的藤枝,竟因摩擦了幾下而燃燒起來,這便是天地間有火的開始。之後,他們曾經過幾次遷徙,最後在塔基利斯定居下來,年年豐衣足食。

　　本則是男女神媾合之傳說故事,也敘及「火」的起源故事和遷徙的歷史。

　　《生蕃傳說集》(1923 年),佐山融吉、大西吉壽著;余萬居譯:(註二)

　　　　古時,一男神降臨台灣本島東海,一個小島上,一女神降臨在其小溪對岸上,二神互生好感,遂同居。一日,二神發現了火,想烤瓜,奇怪的事發生了,男神擁有多出的東西,女神則擁有不足的東西,二神彼此注視,突有二鳥飛來搖搖尾,二神見之,始悟媾合之道。

　　本則也是阿美族男女神媾合之傳說故事,敘述「男神擁有多出的東西,女神則擁有不足的東西,二神彼此注視」,男女二神之表情,甚是可愛。有二隻鳥飛來搖搖尾巴暗示,二神終於領悟交媾之道。

　　《原語による台灣高砂族傳說集》(1935 年),小川尚義、淺井惠倫著,余萬居譯:(註三)

　　　　古時,曾有 kakumolan sapatolok 和 valaihav(兩位男女神)遵奉父神和母神之命,降臨至地上界,……他們在地上界住的第三年,有二個惡神……就去找海鰻母殺了他們,於是,海鰻母製造大水沖走他們家,kakumolan 和 valaihav 皆逃至天上去,而他們的孩子 stra 和 nakau 來不及逃,就留在地上界。數年後,

這兩兄妹隔著打過洞的山羊皮發生性關係，而有了五個孩子，四男一女。……

本則是阿美族男女神的孩子交媾之傳說故事，媾合的方式是「兩兄妹隔著打過洞的山羊皮發生性關係」。

因為兄妹交媾是禁忌，因此要隔著山羊皮，才不會尷尬。

二、神亦懷孕傳說故事

〈カキタアン宗家をしたる阿眉族の口碑〉，《台灣時報》（1930年），田中吉藏著，柯月環譯：（註四）

> 太古，天地渾沌的時期，有 chikusun（男）和 chimadabidabu（女）兩位神，臨在南方 arapanapanai 靈山峰（arapanapanai 靈峰也稱為知本主山）。荒涼的山上生活過得太厭煩了，所以下了山，住在無名的海濱莊，冷冷清清地過日子當中，生出來 chitadakiyoro（男）、chitadeabo（男）、chiuputotsu（男）、chirurakan（男）、chiteyamasan（女）、chidose（女）六位神。（六神降臨）母神懷孕 chiteyamasan 的時候，有靈光映照，胎內透明地看見。雙親神都覺得奇異。產期到了，生出來的是世上罕有的美麗的女神。雙親的喜悅是無法形容。命名為 chiteyamasan，格外地喜愛她。……

從本則故事可知阿美族人相信神與人一樣也是會懷孕的。惟母神懷孕的時候，有靈光映照，胎內透明能看得見。原來生出來的是世上罕有的美麗女神。

三、神亦淫蕩傳說故事

《蕃族調查報告書》阿眉族海岸群（1915年），佐山融吉著，黃文新譯；亦見於孫家驥〈台灣土著傳說與大陸〉，《台灣風物》（1989年）：（註五）

> 當時日與月為夫婦，日為一極端的淫婦，月厭惡而逃走，日從此不堪寂寞地過著單身生活，看到叫做 bulo 的細竹喝著飲

料而舞，乃觸發思夫之情而下降，然 bulo 拒絕了她，她只好再回天上去，月與日分別後降臨下界與叫做 lidadou 的竹成為夫婦，但此竹亦是一個淫婦而令人厭惡，乃再回天上去，lidadou 想跟上天去，但因跟不上而又回到下界，現有叫做 lidadou，或名 suitsu 的竹是曾一度向天昇而又垂下頭的緣故。

本故事有幾個要點：

（一）阿美族的觀念裡，日神是女性，月神是男性，他們是一對夫婦。大部分民族都認為日是男性，月是女性，但是阿美族卻相反，這可能與他們的母系社會有關。

（二）日神是「一極端的淫婦，月厭惡而逃走」。

（三）日神仍不耐寂寞，下凡界找細竹 bulo，然 bulo 拒絕了她，她只好再回天上去。

（四）月神也曾下凡界找 lidadou 的竹成為夫婦，但此竹亦是一個淫婦而令人厭惡，月神乃再回天上去。

（五）lidadou 想跟月神上天去，但因跟不上而又回到下界。

（六）阿美族的觀念裡，神亦淫蕩。

《蕃族調查報告書》阿眉族海岸群（1915 年），佐山融吉著，黃文新譯：（註六）

　　　稱為 inun itasu 兄弟之神，自太古時代至今日止為在天之神。兄之妻叫 aalutsan，其美天上罕見。弟尚未娶妻，因天天與她相處，時間久了竟開始愛慕她，雖知是兄嫂而不可侵犯，但仍不時有不規矩的行動。其兄忍不住大怒，但又想到不忍給他難堪而未驅逐其弟，弟卻難以自我控制，又再度掀起兄嫂的裙角而使股部露出，因此又觸怒其兄，遂被逐下界。他們謂兄嫂之股為電、怒聲為雷。

本則傳說故事謂，因為天上有兩兄弟神，弟弟淫蕩「掀起兄嫂的裙角而使股部露出」，其兄震怒之下，把弟弟逐下凡界。

四、阿美族鬼的情感世界

　　阿美族認為死者的世界如同社民所形成的社會般，亦有一死者聚集之社會，此即為靈界，這個社會與生者之社會同樣盛行類似舞蹈般的娛樂，而在生前未受到 patingdah 者，死後不得參加靈界之舞會。（註七）

　　劉斌雄等著《秀姑巒阿美族的社會組織》，載馬太鞍的靈魂信仰：（註八）

　　　　人死後，其住在頭上的生命靈 papaorip 應去的地方有二個，一個是在天上的靈界，一個是在地下的靈界，前者是善死者應去的地方，後者是凶死者所到的地方。天上的靈界在北方天上的島上，從東到西再分成幾個階段，每一層由不同身份者所居住。由地上到天界的路，在中途分成三條：在東側的一條大路可到達天界的最高處，惟這條大路只有大頭目 sapalungau 可以走，sapalungau 到達最高層後在這裡與天神們共住。第二條大路在半路再分成三條中路，其東側的一條是巫師 sikawasai 所走的路，可達到第二層的靈界；中間的一條再分成二條小路，其一是 tsitavadai（曾獵過敵首者）、sakopangai（年齡階級內守禁忌者）、papikdan（年齡階級內的領導者）等所走的路，可達到第三層靈界，另一條小路是 tsilipasai（用槍或火槍殺死敵人，但他本人沒有砍過敵首者）所走的路，此小路在末端又分出，是讓給 tumaloanai 所走者。tumaloanai 為獵首回來時盛裝而攜酒接待者，獵首隊出發前由 tsitavadai 用 holol 而選定的部落內的美女，被相信是 tsitavadai 的異性盟友，被選定為 tumaloanai 者應嚴守五日為期戒律，如禁欲、不吃蔬菜等等。第三條中路是 saosalai 所通過的。saosalai 為特殊信仰之一，想做 saosalai 者必須殺一只豬並由 sapalungau 灌祭 mistek 祈禱後始可，他將成為 sapalungau 之密友之一。在西側的第三條大路，再分成二支，東支是 tsivodolan 所走的路，tsivodolan 是指未婚的男女，他們在天上另成一團住在一起；西支即最後一條是不

屬於上述各階級的一般人 mapatajai 所走的路，所走到的靈界位於天界的最下層。到地下冥府的路，也同樣的分成三條：頭一條是被砍首者 maluvotai 所去的地方。此外，戰鬥中戰死而被敵人馘首者即稱曰 mavitangalai，這些人是要上天界去的，其中以前獵過敵首者即到 tsitavadai 所到的地方去。第二條路是 aʔlimem 應走的路。為 aʔlimem 無同胞或親屬者，死亡時沒有人給他（或她）作便當 tavo（死者帶 tavo 到靈界上，當禮物送給祖靈們，無 tavo 者羞見祖靈，不敢進天上靈界）者，或者流行病及其他種種不善的原因而死亡者。第三條路是吊繩等自殺者 makinasootai 應去的地方。自殺者也是 aʔlimem 之一種，喪葬時不給 tavo 時即去第二條路到一般的 aʔlimem 所到的地方去，假若給 tavo，就走第三條路到另一個冥府去云。

本則阿美族故事把人分為好幾個等級，如頭目、馘首者、年齡階級領袖、一般凡人、善死者、惡死者等，死後其住在頭上的生命靈 papaorip 分別前往天上的靈界（善死者應去的地方）以及地下的靈界（凶死者所到的地方）。

註釋

註一：林道生〈阿美族的口碑與傳說故事〉，1991 年 12 月載於《東海岸評論》。

註二：內政部委託台灣大學人類學系研究《台灣山胞各族傳統神話故事與傳說文獻編纂研究》，1994 年 4 月 30 日。

註三：同註二。

註四：同註二。

註五：同註二。

註六：同註二。

註七：黃智慧主編，台灣總督府臨時台灣舊慣調查會原著《番族慣習調查報告書第二卷阿美族卑南族》，中央研究院民族學研究所編譯，2000 年 11 月。

註八：劉斌雄等著《秀姑巒阿美族的社會組織》，台北，中央研究院民族學研究所專刊之八，1965 年。

阿美族親情與愛情口傳文學

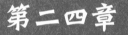

第二四章

阿美族有關親情的傳說故事，大部分敘述母親或繼母虐待兒女，使兒女日思自由，欲飛向藍天白雲做個自由自在無拘無束的鳥兒，終有一天，真的飛上天變成小鳥了，父母親無限懊惱卻不論如何也喚不回兒女了。

　　被父母虐待的兒女，除了變化為鳥兒，以逃避種種折磨外，亦有受不了父母的欺負而升天者。

　　不管這些兒女或孤兒以何種方法逃離了被迫害，而重新再塑造自由的生活方式，都是一場悲劇，一則父母失去了兒女，遺存無限抹之不去的遺憾，一則兒女離開了父母的身邊，再也不能享天倫之樂了。

一、好心的美女升天

《蕃族調查報告書》阿眉族海岸群（1915年），佐山融吉著，黃文新譯：（註一）

　　　昔日加禮宛社有一美女，常被繼母所苦，所以過著憂愁痛苦的日子。有一天，她與朋友一同到海岸去採拾貝類，然在途中突然有一股惡臭令人不堪忍受，大家邊走邊罵是誰放屁，到了海岸，沒多久便是中午，大家拿出便當來吃，美女所用的便當表面看來是很漂亮，但裡面裝的竟是人的大便，原來臭氣就是源自這裡。大家不覺大笑起來，但隨即大家又開始同情起她來，眾人都認為她後母的心惡實在是恐怖，應該要為她報復。然而美女阻止了他們，並說：「我母親之所以對我不好，都怪我，所以只要我不在了，她一定會成為好人，我將從此昇天，過著安樂的生活。五天之後，如果看見月亮中有腳伸出那就是我，今天我將在這海邊石頭上過一夜，你們可以先回去休息了。」朋友雖然同情，但也無法阻止她，只好揮淚告別她而去。第二天她的家人聽到這件事，立刻赴海邊尋找，無奈已經不見人影了。五日後觀望月，其中果然有美女的身影，從此社人看到月亮便會想起這個故事。

　　這是一則阿美族繼母虐待孝女的傳說故事。一位相貌美麗的孝女，

與朋友一同到海岸去採拾貝類，中午吃飯的時候，她的便當竟然是大便，她的朋友都為她氣憤不平，但是也無可奈何，美女並且認為「我母親之所以對我不好，都怪我，所以只要我不在了，她一定會成為好人。」

她想要升天，過著安樂的生活，家人再也找不到她了。終於女孩升天了，家人在五天後抬頭仰觀明月，其中果然有美女的身影。

二、養女變烏鴉

《原語による台灣高砂族傳說集》（1935年），小川尚義、淺井惠倫著；余萬居譯：（註二）

> 有兩個孩子互助在田裡幹活，其中一個孩子是收養來的，但她自己不知道。每天中午時，孩子們的父母總會帶肉及麻薯來共進午餐，但那養女總是沒得吃。後來別人看不過去，就告訴她實情。她於是傷心地離開，之後變成了一隻烏鴉在樹上ak、ak……地叫著。父母知道後，很後悔以前虐待她，就準備些吃的，放在樹下給她吃，據說父母曾為此哭了再哭，這就是為什麼烏鴉會吃人的便當的原因。

本則故事描述可憐的養女變成烏鴉之後，父母親才開始送東西給她吃，此即為什麼烏鴉會吃人的便當的原因。

本則故事是奉勸天下為人父母者，尤其是繼母，一定要善待兒女，否則一旦發生任何事情，都是得不償失，後悔莫及。

三、少女變小鳥

《蕃族調查報告書》阿眉族海岸群（1915年），佐山融吉著，黃文新譯：（註三）

> 從前有兩個少女，二人正努力工作時，其中一少女突然開口說，我家人對我不好，在世上過日子實在沒啥樂趣，不如變成鳥，可任意在天空飛翔。之後，連續三、四日在草叢間方便，第四日她由叢中出現，自言自語說，我現在將變成一隻鳥，我

的叫聲將會是 akuaku。說完再入叢中脫去衣服，撕破之後再用唾液附在身上。她的朋友們聽說這件事之後，躲在叢外看熱鬧。少女把破衣附在身上後，揮動手三次便突然變成鳥而飛起來了。鳥兒一邊在梅枝上繞一邊對她的朋友說，請將她的遺物帶給她父母，並告訴他們這件事情。之後振翅飛走了，一邊飛還一邊叫著 akuaku。今天族人不殺鳥就是這個緣故。

許多父母都不愛惜子女，而讓子女覺得家裡沒什麼樂趣，想著要離開家庭，做個快樂自由的鳥兒，原住民各族有許多此類的傳說故事。

至今天阿美族人不殺 akuaku 鳥，就是因為據說牠是一位少女變成的。

四、虐待妻子的丈夫

范純甫主編《原住民傳說（下）》載〈虐待妻子的丈夫〉：（註四）

這故事發生在都蘭社的原住民阿美人部落裡。沙路揚是一個獵人，經常虐待妻子。他每天上山打獵，妻子給他做飯，他還嫌妻子飯做不好；他的衣服壞了，妻子織布給他做新衣，他還說衣服不合身；他沒有追上鹿和野豬，也回家來找妻子生氣。他的妻子十分苦惱，羨慕別的姑娘都找上了善良的丈夫，唯獨自己丈夫性情粗暴，她受不過氣，便偷偷逃到火燒島去，自個一人過日子。沙路揚這天在山上打獵。正是做飯的時候了，沒見自己家的房頂上冒煙。他忙回家一看，屋裡冷靜靜的，妻子不見了。他問孩子：「你媽媽到哪裡去了？」孩子回答說：「媽媽藏在茄苳樹洞裡去了。」沙路揚去茄苳樹洞尋看，沒有見到妻子，他才知道妻子離開家逃跑了。從此，沙路揚每次打獵回家，沒有現成的飯了。他累得精疲力竭，還得去挑水做飯。他衣服穿破了，自己不會織布縫補，不得不穿上破爛的衣服。他患了病，沒有人侍候，只得支著身子燒水做飯。沙路揚開始怨自己不該虐待妻子。沙路揚四處打聽妻子的下落，從一個鄉親那裡知道，妻子逃跑到南面的小島上去，

他帶著孩子去南面小島火燒島，請求妻子回家來。孩子還小，還不知道媽媽逃走的原因，他問爸爸：「人說南邊島上有狸和蛇，媽媽為什麼去南邊島上？」沙路揚回答說：「我的兒子，南邊島上沒有狸和蛇，有小鳥和兔子，有野果和花，媽媽去那裡玩哩！」沙路揚領著孩子來到都蘭社海邊，搭著漁民的船渡海到小島。小島又小又荒涼，無人居住，沙路揚見島東面榕樹下有一間茅草棚子，房頂上還冒著炊煙，料想這一定是妻子住的地方。沙路揚不好直接去見妻子，便對兒子說：「我的好兒子，榕樹上的小果子很好吃，你上去採摘吧！」兒子一看，果然榕樹結滿一串串像紅珍珠的小果子，便像猴子一樣靈巧地爬到榕樹上去了。隨後，沙路揚又指著靠近茅草棚子的那根樹枝對兒子說：「那根樹枝的果子最多，你先去那根樹枝上採果子吧！」孩子一看，果然那根樹枝的果子又紅又多，便爬過去採摘去了。沙路揚看孩子爬到靠近茅草棚頂那根樹枝後，便使勁搖撼樹枝，孩子手一滑，便掉落到草房頂上去了。果然，這草棚子恰好住著沙路揚的妻子。她聽到房子頂上「拍」地一聲響，出門來看，原來房頂上站了個孩子，正是自己的兒子，就忙問：「你怎麼來到這裡？我的好兒子。」說完，就把兒子接進房子裡。沙路揚這時躲在榕樹下，還是不好和妻子見面。妻子從孩子的口裡，知道丈夫找她來了，知道丈夫正躲在榕樹下，但她仍記著丈夫的粗暴和虐待，不想和他見面。她只給兒子喝水吃飯，不叫丈夫進來。沙路揚見妻子不搭理自己，也沒有生氣。他把自己從家裡帶來的兩塊肉扔到妻子的門前。妻子出門來看到肉，驚奇地說：「這是哪裡來的肉啊？難道是老鷹叼下來的？」兒子說：「媽媽，這是我們家裡的肉，一定是爸爸送給你的。」但媽媽搖了搖頭，仍沒有請爸爸進屋子裡去。沙路揚見妻子仍然不理自己，也沒有生氣。他又把自己從家裡帶來的飯團扔到妻子的門前。妻子出門來看到飯團，又驚奇地說：「這是哪裡來的飯團啊，難道是老熊叼的？」「這是我們家裡的飯團，一定是爸爸送給你

的。」兒子說。媽媽又搖了搖頭，還是沒有請爸爸進房子裡去。天黑了，妻子和孩子住在草棚子裡，沙路揚住在榕樹上。孩子說：「媽媽，叫爸爸進棚子裡睡覺吧！」媽媽回答說：「屋裡住不下，你爸爸在樹枝上睡覺很涼快的。」沙路揚又饑又凍地在樹枝上住了一夜。天快亮的時候，妻子聽房頂上有沙沙作響的聲音。猛地忽拉一聲，房頂全被揭開了，房牆也被推倒了，妻子莫名其妙，還以為是颳了大風。這時，沙路揚出現在妻子面前，對妻子認錯說：「是我揭了房頂推倒了房牆，我的妻子，這草棚子哪裡能住人？請同我一道回家吧！」妻子雖然很恨丈夫，但眼下見丈夫這種情景，心中的怒火消了。臨時容身的草棚也沒了，兒子也一個勁地要求媽媽回家，這樣，沙路揚的妻子便隨他回家了。從此，沙路揚再也不虐待妻子了，夫妻倆和睦互助，過著安寧的日子。

本則傳說故事敘述一位叫做沙路揚的獵人，經常虐待妻子。妻子終於受不了，逃到火燒島去，自個兒一人過日子。

沙路揚自從妻子出走後，家裡凡事都自己來做，這時候才發現妻子在家裡的工作也是非常辛苦的，他開始後悔當初虐待妻子。

於是決定帶著孩子到火燒島去尋找妻子，找到妻子落腳的草棚後，妻子還是非常恨丈夫施虐，只理會她的孩子，但是經過丈夫虔誠的悔過與兒子的要求，妻子終於答應破鏡重圓，回到家園，從此夫妻倆和睦互助，過著安寧的日子。

五、阿美族愛情歌謠

阿美族近代歌謠〈西別哼哼〉（註五）

西別哼那魯灣

西別哼哼，西別哄哄

我上山去撿火柴

看見竹子是

那麼挺直又漂亮

而我呢？不也是像

竹子那麼挺直漂亮

什麼時候

才會被人家看上呢？

西別哼那魯灣

西別哼哼，西別哄哄

我到田裡去採大白菜

大白菜是那麼地潔白

而我呢？不也是像

大白菜那麼地潔白

什麼時候

才會有人把我採回家呢？

西別哼那魯灣

西別哼哼，西別哄哄

我上山去採 Ta tu kecn

Ta tu kecn 是那麼地好吃

而我呢？不知道要

什麼時候才有人

也把我採回家去

啃一啃吃一吃呢？

阿美族近代歌謠〈馬蘭姑娘〉
（註六）

媽媽呀！爸爸

管我別太嚴好嗎？

現在有人看上我哪！

是別家的男孩子呀！

媽媽，請你們答應嘛！

不要不理會好嗎？

如果你們不答應的話

我只好去躺臥在鐵軌上

讓火車把我碾成三段

弟弟呀！哥哥

弟弟呀！請把我的衣服拿

過來

我的婚事媽媽還不理睬

如果我的婚事遇到了阻礙

我將會消失不在

永遠不會回來

哥哥呀！弟弟

哥哥，把我帶走嘛！

媽媽還不答應呀！

媽媽，請你們答應好嗎？

如果你們不答應的話

我只好去死吧！

也許我會躺臥在鐵軌上

讓火車把我碾成三段

阿美族歌謠〈背影〉（註七）

哦！

那位小姐的背影

看來那麼地新穎

可是走近一看

哦！

原來是荒郊的幽靈

罷了！罷了！

哦！

那位小姐的軀幹

看來那麼地修長

可是走近一看

哦！

原來是電線桿

罷了！罷了！

想要娶個新娘

可真是困難

唉！只好單身過一生

伊那（媽媽），阿媽（爸

爸），請原諒

哦！

那位青年的背影

看來那麼地英俊

可是走近一看

哦！

原來身材矮如中午的倒影

罷了！罷了！

想要嫁個情郎

可真是困難

唉！只好孤獨過一生

伊那，阿媽，請原諒

阿美族歌謠〈約會〉（註八）

腳踏車的鈴聲鈴鈴響

哥哥騎車就是不一樣

等我可要面對窗口的光亮

如果不是那樣

爸媽怎能看清你的模樣

風聲蕭蕭作響

看看哥哥走來的模樣

等我可要站在黑暗的地方

別讓媽媽看到你的模樣

免得我不好意思講

風聲蕭蕭作響

你邀我去知本玩

如果媽媽不同意

我就不便前往

阿美族現代歌謠〈行船的人〉（註
九）

哥哥離開我是不得已

坐上漁船要去捕魚

布望你多保重自己

你吩咐的話語

我絕不會忘記

如果不是家徒四壁

你又何必遠離我而去

遠洋漁船已開航

你的影子漸消散

想著兩年的時光

我的心怎能不慌張

阿美族歌謠〈分手〉（註十）

分手兩年多

相思把我折磨

你若譜新歌

還請要對我說

不用擔心我

我已經不難過

雖然緣分薄

仍只愛你一個

阿美族歌謠〈石山之戀〉（註
十一）

加路蘭港邊有座石山

姑娘的歌兒唱呀唱不完

月光淡淡照著加路蘭

石山的姑娘為何歌聲斷

朦朧月光照著姑娘的臉

清清的淚珠難把悲傷掩

月落石山姑娘望穿眼

負心的情郎已經回大阪

加路蘭港邊有座石山

姑娘的歌兒唱呀唱不完

盡情唱吧！嘹亮又婉轉

歌聲必能夠為妳把情傳

阿美族歌謠〈我該如何〉（註
十二）

伊那，阿媽

人家嫌棄我

我還是想著哥哥

你們說我該如何

伊那，阿媽

沒人知道我

我是如何地想著哥哥

我愛哥哥有何不可

伊那，阿媽

人家成雙成對像天鵝

看了使我難過

你們說我該如何

阿美族歌謠〈心傷〉（註十三）

她的家在我附近

我去找她受到了歡迎

她對我的熱情

使我動了心

可是

當我送給她檳榔

她卻把它踩在地上

我不但心兒慌

也大所失望

當我送一隻手錶要她戴上

她卻用石頭把它打爛

雙眼只看著遠方

使我心傷

阿美族歌謠〈他們不歡迎我〉

（註十四）

伊那！

妳叫我到那年輕人的地方

可是

他的媽媽嘮叨說個不完

阿媽！

你叫我跟那年輕人遊玩

可是

他的爸爸向我吐痰

不喜歡我跟他的孩子玩

哥哥！

我去找那青年玩

可是

他的哥哥卻把我擋

不喜歡我跟他的弟弟玩

弟弟！

你鼓勵我去那年輕人的地

方

可是

他的弟弟羞辱我不陪我玩

註釋

註一：內政部委託台灣大學人類學系研究《台灣山胞各族傳統神話故事與傳說文獻編纂研究》，1994年4月30日。

註二：同註一。

註三：同註一。

註四：范純甫主編《原住民傳說（下）》，台北，華嚴出版社，1998年4月。

註五：林道生《台灣原住民族口傳文學選集》，花蓮縣立文化中心，1996年6月。

註六：同註五。

註七：同註五。

註八：同註五。

註九：同註五。

註十：同註五。

註十一：同註五。

註十二：同註五。

註十三：同註五。

註十四：同註五。

阿美族神怒與神罰口傳文學

第二五章

陳千武譯述《台灣原住民的母語傳說》:(註一)

　　布達帖斯的妻子巴烈帖斯有別的男人做情夫。布達帖斯問他
們的孩子,「你母親的姦夫是哪一個人?」他把孩子扛在肩上,
到外面去,遇到男人就問:「是不是那個人?」孩子說:「不是。」
有一天發現了那個人,孩子告訴父親說:「就是他!」然後,
布達帖斯便拿刀去殺了妻的姦夫。可是,被布達帖斯殺死的人,
他兄弟要來報仇,從此社裡的人便開始互相殺害,很多人因而
死了。都是因為布達帖斯殺死了妻的姦夫而起因的。古早就有傳
言:「不能做那種通姦的羞事,有了姦婦就會開始相殺。」

本則傳說故事情節要述如下:

(一)布達帖斯的妻子巴烈帖斯與其他男子暗通款曲。

(二)布達帖斯把孩子扛在肩上,到外面去指認媽媽的姦夫。

(三)有一天孩子發現媽媽的姦夫,告訴了父親。

(四)布達帖斯得知妻子的姦夫為誰之後,便拿刀去殺了妻的姦夫。

(五)姦夫的兄弟要來報仇,從此社裡的人便開始互相殺害,很多
　　　人因而死了。

　　本則故事謂不守婦道的「女人」,引起了社會的殺機。俗語說:「萬
惡淫為首。」淫亂造成社會的不安,許多社會或殺謬事件都因淫亂所造
成。在阿美族的傳言裡,早就有「不能做那種通姦的羞事,有了姦婦就
會開始相殺。」

　　劉斌雄等著《秀姑巒阿美族的社會組織》,載一則通姦的傳說故事:
(註二)

　　從前有一個名字叫做 iko 的人,他的太太 lungats 和 amits
有姦情,被 iko 知道了。一天,iko 故意跟太太 lungats 說:「我
要出去狩獵,今晚不回來。」其妻信以為真,就約了她的情人
amits 來家幽會。iko 晚上折返家中,姦夫來不及逃走,乃藏於
屋角,以麻布袋套於頭上。妻詢夫何以如此迅速返家?夫告以

已獵得一山豬放在田裡，說完並拔槍表演獵豬狀，將槍擲向屋角麻袋，一聲慘叫，amits 遂死於袋中。其後 iko 的三個弟弟 vasa，tsanol 及 kaniu 到 amits 的家裡去交涉，令其遺屬需在五十年內到 iko 家去給 iko 工作，並需負責他家五十年內的食糧。lungats 於發生此事後，羞得不敢見人，成天的躲在屋子裡，如是者凡五年，全身骯髒異常，衣服內生滿蝨子，於是告訴她的父母說：「我要變鳥了。」說完就有一隻鳥從屋子裡飛出去，以後這隻鳥還時常飛回家來玩，回來時唱著：「vaʔo vaʔo」的歌。意謂：「像我這樣下場！像我這樣下場！」

本則傳說故事敘說不守婦道與人通姦的婦女最後淪落變身小鳥的下場，而姦夫也慘死，其遺族尚且受罰至 iko 家工作五十年，還要負責五十年的食糧。

淫婦變成鳥後，還時常飛回家來玩，回來時唱著：「vaʔo vaʔo」的歌，意謂：「像我這樣下場！像我這樣下場！」

註釋

註一：陳千武譯述《台灣原住民的母語傳說》，台北，台原出版社，1995 年 5 月。
註二：劉斌雄等著《秀姑巒阿美族的社會組織》，台北，中央研究院民族學研究所專刊之八，1965 年。

阿美族人與動物情口傳文學

第二六章

一、阿美族女與鼠情

《番族慣習調查報告書第二卷阿美族卑南族》載〈與老鼠結為夫婦的姑娘〉:(註一)

> 某家有一女兒,工作勤勉,田裡的工作尤其勝人一籌,知曉者無不稱讚她,因此她在家鄉頗負名聲。這女子每次在田間小屋用餐時,必定將食物掉落在膝邊的地板上,常常會有一隻老鼠竄出來食。一天,她的母親在小屋吃飯,老鼠也像對姑娘般不停地在她的膝邊嬉戲,母親拿起鐵器把老鼠打死。這時女兒正好前來,雖然見狀大驚,但卻不動聲色。母親覺得老鼠肉美味,便把老鼠皮剝了,用火烤來嚐。女兒向母親要了所有的骨頭,自言自語地說:「往常田耕得深且速,粟之獲勝人,皆因此夫翻土一同工作所賜。今離別了,再無更悲之事,我亦以死追夫之後。」言畢即吞下骨頭而死。

本則阿美族故事之女主角工作勤奮,又得力於老鼠幫助翻土深耕,因此農作物之收穫更勝一籌,獲得鄰里之讚賞,但是不幸老鼠被母親剝皮吃了,少女非常悲傷,自殺而死。值得注意的是她自殺的方法異於一般,她是吞下老鼠骨頭而死。

《生蕃傳說集》(1923 年),佐山融吉、大西吉壽著;余萬居譯:(註二)

> 古時某家一少女,每次單獨下田工作,就能在短暫之間就把一大片土地耕耘完畢。其母覺得奇怪,一天悄悄跟蹤,原來是有二、三十隻老鼠幫她工作。少女無意間轉過頭來,發現母親站在那兒,驚慌地跟老鼠們跑進叢中,有一隻大老鼠驚慌失措中被母親殺了。少女傷心之餘,突然吞下鼠屍而死,原來,那一隻老鼠就是她的情夫。

本則阿美族故事謂少女單獨在田裡工作,工作效率非常高,原來是有二、三十隻老鼠幫助她。

少女在田間工作的情形被母親發現，母親把一隻大老鼠（少女情夫）殺死，少女傷心吞下鼠屍殉情而死。吞下鼠屍而死也是很特別的自殺法。

陳千武《台灣原住民的母語傳說》載阿美族奇密社傳說：（註三）

有個女兒去旱田工作，沒有帶便當，請她母親中午帶去給她吃。母親答應了，女兒說：「媽媽，你帶便當來的時候，一定要掛長鈴子來。」母親毫無懷疑，也答應了。太陽升高，到中午吃飯的時候，果然聽到鈴…鈴…的鈴聲。女兒的情夫是老鼠，跟女兒一起在旱田工作。但聽到鈴聲，很快就躲藏到旱田邊的石垣下去了。母親來了，看到女兒採伐的地面比一般廣大，就問：「誰來幫妳採伐的？」女兒欺騙她說：「沒有啊，是我一個人在這兒工作的。」母親很高興女兒所採伐的地，面積竟有那麼廣大。母親不知道女兒有情夫，更不知道女兒的情夫是老鼠。只是猜想有人幫忙女兒的工作而已。過了幾天，母親帶女兒的便當去旱田，此時母親忘記帶鈴子，只帶了便當去。母親首先窺探到有好多老鼠在那兒，數也數不清，好多好多的老鼠，吱吱吱吱喋喋不休地從事採伐工作。母親說：「原來你們就是這樣做工……」一剎那，老鼠都逃進石垣下去了。母親指著最後逃進石垣下的大老鼠，說「那必定是我女兒的丈夫吧！」便伸手去抓住老鼠的尾巴，而用力拉了一下，尾巴皮就剝掉了。現在的老鼠尾巴沒有毛，原因就是女兒的母親拉的。本則傳說故事與上則故事相似，有一少女在田間工作，都是得力於老鼠的幫助，才得以工作有很大的績效，因為有一隻特大隻的老鼠，牠就是少女的情夫，這隻老鼠情夫帶領著無數的老鼠幫忙從事耕作。

本故事不是悲劇故事，即因為少女不正常的行為而非得要對族人之道德認知有個交代。

不過母親拉住逃進石垣下的大老鼠（少女情夫）尾巴，把尾巴皮剝

掉了,如今老鼠尾巴沒有毛的傳說,就是這個原因。

《原語による台灣高砂族傳說集》(1935年),小川尚義、淺井惠倫著;余萬居譯:(註四)

> 有一女每日下田工作,中午時母親會為她送便當來。一天,母親發現女兒開伐的地方特別廣,因而心中生疑。隔日送便當去時,就先在一旁窺視,發現有一群老鼠正與女兒邊聊天邊開伐,原來,那些老鼠是女兒的情夫,母親憤而現身,去拉老鼠的尾巴,今日,鼠尾之所以無毛,就是被少女的母親拉過了所致。

本傳說故事與上則相似。

《蕃族調查報告書》阿眉族海岸群(1915年),佐山融吉著,黃文新譯:(註五)

> 有一少女,每日只將poholu粟盛入便當盒帶到田地去,家人都感到奇怪,有一天跟隨其後到田地去,隱在小屋內偷窺,忽然出現一條大老鼠用嘴掘地,少女則從其後拔除雜草,未幾廣闊的田地即見耕畢。鼠工作畢進小屋來,家人即用鍬打其頭部而將之殺害。看到這一幕的少女不禁出聲說,我失去我的丈夫了,說完後悲痛不堪。少女憂鬱而不工作,數日之後向母親請求欲往他地,母親不許,並從此嚴禁其外出,姑娘亦無可奈何,只好斷了這個念頭,但其工作已不如從前之勘快了。

本傳說故事之少女,自從其丈夫老鼠被家人用鍬打死後,從此就再也無心勤奮工作了。

《番族慣習調查報告書第二卷阿美族卑南族》載〈老鼠之由來〉:(註六)

> 在baba turan有叫做bungtus的農夫,農夫有一女。某日,住在dekal(現知本社)的某人,做好pukin(放置裁縫工具的藤製籃子)拿去賣,但是在balangaw(現今卑南)無人來買,最後他來到了baba turan,求bungtus家買下。bungtus家的

女兒隨手掀開籃蓋，竟然從中跳出帶有陰囊的男根並進入姑娘的大腿間，姑娘驚恐欲絕，但又怕他人知道此事，乃若無其事地推說不需要而退還了籃子。自此以後姑娘即懷孕生下一女。bungtus 夫妻雖對女兒的生產感到存疑，但仍把嬰兒留下來養育。其後女兒再懷孕又生下一女，女兒知道雙親的追問難免，便道出了此事的本末，雙親一時又驚又悲，但是事到如今亦無法可施，僅能對世人以及兩個孩子堅守此祕密。如此渡過一段歲月後，兩個女兒漸漸地長大成人，這時，生母命令兩女到集會所去陪伴父親歸來。姊妹相偕至集會所，但是卻不見人影，只有男根坐在那裡，於是便回家告訴母親這番所見光景。母親告訴她們：「其正為汝之父，當促其歸宅。」姊妹再前往集會所，依母親所示催促父親回家時，竟有如破鐘般的應允聲傳出，兩人驚慌地返回了家。另一方面，生母煮了一大鍋沸水並攜此前往集會所，在途中挖大穴等待，不久，男根如青蛙般跳著歸來，穿過大穴時因跳不過，墜落在穴底深處，於是其妻便從上面注入沸水，穴裡傳出 tus、tus、tus 的哀嚎叫道：「吾後世當咬汝之腰裙。」雖然其言畢即死，但卻因此產生了老鼠，老鼠甚且會咬嚼婦人之腰裙。

本則故事敘述的是一位少女因為掀開放置裁縫工具的藤製籃子，籃子裡突然跳出帶有陰囊的男根並進入姑娘的大腿間。這位少女莫名其妙的懷了兩次孕，生下了兩位女孩，但是她還是非常生氣，煮了一大鍋沸水，引導男根墜落於預先挖掘的穴底深處，把男根燙死了。

因為男根將死的時候，撂下了咒語「吾後世當咬汝之腰裙」。因此產生了老鼠，老鼠甚且會咬嚼婦人之腰裙。

本傳說是一則少女不甘受辱致懷孕生子而採取報復的故事，也是老鼠的起源說。

二、阿美族女與鯽魚情

《番族慣習調查報告書第二卷阿美族卑南族》載〈與魚結為夫婦的姑娘〉：（註七）

> 某夫婦有一妙齡女兒，不許別人碰觸自己平常所攜帶的papaliwa（背籠，用以放置衣物、布片、裁縫用具，或是便當、農具等日常必須用品，出入常攜帶之），日夜不離身邊。有一天，她忘了攜帶背籠去耕地，母親發現女兒竟忘記從不離身的背籠，好奇地去偷看，結果發現籠內有一條fokong（鯽魚），時值午餐時刻，她便把魚取出煮食。女兒從外面回來後憂形於色，詢問母親有誰碰了papaliwa，母親遂告知事情的始末，女兒靜靜地聽完之後，又問母親魚骨丟在何處，女兒拿到骨頭後把它放在手心，說：「未能與夫君同行甚是遺憾，願以死追隨」。隨即吞下骨頭氣悶而絕。她的父母方才察覺實情，對女兒的死感到非常後悔，於是將她與魚骨一同厚葬。

本則故事描寫一阿美族少女有一不離身的背簍，背簍裡有一條鯽魚，是其性伴侶，有一天少女日夜不離身邊的背簍，忘了攜帶到田地裡，結果背簍裡的鯽魚被母親煮來吃了，少女非常遺憾，即以死追隨，吞下骨頭氣悶而絕。父母才發現其女兒為何背簍不離身的原因，對女兒之死亦感到後悔難過，於是將她與魚骨一同厚葬。

《生蕃傳說集》（1923年），佐山融吉、大西吉壽著；余萬居譯：（註八）

> 某家有一少女，日夜工作皆未曾喊累，更奇怪的是她無論走到哪裡，都帶著一個nanuka（絲籃），且時刻不離身。還有一個不尋常的傳言，是說她在田裡工作，都會有英俊青年幫她，或說她在熱絲時，偶有「ka、ka……」的笑聲從她身邊傳出。雙親聞之，也觀察女兒一陣子，但並未發現她有男友的跡象，後來，有次少女病了，長臥床上不起，母親無意間掀開她枕邊的

nanuka，發現裡面有長達二公尺的大鯽魚，馬上就烤來吃，只

把剩下的魚骨又放回去，女兒發現後，哭得死去活來，繼之，吞

下她情夫的遺骨，殉情而亡，女母甚悔，但已回天乏術。

本則故事中的某少女長臥病床時，才被其母發現與鯽魚有情，遂把

鯽魚烤來吃，少女發現吞下魚骨殉情。

少女的母親非常後悔，但是心愛的女兒已經死了，再也不能復生。

三、阿美族女與熊情

杜而未〈阿美族的故事與傳說〉，《考古人類學刊》（1984年）：（註九）

當時有一熊可為人形，他十分喜歡在田間工作的一對姊妹

的妹妹，便化作人形與妹相約，將木棒送至其家，第四天他們

便結婚了，翌日母親見家中有木柴，但均未經刀砍甚感奇怪。

他們結婚數日，女方便要求去男方家，於是新娘跟著丈夫往山

上去，愈走愈遠，那男子竟變成熊，就快到熊的家時，女子深

怕自己被熊所吃，便把熊推到山崖下，那熊就摔死，女子連忙

回家訴說其之遭遇，人們便要她去倉房睡，如此熊便找不到其

人，但第二天到倉房一看，只見血跡淋漓，卻不見女孩蹤影。

本則故事是阿美族女與熊結婚的故事，唯女子發現其夫為熊時，便

把熊推落山崖而死，回到家，家人要求她到倉房睡，「但第二天到倉房

一看，只見血跡淋漓，卻不見女孩蹤影。」

本則故事有許多疑點：

（一）女孩為何物所殺？

（二）熊有沒有摔死？

（三）女孩為熊的靈魂所殺？

（四）女孩住宿的倉房只見血跡淋漓，卻不見女孩蹤影，女孩的屍

首到底去了哪裡？

林道生《台灣原住民族口傳文學選集》載阿美族丁仔漏社〈熊夫〉：

（註十）

　　有一天，一位婦女單獨一個人留守在家。不久，她的丈夫從山上扛著薪柴回來。當丈夫把肩膀上的薪柴放下來時，整個屋子裡都震動了起來。妻子想：「這是怎麼一回事呀！也許是地震吧！」於是，妻子走出屋子到庭院一看，原來是自己的丈夫。丈夫放好了薪柴走入屋子裡。第二天，夫妻兩人到田裡工作。丈夫大約耕作了一甲的田。妻子的母親看看他們兩人竟能在一天內開墾一甲地，大為驚訝地回去了。不一會，丈夫對妻子說：「我們回去我家吧！」兩人便走了。才走了幾步，妻子問丈夫：「你家在那裡呀？」（註：阿美族人盛行招贅，男子婚後都住在女方家）「就在那邊！」丈夫回答。走了一段路，他們都累了。於是在一個懸崖的地方坐下來休息。丈夫對妻子說：「喏！幫我捉虱子！」當妻子為丈夫捉虱子的時候，丈夫的身上一直長起毛來。妻子想：「這到底是怎麼一回事呀！啊！一定是一隻熊！」丈夫正閉眼睛休息的時候，妻子便用力把牠推落懸崖底下。然後趕快逃回家。回到了家，告訴母親說：「我的丈夫是一隻熊。」母親聽了，把女兒藏在笊籬（撈魚竹器，形如蜘蛛網）中。不久，丈夫又回到妻子的家，進入屋子裡便坐在笊籬上面。母親一看：「這，怎麼行呀！」而對熊說：「你坐的那邊是禁忌，不要坐在那邊！你來坐這邊比較好！」熊不理會地說：「不！我要坐這邊。」母親：「告訴你，這裡比較好了！」熊：「不！我坐的這裡比較好！」過了一會，熊便自己走了。母親趕快走到笊籬那邊，打開笊籬一看，只見一堆骨頭，女兒的肉都被熊吃個精光。母親傷心地埋了女兒的骨頭。過了幾天，母親拿著槍閉門嚴陣以待。熊又回來了，說：「我的妻子不見了！」熊來到門口正要進入屋子裡，母親阻止說：「不可以進來！」可是，傲慢的熊不聽勸告地進了屋子裡。母親當即用槍使力地刺死了熊。剝了牠的皮，剖開牠的肚子，看到了肚子裡面有許多被牠吃掉的人。母親說：「吃掉我女兒的正是這一隻熊。」又恨又傷心的母親，再也沒有心情住在這個屋子裡，因此到另外的地方去蓋新家。搬

家的時候也不帶屋子裡原有的東西,一切日用品都重新買過。每天晚上都去女兒的墳墓祭拜。後來,她的財產不斷地增多,成了部落裡很富有的人。

本傳說故事的情節要述:

(一)熊夫的力氣大,扛著薪柴回家並重重放下,導致整個屋子裡都震動了起來。

(二)熊夫工作效率高,夫妻兩人竟能在一天內開墾一甲地。

(三)當熊夫要求妻子到牠家,途中暫歇於一個懸崖處,幫丈夫捉虱子的時候,才發現丈夫是一隻熊。

(四)妻子把熊夫推落懸崖底下,然後趕快逃回家。

(五)母親把女兒藏在笊籬中。

(六)熊夫沒有死,又回到妻子的家,進入屋子裡便坐在笊籬上面。母親阻止熊坐在笊籬上面,但是熊執意不走。

(七)熊走後,母親打開藏著女兒的笊籬一看,只見一堆骨頭,女兒的肉都被熊吃個精光。母親傷心地埋了女兒的骨頭。

(八)過了幾天,熊又回來了,母親阻止其進入屋內,熊無理取鬧,向母親尋找其妻子。

(九)熊硬闖進屋內,母親當即用槍刺死了熊。剝了熊的皮,剖開牠的肚子,看見有許多被牠吃掉的人。

(十)母親傷心到再也沒有心情住在老家,於是遷移他處蓋新家,也不帶走舊家的任何一切東西。

(十一)母親非常懷念她的女兒,每天晚上都去女兒的墳墓祭拜。

(十二)後來母親變成了部落裡很富有的人,財產不斷地增多。

本故事謂母親變成了很富有的人,故事中沒有說明,或許是她每天至女兒墳上祭拜,女兒的魂靈在冥冥中庇祐母親。

四、阿美族男與熊情

陳千武譯述《台灣原住民的母語傳說》載〈網的起源〉:(註十一)

有一艘船駛向北方，有一位乘客生病了，就下岸，在海邊蓋
個小屋休息養病。病好了，有隻牝熊來訪小屋，跟他做了夫妻。
不久生了一個男孩。牝熊每天不休息到山上去採取食物。……

本傳說故事說明一船上生病的男子在某一小島下岸養病，與牝熊做
了夫妻，還生下了一個男孩。牝熊對其夫照顧得無微不至，每天不休息
到山上去採取食物。

《原語による台灣高砂族傳說集》（1935 年），小川尚義、淺井惠倫
著；余萬居譯：（註十二）

曾有一船在海上行駛，因有一人生病遂下舟於一小島休
養。他住在一小屋裡，後來有一雌熊來照顧他，並跟他生了一
個小孩。有一天，原本那艘船又來到此接他們父子走，而雌熊
被那群人誤認為狗，而殺了牠，並吃牠的肉。那小孩長大後，
非常好打架，社人皆譏為「熊小孩」，因此，他向父親問起母
親的事，父親只好避重就輕地說他媽媽是死在海上。……

本則阿美族的故事與上則相同，敘述男子與雌熊的一段感情，並且
生下一個小孩。小孩長大後欲知其母之事，父親打馬虎眼說是母親已死
於海上。

五、阿美族人與猴子情

《原語による台灣高砂族傳說集》（1935 年），小川尚義、淺井惠倫
著；余萬居譯：（註十三）

古有一母叫其子去撿柴。因為那小孩偷懶，母親用飯匙打
了他屁股，據說，那飯匙不小心插入了兒子的臀部，兒子大驚
逃入山中，就沒有再回來過，後來變成了猴子。

傳說猴子是人類的孩子變成的，因此，有些阿美族獵人不會狩獵猴
子，也不吃猴子；有些地方，孕婦禁忌吃猴子，因為猴子是人類的孩子
變成的。

《生蕃傳說集》（1923 年），佐山融吉、大西吉壽著；余萬居譯：（註十四）

> 某家有一懶孩子，叫他去趕鳥都不趕，叫他去田間幫忙的時候都在玩。總而言之，他是一個不受教且不長進的小孩。有一次，他請父親替他做一支 tope（攪拌粟飯之用的器物），父親做了，他卻把它插在後腰上，頭戴鍋子玩，玩著、玩著，就變成了猴子。族社裡的現在還說，懶人會變成猴子。

本則傳說與上則故事相同，都是謂猴子是人類的孩子變成的。孩子變成猴子的故事在阿美族的社會是流傳很普遍的傳說，阿美族人藉著懶人會變成猴子的故事，勸戒懶惰的人要勤奮起來，否則會變成猴子。

六、阿美族男與鴿子情

《生蕃傳說集》（1923 年），佐山融吉、大西吉壽著；余萬居譯：（註十五）

> 古有一男子，凡出去打獵時必帶裝有一隻鴿子的袋子，但回來時從未打回任何獵物。其母生疑，一日遂跟蹤之，發現他並沒有在打獵，只是成天跟鴿子玩。母親後來把鴿子殺了，兒子怨其母殘忍，他把鴿子遺骨裝在原本的那一袋子裡，掛在樑上，照顧備至。後來，他趁母親不在家時，把那些鴿子骨頭吞進肚子裡，然後垂樑，像入夢般地死去。

本則阿美族的傳說故事敘述母親把兒子最心愛的鴿子給殺了，因此兒子趁母親不在家裡時把鴿子骨頭吞進肚子裡，又懸樑自盡。

本故事中的男子假藉打獵而整天與其寵物鴿子玩耍，視鴿子為寶貝，其母殺了這隻鴿子，這位男子也就活不下去了，因此垂樑自殺，如夢般地死去以尋找他的最愛。

七、阿美族人與鯨魚情

傳說阿美族人有祭祀鯨魚的習俗，林道生〈乘鯨到巴里桑：奇密社

阿美族的教育故事〉即載：(註十六)

　　從前，在近海岸的部落有個名為薩達邦的男子，一日，他因出海打魚來到一個小島，當他要在島上起火烤魚充飢時，小島突然開始移動起來，他才發現他身處之地非小島，而是在一隻大鯨魚的背上。鯨魚繼續往西方游，最後在一島岸邊停了下來，薩達邦趕緊跳下來，原來他來到了女人島巴里桑，並很驚訝地發現那裡的女人缺少了上下兩個帕卡（大門，指陰部與嘴巴）。後來，那些女人將他當豬一樣地飼養，他擔心有朝一日會給殺來吃，遂趁隙逃開豬圈，跑到數天前上岸的海邊，正巧發現原帶他來到巴里桑的鯨魚仍在那裡，並好心地將薩達邦載回家鄉去。但是，竟沒有一個村人認識他，也沒有人相信他所說的親身經歷，最後還是在他百般解釋之後，村人才漸漸相信，他年邁的妻子也出來與他相認，眾人皆相當感動。後來，奇密社阿美族人到了小米的除草期，都會以食物祭鯨魚來報恩。

　　這是一則阿美族奇密社族人祭祀海鯨的故事。有一位漁夫闖入了女人島，被女人們俘虜，當豬飼養，以便殺吃，最後海鯨幫助其脫離險難，因此，後來，奇密社阿美族人到了小米的除草期，都會以食物祭鯨魚來報恩。

　　《原語による台灣高砂族傳說集》（1935 年），小川尚義、淺井惠倫著；余萬居譯：(註十七)

　　　一天，sadavan 去河邊撿柴，欲回家時，卻被湍急的水流沖到另一個小島，是為 valaisan（女人島）的村社。那群女人對他的尾巴很好奇，故認定他是隻豬，用柵欄圍他，想養肥了他後再宰他。女人們並不知那尾巴其實是陰莖。其中，有一女飼主漸對 sadavan 有意，一夜跑去和他同眠。不久，那女人懷孕生子，她的小孩也有尾巴，社人皆好奇而拉扯那尾巴，因此，小孩就生病死了。sadavan 日漸變胖，因怕女人的屠殺，用盡心思想離開這個島，有次好不容易逃到岸邊，但正愁沒有船載

他走時，一隻鯨魚出現了 sadavan 告知其委屈後，鯨魚因而動容，願意載他回家。sdavan 回到家之後，鯨魚曾留言每當社中有祭典時，要帶些祭品給牠，sadavan 皆依其言行事。後來，sadavan 快死了，要求家人等他死後，把他的膽拿去獻鯨魚。據說，今日海水是鹹的，就是因 sadavan 之膽的緣故。另外，海水呈藍色，也是 sadavan 之膽的緣故。

本則故事所述之女人島的女人們，對男性陰莖的好奇非常出神入化，與其他故事不同的地方是，本故事的男主角 sadavan，有一天去河邊撿拾木柴，當他心裡想要回家的時候，卻被湍急的水流沖到另一個小島上，這個小島就是女人島，他便開始展開他的歷險記。

後來他逃離了拘禁他的柵欄跑到岸邊，把他的歷險記告知鯨魚，鯨魚受了感動，就載他回到故鄉。鯨魚要求 sadavan 每當社中有祭典時，要帶些祭品給牠，此即後來阿美族人舉行的海祭。當 sadavan 死的時候，為了感恩圖報，交代家人把他的膽拿去獻給鯨魚。

花蓮南勢阿美也有一則有關阿美族人造船起源的傳說：（註十八）

從前有一位叫馬傑傑的人，有一天到河裡去撈魚，不小心掉落河中，被激流沖到大海，雖然大聲喊叫救命，卻聽不到回應的聲音，祇聽到怒濤拍岸的聲音。馬傑傑只好把自己的命運交給天，在波濤間漂浮。到了傍晚已經是水天彷彿之間，遠方微微可見島影，馬傑傑帶著一絲希望用他那早已疲憊的手腳用力地游，雖然已前進不少，但是好像什麼也沒看到，不過馬傑傑並不氣餒，繼續用力地向前游，他的身體更加疲勞了，眼前除了波濤還是波濤，一望無際，一無所有。馬傑傑累了改用仰泳，躺在海浪上仰天觀望。不一會，馬傑傑驚訝地聽到了人的說話聲音，抬頭一看，正有許多人圍集在他的身邊，原來他是躺在沙灘上，這些人你一句我一句地不知道在說些什麼。馬傑傑心想，如果這裡是食人族的話那就不好了，我不是成了他們的食物了。他動了動手和腳坐了起來一看，哦！原來都是婦女，心也安了不少。「啊呀！真稀奇，是個男人，快決定做誰

的丈夫呢？」婦女們爭著拉他的手，把他帶到堂麗的宮殿。那兒山
珍海味堆積如山，馬傑傑接受了最高貴的接待。才知道這裡是女人
島巴萊姍。在女人島上每天被大群美麗的人圍繞著，接受貴賓的招
待，馬傑傑心中雖然快樂，時日一久，難免想念起故鄉及親人。有
一天，馬傑傑又走到當日登陸的海岸，眺望著故鄉的天空，自言自
語地說：「哦！我的妻子現在在做什麼呢？我的母親呢？」怨聲嘆
氣地埋怨起眼前這個大海來，可是一望無際的大海，何止千萬里，
要再度與母親、妻兒相見恐怕是不可能了。馬傑傑兩眼無神地注視
著一波波的海浪拍岸。這時，忽然在浪濤間浮出了一隻鯨魚，好像
在對他說：「別怨聲嘆氣了，快坐上我的背，讓我帶你回故鄉吧！」
馬傑傑大為高興跪在沙灘上拜謝神後騎上了鯨魚的背部。鯨魚飛也
似地乘風破浪，一蹴千里，很快就抵達了故鄉的海岸。數年不見的
故鄉大有改變，卻是那麼地新鮮，回到了家，竟無人認識他，走訪
親戚也沒有人記得他。馬傑傑紙好從頭敘述他的經歷，說起從前的
事情，才有人記憶起馬傑傑的名字來，表示他們有一位叫馬傑傑的
祖父，有一天去河裡撈魚卻不見回來，並且表示這家就是馬傑傑的
家。一方面，鯨魚與馬傑傑分手的時刻也到來。鯨魚告訴馬傑傑，
五天後帶豬五頭、酒五瓶、檳榔五把來這裡祭我，馬傑傑照約定於
五天後帶著所有的東西來到海邊祭鯨魚。當時鯨魚還教阿美族人造
船的技術。

　　本則故事是敘述馬傑傑掉入河中漂流到海上而到達了女人島，在女
人島上，他受到如同皇帝般的貴賓招待，但還是日思夜想他的故鄉。

　　後來鯨魚護送他回家，他們分別五天後，馬傑傑帶豬五頭、酒五
瓶、檳榔五把來到海邊祭鯨魚，或許這就是阿美族人海祭的濫觴。

　　林衡道〈台灣風土〉，《公論報》「副刊」（1982 年），亦有與上則相類
似的故事：（註十九）

　　　　從前有一個叫「馬者者」的，在河邊釣魚，不慎誤落河中，隨
　　　　著河水飄流，竟被沖到遠遠的海中去。馬者者雖然拚命的游，但

是終於疲倦了，而慢慢地陷入意識朦朧的狀態，並漸漸地不省人事了。經過許久，他恢復了意識，此時，他發現他身處於一座美麗的宮殿之中，這裡，到處都是美女，沒有一個男人。原來，這地方是一個女人島，叫做巴萊山島，在女人島中，他受了極上的優待，同時也飽享了雲雨之樂。但是，不久他便想起了他的妻子和他的母親，開始懷鄉心切了。有天，他在海邊碰到一尾鯨魚，鯨魚告訴他，願意送他回家。馬者者喜出望外，便騎了鯨魚，一走千里，馬上就回到故鄉來了。但不料故鄉的事物全變了，他的妻子母親都不在了。他仔細查問才知道，他已經出門好幾十年，現在已經是他的孫子時代了。鯨魚要求馬者者預備五頭豬五瓶酒和五枝檳榔，於五日後在海濱酬謝牠，馬者者便履行了這個約定。過了五天，果然鯨魚又來了，接受他的謝禮，同時還把造船技術傳授給馬者者及他的部落的人們，從此原住民才懂得造船技術。

本則傳說故事描寫馬者者在女人島上生活，一待就是好幾十年，他在女人島中，受了極好的接待，同時也享盡雲雨之樂。

八、阿美族女與鹿情

《番族慣習調查報告書第二卷阿美族卑南族》載阿美族〈與鹿結為夫婦的美人〉：（註二十）

> 古時某夫婦生有一如花似玉的女兒。當小米成熟之時，父親命令女兒到耕地監視野獸是否來襲（耕地建有小屋，當用餐、休息、過夜之用）。一日，父親來到耕地，發現有鹿之足跡，小米卻無損害跡象，於是命令女兒要提高警覺嚴加監視，爾後便返家。經過數日之後再至耕地時，父親看見鹿的足跡比以前更多，而且有倒下的小米，便責罵女兒怠慢後又返家。而第三次巡視耕地時，父親看到災害情況更為嚴重，因而命令女兒返家，當晚自己留在耕地監視。他發現有一頭巨大的花鹿出現，便立即射殺牠，將其頭切下攜回，並告訴家人事情的經過。女兒要求父親讓她看鹿頭，

並將鹿頭置於家門口的 falang（樑）上。女兒以懷念的神情看著鹿頭，未幾突然躍身撲向鹿角貫穿胸部而氣絕。雙親因事出突然而驚訝悲傷不已，但逝者已矣，便在厚葬女兒之後，請巫師詢問死因，才知原來父親所擊殺的大鹿是女兒的丈夫，女兒是為追隨丈夫而死。

這是阿美族一則少女為鹿殉情的傳說故事。父親在小米田獵殺鹿後，女兒突然躍身撲向鹿角貫穿胸部而氣絕。

經詢問巫師為何女兒自殺，才知道女兒與鹿的一段情，但是逝者已矣，再也無法挽回女兒的生命。

在台灣原住民族有關於人與獸情的許多故事，都會將當事人處以極刑，以對社會道德倫理做一個很明確的懲罰，讓人們清楚的分辨是非，雖然很殘忍，但是其正面的意義與價值是肯定的。

林道生《台灣原住民族口傳文學選集》載阿美族丁仔漏社〈鹿夫〉：（註二一）

有個部落，一位婦女把一隻花鹿當做自己的丈夫。這位婦女，每當要去田裡工作的時候，都不答應家人幫忙。每天單獨一個人去田裡工作。因此，母親不可思議地猜想：「這孩子都不要人幫忙。到底是怎麼一回事呀！」於是，母親對女兒說：「妳可以找人來幫忙。」可是，女兒回答：「找人幫忙，有什麼用呢？」母親聽女兒的回答，心中更加疑惑，不知道是怎麼一回事。只是常常想：「為甚麼女兒不要人幫忙呢？」到了中午，母親帶著女兒的飯盒到田裡去。快到田裡的時候，傳來了互相說話的聲音，還有快樂的笑聲。母親急著要知道對方是誰。而快步走到田裡。但是，除了女兒並沒有其他的人。「剛才說話的是誰呀？」母親問女兒。「沒有呀！」女兒回答。母親看了看田裡的工作，發現一個上午完成了這麼多工作。心想這一定是有人幫忙。「女兒的幫手是誰呢？為什麼要來幫女兒工作呢？是什麼時候來的？如果是女兒一個人做的，怎麼能完成這麼多工作呀！」怎麼都想不通的母親，又開口

問女兒：「妳為甚麼要把他藏起來呢？他是誰呀？」女兒還是回答：「並沒有人在幫我工作呀！」過了幾天，稻米、小米（粟）、蕃薯（地瓜）都長出來了。父親對妻子說：「我去田裡看看！」父親到了田裡，四周都長得很漂亮。心中很高興。父親想：「到底是誰在幫忙採伐的呀！」仔細查看了一下，在田的邊緣開有一條新路，還有走過的足跡。父親回到了家裡，問家裡的人：「你們當中有誰去過田裡嗎？」家人都說：「有誰去過田裡？我們當中並沒有人去過田裡呀！」父親一頭霧水，覺得怪怪的，新開了那麼一條好路，是誰開的呢？於是，再一次地走去田裡。這次，父親在田的周圍看到了許多花鹿的足跡，可是稻、小米、地瓜都沒有被吃過的痕跡。「這隻花鹿是怎麼來的，竟然沒有吃田裡的農作物。我就等他出現吧！」父親先回家一趟，這次帶了一支槍到田裡，在邊緣隱蔽的地方等待。不一會，花鹿出來了，仰起頭在看田裡的農作物。父親小聲地說：「來吧！花鹿，你就要死了！」父親小心地用槍瞄準花鹿，扣板機「碰！」地一聲，花鹿也應聲倒了下去，仰天死了。父親很高興地扛著花鹿回家。女兒看了父親扛著花鹿回來，對父親說：「把牠的頭轉過來，讓我看看！」父親照著女兒的意思，把花鹿的頭轉向女兒那邊。看了花鹿的臉，女兒一步步爬上屋樑，生氣地對父親說：「你為甚麼要殺牠？牠是我的丈夫呀！」女兒說完了，從屋樑上跳了下來，插刺在花鹿的角上死了。父親悲傷地說：「原來這隻花鹿是我女兒的丈夫。難怪田園被整理的那麼漂亮！」

　　人類與鹿結為夫婦的傳說，不僅在阿美族之間存在，在卑南族中亦有所流傳，故事情節二族大致相類似，令人以為可能同出一轍。女兒單獨在田裡工作，不願意人家幫忙，但是田裡的工作做得井井有條，母親首先懷疑到底是誰幫忙她耕作，後來父親也懷疑起來。某日，父親在山田中獵獲一頭花鹿，女兒看了很生氣，從屋樑上跳了下來，插刺在花鹿的角上死了。這時家人才知道花鹿是女兒的丈夫，也恍然大悟，原來幫忙女兒耕作的就是這隻花鹿。

九、阿美族男與鹿情

范純甫主編《原住民傳說（下）》載〈鹿姑娘〉：（註二二）

在阿美人的一個部落裡，有對夫妻五十歲了，生了個男孩子，取名「雅艾」，意思是好呀。雅艾生得漂亮又聰明，長到七、八歲，又會跳舞，又會唱歌。十歲他就跟爸爸上山捕鹿獵羊。可是，誰也料不到！在雅艾長到十八歲的那年，部落裡鬧了一場瘟災，父母死了，只剩下他一個人孤零零地過日子！一天，雅艾一個人上山去打獵。在莽莽蒼蒼的森林裡，他感到冷清。他心裡悶呵，就唱起思念親人的歌來。忽然，他聽到一陣「唔啊唔阿」的呼聲從林子那邊傳來！雅艾從背上取下弓箭，循著聲音走去，見一條蟒蛇纏著一隻梅花鹿，立即一箭射去。蟒蛇中箭後，連忙逃走了。雅艾走到鹿的身邊，輕拍著牠的腦袋，說：「去吧！美麗的梅花鹿。去找你的伙件吧！」那隻鹿呢，沒有回森林去，而是跟著雅艾下山了，一直走到了雅艾的家。第二天，雅艾上山不到半天就回來了。誰知，他剛走到屋門口，就聽見屋內像有人在走動，從門縫裡一瞧，不禁暗吃一驚，咦，怎麼屋裡有個姑娘？雅艾衝進屋裡，問道：「你是誰？你是哪個部落的姑娘？怎麼到我家裡來？」姑娘見無法掩蓋，只好說出了實情：原來，她就是在森林裡被救活的那隻梅花鹿！她因感激雅艾，就變成為一個美麗的姑娘，要與雅艾結成夫妻。雅艾一聽，立刻就答應了。雅艾與鹿姑娘成了夫妻，打獵一起上山，種田一塊下地，日子過得很快活。一天，鹿姑娘對雅艾說：「我今天不跟你上山去打獵了。我要織布，給你做件衣服穿。」「那好哇！」雅艾順從地應著，剛背起弓箭要出門，又被鹿姑娘叫住了。鹿姑娘叮囑道：「雅艾，要記住：我織布的時候，你不要回來，也不能在外面偷看呀！」雅艾點點頭，上山打獵去了。出奇的事情，雅艾怎麼也想不到，等他傍黑打獵回來時，鹿姑娘已經幫他做好了一件色彩鮮豔的衣服。第二天，雅艾穿著妻子給

他做的彩色衣裳，剛走出石屋，就被鄉親們看見了，大家好奇地圍著他起哄：「雅艾，你穿的是什麼呀？可好看！」「雅艾，你這東西是從哪裡來的呀？也給我穿穿吧！」「這是衣服呀！是我妻子做的哩！」雅艾笑著說，就把鹿姑娘為他織布做衣的事全說了出來，鄉親聽了很高興，女人們更覺得新奇，都說要去跟鹿姑娘學織布做衣服。雅艾說：「怕不行呀！我妻子說過，她織布是不讓別人看的呀！」那些女人說：「雅艾，你回去說說情，要她教我們織布做衣吧！」雅艾回到家，把事情向鹿姑娘說了。鹿姑娘很高興，但不敢教姐妹們織布做衣。「雅艾，我的好雅艾。你告訴鄉親們，我會替他們織布，會替他們做漂亮衣裳的。但是，我不敢教他們，你也不能偷看。好雅艾，你要記住，千萬不能偷看呵！」雅艾聽了她的話，心裡的疑團更大了。一天，他上山打獵，提早回到家來，便悄悄地從門縫朝裡偷看：只見全身彩色斑爛的鹿姑娘，正坐在織布機前，將自己身上那金光閃亮的長毛一根一根地拔下來，放在機上來回地梭織著。雅艾看見她，從身上每拔下一根彩毛，都要痛得皺一皺眉頭，額上滲出一顆汗珠來，而鹿姑娘呵，為了讓鄉親們都穿上彩色鮮豔的衣裳，她忍痛-根一根地拔著身上的毛，一梭一梭地來回織著……雅艾看了，心裡很感動，也很難受，忍不住走進屋裡，輕輕地走到布機前，含著眼淚對妻子說：「呵！你不要織了，不要織了！」「你？哎呀，你偷看我織布啦？」鹿姑娘回頭驚恐地望著丈夫，叫道：「雅艾，我們不能再做夫妻啦，我再也不能為鄉親們織布了！」說著，只見鹿姑娘雙手抱著額頭，跌到地上，在一陣黑煙中不見了。「鹿姑娘，鹿姑娘！我的妻子呵！」雅艾叫著，找著，尋著，又一聲一聲地喊著，但是，再也看不到鹿姑娘了。人們傳說，美麗善良的鹿姑娘，被惡鬼嘎哇斯抓走了！還說原住民所以長時間都是披著樹葉獸皮，那是因為惡鬼嘎哇斯不准鹿姑娘教會原住民織布做衣呀！以後，雖然學會了織布，學會了做衣，但織不好，也織不漂亮呵，那是因為鹿姑娘她那高超的織布手藝沒有傳下來呀！

本則傳說故事敘述雅艾上山去打獵，忽聽到「唔啊唔阿」的呼聲，原來是一條蟒蛇纏著一隻梅花鹿，便一箭射中蟒蛇。蟒蛇逃走後，雅艾撫拍著梅花鹿的頭說：「去吧！美麗的梅花鹿，去找你的伙伴吧！」

當雅艾回家，梅花鹿也跟隨在後。第二天，雅艾上山不到半天就回來了，看到屋內有人，原來是梅花鹿化成鹿姑娘。為了報答雅艾救命之恩，要與雅艾成為夫妻，他們相處得非常愉快。

有一天，鹿姑娘替丈夫雅艾織了一件美麗彩色的衣裳，鄉親婦女都非常羨慕，紛紛要求鹿姑娘教授他們織布。

但是鹿姑娘是不能教她們織布的，但是會替婦女們織布，讓她們都有漂亮的衣裳，鹿姑娘並且也要求丈夫雅艾絕對不准偷看她織布。

有一天，雅艾上山打獵，提早回家，偷偷從門縫看鹿姑娘織布，原來鹿姑娘是從自己身上拔起金毛織布，每拔下一根彩毛，都要痛得皺一皺眉頭，額上滲出一顆汗珠來，雅艾忍不住走進屋裡，含著眼淚對妻子鹿姑娘說：「呵！你不要織了，不要織了！」

鹿姑娘織布被丈夫雅艾看到了「雙手抱著額頭，跌到地上，在一陣黑煙中不見了」。任憑雅艾如何地一聲又一聲地叫喊，但是，鹿姑娘仍永遠消失了。

- -

十、阿美族女與山豬情

《生蕃傳說集》（1923年），佐山融吉、大西吉壽著；余萬居譯：（註二三）

> 某地有一對夫妻，膝下有一待婚之年的女兒，夫妻每天輪流到田邊去防山豬，後由女兒專責取代，可是有鄰人告之父母，說：「你們的田被山豬糟塌成那樣，再好的氣候也沒用！」雙親覺得不可能，親自去田裡查看，正好發現其女正在跟山豬migoha，雙親大喊，豬遂跑走。……

本則傳說故事是說一待婚之年的少女，不好好照顧山田，竟然被父母發現跟山豬 migoha。

《原語による台灣高砂族傳說集》（1935年），小川尚義、淺井惠倫著；余萬居譯：（註二四）

> 有一少女去守田地，在那裡與豬結成了夫妻，而田裡的稻正是山豬的食物。少女的父母去看田地時，發現稻禾已被吃個精光了，故現在都由男人來耕耘，若有女人種田，必會被山豬破壞。

本傳說故事謂，現在的稻禾田地均由男人來耕耘，因為女人單獨去種田，會與山豬發生感情，田地必會被山豬破壞。

林道生《原住民神話‧故事全集（二）》載奇密社〈情夫是山豬〉：（註二五）

> 從前，在一個部落裡，有一天母親對女兒說：「女兒呀！妳去看顧稻田！」「好的！」女兒回了母親的話，就往田裡去。到了稻田，女兒對她的情夫山豬說：「好了！出來吧！」山豬聽了便出來，走到她的稻田裡。女兒與山豬結成了夫妻。女兒種的稻也都成了山豬最愛吃的食物。不久，女兒的父母親來到田裡。看到所有的稻都被山豬吃個精光。母親生氣地苛責女兒：「我要妳看顧稻田，妳卻讓山豬把所有的稻都吃光了！」後來，在部落裡山豬之喜歡吃婦女們種的農作物，就是從當時的婦女的情夫山豬延續下來的。因此，便改由男人下田耕作，因為，如果仍然由婦女耕作的話，農作物也必定被山豬吃個精光。

這是一則女與山豬情的故事，但是山田裡的農作物都被山豬吃個精光。

十一、阿美族男與螺螄情

范純甫主編《原住民傳說（下）》載〈螺螄姑娘〉：（註二六）

> 有一個窮苦的農民，住在一間破草屋裡。當他出去勞動的時候，家裡便空空的，很少有人到他家裡去。一天晚上，那個農民撿到了一個螺螄。這個螺螄很大，一個螺螄差不多就裝滿了筐。回家以後，他立刻就把那個大螺螄放在水缸裡養著。每天給大螺

蜊換一次清水，換水的時候一定要俯在水缸邊上玩半天。因為他愛這個螺蜊長得出奇，寧願肚子挨餓也不肯用它來充飢。過了一些日子，那個農民到田裡去鋤草，快到做飯的時候，他便回家了。誰知，開門一看，飯已經做好了放在爐灶上。農民奇怪，心想：「是誰這麼好心眼兒，會替我做飯呢？」第二天，快到做飯的時候，他又回家去做飯，還是照樣的，不知道是誰已經把飯給做好了。這時他越發感到奇怪，就跑去問鄰居，鄰居都說沒幫他做飯。那個農民就想出了一個辦法來，第二天他裝作到田裡去，然後把門關上，躲在一邊等著，等了一會兒，他就看見一個姑娘從水缸裡走出來，走到灶上點火做飯。這時候農民馬上開門走進屋來，對姑娘說：「原來是妳在幫我做飯。」姑娘沒有想到農民會在這個時候回來，也來不及回到水缸裡去了，就說：「因為你待我太好了，所以我才出來給你做飯。」從此以後，兩個就成了恩愛夫妻了。丈夫到地裡幹活，妻子在家裡縫補衣服。農民因為太愛他的妻子，所以每次到田裡幹活，不一會兒就跑回家裡去看他的妻子。回家看一會兒又回到田裡去幹活。到田裡剛一彎腰又跑回家去。他的妻子見丈夫老來回跑，就跟丈夫說：「你為什麼老跑回來，這樣幹活兒要到什麼時候才能幹完呢？」丈夫回答說：「因為我在田裡幹活兒，心裡老想著你，幹不下去，所以一會兒就得回來看看妳。」妻子說：「原來是這樣，那好辦，我這裡有張畫像，你把它帶到田裡去，你什麼時候想看都可以拿出來看，就不必老往家跑了。」丈夫就把妻子的畫像帶到田裡去，把它掛在一根竹竿頭上插在自己的面前，一邊鋤草，一邊看畫像。果然這個辦法很好，鋤草的時候就不用老往家裡跑了。哪料，一天忽然起了暴風，農民妻子的畫像被風颳跑了。農民跟著追上去，可是風颳得太猛了，眨眼間畫像不見了。沒辦法，他就回家告訴他的妻子。妻子說他不應該那樣粗心，把畫像掛在竹竿上。不巧得很，那張畫像被風颳到很遠的草地去，叫一個頭目的侍從撿到了。侍從看到畫

像上的女人長得好看，就將它送到頭目面前去獻媚。頭目一看，那像上的女人是個從來也沒有見過的美人，就想：這樣漂亮的女人，能娶來作老婆那有多幸福，於是立刻下命令，讓侍從們馬上到處尋找那畫像上的女人。侍從們每個人拿著一根打狗棍子，挨家挨戶去查尋，找遍了村戶，就是找不到畫像上的美人。當侍從們從丟失畫像的農民門口走了幾趟，都沒有進去尋找。他們想，那漂亮女人不會在這樣的破房子裡住。後來實在找不到下無意中推開門走進那間破房子，進屋一看，裡面有一個漂亮女人，果然就是畫像上的那個。大家就七手八腳地把她拉了出來，帶到頭目那裡去了。頭目一看，正是畫像上的那個美人，就重賞了侍從們，並且就和那個女人成婚了。從此以後，農民的妻子就成了頭目的老婆了。當農民從田裡回家時，妻子不見了，飯也沒做，他急了，就跑到鄰居家去問，鄰居也不知道。他又回到屋裡尋找，水缸裡空空的，妻子的耳環和首飾都整整齊齊地放在那裡，就是不知道人到哪裡去了，農民心裡開始難過了，好像喪失了靈魂的人，一點精神也沒有。時光一天天地過去，農民每天都在想念著他的妻子，活兒幹不下去，飯也吃不下去。一天一個月一年的過去了，總是不見妻子回來，也沒有個音信。因為生活困難，沒辦法他只好把妻子的首飾拿出去變賣。可是他熟悉的人家，也不富裕，首飾沒人要。後來他走到一個較遠的地方，遠遠地看到一座華麗的房屋，他想這是個有錢人家，一定有人買首飾。到了那家門口，就大聲喊著賣首飾。不一會，門開了，走出一個女人和一個男人來。農民一看那個女人很面熟，便拭了拭眼睛仔細地看了看，一下子就認出這是自己的妻子。這時那個女人看到這些首飾，感到很熟悉，好像在哪兒見過似的，就拿在手裡擺弄著反覆地看，越看越愛看，就對頭目說：「我很喜歡這些首飾。」頭目一聽他的妻子很愛這些首飾，就問那個賣首飾的人要多少錢。賣首飾的回答說：「很便宜，你們要買，我就減價賣給你們。我也不需要錢，只要這麼長這

麼寬一把快刀。有這樣一把刀，我就把這些首飾完全給你們。」賣首飾的人一邊說著一邊用手比量著。頭目說：「這很容易。」說著就跑回去拿一把快刀，交給賣首飾的人。賣首飾的人接過刀來對頭目說：「很好，我就需要這樣一把刀。現在首飾歸你，刀歸我了，我們應該互相敬禮，表示我們交易的成功。」頭目聽了，就很高興地向賣首飾的人彎腰施禮。這時，賣首飾的人就趁勢一刀把頭目的頭砍下來了，然後把自己的妻子領回家去了。

本則傳說故事記述一名窮苦的農民，有一天晚上，撿到了一個長得出奇的大螺螄，回家後，放在水缸裡養著，不忍心吃它。

過了一段時間，農民到田裡工作，返家時發現飯菜已經做好了，他非常懷疑。第二天，同樣是如此。他決心查個清楚，次日假裝到田裡工作，然後躲在一角，果然看見一位姑娘從水缸裡走出來，走到灶上點火做飯。從此以後，兩人就成了恩愛夫妻了。

農民非常愛他的妻子，每日到山田裡工作卻不時的跑回家看一看妻子，才肯甘心回去山田裡工作。妻子就送丈夫自己的畫像讓他帶到山上工作，這樣就不必不時來回看妻子了。

丈夫把妻子的畫像掛在一根竹竿頭上並插在自己的面前，一邊鋤草，一邊看畫像。不料，有一次，妻子的畫像被暴風颳跑了。不巧，被頭目的侍從撿到了，於是命令侍從尋找那畫像上的女人，找到後便迫使她與頭目成親。

農民回到家，發現妻子已經不見了，縱然傷心也於事無補。農民的生活更加困難，於是拿出妻子的首飾變賣，走到一座華麗的房屋前發覺原來是頭目的住家，屋內走出一名女人和男人來，他看出那女人便是他失蹤的妻子。

農人拿首飾與頭目的快刀交換後，利用兩人彎腰互謝時，趁勢一刀將頭目的頭砍下來，終將能把自己的妻子領回家去了。

註釋

註一：黃智慧主編，台灣總督府臨時台灣舊慣調查會原著《番族慣習調查報告書第二卷阿美族卑南族》，中央研究院民族學研究所編譯，2000 年 11 月。

註二：內政部委託台灣大學人類學系研究《台灣山胞各族傳統神話故事與傳說文獻編纂研究》，1994 年 4 月 30 日。

註三：陳千武譯述《台灣原住民的母語傳說》，台北，台原出版社，1995 年 5 月。

註四：同註二。

註五：同註二。

註六：同註一。

註七：同註一。

註八：同註二。

註九：同註二。

註十：林道生《台灣原住民族口傳文學選集》，花蓮縣立文化中心，1996 年 6 月。

註十一：同註三。

註十二：同註二。

註十三：同註二。

註十四：同註二。

註十五：同註二。

註十六：林道生〈乘鯨到巴里桑：奇密社阿美族的教育故事〉，1991 年 10 月，載於《東海岸評論》。

註十七：同註二。

註十八：林道生〈阿美族的口碑與傳說故事〉，1991 年 12 月載於《東海岸評論》。

註十九：同註二。

註二十：同註一。

註二一：同註十。

註二二：范純甫主編《原住民傳說（下）》，台北，華嚴出版社，1998 年 4 月。

註二三：同註二。

註二四：同註二。

註二五：林道生《原住民神話‧故事全集（二）》，台北，漢藝色研文化公司，2002 年 1 月。

註二六：同註二二。

阿美族性愛與貪婪的情欲口傳文學

第二七章

據台灣原住民各族群有關「性愛」的口傳文學，人類的「性愛」或「性交」，不是與生俱來就已經自然懂得與學會的。有些竟然用了一段相當長時間的努力探索，一直沒有獲得正確的結果，經過一些鳥類或昆蟲的啟示或示範，才豁然開朗，發現「性交」的大祕密原來如此。

　　阿美族的「性愛」口傳文學，大致可以分類為三大類：

　　（一）神的性愛世界：此類傳說為男女始祖神降世，為傳衍後代子孫，用盡許多時間，廢寢忘食，尋找與試驗性愛之方法，最後終得如願，學會性愛之法。

　　（二）人的性愛世界：此類故事大多是兄妹創世婚的性愛世界。

　　（三）人與獸的性愛世界：指人與獸性交，有人姦獸，有獸姦人等。

一、阿美族神的性愛世界

　　林道生〈阿美族的口碑與傳說故事〉：（註一）

　　　　太古時，有一對男女神降至人間，彼此情投意合，而後又領會男女媾合之道，遂生育眾多子孫。……

　　本則傳說故事謂男女祖神降下世間後，兩人投緣情篤，又學會了男女之禮的方法，開始生育許多子孫，此即阿美族人。

　　《生蕃傳說集》（1923 年），佐山融吉、大西吉壽著；余萬居譯：（註二）

　　　　古時，一男神降臨台灣本島東海，一個小島上，一女神降臨在其小溪對岸上，二神互生好感，遂同居。一日，……奇怪的事發生了，男神擁有多出的東西，女神則擁有不足的東西，二神彼此注視，突有二鳥飛來搖搖尾，二神見之，始悟媾合之道。

　　本故事中的男女神降世，彼此「互生好感，遂同居」，後來彼此發現他們擁有互相不一樣的東西，即「男神擁有多出的東西，女神則擁有不足的東西」，二神彼此好奇，互相注視，突然有兩隻鳥飛來搖著尾巴，二神若有領悟，開始了媾合之道。

　　本故事從「神」的生成過程中來看，他們降世來到凡間，男女二神

還沒具有生殖器,是有一日突然男神生出多出的東西,女神則生出不足的東西,從此以後男女二神都擁有了各自的性器官。

〈諾冊二尊の話に似たる台灣蕃人阿眉族の口碑〉《人類學雜誌》(1914年),佐山融吉著,劉佳麗譯:(註三)

> 太古時代,在台灣東部一座稱為 botoru 的孤島,abokupayan、tariburayan 兩尊神同時降落在河的兩岸,他們合力搭建小屋同住,並利用樹藤發明了火。一日他們蹲在火邊烤地瓜時,才發現了各為男女的差異,偶而看見鴿鳥交尾,從此數年後兩人生下十幾個小孩。……

男女神從大而降 botoru 的孤島,二神合力搭建小屋同住,並利用樹藤發明了火。他們蹲在火邊烤地瓜時,才發現了男女的差異,看見鴿鳥交尾,從此數年後兩人生下十幾個小孩。

二、阿美族人的性愛世界

《原語による台灣高砂族傳說集》(1935年),小川尚義、淺井惠倫著;余萬居譯:(註四)

> 古時,曾有 kakumolan sapatolok 和 valaihay(兩位男女神)遵奉父神和母神之命,降臨至地上界,……結果,惡神就去找海鰻母殺了他們,……kakumolan 及 valaihay 皆逃至天上去,而他們的孩子 stra 和 nakau 來不及逃,就留在地上界。數年後,這兩兄妹隔著打過洞的山羊皮發生性關係,而有了五個孩子,四男一女。……

本則傳說是兄妹創世婚的故事,因為他們是兄妹,所以不便面對面發生關係,因此隔著打過洞的山羊皮發生性關係,結果生下了五個孩子,四男一女。從此繁衍人類。

李卉〈台灣及東南亞的同胞配偶型洪水傳說〉,《中國民族學報》(1955年):(註五)

> 太古時代,祖先居住於花蓮港附近的山邊。不久天地變色,

一股熱流從地下噴出，淹沒了整個地表，所有的生物，幾乎完全絕滅，只有一姊及其弟妹乘白往南岸逃去，他們在 lalaulang 上岸，向西和南尋求一立命之所。在爬 k'aburngan 山時姊已覺萬分疲累便在山腰休息，弟妹爬上山後始終未等到姊姊，下山一探究竟，發現其姊已變為石頭，二人悲傷不已。於是又回到 lalaulang 尋找昔日所乘之方白，但其白已腐爛，二人只好繼續四處流浪，躲避熱洪。後來兄妹二人不想再飄浮不定，便在溫泉處定居，因世上已無他人，為了繁續人類，便問太陽二人能否結婚，太陽告訴他們可以，二人遂成夫婦。不久妹妹即懷孕，……但卻生下個怪物，他們很懊惱，便把衣服和子均拋於水中，……在事後的第二天，月亮即教導他們：「因你們是兄妹本不應結合，所以應把席子挖個洞放在你們的中間，這樣才會生育。」他們如是做了，卻生下了一塊白石，兩人甚感生氣，但月亮要他們好好保存，就會達到他們目的。……不久哥哥就死，只剩下妹妹，她便抱著那塊白石以解除她的寂寞。而月亮就同情地說：「這種寂寞只是暫時，不久之後你就可得到安慰了。」五天之後，那白石突然變大，從中牛出了四個孩子。……

本則傳說故事謂月亮指導性交的方法，月亮說兄妹原本是不應該結合的，所以懷孕會生怪物，但是人類只剩下你們兩位兄妹，也只有靠你們傳宗接代了，但是兄妹性交要把席子挖個洞放在你們的中間，這樣才會生育。忌諱且避免面對面。

在一般的觀念中，認為太陽是男性，月亮是女性。在阿美族的傳說故事中，常常會出現月亮出來指導阿美族人，這大概與阿美族的社會組織是母系社會有關。

三、阿美族生殖器傳說故事

陳千武《台灣原住民的母語傳說》載阿美族馬蘭社（台東）「有牙齒的女人」傳說：（註六）

女人嫁了幾個丈夫，丈夫都死了。女人的母親發現其陰部有牙齒，把她裝入箱子裡丟進大海。箱子漂流到知本海岸，被知本人撈起來。知本人看到箱子裡的美女很驚訝，便讓女人喝酒，使她醉了，才掀開女人的腰巾，拿砥石把陰部的牙齒磨平，女人就做頭目的妻子。

有一女子因為陰部長牙齒，所以嫁了幾個丈夫，丈夫都死了。當她的母親發現她的陰部有牙齒，就把她裝入箱子裡丟進大海。箱子漂流到了知本海岸，被知本人打撈了起來，看到箱子裡竟然有個美女，很是驚訝，不過也應該發覺美女的陰部長有牙齒，因此便讓女人喝醉酒，才掀開她的腰巾，拿砥石把陰部的牙齒磨平，女人就變成頭目的妻子了。

四、阿美族貪婪的情欲

林道生《台灣原住民族口傳文學選集》載阿美族奇密社〈兩兄弟與妖怪〉：(註七)

在一個阿美族的部落裡住著兩兄弟。有一天，兩兄弟一起到田裡去工作。到了中午的時候，有一隻水鹿來到了田園的邊緣。每當他們去泉水灘汲水，水鹿也會跟著到泉水灘浴水。於是，兩兄弟偷偷地回到工寮，拿了長槍又到了泉水灘。這時候，水鹿還在泉水灘裡。哥哥用力地擲了長槍。但是沒有打中，水鹿便逃走了。太陽下山了，兩兄弟便收工回家。第二天，兩兄弟又去田裡工作。到了中午的時候，他們又去泉水灘汲水，準備做午餐。當他們到了泉水灘又看見那隻水鹿也在那邊浴水。於是，他們又回去工寮拿了長槍來到了泉水灘，水鹿還在那邊。哥哥用力投擲了長槍，射中了水鹿，不過，水鹿也逃了。地上留有水鹿流下來的血跡，水鹿卻不知道跑到哪裡去了。不一會，他們順著血跡找到了水鹿，但是，又被逃了。兩兄弟繼續順著血跡追蹤水鹿。太陽下山了，天也漸漸昏暗了下來，兩兄弟就近找個地方休息、睡覺。第二天，太陽昇上來了。兩兄弟正要去找受了傷的水鹿。沒想到，水鹿昨

天晚上就睡在他們附近。後來的幾天，他們睡覺，水鹿也躺下來，他們起來走，水鹿也起來走。他們追得快，水鹿在前方也跑得快些，總是跟他們保持著一段距離。兩兄弟就這樣地繼續追趕著水鹿。不久，他們來到了一條水溪邊，水鹿的蹤跡也不見了。但是，小溪有個地方被堵住在集水。因此，他們猜想上游不遠的地方應該有住家。兩兄弟沿著小溪，往上游走了一段路，到了盡頭，看到了一個小房屋。進去一看，住著的是一位老太婆。兩兄弟問：「伯母，有沒有看見水鹿？」老太婆回答：「甚麼事呀？」「水鹿，可有經過你這裡嗎？」「朋友，水鹿沒有來我這裡。」然後老太婆又以警告的口氣說：「不要來這裡，來了這裡，不要多久你們就會死掉」。「為甚麼？為甚麼來這裡，我們就會死掉呢？伯母？」「你們看！我現在不是在做餅嗎？那是要給要吃我的卡路茲路載（kalutslutsai）的食物。」兩兄弟聽老太婆這麼一說，嚇了一跳。老太婆接著說：「以前卡路茲路載吃掉了我的孩子，昨天又吃掉了我的丈夫，現在只剩下我一個人了。」兩兄弟說：「伯母，那麼你趕快把餅做好，要做成圓形的鏡餅喔！」鏡餅做好了，兩兄弟把餅擺放在門口。這時，兩兄弟的肚子也很餓了，看著餅流出了口水，於是拿起餅啃了幾口。餅上留下了啃過的齒痕。然後進入屋子裡，對老太婆說：「伯母，你要躲在我們後面。」說完，三個人都躲藏了起來。不一會，遠處傳來了樹葉的「沙沙」聲音。老太婆用害怕的口氣警告說：「啊！來了！卡路茲路載來了！」「來了，真的來了！」兩兄弟也同聲地說。就在這個時候，眼前出現了一大群的卡路茲路載妖怪。卡路茲路載在門口拿起了鏡餅，生氣地說：「是誰，先啃了我的餅？」接著又更大聲地說：「好！那我們就先吃老太婆的肉，然後再吃餅！」這時候，躲在後面陰暗處的弟弟學著老太婆的口音說：「來呀！我就在這裡呀！」卡路茲路載聽了，知道聲音是從竹子做的牆壁後面傳來的。當即快速走過去，伸手穿過牆要去捉老太婆。就在這個時候，弟弟也緊抓著卡路茲路載

的手臂，用力往裡面一拉，竟拉斷了卡路茲路載的手臂。卡路茲路載痛的大叫說：「哎喲！痛死我了，老太婆怎麼有這麼大的力氣呀？不得了啦！大家快逃呀！」一大群卡路茲路載，看著他們的頭子的手臂，竟然被老太婆拉斷了，怕得都逃走了。兄弟兩人在卡路茲路載的後面拚命的追。他們跟著卡路茲路載的足跡追，卡路茲路載們爬過樹上逃走了。兩兄弟也爬上了樹，跳到一個大岩石上，來到了小溪旁。正有一位美人在溪邊洗衣服。兩兄弟走向前問：「小姐，妳一個人在這裡做甚麼呢？」「我不是這裡的人。我是被卡路茲路載抓來的。」「我在洗去打獵回來的卡路茲路載的髒衣服。」兄弟兩人仔細一看，衣服上還有血跡。便問美人：「卡路茲路載住在那裡？」「住在岩石的屋子裡面，現在正在睡覺。」弟弟說：「好！我現在就去殺了可惡的卡路茲路載。」美人急著說：「你們不可以去殺卡路茲路載，你們會被他殺死的！」弟弟聽了警告也不理會地來到了岩石的屋子，一看，所有的卡路茲路載都睡著了。弟弟進入岩石屋內，看見到處掛著肉，還有許多的手臂、腿、頭、肋骨。弟弟心想：「真的，卡路茲路載是吃人的妖怪！」於是，用力拔出了掛在腰間的刀，當刀一拔出，所有的卡路茲路載的頭都唏哩嘩啦地掉了下來。弟弟高興地把刀收回刀鞘內。就在這時，所有掉落的卡路茲路載的頭又自動地跟身體接合在一起了。「這，怎麼得了！」弟弟說著，又拔出刀，卡路茲路載的頭又統統掉落了。弟弟想了一下：「那好，既然這樣，我的刀就不收入刀鞘內了！」因此卡路茲路載的頭，再也回復不了原狀，不能跟身體相連，而統統死光了。弟弟回到了原來美女在洗衣服的地方，但是，那位美女及哥哥都不在那邊。弟弟繼續順著小溪往下游走，來到了老太婆住的地方：「伯母，你可看見我的哥哥，還有一位小姐嗎？」「有啊！剛剛你的哥哥手牽著那小姐經過這裡的！」「伯母！謝謝妳，哦！還有，從現在起你都不用擔心了！卡路茲路載，已經統統被我殺死了！」聽了弟弟的消息，伯母大為高興地向他致謝

意。弟弟順著原先來的路回到了家。可是,哥哥並不在家。他已經早一步帶著那位美女回去皇帝的宮殿了。原來,那位美女是皇帝的女兒公主。哥哥把美女帶到皇帝面前,並且向皇帝報告說:「我在深山找到了公主,她是被卡路茲路載捉到山上的,現在我把她救回來了!」皇帝大為高興地當場宣布:「那麼就請你們成為夫妻吧!」哥哥聽了正在高興的時候,弟弟也來到了皇帝前,向皇帝報告說:「報告皇上,你的女兒是被卡路茲路載妖怪捉到山上的,我在山上看到公主在溪邊替妖怪洗衣服,便去卡路茲路載居住的岩洞,殺死了所有的卡路茲路載妖怪。我的哥哥才能帶著你的女兒回到宮殿。我哥哥說的是謊話,如果不是我殺死了妖怪,皇帝的女兒怎麼能夠回到皇宮呢?」皇帝聽了,當場下命令哥哥從今以後做弟弟的部下,並且把女兒嫁給弟弟。從那時候起,哥哥便當了弟弟的佣人,每天做掃大便的工作。弟弟每天都坐在皇帝身邊。皇帝死後,由弟弟繼承皇位,做了皇帝。

本傳說故事,兩兄弟在田裡工作,射殺了一隻水鹿,但是被逃掉了,他們繼續順著血跡追蹤水鹿。意外地發現了「卡路茲路載」妖怪,也發現皇帝的公主被「卡路茲路載」俘虜。

當弟弟來到了「卡路茲路載」岩石的屋子與他們拚鬥的當兒,哥哥便帶著公主回到皇宮邀功。當皇帝準備把公主許配給哥哥,弟弟也出現在皇帝眼前,把營救公主的情形報告給皇帝知道。

於是,皇帝當場下令哥哥從今以後做弟弟的部下,後來弟弟更繼承了皇帝的王位。

陳千武譯述《台灣原住民的母語傳說》亦載阿美族卡砦社類似的傳說:(註八)

父親叫弟弟去採薪材,弟弟在深山聽到有人在哭,就把那個女孩救回家。因女孩是公主,帶去見皇帝。皇帝命令兩兄弟去討伐擄公主的妖怪。哥哥看到妖怪很害怕,弟弟把妖怪斬成碎片。哥哥拾到公主的梳子,拿去見皇帝請功。皇帝追求真正

斬殺妖怪的人，察看兄弟所帶的刀，便知道弟弟才是真正的英雄，讓公主嫁給弟弟，卻把說謊的哥哥活活燒死了。

　　兩兄弟在深山救援了公主，皇帝命令兩兄弟去討伐擄走公主的妖怪，由弟弟殺死了妖怪。貪生怕死的哥哥拾到公主的梳子，就拿去見皇帝請功。但是皇帝慧眼，一看他們所帶的刀，便知道弟弟才是真正嶄除妖魔的英雄，於是把公主嫁給了弟弟，但是卻把說謊的哥哥活活燒死，以為懲戒。

註釋

註一：林道生〈阿美族的口碑與傳說故事〉，1991年12月載於《東海岸評論》。

註二：內政部委託台灣大學人類學系研究《台灣山胞各族傳統神話故事與傳說文獻編纂研究》，1994年4月30日。

註三：同註二。

註四：同註二。

註五：同註二。

註六：陳千武譯述《台灣原住民的母語傳說》，台北，台原出版社，1995年5月。

註七：林道生《台灣原住民族口傳文學選集》，花蓮縣立文化中心，1996年6月。

註八：同註六。

阿美族偏私的愛與憨愚的情口傳文學

第二八章

一、阿美族偏私的愛

　　林道生《台灣原住民族口傳文學選集》載阿美族太巴塱社〈卡利苦特・以瓦丹〉：（註一）

　　　　從前，在一個部落裡住著姊弟兩人，姊姊叫璞賽，弟弟叫達馬布。弟弟達馬布長大成人娶了妻子，生有兩個孩子。但是，很不幸地，當第二個孩子生下來沒幾年，他的妻子生了一場大病，不治而去世。達馬布只好把孩子委託自己唯一的親人姊姊照顧，自己到田裡耕作，有時候要數日工作告一個段落才回家。這期間，心腸不好又吝嗇沒度量的姊姊並不供給弟弟的兩個孩子充分的食物。有一次大兒子受不了挨餓便偷偷跑去田裡告訴父親姑媽無慈悲的作為。達馬布聽了又難過又生氣，當即回去收拾自己的東西帶著兩個孩子要離開姊姊的家自己生活。這時候姊姊璞賽才後悔自己的所作所為不應該，告訴弟弟達馬布，今後一定跟自己的孩子一樣給予相等的食物，請弟弟留下不要走。但是，生氣的達馬布聽不下姊姊懺悔的話，甚至於當場把姊姊給的食物統統丟棄在地上，不屑一顧的離去。從此，達馬布的兩個孩子便跟隨父親住在山中田裡的小茅屋裡艱苦的度日子。很久以後的有一天，達馬布的大兒子進入深山捕捉到一隻特馬易（狗熊），達馬布大大的讚賞了兒子，覺得大兒子是多麼強壯又聰明，也該為他娶個媳婦了，這時候他才又想起了姊姊璞賽有個女兒，因此也必定有女人用的飾物，便要他的大兒子去姑媽家偷取「露瑱克」及「卡卡拉絲」等女用飾物。達馬布的大兒子聽了父親的話下了山，等到天黑了才從米葛哈（稻草作的窗戶）潛入姑媽家，大聲模仿野獸的吼叫聲驚嚇姑媽的家人，乘著她們狼狽躲避之際，偷取了飾物，又掠奪了姑媽的大女兒。不久事情敗露，村人聽聞他們父子的作為，非常不諒解，就稱為「以瓦丹」來輕視，從此不再跟他們來往。後來，奇密社村裡的阿美族人，對於與人約定事情又毀約，以及

侵犯他人的行為者，不講信用的人都指為「普依普索斯」（意為膿胞）及「卡利苦特‧以瓦丹」（意為該死的壞傢伙）。而且如果有人指證某事物為確實時也必定口說此語，同時把口水吐在手中揉擦，以表示發誓之意。奇密社的阿美族人，便以這個故事來教導晚輩，要他們為人不可做壞事、說謊言、欺負他人。

本則傳說講述因為姊姊沒有好好照顧弟弟的兩個孩子，非常偏私，沒有餵食兩個孩子充分的食物，以致弟弟氣憤的把孩子帶到山田裡居住的故事。

當弟弟的大兒子長大成人，可以結婚的時候，因為家裡沒有飾物，便想到姐姐有個女兒，因此也必定有女人用的飾物。便叫大兒子去偷取，沒想到也順便掠奪了姑媽的大女兒。

從此，他們便被村人所不齒，就稱為「以瓦丹」來輕視，從此不再跟他們來往。

姊姊因為偏私，最後遭來弟弟的報復，弟弟由於為人不正，報復姊姊，也遭來族人的輕視與疏遠。兩者都得到了報應。

本故事的奇密社阿美族人常常以這個故事來教導晚輩，做人不可做壞事、說謊言以及欺負他人等。

二、阿美族憨愚的情

林道生《台灣原住民族口傳文學選集》載阿美族丁仔漏社〈傻丈夫〉：（註二）

從前在部落裡住著一對夫妻，丈夫的腦筋並不怎麼靈活。有一天，妻子要下山去買東西。臨走前向丈夫交待：「哦！伊。雞要關的時候，要統統帶到雞屋去。」「知道了！丈夫回妻子的吩咐。」「給小孩洗澡要先燒熱水！」「知道了！」妻子聽到了丈夫的回話，知道應該不會有問題了。因此下山去採購日用品。太陽下山了，丈夫記得妻子交待過要燒熱水，於是趕快去燒熱水。他又記起來妻子交待過雞要帶到雞屋並且關上門。這時，他在燒的水已經開

了。丈夫抓了一隻雞，把牠放進燒開水的鍋裡，雞一下子就死了。他用一支尖竹子插入雞的脖子，把雞拿到雞屋子掛在牆上，關上了門。丈夫想：「我還有一件妻子交待的事情沒做完！」丈夫想起來了，要燒熱水給小孩洗澡。因此趕緊又去燒水。不久，水開了。丈夫去抱來才幾個月大的小孩，把他放入滾水的鍋裡，小孩一下子就死了。丈夫看著小孩洗澡從來沒有這麼乖過，他記得的，老婆給小孩洗澡的方式，把小孩抱起來放到乾的布上面包起來讓他睡覺。丈夫做完了妻子交待的兩件重要工作，把雞關到雞屋，然後燒水給小孩洗澡。現在應該可以準備晚餐了。丈夫便去廚房準備晚餐。不一會，妻子辦完事回來了。妻子問丈夫：「雞，關起來了沒有？」丈夫回答：「哦！伊！」妻子又問：「是不是燒水給孩子洗過澡了？」丈夫回答：「哦！伊！小孩睡覺了，笑著睡了！」妻子覺得奇怪，怎麼會笑著睡著了呢？妻子問：「在那裡？」丈夫說：「在他的床鋪上，笑著睡。」妻子走去臥房一看，小孩是張開著嘴巴死了。妻子很生氣地責罵丈夫：「你這個笨蛋，你用開水給小孩洗澡！」丈夫回答：「你說要燒熱水給小孩洗澡，我就照你的話做了。你看！小孩子笑得那麼開心地在睡覺。還有，雞也在雞屋裡睡覺。」妻子走到雞屋子一看，雞是用竹釘子掛死在牆壁上的。妻子破口大罵：「你這個笨蛋，孩子死了，雞也死了，你又笨又壞！」過些時候，妻子的心靜了下來，對丈夫說：「我們把孩子埋了吧！」丈夫便把孩子連同包著的布一起抱著，要去屋子後面埋葬。但是，在途中也不知道是什麼時候，小孩掉了下去，丈夫也沒注意到。到了屋後的一棵樹下，丈夫挖了個洞把孩子埋了，其實只埋了包小孩的布。回來的時候，丈夫看到一個死嬰掉落在路上。回到家裡，丈夫告訴妻子：「別家死了的孩子掉落在路上，我沒有埋他。我們的孩子，我已經埋好了！」妻子一聽，知道又是笨丈夫出差錯了，而大聲吼起來：「這個大笨蛋，你說謊，事情不是你說的那樣，那是你兒子，你把他掉落在路上了！」丈夫聽妻

子那麼大聲又那麼生氣，趕緊跑回去看。真的，是自己把孩子掉落在路上了。因此又抱起來，重新把他埋了。丈夫埋好了兒子，回到家裡。妻子一看，就大發脾氣。丈夫想一想：「自己什麼事都做不好！」於是對妻子說：「我還是離開的好！」妻子阻止說：「不要說那種話！」不過，到了晚上丈夫還是離開了這個家。

本傳說故事敘述一位憨愚的丈夫，盡做一些糊塗事，搞得家裡雞犬不寧，最後離開了妻子的家，不知所終。

本故事一連串悲劇的產生，實在令人哀嘆，但是，若真遇到如此憨愚的人，實在也是無可奈何，唯有謹慎與小心對待這種人才是上策，既然知道他成不了事，就不應該讓他做超過他能力範圍以外的事，以策安全。所以本故事的女主人也要負一半的責任。

林道生《台灣原住民族口傳文學選集》載阿美族太巴塱社〈出筍〉：（註三）

　　在太巴塱的阿美族部落，住著一戶人家，有祖母、母親及兒子三代同堂。有一天，母親要去挖取阿美族人常用來做各種器具的原料黏土。就把兒子交給看家的母親，就是兒子的祖母照顧。母親便出門去挖取黏土。過了不久，孩子哭個不停，祖母怎麼哄騙都哭個不停。很生氣的祖母便把孫子給殺了。然後，到屋子後面的竹林挖了竹筍回來，切成片，連同孫子也切成一塊塊地一起煮了。過了些時候，孩子的媽媽帶著黏土回來了。媽媽：「媽！孩子到那裡去了？」祖母：「哦！孩子到隔壁人家那裡吃奶去了！」媽媽聽孩子的祖母這麼一說，便去隔壁看個究竟。可是隔壁的人家說，孩子不在這邊。於是又回家去問母親。媽媽：「媽！孩子不在隔壁吃奶，妳把孩子送到那一家去了？」這時祖母回答說：「妳的孩子在那邊睡覺！」媽媽照著母親所指的房間去看，也沒有看到孩子。孩子的媽有一點著急起來。祖母：「妳快吃午飯吧！」孩子的媽照著母親的意思吃午飯。祖母：「這一鍋竹筍香不香？」媽媽：「很香，比平常我們吃的還香！」祖母：「很香嗎？妳說很

香的食物不是什麼東西，是用妳的孩子煮的！」媽媽聽了嚇了一跳，悲傷地哭著說：「媽媽，妳怎麼把我的孩子煮了？」後來，在太巴塱部落，每當新筍出來的時候，部落裡生病的人也特別多，就是這個緣故。

本則傳說故事是敘述一位憨愚的祖母，把孫子殺了煮吃的故事，依本故事看，祖母可能是腦神經衰弱者，甚至可能是神經異常者，如此之人，怎可託付重任，尤其是照顧小孩子的事。

本悲劇故事發生的時間是在新筍初產的時候，所以此後部落裡每當新筍季節，生病的人也特別多，就是這個緣故。

據說小米是所有植物中精靈最敏感的一種，而且也是最麻煩的農作物。它好似具有人性一樣，有靈眼、靈耳、靈覺，而且禁忌也多，人們一不小心隨時會招來禍患災難。在田裡收割小米不僅講話要小心，動作也不得粗暴，否則會招來禍患。例如「休息」、「完畢」、「回家」等言詞以及放屁、打人等動作都是小米精靈所不喜歡的。有個家喻戶曉的小故事是這樣的：

> 昔日，某家人正忙於收割小米，母親在清晨出門前吩咐大兒子說：「若你的弟弟不舒服哭鬧了，把他燒一燒……」後來大兒子照母親的話將弟弟活生生地燒死了。其實母親的原意是說：「若弟弟感到不舒服，你就燒水給他洗澡。」因為母親知道「水」和「洗澡」等字眼在收割小米時都是禁忌的言詞，所以才會發生這個不幸的事情。

按收割期間，說話要特別小心，有些話是不可以直說的，必須使用「隱語」。「水」和「洗澡」是禁忌語，因為都有「流逝」的意思，亦即「米」很快就會被吃光。

本故事母親交代大兒子，「若你的弟弟不舒服哭鬧了，把他燒一燒……」大兒子聽不懂「燒一燒」是隱語，為「洗澡」的意思，便把弟弟活活地燒死了。

按台灣原住民族有許多的場合必須使用隱語，例如收穫、狩獵、漁

撈、祭典等，都有禁忌的「用語」。

《生蕃傳說集》（1923年），佐山融吉、大西吉壽著；余萬居譯：（註四）

> 古有一男子，名padaki，自幼即著女裝，談吐、風姿都像女人一般嬌柔，因此，社人們皆以為他是女的。padaki有兩位「閨友」，一天，三人一起下田工作時，她們偶然發現padaki有butoru，心眼較壞的「閨友」之一大聲叫喊，他在難過之餘，便跳進泥淖裡自殺而死。他並未懷過孕，但確實是個像女人的男人。也許人本來就具有二性。

本則故事謂心性近於女性的男子，其一切穿著、談吐、風姿都像女人，但是後來被「閨友」發現其為男性，遂自殺而死。這位男子自殺的行為至為惷愚，他不但自找麻煩，也自尋死路。

註釋

註一：林道生《台灣原住民族口傳文學選集》，花蓮縣立文化中心，1996年6月。

註二：同註一。

註三：同註一。

註四：內政部委託台灣大學人類學系研究《台灣山胞各族傳統神話故事與傳說文獻編纂研究》，1994年4月30日。

阿美族戰爭與出草口傳文學

第二九章

　　台灣原住民族除僻處懸島的達悟族外，原始時代都有出草馘首保衛民族之舉。為了爭奪生存空間，他們經常與周圍之民族處於敵視仇對的狀態之中。他們對本族與友族以外的民族，通常視為敵人。日治時代即已經停止了出草行動。

　　男神「馬拉塔烏」是與獵人頭有深切關聯的 kawas。勇猛殺死很多敵人的人，會受 kawas 所眷顧，赴極樂世界。……頭目、長老等人，因深信著 kawas，所以死後會赴極樂世界。而不信的人則前往普通的場所「阿里姆耶」，那裡決不是個愉快的地方，又橫死者等到何處，則無法知道。……「馬拉塔烏」神，會為家裡帶來幸福，是穀物的 kawas。又讓山川物產豐富，保佑族人與木瓜社作戰時不受傷的也是這個 kawas。(註一)

一、阿美族人頭祭的起源

《原語による台灣高砂族傳說集》（1935 年），小川尚義、淺井惠倫著；余萬居譯：（註二）

　　曾有對夫妻 lona awau 和 topalu tsun 設計了族社的祭祀法和過年的方法。他們育有二子 majau 和 onak。一日，父子三人去打獵，父要其子去汲水，但那兄弟始終因水濁而未取到水，後來，父親要兄弟去抓出弄濁水的人並取其首級。兄弟依言行事卻發現獵到是自己父親的頭，他們哭了。但仔細一想，明白父親是希望被殺身死的。回家後，母親生氣不已，要兒子們出草獵人頭來贖罪。他們決定去獵 tsiuvunan 人的頭，因計謀得宜，兄弟獵了不少人頭，但弟所取得首級者均屬上乘，哥哥要弟弟分給他一些，弟原來不從，後來哥哥以教他做扁擔為交換條件，弟弟才答應。回家後，弟向母親告知此事，母責備了 majau 後，他們一起弔祭其首級。後來，母親又要兄弟倆去祖母家玩。祖母送兄弟兩一人一個橘子，並吩咐他們存放在箱裡，時候到時再剝開。哥哥心急先剝了來吃，又從地上撿一個帶回去。後來，時機成熟，兄弟兩人都打開箱子，弟弟得到一嬌妻，而哥哥得到的是一患有皮膚病的醜妻。哥哥心

生妒意，用計害弟弟被大石頭壓傷，後來弟弟因此而死，母親哭著責備 majau。弟弟 onak 後來變成了一顆星星，其妻也跟隨他成了一顆星星。自此，母親即不斷怒 majau，majau 不堪其罵，就在院子裡大叫一聲，然後，全身就都陷入地中了。majau 和 onak 遂成為太巴塱的人頭祭之起源傳說。

本則是 majau 和 onak 的事蹟，變成了太巴塱人頭祭之起源傳說。首先兩兄弟誤殺了父親，但是他們明白父親是希望被殺身死的。在本文一開始就開宗明義指出：「曾有對夫妻 lona awau 和 topalu tsun 設計了族社的祭祀法和過年的方法」。父親希望被殺後，創造「人頭祭」的儀式。

母親看到兩兄弟殺的是自己的父親，非常生氣，要他們出草獵人頭來贖罪，他們去獵 tsiuvunan 人許多的首級，弟弟取得的首級均屬上乘，哥哥以教他做扁擔為交換條件要求弟弟分給他一些首級。返家後，弟向母親告知此事，母責備了 majau 後，他們一起弔祭其首級。這大概就是「人頭祭」的濫觴，也成為太巴塱的人頭祭之起源傳說。

後來弟弟自橘子中得到一嬌妻，而哥哥自橘子中則得到患有皮膚病的醜妻。哥哥心生妒意，用計害弟弟被大石頭壓傷而死，弟弟後來變成了一顆星星，其妻也跟隨他成了一顆星星。

自此，母親即不斷怒責哥哥 majau，majau 不堪其罵，就在院子裡大叫一聲，然後，全身就都陷入地底，也死了。

杜而未〈阿美族的故事與傳說〉，亦有與此相似的故事：（註三）

　　從前有兩兄弟，哥哥叫做 basau，弟弟叫做 ayal，當二人有次與父母到田中工作時，沒水煮飯，遂令二人去取水，但到了河邊卻發現河水黑濁，又折回問父親，父親答：「若有什麼動物在上游，就拿刀刺牠。」他們往上游去，果然看見一人，拔刀而刺，但發現此人面似其父，回家問母親，原來此人就是父親，母親傷痛對二人大罵，並不許他們回家。兩人為討母親喜歡，獵了頭大鹿放在家門，未料母親卻說：「又不是人頭，有何用！」兩人便趁機獵取人頭，在歸途上 tatahkiu 鳥指示哥哥用細樹枝將人頭背回，弟弟

用便樹枝背回。二人依從其吩咐做了。在路上哥哥的樹枝斷了，只好用弟弟的方法將人頭帶回，回到家母親非但沒有高興，反而指責他們招來仇恨，兩兄弟只好落荒而走。他們到了一處偏遠之處，只有野林、無食物可吃，這時他們已離家七年了，他們沿著河走，到上游看見一戶人家，其門外種了許多橘子樹，從屋內出來一九十歲的老婦人，便向她請求是否可以吃橘子，婦人見其獵頭初不答應，後來他們敘述其遭遇，並言及已九日未食，方讓他們吃橘子。這時 tatahkiu 鳥又指示哥哥拿上面的橘子，弟弟吃下面的，哥哥用口剝開，弟弟用手一摸。他們如是做了，從橘中各出現一女與他們兄弟二人成親，而老婦也願意作飯給二人吃。他們在老婦家住了數日，老婦叫其回去見母親。俟其回村後，母已不知所蹤，兄及嫂後來亦得病身亡。弟弟生了九個孩子，成了祖先。

本傳說故事基本上與上則故事主題相似，惟本則故事中，兩兄弟的命運並沒有上則故事那麼悲慘！

二、勇敢的阿美族婦女

傳說古代阿美族的婦女是很勇敢的，林建成〈阿美娘子軍〉載一則傳說：(註四)

據說當年有外族長毛人，屢屢騷擾部落的安寧，婦女族人乃起而反抗。聰明的阿美族婦女，為了嚇退敵人，在高處豎立了一塊塊巨石。並且將之刻成人像模樣，然後等長毛人來攻，便躲在巨石像後放冷箭，長毛人一看，有如此巨大的阿美人在遠遠山上射箭，嚇得掉頭就跑，從此也不敢再侵犯阿美族部落。

目前在東海岸留存有許多「巨石文化」的遺跡，阿美族人對這些高大的立石，有著光榮傳統的依戀，認為是當年勇敢的阿美族婦女豎立者。

三、同族人之間的戰爭

馬太鞍與太巴塱這兩個部落同屬於阿美族，也同樣位於花蓮縣的

光復鄉，不過，卻像是兩個曾因鬥嘴而產生誤會的同伴，太、馬兩部落間，不但曾有征戰，互有心結，甚至兩部落之間的不合，一直流傳至今。李建果〈兩個部落傳頌一則太馬故事〉載一則傳說：（註五）

　　傳說中，太巴塱與原本是和平共處並且相當友好的兩個部落，由於太巴塱當地出產可以製成陶鍋的陶土，因此，馬太鞍也經常向太巴塱買陶鍋。第一次衝突起源於一次太巴塱的捕魚活動中，太巴塱部落的漁網被馬太鞍的一名青年不慎割斷，太巴塱部落一氣之下，不再提供陶鍋給馬太鞍，馬太鞍在沒有陶鍋的情形下，嘗試其他的替代品，但都不合用。後來，太巴塱的頭目不忍見此情形繼續，派特使前往，雙方才又恢復友誼。第二次不合，導因兩部落間爭奪引水灌溉田地，部落的青年經常互毆，長達三、四年之久，情況愈演愈烈，最後終於發生太巴塱部落最後終於發生太巴塱部落名叫德亞哈與特格德的兩名青年，遭到殺害，因而引發了大規模的戰爭，這場戰爭，一打就是九年。九年征戰中，不但兩部落師勞兵疲，鄰近的大港口等部落，也遭池魚之殃，最後在大港口頭目的調解下，終於告停，不過兩個部落之間，就此不相往來。

　　本則傳說故事謂太巴塱與馬太鞍原本友好，第一次衝突發生於太巴塱捕魚活動，漁網被馬太鞍的一名青年不慎割斷，自此，太巴塱不再提供馬太鞍陶鍋，後太巴塱頭目派特使前往馬太鞍，又恢復友誼。第二次引起衝突，源於爭奪引水灌溉田地，青年經常互毆，終釀成九年長期的戰爭，最後在大港口頭目的調解下，終於告停，不過自此兩部落就此不相往來。

　　林道生《台灣原住民族口傳文學選集》載太巴塱社〈太巴塱與馬太鞍的戰爭〉：（註六）

　　從前，在太巴塱與馬太鞍的年中行事中，有一項是全村人到河裡去捕魚。有一次在捕魚的時候，不知道為了甚麼，一位馬太鞍的青年竟用工作刀斬斷了太巴塱青年的魚網。引起太巴塱青年

怒罵馬太鞍的青年：「你為甚麼要這樣做？」而造成兩個人的衝突。太巴塱的青年回到家裡告訴了伯父：「今天馬太鞍的青年很不講理，無緣無故地斬斷我的魚網。」老人聽了生氣地說：「馬太鞍人這樣做法未免太可惡了，也不想想，今天馬太鞍的土釜是從那裡來的！如果不是我們太巴塱人的幫助，他們那裡有土釜可以用呢？」老人最後做了決定：「從今天起，我們不再提供土釜給馬太鞍的人。馬太鞍人不是我們的朋友。」馬太鞍人聽了說：「這下糟了，太巴塱人不再與我們做朋友，我們向來是從太巴塱買回來土釜的，以後再也買不到了。」以前，馬太鞍人向太巴塱買回來使用的土釜，兩年後都壞了。馬太鞍人在得不到太巴塱土釜情形下，試著以瓢為代替品，可是當瓢被放在火上，一下子就被燒壞了，根本不能煮東西。他們又試著用竹筒當做釜，但是仍然被火燒壞了，不能煮東西。很不得已地，馬太鞍人只好把薯（地瓜）和芋頭，直接在火上烤。可是也都燒成灰而不能吃。過了些時候，太巴塱的頭目阿郎‧卡紐（aran kaniu）和柯列（kore），發了慈悲心說：「現在我們跟馬太鞍人不來往，這對他們來說是很可憐，我們何不差派俄德赫‧柯勞（odoh korau）為使者，走一趟馬太鞍，看看情形怎樣？」經決定了，頭目便召來俄德赫‧柯勞，對他說：「你要去一趟馬太鞍，告訴他們，我們有意終止太巴塱與馬太鞍的不和。我們太巴塱人看你們馬太鞍人根本沒有土釜可以用。太巴塱的頭目表示，你們可以到太巴塱來買土釜。」頭目阿郎‧卡紐，這樣交待了使者俄德赫‧柯勞。俄德赫‧柯勞奉命走了一趟馬太鞍。並且傳達了自己頭目的意思。於是，兩社之間的不和便解決了。後來，馬太鞍社快速增長，而侵害了太巴塱的耕地說：「我們的田地到這裡。」太巴塱的人大不以為然地反駁：「不要做那樣的事情。到底馬太鞍人，你們是怎麼想的？」從此，太巴塱與馬太鞍的青年，常常為了引水到田裡而互毆，達四年之久。有一次，太巴塱的青年德亞哈‧武基爾（dojah vutsir）與特格德‧沃諾（tugud vono）

被殺害，頭顱也被馬太鞍人拿走了。太巴塱的頭目阿郎・卡紐生氣地說：「馬太鞍人到底要怎樣呢？」於是下令用槍攻打馬太鞍社。太巴塱與馬太鞍兩社之間的打仗，持續了九年之久。大港口的頭目看在眼裡，覺得這樣下去不是辦法。而對太巴塱與馬太鞍社人說：「你們，太巴塱與馬太鞍兩社的人，打了九年的仗，我們大港口人認為不好。我們看了你們現在的情形，實在很糟。大家應該和好相處。」那時候去太巴塱傳達意思調停的大港口頭目有柯威德（kovid）、馬耀・片（majau pen）、伊俄（io）及武基斯・卡塔嘎爾（vagis katagal）四人。大港口的頭目到了太巴塱，問頭目：「我們要去馬太鞍，你要怎麼說？」太巴塱的頭目回答說：「你告訴他們，馬太鞍與太巴塱的打仗到此為止。如果他們同意了，我們太巴塱也同意。如果馬太鞍人認為跟我們太巴塱打了九年仗還不夠的話，我們也可以繼續打下去。」於是，柯威德、馬耀・片、伊俄及武基斯・卡塔嘎爾四位大港口的頭目便出發，到了馬太鞍，對那邊的頭目說：「我們四個人來到這裡，為的是仲裁你們與太巴塱的不和。」馬太鞍的頭目聽了回答說：「原來如此。我們馬太鞍與太巴塱的不和，並不必要永遠如此。我們也有同感，兩方面的不和應該到此為止。」大港口的四位頭目，當天又回到太巴塱，向頭目轉告了馬太鞍方面頭目的意思。太巴塱的頭目聽了之後表示：「既然馬太鞍的頭目已經清醒了，那麼戰爭也該結束了。」第二天，太巴塱的頭目差派一位叫沃勞・娃拉汗（orawan varahan）的婦女，到馬太鞍交際。又過了一天，馬太鞍的頭目也親自來到太巴塱拜訪。從此，太巴塱與馬太鞍兩社的人才能和睦相處，互相來往交際，過著和平的生活。

本則傳說故事與上則故事相似，惟本則敘述較為詳細，兩者之間敘述所不同者是，上則故事謂：「最後在大港口頭目的調解下，終於告停，不過兩個部落之間，就此不相往來。」本則故事則謂：「從此，太巴塱與馬太鞍兩社的人才能和睦相處，互相來往交際，過著和平的生活。」

四、阿美族與卑南族戰爭

林道生《台灣原住民族口傳文學選集》載七腳川社〈飛人馬威〉:(註七)

　　從前,在塔基利社(takilis)住著一位叫做馬威的人(maawil)。馬威時常著著:「我居住在塔基利只是個平民,連個組長也當不了!我算什麼嘛!」有一天,馬威又想起自己的身份來,「我在塔基利,既然當不了組長,為什麼還要留在塔基利呢?」因此,馬威很失望地邊往特密阿茲社(tomiats)。當抵達了特密阿茲社,馬威便飛了起來。馬威會飛的事情,很快就傳到了塔基利社。塔基利社的人知道了馬威會飛的事情,有些後悔,沒有讓他擔任組長而離開了他們。因此有意思請他回來一起在青年組裡擔任組長。塔基利社的人便派了代表到特密阿茲社,向馬威傳達了他們的意思。馬威對塔基利人說:「我不要回去!我本來就不是塔基利社的人嗎?我在那裡不過是集會所庭院的東西罷了!(指沒用的東西)我在塔基利的時候連個組長也不給我當!到了現在卻要我回去,這是什麼意思呀!太看不起人了嗎?」這時候,馬威要他的情婦去做餅,做一個kaliti(鏡餅,形狀圓圓像鏡子),馬威對情婦說:「如果我能像以往那樣,一口吞食鏡餅的話,便可以證明神在保護著我。」馬威拿著鏡餅一口吞了進去,然後從他的腳腫出來,因此,他知道了,是神在保護著他。看了這情形的塔基利社的人便掉頭回去了。馬威心想:「塔基利社的人一定是坐船回去的。等一下我就從他們後面追上去。」馬威像以前在飛的時候一樣,在肘及腳上綁上了大鳥的翅膀,但是,這一次他在腳上多綁貼了個盂子。翅膀是用來飛的,盂子是浮在海上行走用的。一切準備妥當,馬威衝上天飛到塔基利社人的船旁邊才飛下來浮在海面上,用鑿子(鑿孔的工具)把塔基利社人的船鑿了個孔。海水很快地從洞孔浸入船內。不一會,船便沈了。其他塔基利社的人見狀都

爭先恐後逃走。從此，馬威，一個塔基利社人所看不起的青年，當了塔基利社的領導人頭目，教他們造船捕魚。當馬威飛行的本能，過了些時日消息傳到了台東的卑南族部落。卑南族人便千里迢迢地前往花蓮的特密阿茲社請教馬威。卑南族人到了馬威的家。馬威仍然要他的情婦為他做一個 kaliti（鏡餅）。餅做好了，馬威一口吞了餅又從他的腳跟出來。因此，馬威知道了神仍然在保護著他。卑南族人前往特密阿茲社的集會所。馬威的家就在集會所隔壁。這時馬威正在換衣服，他的帽子是熊皮做的，衣服也是熊皮做的，禮服也是熊皮做的，這可把卑南人嚇呆了。馬威換穿了三次衣服。而第三次所穿的竟是破舊的麻衣。看著的卑南人覺得是對自己的一種侮辱，也是馬威的惡作劇，便生氣的回去了。途中遇到了從田裡回來的特密阿茲社年輕婦女，身上掛著瑪瑙作的首飾。卑南族人便把她殺了。消息傳到馬威的耳朵。馬威說：「卑南人為什麼要殺害我們的年輕婦女？」說完很生氣地在肘及腳綁上他的翅膀，飛到卑南人的部落，也殺了卑南人的年輕婦女。這時，卑南人才知道已經犯下了大錯而害怕起來。從此，馬威經常去獵卑南人的頭。卑南人害怕地在部落四周圍築起垣牆。可是，馬威是飛越過垣牆上來馘首卑南族的年輕人。卑南社的人一直在猜想：「到底馬威是從那裡進來的？地上都找不到他的足跡。」後來，卑南社的人在垣牆的竹子尖部發現了馬威留下的血跡說：「啊！原來馬威是爬牆過來的。」便在馬威經過的地方樹立了許多尖竹子。不久，向來習慣於走相同路線的馬威，又去卑南社獵人頭，這次被許多卑南人暗藏的尖竹子刺破了肚子，連腸子都流了出來死了。特密阿茲社的阿美族人，聽到了他們的飛人馬威死了。都很悲傷，也不知道該如何是好。害怕卑南社人來報復的阿美族人，只好遷回去他們的舊居住地七腳川（tsikalaan）。他們深深知道，如果馬威在的話他們就不必遷回七腳川了。七腳川當時並沒有頭目。他們推選了伊瓦及阿德特做他們的新頭目。後來的老人都教

導他們的晚輩，不要學馬威那樣跟卑南人殺過來殺過去地，這樣殺個不停，最可憐的是婦女跟老人，沒有一日安寧，大家應該和平相處。從此，七腳川的阿美族人就不再跟卑南人殺來殺去了。

本傳說故事阿美族的飛人馬威，因為具有飛行的能力，因此當了塔基利社的領導人頭目。有一次，卑南族人殺了阿美族的婦女，馬威就經常前往卑南族出草獵人頭，最後馬威死在卑南人設下的陷阱竹刺上，當場肚破血流。阿美族人怕卑南社人來報復，只好遷回去他們的舊居住地七腳川。

林道生《台灣原住民族口傳文學選集》載太巴塱社〈莎娃〉：(註八)

莎娃是波珂的女兒，哥哥叫阿卡哈·阿利姆洛。有一天，母親波珂帶著莎娃去伊那帕那樣（inapanajam）的地方耕作。到了田裡，母親把莎娃放在耕作小屋，自己下田去工作。這一天，剛好有卑南社的團體來太巴塱旅行。當旅行的卑南人經過後，波珂心中有一種不吉利的感覺，因此去耕作小屋看看，但是莎娃不在那裡，找了週圍也沒看到。母親卻注意到地上有人走過的足跡，於是心中想：「我的孩子，是不是被卑南社的人抓走了呢？」當即趕回家。波珂到了家，向父母親報告在耕作小屋休息的莎娃不見了，而且卑南社的人來過，因此猜想莎娃是被他們抓走了。在一旁聽的阿卡哈·阿利姆洛：「怎麼？我的妹妹被卑南社的人抓走了！那我就去卑南社尋找我的妹妹。」從那天起，阿卡哈·阿利姆洛每天都減少吃飯的量，等到體重已經減輕到適當的重量，能輕快走路的程度。哥哥便出發去尋找妹妹。途中來到了拉拉庫斯的地方，遇到了一位叫馬威德的人，告訴他是因為妹妹被卑南社的人抓走了，才經過這裡要去卑南社尋找。馬威德聽了也自告奮勇地說：「那麼，我也跟你去卑南社尋找你的妹妹。」兩人便又往卑南社出發了。到了卑南社，很幸運地在神靈的幫助下，一下子就找到了莎娃。莎娃一個人在家裡。阿卡哈·阿利洛姆走到她的面前問：「妳是誰？」莎娃：「我是娃伊·娃伊。」阿卡哈：「不！妳不是

娃伊‧娃伊。你是我的妹妹莎娃。」莎娃：「父母曾對我說過，我是來自於太巴塱的人。」又說：「我真的是太巴塱人？」阿卡哈：「是真的。妳不但是太巴塱的人也是我的親妹妹。妳叫做莎娃。」又說：「這裡，甚麼時候有祭典？」莎娃：「在月圓的時候。」阿卡哈：「好！那時候我們會來這裡，把妳帶回家。你要穿好衣服，在青年們正跳舞的時候，也跟著繞圈，為他們斟酒。」莎娃：「我會的，哥哥！」月圓了，阿卡哈對馬威德說：「月圓了，我們去卑南社把我的妹妹救回來。」兩個人來到了卑南社。到了吃飯的時間（大約是下午四時），馬威德爬上了刺竹的頂梢。阿卡哈則隱藏在刺竹根部的草叢裡。馬威德穿著紅色的衣服，柔軟的竹子因乘載一個人的重量而搖擺起來，紅色衣服被搖得幾次差些著了地。卑南社的青年一看見竹梢有紅色的東西在搖擺著，以為是神的光臨而說：「你們看！我們社裡的神是好神。我們的馬拉達俄神，現在爬到了竹梢，等待我們的年輕人趕快跳舞。」青年們熱烈的歌舞正進行著，莎娃也進場繞著圈為青年們斟酒。當莎娃繞到距離刺竹最近的地方時，馬威德也使力搖幌著刺竹，把竹子搖的快要著地的時候，一手捉住莎娃，竹子又彈回上空。卑南社的青年眼看著這奇妙的情形異口同聲地叫了起來：「哇！馬拉達俄神拿走了我們的莎娃了！」全社的卑南只是茫然地看著。後來才感覺到是拉拉庫斯的馬威德穿了紅衣服迷惑了他們，說：「原先我們以為是馬拉達俄神拿走了莎娃，現在我們知道，原來是拉拉庫斯的馬威德。」「走，卑南社的青年們，我們去拿馬威德的頭顱回來！」卑南社的青年一起出發去拉拉庫斯出草。卑南社的青年，在拉拉庫斯獵得了一個頭顱，馬威德知道了說：「卑南社的青年為甚麼來這裡出草？好！那我現在也去卑南社出草！」馬威德獵得了兩個卑南社人的頭顱回來。卑南社的人很不甘心地說：「馬威德殺了我們兩個人。我們去拿拉拉庫斯人的三個頭顱回來！」馬威德很不服氣的說：「卑南人既然獵取了我們三個人頭，我要他們賠六個頭！」馬威德又

去出草。衝入卑南社砍下了六個人頭帶回來。卑南人說：「這次馬威德衝進了我們部落殺了六個人。他到底是從那裡進來的？」經過仔細的檢查，知道是從檳榔樹梢飛越過來的，因為檳榔樹梢上有許多血跡。因此決定在檳榔樹上埋設暗箭。不久，馬威德又來出草，結果踩到了弓而被暗箭射死。卑南人：「常來我們這裡出草的馬威德已經死了。再也不會有拉拉庫斯的人來獵我們的頭了。現在我們去拉拉庫斯，把他們統統殺光！」這事給拉拉庫斯的組長知道了，大聲通知全社的青年們集合。組長告訴他們卑南人來了，我們不用害怕，不用逃走。每一個人用沙利帕達草（saripata）不容易拔掉的草，把腳綁起來。就在這個時候卑南社來出草的人已經到了，拉拉庫斯社的青年正好被沙利帕達草綁著而不能逃脫，因此統統被卑南族人殺光了。卑南族人乘勝說：「拉拉庫斯人已經被我們殺光了。現在我們去太巴塱出草。」卑南人繼續向北前進，來到了達俄拉樣（今之三笠山），遇到了瓦紐，瓦紐和那俄德庫林兩位奇密社的人。奇密社人問卑南社人：「你們來這裡幹甚麼的？」卑南人：「我們要去太巴塱出草，經過這裡。」奇密社人：「哦！原來是要去太巴塱出草呀！你們等一等。你們要知道，太巴塱社的人很會跑，速度快的不得了。你們何不在這裡先跟我們奇密社人比一比，從這裡跑到三笠山部落前，如果你們輸了，那麼你們也贏不了太巴塱人，如果你們贏了我們，你們才有資格去太巴塱出草。」於是卑南人和奇密社人開始了跑步比賽。他們同時抵達了三笠山部落前的終點。奇密社人：「你們的速度還相當快，你們有資格去太巴塱。」其實，及瓦紐·瓦茲與那俄德庫林兩人之把卑南人留下來比賽跑步，是另外有他們的用意。這期間奇密社人已差遣了狄俄組（teots）和莫洛格組（morogots）的青年，先在卑南人要經過的路上埋了竹杙（竹木椿）。瓦紐·尼瓦茲和那俄德庫林等，朝北方向走去。到了三笠山的北方休息。並且利用機會授予拉哥阿組（lakoa）的青年「作戰計畫」說：「你們要

把蓪草（koa）捲成圓形，你們要從北方跑來，大聲高喊哇！哇！」
當卑南人在休的時候，突然聽到拉可阿組的隊伍，從北方高叫
著衝了過來。瓦紐·尼瓦茲和那俄德庫林乘機警告卑南人：「你
們聽，太巴塱人來出草了。」說完，兩人飛越過竹杙跑了。但是，
卑南人沒有飛越竹杙的本事，一個個跳上去後都刺掛在竹杙上死
了。太巴塱人經過調查後知道是奇密社的瓦紐·尼瓦茲和那俄德
庫林幫了他們大忙。從此奇密社與太巴塱兩社成為兄弟社。經過
了些時日，卑南社的青年已經恢復了元氣，主張發起對太巴塱的
戰爭。於是，引起了太巴塱社的注意，在部落的西方築起鹿柴。壯
丁們躲藏在六人才能環抱的大樹後面狙擊。太巴塱社的人三天不
外出地構想並準備各種的戰略。因此整個太巴塱社打仗時沒有一
個人死傷。太巴塱社的作戰法是：頭目手抓著白雞，到部落的入
口處把白雞放了，如果白雞飛向南方，便知道這一仗必定能打贏。
這一次，白雞是飛向南方的。當卑南人攻來的時候，太巴塱一位
叫帕哈鳥卡的人，從家裡搬出了放衣物的藤箱子，把蓋子一打開，
立即起了一陣大風雨，形成為大颱風。卑南人被大風雨吹得冷得
起來，甚至於冷得發抖，根本無法打仗。只有往南逃走。太巴塱
人在後面追殺，一直追到大和（tsiokakai）附近。沿路都是死了的
卑南人，數目多的難於形容。這就是卑南人與太巴塱人的戰爭。

本則傳說故事敘述阿美族小女孩莎娃被卑南族人盜走，哥哥阿卡
哈·阿利姆洛與住在拉拉庫斯叫馬威德的人，利用月圓舉行祭典時營救
妹妹的故事。

從此卑南族人與馬威德彼此經常出草獵人頭，馬威德不幸在一次到
卑南社出草時誤踩到了弓而被暗箭射死。卑南族人便把拉拉庫斯的人統
統殺光。

又想要繼續征伐太巴塱的卑南族人，途遇奇密社人瓦紐和那俄德庫
林，兩人為牽制卑南人說：「太巴塱社的人很會跑，速度快得不得了。
你們何不在這裡先跟我們奇密社人比一比，從這裡跑到三笠山部落前，

如果你們輸了，那麼你們也贏不了太巴塱人，如果你們贏了我們，你們才有資格去太巴塱出草。」結果卑南族人中計，死傷無數。從此奇密社與太巴塱兩社成為兄弟社。

過了一段時間，卑南社又再度對太巴塱引起戰爭，阿美族人獲得全勝。此次兩族的戰爭是一場巫術戰，首先頭目卜占戰爭的結果，「頭目手抓著白雞，到部落的入口處把白雞放了，如果白雞飛向南方，便知道這一仗必定能打贏。這一次，白雞是飛向南方的」，卜占的結果是戰勝的。

又卑南人攻打阿美族人的時候，「太巴塱一位叫帕哈烏卡的人，從家裡搬出了放衣物的藤箱子，把蓋子一打開，立即起了一陣大風雨，形成為大颱風。卑南人被大風雨吹得冷了起來，甚至於冷得發抖，根本無法打仗，只有往南逃走。此次卑南社與太巴塱社的戰爭，太巴塱社獲得了全勝。

陳千武譯述《台灣原住民的母語傳說》載奇密社「仇怨」傳說：（註九）

有一次太巴塱人殺死卑南人。卑南人要求太巴塱人賠償人命，說：「我們要斬太巴塱人的頭。」奇密人卻袒護太巴塱人，在幽幽溪蓋小屋的趙逸和拉毛谷兩個組長，即派屬下去偵察卑南人的動靜。卑南人他們來到趙逸他們的小屋，說：「我們要向太巴塱賠償被殺死的人頭！」趙逸他們告訴卑南人：「兄弟啊！你們現在不要去，必須等待時機到來。」卑南人就聽話了。此時趙逸他倆的部下帶狗去奇密社拿便當，雖然距離很遠，但是他們跑得很快，狗卻追趕不上，便拖著狗跑，使狗皮擦破了。而他們拿回來的便當還很溫暖。他們的快跑，使卑南人很驚訝。然後他們又跟卑南人去打獵。趙逸命令兩個部下跑上懸崖去。他倆拚命地跑，飛跳崖上。卑南人跟著跑，卻停在崖下跳不上去。卑南人說：「咦，奇密社的青年是鳥。」而很驚訝。趙逸和拉毛谷說：「奇密社的青年跑得還比不上太巴塱的青年，太巴塱青年才真正是鳥，會飛，你們想要求賠償，怎能成功，還是要等。」那天去狩獵，奇密青年抓

到血氣旺盛的花鹿，獵物共有三十隻。卑南社青年說：「奇密青年確實像鳥。」奇密社人引誘卑南人去打獵，是為了要阻止卑南人向太巴塱人報仇的關係，卑南人暫時回自己的社去了。過了不久，卑南人又來到趙逸他們的小屋，說：「為了要殺太巴塱人而來。」趙逸偷偷向拉毛谷授計，命令部下欺騙卑南人帶去太巴塱。卻暗中在卑南人回頭的路上，栽植了削尖的竹杙。卑南人來到達拔北方，趙逸和拉毛谷，戴著蓮草葉帽子埋伏在草叢裡。趙逸他們的部下便大聲喊著：「看看，敵人埋伏在那兒。」使卑南人大吃一驚，慌忙折回去，走回到我著竹杙的地方，趙逸的部下們都飛跳竹杙上面，但卑南人飛越不過去，好多被竹杙刺傷或死了。趙逸他們便說：「兄弟，我不是早告訴過你了嗎，不該勉強去碰太巴塱人，他們太厲害啦。」卑南人就回去了。當事人太巴塱卻不知道卑南人有過這種遭遇。這些都是奇密社人趙逸和拉毛谷，為了袒護太巴塱人而做的。

本則傳說故事謂奇密社人趙逸和拉毛谷，運用智慧及技巧成功的阻止了卑南族人攻打太巴塱的故事。

林道生《原住民神話·故事全集(二)》載太巴塱社〈部落征戰〉：(註十)

有一次，住在太巴塱的阿美族青年塔卡堂(Tagatan)，殺害了卑南族。卑南族人生氣的說：「太巴塱人殺害我們的人，我們要求賠償，要獵太巴塱人的頭做為賠償。」同為阿美族的奇密社人聽了，決定庇護太巴塱站在他們同一邊，便在阿拉卡亥(Alagah)河川下方搭建了小屋。帖俄依茲與阿拉莫利古特兩位組長有俄洛依·庫林與瓦佑·尼瓦茲兩位部下。兩位組長對兩位部下下達了命令：「你們兩位去伊洛弄(Irnon)和利馬達(Limata)兩個地方偵察卑南人的情形。」俄洛依·庫林與瓦佑·尼瓦茲兩人，連夜趕往伊洛弄和利馬達偵察。在那裡他們發現了卑南族人，因此趕緊回去向帖俄依茲及阿拉莫利古特兩位組長報告。帖俄依茲及阿

拉莫利古特兩人趕緊到小屋等待。不久,有兩位卑南族人也來到了小屋。帖俄依茲及阿拉莫利古特兩位組長對卑南族人說:「我的兄弟呀!你們來這裡可有什麼事嗎?」卑南族人回答:「我們來取塔卡堂的毛髮(意指頭顱)做為賠償。」兩位組長聽了說:「兄弟呀!現在還不能去,稍等候一下。」卑南族人聽了組長的話,回答:「是的!我們會在這裡等候!」這期間,兩位組長的部下瓦佑‧尼瓦茲(Vajoniwa)和俄洛依‧庫林(Oloikuin)兩人要回去奇密社取便當,順便也帶狗來。雖然到奇密社的距離很遠,不過由於他們的速度非常快,所以當他們回到小屋的時候,便當還是熱的。但是那隻狗的速度太慢了,跟不上瓦佑‧尼瓦茲和俄洛依‧庫林,於是兩人便用力拖拉著狗跑,沒想到狗卻剝了皮。之後,他們又邀請卑南族人一起去打獵。帖俄依茲組長命令他的兩位部下,跳上懸崖。俄洛依‧庫林和瓦佑‧尼瓦茲兩人遵照組長的命令,跑呀跑地跳上了懸崖。卑南族的青年也跟著跑了起來,可是到了懸崖下方卻跳不上去。卑南青年驚訝地說:「茲上爾(意指奇密社)的青年是鳥類。」帖俄依茲與阿拉莫利古特對卑南族青年說:「奇密社的青年還比不上太巴塱的青年。太巴塱的青年才像個鳥類,真正地能飛。你們想要獵塔卡堂的頭做為賠償,哪有可能?要當心的是你們自己的頭呀!好了!我們再去打獵吧!」那天,阿美族人與卑南族人又一起去打獵。瓦佑‧尼瓦茲射中了牡鹿,當他追逐鹿的時候,鹿最後被逼得無路可逃,而逃到了秀姑巒溪中央,被他捕獲。在河邊,一隻血氣頂盛的花鹿也被俄洛依‧庫林捕獲。卑南族的青年看著他們快速奔跑追逐鹿的情形,驚嘆地說:「奇密社的青年快速如鳥類呀!」那天,他們用箭射中捕獲了三十隻鹿。奇密社的阿美族人為了阻止卑南族人去殺太巴塱人,而邀請卑南族人一同去打獵,以展現阿美族人的體能及技藝,終於使卑南族人知難而退,統統不戰而回去自己的部落。但是,不久卑南族人又不死心地回到帖俄依茲與阿拉莫利古特的小屋說:「我

們是為了馘首太巴塱人而回來的。」聽了這話的帖俄依茲偷偷地
對阿拉莫利古特說：「那我們兩個人就站在太巴塱這一邊來抵抗
卑南族人。」於是，他們的部下俄洛依·庫林與瓦佑·尼瓦茲兩
人便欺騙卑南族人說：「我帶你們去太巴塱！」其實兩人已經在
回來的路途暗埋了尖竹子。在抵達拔仔庄（即今之富源）吉可艾
（Koaai）時，帖俄依茲與阿拉莫利古特戴著薄草葉做的帽子在等
候。當卑南人未到時，俄洛依·庫林與瓦佑·尼瓦茲大聲地喊叫：
「你們看，大批敵人在那邊！」來驚嚇卑南族人。卑南族人聽了
生怕寡不敵眾而有意退回去，但是他們並不走原來的路，改走了
暗埋著尖竹子的路回去。俄洛依·庫林及瓦佑·尼瓦茲在尖竹子
上方「一跳一跳」地飛跳過去，卑南族人卻因為飛跳不起來，統
統被尖竹子刺死，能活著回去的沒有幾個人。帖俄依茲和阿拉莫
利古特對殘存的卑南族人說：「我的兄弟呀！你們看！我不是告
訴你們太巴塱人是很屬害的嗎？為甚麼還要勉強呢？」卑南族人
便垂頭喪氣地回自己的部落去，從此不敢再去太巴塱獵他們的頭。
當時的太巴塱人並不知道卑南族人的遭遇。因為戴著薄草帽子嚇
唬卑南族人的是奇密社的帖俄依茲和阿拉莫利古特。

這是一則卑南族欲出草阿美族太巴塱社人，被奇密社的阿美族人拖
延的故事。當卑南族人要再次出草太巴塱社人，卻被奇密社人用計謀擊
退了，從此卑南族不敢再去太巴塱出草獵頭了。

五、阿美族與太魯閣族德魯固人戰爭

「龜庵」阿美族稱「打古目」，主要是來自瑞穗「太巴塱」社的阿美族
族秀姑巒群。李嘉鑫〈龜庵部落·歷史漫步〉載一則傳說：（註十一）

相傳約百年以前，有太巴塱人跟著狗追逐水鹿，翻越海岸
山脈而抵達附近，發現這裡水源豐富，地平獸多，先在此結寮
而居。同一時間抵達此地的，據說也有從萬榮鄉到此狩獵的賽
德克族德魯古人，雙方經過短戰交戰後，德魯古人因為援兵鞭

長莫及，退回中央山脈，整個龜庵盡屬阿美族人所有。

傳說太巴塱人跟著狗追逐水鹿，發現「龜庵」水源豐富，地平獸多，便先在此結寮而居。大約在同一時間，萬榮鄉的賽德克族德魯古人也來到此地狩獵，雙方經過短暫交戰後，德魯古人不敵，退回中央山脈，整個龜庵盡屬阿美族人所有。

六、阿美族與「阿禮嘎蓋」巨人戰爭

李嘉鑫〈芳寮部落絕無僅有〉載：(註十二)

　　相傳「阿禮嘎蓋」是一種與阿美族為敵的巨人，雙方在古代曾經戰爭過好幾次，「阿禮嘎蓋」人除了身材高大以外，更擅長一種能夠「變身」的巫術，經常化身為許多阿美族婦人的丈夫或戀人，到處占女士便宜，讓阿美族恨之入骨。

本傳說故事謂「阿禮嘎蓋」巨人，因為仗著身材高大，又擅長「變身」的巫術，因此經常占阿美族女子的便宜，所以阿美族恨之入骨，也因此發生過許多次戰爭。從其他相似的傳說故事也同樣得知，最後阿美族人戰勝了「阿禮嘎蓋」巨人，並且把「阿禮嘎蓋」巨人趕走了。

林道生《台灣原住民族口傳文學選集》載〈美崙山上大戰巨人阿里卡蓋〉：(註十三)

　　有關阿美族豐年祭起源的傳說故事，最著名的除了跟海有關的「阿美族祖先：一對兄妹漂流到台灣」之外，還有一則跟山有關的「阿美族祖先英勇戰勝居住在美崙山上的巨人阿里卡蓋」的故事。在很久很久以前，花蓮的美崙山上居住著一群巨人，身材高大、實施法術，遊手好閒的壞人阿里卡蓋。因此居住在美崙溪南岸的山（現在的花崗山）及海岸（現在的南濱）的阿美族部落，不斷地發生稀奇古怪的事件：有一次，部落的一位婦女，跟往常一樣地帶著她的七、八歲大女兒和出生才數個月大的寶寶去田裡工作。媽媽要大女兒巴奈在樹下看顧寶寶，自己下田去工作。到了寶寶餵奶的時間，媽媽放下手邊的工作來到樹下，要巴奈把寶寶交

給她餵奶，巴奈卻很奇怪地問媽媽：「不是剛才餵飽了嗎？這麼這麼快又要餵了呢？」媽媽被大女兒這麼一問，也覺得很奇怪——到田裡工作之後還沒餵寶寶呀！怎麼巴奈會這麼奇怪的問呢？媽媽心中納悶，但是也不知道是怎麼一回事。當她把寶寶抱過來時，才發現情形不妙，寶寶不但身體絲毫不動，連腹部也凹陷下去，已經死了。事情在部落傳開了，族人都覺得奇怪而生怕。但是，又不知道該怎麼辦是好。不久，部落又發生了怪事，有些婦女，當他們的丈夫出去工作自己留在家時，太陽未下山，丈夫卻提早收工回來，並且要求妻子行歡。過後太太昏昏睡著了，等到醒來時，丈夫並不在床上，還在奇怪時，丈夫又回來了，說話的口氣也不像剛才回來過又出門的樣子。可是，做太太的也不知道先前回來的那一位到底是誰？當然也不敢問丈夫。部落裡，奇怪事件繼續地發生。河裡原先不怎麼豐富的魚蝦，近來卻無緣無故地增加了，男人小孩們都去捕魚。留在家裡的婦女只是覺得今天的時間過得特別快，一下子就中午了，不一會太陽又下山了。男人們手牽著小孩提著裝得滿滿一籃子的魚蝦回來。一家人吃過豐盛的晚餐後，一個個倒在床上睡著了，過了些時候，婦女們被一陣吵雜的聲音吵醒了，可是她們的丈夫和孩子並不在床上。這時太陽又從窗戶射了進來！真奇怪，剛才不是已經天黑了，一家人都吃過晚餐才睡覺的，怎麼現在太陽又要下山了？真奇怪。家家戶戶這才感覺到事情的不尋常而恐慌害怕起來。整個部落的每一個人都深深知道，寧靜的生活已經受到威脅而要求頭目設法解決。頭目首先命令大家把嬰兒、小孩、婦女們集中在集會所，派壯丁日夜守護，因此，部落裡也有了幾天的平安。可是，幾天過後，有一個阿里卡蓋忍受不住，自己從美崙山上下來，渡過美崙溪，來到阿美族的部落，把集會所的屋頂敲破一個洞，伸入他那巨大的長臂要捉嬰兒充飢。不料被守護的阿美族壯丁發現，幾個人用粗繩子套住了巨人阿里卡蓋的臂用力的拉，「叭啦」地一聲，阿里卡蓋的巨臂被拉斷了，

變成一支巨大的木柴，流的紅血不一會也變成一灘水。阿里卡蓋不但逃了，而且一點也不害怕逗著說：「拉吉、拉瓦、吉里卡拉——山上多的是木柴，撿一支裝上去，又是一隻好手臂！」阿美族的壯士雖然拔斷了阿里卡蓋的手臂。可是根本傷害不了他，因為阿里卡蓋用法術輕易地以木柴接成新的手臂，這使阿美族人大為害怕。因此各部落的頭目不得不採取聯合行動，商議討伐阿里卡蓋的方法，並且推舉大頭目馬拉葛・巴力克為各部落聯軍統帥。從各部落選出年齡階級一、二級為中心的精英，南北區各一千人，立即施以嚴格的快跑、長跑、撐竿跳（渡美崙溪之用）、射箭、刀術、摔角、擲石頭、拔河、負重競走等九項戰技訓練。幾個月的戰技集訓過去了。統帥馬拉葛把兩千精英分為南北軍：南軍取名為「力固大」，象徵勇敢、雄壯；北軍取名為「拉力氣」，象徵精誠團結。天未亮，統帥大頭目馬拉葛把兩千大軍集結在美崙溪畔，舉行「出戰祭」，求神幫助打倒巨人阿里卡蓋。接著戰鼓聲「咚咚」響起，統帥以北軍拉力氣打前鋒，南軍力固大殿後。一聲攻擊令下，受過嚴格訓練的北軍拉力氣用彈弓射出了千萬粒卵石，一時之間天空「咻咻」作響，卵石飛衝到美崙山「轟轟隆隆」地。阿里卡蓋的房舍被石頭擊中而震天嘎響，倒塌了不少。可是，很奇怪地，不一會卻傳來一群阿里卡蓋的恥笑聲：「哈哈哈，辦家家酒，小孩子打仗呀！」這一陣可把阿美族人羞辱的氣壞了，敵人在猛烈的攻擊之後竟然恥笑是小孩子打仗。不過，仔細一看也真是的，阿里卡蓋們不但不閃躲石頭，有的還故意用身體去碰石頭而好玩地笑起來。大頭目馬拉葛失望地下令撤退。第二天，再度發動攻擊。這次以南軍力固大打前鋒，用弓箭攻擊，一時美崙山上飛箭如雨。可是，阿里卡蓋們仍然好玩地爭著用身體來接這些從天上飛來的箭，根本就沒有人受傷，而且個個都開心地哈哈笑著玩。看了這情形的大頭目馬拉葛，除了失望還覺得這一仗打得真丟臉。不得已又下令撤兵回部落去開會商討對策。有人在會議上建議，

阿里卡蓋既然是木頭做成的，單用弓箭、石頭是打不倒他們的，應該改用火箭！就是在箭頭沾油點火來打他們，把他們燒個精光。大家覺得很有道理，因此動員全部落的婦女們也連夜幫忙製作火箭。第三天清晨，兩千名阿美族的精兵每人攜帶十支火箭，在美崙溪畔排開，統帥的大頭目馬拉蔿下達了攻擊令，第一波的二千支火箭「咻咻咻」地劃過天空飛向美崙山，第二波、第三波——兩萬支火箭都衝向美崙山，可是很不可思議地，這些帶著火光的箭在飛到阿里卡蓋頭頂很近的時候，火都熄滅了，因此傷不了敵人。換來的又是一陣嘲笑聲而已。大頭目馬拉蔿，第三次下令撤兵。兩千名阿美族精兵都垂頭喪氣地走回部落。從美崙山上又傳來一陣陣的嘲笑聲。回到部落再度召開頭目會議的時候，再也沒有人說話了；因為大家都不知道怎麼辦是好！好像阿美族的末日就要到了。但是，大頭目馬拉蔿知道，與阿里卡蓋的戰爭是那麼地重要，這是阿美族的生死之戰，總不能就這樣不打了，讓阿里卡蓋把阿美族給消滅了。因此，大頭目用堅決的口氣向頭目們宣布：「不管怎麼樣，我們都要奮戰到底，這是我們阿美族人生死存亡的戰爭。明天，我們要拂曉攻擊，我們不再從遠處擲石頭、射箭攻擊敵人。我們要每一個人都揮著大刀衝到美崙山上敵人的陣地，直接與敵人肉搏戰。」頭目們接受了統帥的命令，回到自己的部落要勇士們磨刀準備。天快亮的時候，大頭目馬拉蔿親自領軍站在最前頭，在「衝呀！殺呀！」的勇猛殺聲中撐竿跳過美崙溪衝上美崙山上。殺聲震響了整個美崙山。阿美族的勇士們個個揮刀砍向阿里卡蓋的脖子。可是沒有一個阿里卡蓋被刀砍傷，反而用手指輕輕一碰，阿美族的勇士就倒了下來，不是死了，就是受傷。大頭目馬拉蔿一看不妙，趕緊下令撤退，帶走陣亡勇士們的屍體，背負著受傷的同胞渡過美崙溪回到部落。美崙溪水不再清澈，整個地被阿美族勇士們所流的鮮血染紅了。各個部落都停止了戰鬥的準備，大家都失去了信心。任由更囂張的阿里卡蓋在各個部落危害老弱婦孺，

也沒有人膽敢反抗。可憐的阿美族人就這樣地過著打敗仗暗無天日的痛苦生活。有一天，悲傷的大頭目馬拉葛，一個人孤獨的來到海邊。他看著大海，腦子裡是一片空虛，他躺在沙灘上看著藍色的天空，朵朵白雲，不知不覺睡著了。不一會，大頭目馬拉葛做了一個夢，海神卡費站在海浪中親切地對他說：「孩子呀！你要知道，你的敵人阿里卡蓋不是像你那樣屬於有肉體的人類，你的作戰方法完全不足以對抗他們。明天你就用你們祭典中不可缺少的波羅（Porog 蘆葦布絨）攻打他們吧」！海神卡費說完就消失在大海裡。大頭目從夢中驚醒過來。跪在沙灘上謝了海神之後，飛奔回去部落，召集各個頭目，轉告了阿美族最崇拜的海神卡費，在夢中指導他戰勝阿里卡蓋的祕訣。各個阿美族部落連夜總動員去砍蘆葦作成絨箭，集中在美崙溪畔，部隊攻擊前集結的地方。大家摩拳擦掌，等待天一亮，要發動的神奇攻擊。天要亮了，大頭目馬拉葛站在隊伍前方，把一支最長的 Porog 箭插在地上，帶領眾人仰天祭拜天上的守護神馬拉道，又面向大海告祭海神卡費，祈求保佑這一仗的勝利。祭儀結束，天也亮了。大頭目馬拉葛高舉著他的 Porog 箭大聲地下達攻擊令：「弟兄們，反攻的時機到了，大家勇敢地衝呀！殺呀！」戰鼓「咚隆咚」地響起。殺聲響徹了美崙山。但是，這一次並沒有聽到巨人阿里卡蓋們的嘲笑聲。就在這個時候，阿里卡蓋的領導人已經一個箭步地在大頭目馬拉葛跟前求饒地說：「哦！阿美族偉大的大頭目呀！請你饒了我們吧！我們只是身體巨大的小人，請不要用 Porog 的箭把我們趕盡殺絕，我現在就代表所有的阿里卡蓋向你無條件投降，我們馬上離開美崙山，從海上回去我們的老家，永遠不再回來，偉大的大頭目！」仁慈的大頭目馬拉葛答應了巨人阿里卡蓋的求饒，讓他平安地離開。不一會，從海邊又傳來阿里卡蓋領導人聲音：「偉大又仁慈的大頭目馬拉葛：要記得每年的今天率領你的族人，帶著檳榔、米酒、都論（糯米糕）來這裡祭你們的海神，一定可以捕到許多魚蝦。」

巨人阿里卡蓋們走了，大地又歸於和平，部落裡的阿美族人又過著快樂的生活。這一段阿美族祖先犧牲奮鬥戰勝巨人阿里卡蓋的英勇事蹟一代代傳下來，演變成阿美族夏天稻米收割完後重要的豐年祭典及海祭。當年為了攻打阿里卡蓋的九項戰技訓練：快跑、長跑、撐竿跳、射箭、刀術、摔角、擲石頭、拔河、負重競走等，在今天的阿美族豐年祭當中也大都繼續在舉行，以訓練年輕人的刻苦耐勞精神。

七、阿美族飾墨的由來

范純甫主編《原住民傳說（下）》載〈飾墨的由來〉：（註十四）

從前，在花蓮阿美族人的部落裡，頭領是一個凶惡的人，經常侵犯鄰社部落，抓走人丁掠奪牲畜和財物，人們恨透了他。鄰社有一名社丁，名叫沙布爾。他小的時候，父親就被那個壞頭領捉去殺害了。後來，他又看到社裡的其他一些老大爺和青年也遭到壞頭領的殺害。他氣憤極了，下決心要殺死壞頭領，為鄉親們報仇。這天，沙布爾突然不見了。鄉親們急得吃不下飯，去深山密林裡尋找，找遍了山山嶺嶺，都沒見到沙布爾一點蹤影。這時，壞頭領的社裡來了一個臉上有黑紋的討飯人。他說是從遙遠的地方逃來的。壞頭領見這個從遠方逃難來的人，雖然臉上有許多難看的黑紋，衣服破破爛爛的，但身體卻像鹿一樣強健有力，便留下給自己家裡當僕人。原來，這個討飯人正是沙布爾扮的。他用鍋底灰調成汁在自己臉上畫上了一些花紋，讓人們認不出來，好到壞頭領的社乞食討飯，尋機會殺掉壞頭領。沙布爾到了壞頭領的家，裝得特別順從和忠誠。壞頭領想吃魚蝦，沙布爾便下海．；壞頭領想吃山味，沙布爾就上山。因此，壞頭領對他十分滿意，常誇獎說：「我找了一個聰明能幹的僕人。」一天夜裡，壞頭領酒醉酣睡，沙布爾悄悄地來到他的床，猛地一刀，不待壞頭領呻吟一聲，便把他殺了。沙布爾割下了壞頭領的頭顱，悄悄地逃回自己社裡。

第二天早晨，壞頭領家裡的人來找他，才發覺壞頭領被人殺死，倒在血泊裡。查找凶手時，人們找不著臉上有黑紋的僕人。大家猜想，一定是他殺了主人後跑了。四處尋找他，但並沒有發現一點蹤影。沙布爾回到自己的社裡，立刻洗掉了臉上的黑紋，現出了真面貌。他悄悄地把自己做的事告訴了鄉親們，並把壞頭領的頭顱給鄉親們看。人們高興得歡跳起來，喝酒唱歌，祝賀沙布爾為大家除了害。以後，人們在勝利和歡樂的時候，都學著沙布爾，在自己臉上畫上黑紋，表示慶祝和高興。久而久之，成了習俗。人們出征打仗，也飾上墨，誰殺的敵人多，硬在胸膛飾上墨。飾墨是聰明和勇敢的象徵。

本則傳說故事謂部落裡的頭領是一個窮凶極惡的人，擄掠族人，掠奪牲畜與財物，人們恨之入骨。有一名青年名叫沙布爾，其父親即是被壞頭領殺害的，社裡也有許多人遭到殺害。

沙布爾一心為父報仇，也想為鄉親們解除心頭之恨，於是臉上施以黑紋，化妝成討食的人，壞頭領便把這個像鹿一樣強健有力人，留在家裡當僕人。沙布爾終於有了報仇的機會，一天夜裡把壞頭領殺死了，取下頭顱逃回自己社裡，並把壞頭領的頭顱給鄉親們看，族人們高興得歡跳起來，喝酒唱歌，祝賀沙布爾為民除害。

自此，在勝利和歡樂的時刻，則學沙布爾在自己臉上畫上黑紋。族人出征打仗，也飾上墨紋，誰殺的敵人多，便在胸膛飾墨。飾墨成為聰明和勇敢的象徵。

八、太巴塱社獵首祭的起源

林道生《原住民神話‧故事全集（三）》載太巴塱社〈獵首祭的起源〉：（註十五）

從前，有一對叫羅娜阿娃和德巴魯圳的夫妻，想出了部落祭典的方式和過年的方法。夫妻兩人生有大兒子馬耀‧卡卡拉灣，及弟弟俄那克‧卡卡拉灣。有一天，父親對兩位孩子說：「我們去

砍木柴。」他們前往俄勞阿外山（Valaawai），在砍木柴時父親要馬耀和俄那克兩兄弟去汲水。兩兄弟表示不知道去汲水的路，父親便為他們砍伐雜草開出概略的路線。路是曲折的，要繞到遠路才能抵達汲水的溪谷。當兩兄弟來到汲水處，所看見的水是混濁不清，根本不能飲用而回去向父親報告。父親前往把水弄乾淨後兩兄弟再一次前往汲水處，水仍然是混濁的，因此沒有汲水又回來告訴父親。父親聽了生氣的說：「一定是有人在上游把水弄混濁了。你們去看看，如果看到有人在溪水中的話，你們不要躊躇的就用刀槍把他殺了，馘首（割下人頭）拿回來。」兩兄弟帶著刀槍到了汲水處的上游，看到有一個人正在溪流中把水弄混濁，兩兄弟衝了上去用槍把他刺死，馘下人頭，仔細一看是他們的父親，叫了一聲：「糟了！」兩人提著人頭趕快轉往伐木的地方，他們的父親並不在那裡，弟弟說：「我們殺害了自己的父親！」而悲傷的哭泣，但是一切都來不及了。原來父親早已厭世，渴望著被殺而欺騙了孩子。兄弟提著父親的頭回家。一進家門就告訴母親：「我們帶回來一個人頭。」母親說：「我看看！」兩兄弟讓母親看了人頭的側面，母親說；「不是側面，是正面。」兩兄弟讓母親看人頭的後面，母親說：「不是後面，是正面。」兩兄弟讓母親看人頭脖子的切口，母親生氣的說：「是正面。」兩兄弟不得已讓母親看了人頭的正面。母親更加生氣的說：「那不是你們的父親嗎？」母親哭了起來。然後說：「你們犯下的罪可大了，為了謝罪，你們得去獵人頭。」於是，為了準備獵人頭，兩兄弟開始斷食以減輕體重增加速度，每天勤於練習跑步、飛跳、追逐。斷食期滿了，兩兄弟先去獵花鹿，把獵到的花鹿放了血及骨髓，帶回家給母親看。「獵這麼一隻花鹿還不夠，再去獵更大的鹿！」兄弟兩人去獵了長著大角的鹿回來。母親說：「行了，現在要祭鹿首。」兩兄弟祭了鹿首，把鹿的骨髓和血放了裝入袋子貯存。兩兄弟商量如何獵人頭，以謝誤殺父親的罪過。他們選擇了基烏康社（Tsiuvugan）

為對象，由於只有兩個人並無其他奧援，必須思考萬全的方法以免反而被殺。兄弟兩人想出的方法是結網袋，內裝幾個石頭高吊起來為陷阱，再把敵人誘到網內捕殺獵頭。兩人每天都在結能夠捕捉人的大網，在網裡面放了幾個石頭以增加網從頭上掉下來的速度。一切準備就緒，他們帶著刀槍武器和先前的那一袋鹿血，往基烏康社出發。到了基烏康社的外圍，兩人先放了幾聲亂槍驚騷對方。聽到了亂槍聲，基烏康人說：「有敵人侵入，快去殺敵人！」一群青年衝出了部落朝著槍聲追來，兩兄弟模仿著受傷者的方式全速的逃跑，過了直線的路轉入彎曲的小徑，同時一路灑鹿血，到了吊掛著網袋的地方灑了更多的血，然後躲到網袋上方的樹枝上等待。基烏康的青年追到網袋下方，因為血跡特別多而停下來查看，有的坐下來休息。網袋上面的兩兄弟適時切斷了吊著網袋的繩索，大網掉了下來網住了基烏康的青年。兩兄弟殺死了敵人趕緊馘首。割完人頭要裝入袋內時哥哥馬耀·卡卡拉灣看了弟弟割下的人頭都是上等完整的好人頭，自己的是切割得不完整很零亂的壞人頭，便羨慕的對弟弟說：「俄那克，分一些你那上等的人頭給我好嗎？」「那怎麼行呢！」弟弟說。兩人都去砍了樹枝要當做挑人頭的棍子。當弟弟挑起了人頭，棍子卻斷了，哥哥也挑起來，但是棍子好好的並沒斷。弟弟奇怪的問：「哥哥，為什麼你的棍子沒有斷？」「你不知道的話，不妨送給我一些上等人頭，那麼我就教你。」但是，弟弟沒有答應，又去砍了一支粗一點的樹枝做成棍子，不過當他挑起了人頭，棍子還是斷了。弟弟想了想只好送給哥哥一些上等的人頭，哥哥也教給了弟弟選擇樹枝及製作的方法，兩兄弟便回家去了。回到家，弟弟說：「媽媽，快拿些舖蓆來，我們獵取了好多人頭。」媽媽把舖蓆拿出來，弟弟又告狀說：「哥哥拿了我的上等人頭。」媽媽責罵了馬耀不長進，獵得的人頭比弟弟差，還有臉向弟弟要。兩兄弟當即舉行獵首祭的儀式。兩兄弟成功的獵首回來，已經是優秀的年輕壯丁，但是都還

沒有結婚成家，母親要他們去祖母家探望遊玩。到了祖母家，祖母送給他們每人一個蜜柑說：「送給你們一個蜜柑，這個蜜柑不是要給你們吃的。」但是，哥哥不聽祖母的話吃了蜜柑，祖母生氣的說：「馬耀，你再去拿一個。」哥哥進去屋後，找不到樹上的蜜柑，只好在地上撿了一個。祖母說：「你們回家去，把蜜柑蓄放在箱子裡面。到了自己認為時間恰好的時候就打開箱子。」兩兄弟照著祖母的吩咐分別把蜜柑存放在自己的箱子裡面。過了些時日，他們都覺得應該是時候了而打開箱子。弟弟的箱子裡坐的是一位美麗的妻子，哥哥的箱子裡面坐的是一位皮膚病的妻子。因為哥哥把祖母給的完好蜜柑吃掉了，放在箱子裡的是後來又去撿掉在地上的爛蜜柑。弟弟的妻子叫洛卡姿，哥哥的妻子叫莉娜麥。過了些時日，哥哥馬耀對弟弟俄那克說：「我們去打獵！」兩人到了山上沒看到野獸，哥哥說：「我們來玩滾大石頭。一個人在山上把石頭滾下山，一個人在山下躲避石頭。」「好！一定很好玩。哥哥你先去山下躲石頭。」哥哥到了山下，弟弟把大石頭往山下推，哥哥躲在一棵樹的後面避開了滾下來的石頭。哥哥說：「現在由我來滾石頭，你到山下躲石頭！」弟弟在山下看見大石頭滾下來，趕緊躲到一棵樹的後面閃避，但是石頭把樹打倒了，壓傷了弟弟。原來哥哥是躲在堅硬的白日紅樹後面，弟弟是躲在 Lidatog 較軟的樹後。哥哥害怕的回家去，媽媽問他：「俄那克呢？」「我們在打獵的時候分開了，不知道去哪裡！」第二天，母親去田裡，從苧蔴田中傳來呻吟聲，母親去查看，原來在哀泣的是俄那克而查問：「是馬耀欺負我，我受了傷他也不理。」俄那克回答。母親把俄那克背到井邊洗乾淨，但還是死了。母親傷心的哭著回家叱責馬耀。後來俄那克升上天變成星星，他的妻子從屋頂追上去也變成了星星。母親繼續罵馬耀，受不了的馬耀也要逃到天上，當他來到庭院再上去屋簷，彎腰用力一踏又大叫一聲要衝向天，這時屋簷斷了，馬耀趕快再用力一踏，這一下竟陷入泥土中，母親跑了過來，

不過太遲了，馬耀整個人都陷下去，母親只抓到他的帽子。後來，族人在舉行獵首祭的時候也都要戴帽子。馬耀・卡卡拉灣與俄那克・卡卡拉灣兩兄弟成了太巴塱部落獵首祭的起源。

本則傳說故事敘述馬耀・卡卡拉灣與俄那克・卡卡拉灣兩兄弟是太巴塱部落獵首祭的起源。

....

九、阿美族年齡階級組織與會所制度

雖然阿美族是從母居的社會，但是其政治社會體系的主要基礎乃在於男子的年齡組織，而非在母系的氏族或世系群上。（註十六）

阿美族的會所，古時各社均有，它是設在部落的中央，或是設在部落入口處。它是由各級青年們合力建成的，一切材料都是就地採取的，其形式比一般家屋大，屋中安設一大型火炕。除供訓練之外，可供部落開會或行重要儀式的場所。

台灣東部的阿美族是母系社會。其中位於南部群的馬蘭阿美有氏族制度（clan sytem）、北部群的南勢阿美則有世系群組織（lineage organization）；然而事實上阿美族的政治體系，主要的基礎在於男性的年齡組織（age organizalion）、而非母系的親屬群（matrilineal kin group）之上。

大部分的阿美族人在狹窄的東部海岸山谷間種植水稻，因此阿美族的村落，是台灣所有土著中最久居的。大部分的聚落都很大，有些甚至於人口超過一千人。阿美族稱這些村落為 niarox，每一個村落均曾經具有一個充分發達獨立自主的政治體系。往昔，村落的外圍由樹叢或竹叢圍列起來。村落內的道路系統經常是有計畫的安排。村落的每一個入口處，有一個屬於青年的公廨（dormitory for youths），有些村落的中央，則有男性會所（men's houses）。例如：馬蘭阿美村落有六個入口，因此有六個公廨，北方入口的公廨，則為男性會所所在。南勢群阿美的村落有其各自獨立的男性會所。在會所前方有廣場一塊，做為村民集合時進行儀式的場所。廣場中亦有一個頭骨架和一個祭壇。（註十七）

　　阿美族的年齡組織系統可分為兩種型態：馬蘭式和南勢式，馬蘭式的年齡組織中，每一個年齡組均各有其專名，直到這一級之成員完全死亡後，此級名即取消。南勢式的年齡組織，則只有一組名制循環使用，當最高一級退休並離開年齡組織，就有新的成員加人繼承其名；但其他的成員還是依舊使用原來的年齡級名。（註十八）

　　馬蘭阿美每三年舉行一次成年禮（initiation ceremony）。最低的年齡組 ratangu 的成員年齡約在 20 至 22 歲。這只是大約的年齡，因為其成員可能早一、二年進入這一個年齡級，或因為延遲而必須等待下一個成年禮的舉行；因此整個年齡級中成員的年齡可能會有五至六歲的差距。每一個年齡級三年自動的晉升一級，但仍然延用原有的級名；舉例來說，1942 年時年齡級（kapax）第二級。如果不包括未入年齡級之少年組（papakarong），所有級名可分為四組：pakarongai，kapax，minhiningai-itokarai 和 isvʔai。（註十九）

　　所有的南勢阿美村落皆使用九名制，依同順序循環使用。南勢阿美荳蘭社每七年舉行一次成年禮。和馬蘭式一樣，由於成員有較早或稍晚舉行儀禮的現象，因此一級年齡組中的年齡差距可能在十歲之間。男性通常在 20 歲加入年齡組織，82 歲時退休。在這個年齡組織內的人被稱為 sral。這個年齡組織包含兩個階段：kapax 或初級服役期和 karas（mato'asai）後級管理期，退休的年齡級則被稱為 vakavakejang。（註二十）

　　中部阿美的奇密社有類似於南勢阿美的年齡組織。不過，根據岡田謙的報告，奇密社的年齡組織有二個系統，也就是說，除了有類似於南勢阿美所循環運用級名的系統之外，他們還有另外一種所有成員到另一個階段時，必須採用另一組級通名的規則。（註二一）

　　南勢阿美的年齡組織，可用來呈現阿美族的年齡組織系統如何運作。當一個男孩到 15 歲時即準備進入年齡組，這個預備期可延續四至五年，稱為 mamisral。在這個時期，他得接受許多體能上的訓練以及群體社會生活應有的知識訓示。20 歲時，他即加人成年禮而成為 kapax

級。kapax 級是必須服役的階段。這個階段最低的一組稱為 utrots 或 makutrots，意謂積極服役。每一個男子在這個階段時，必須接受比他更高一級的成員指示行動，而且其服裝亦要愈樸素愈好。當他進入更高的一級 kapax 時，他可獲得較受尊崇的社會地位。在較高的二級中，訓練較不嚴厲，而且成員可以結婚。除非他們有任務需要執行，否則他們可留在家中或到公廨。由第四到第九的六級，稱為長老（matoʔasai），這六級的男性免除在公廨的服役和職務，他們是整個社會的領導階層；甚至在他們退休之後，仍被年輕的後輩尊敬，是為 vakevakejang。（註二二）

男子專名級的年齡分級制度，阿美族即屬此類。男子參加成年禮以前，生活於家庭內，不受組織上限制，十四、五歲以後加入年齡組級之預備役，接受嚴格的體能與武術訓練。每三年至五年之間舉行一次盛大的成年禮，亦稱成年祭，此時參加組織訓練，通過考驗之後正式加入年齡組織，並接受組織上專名，組織之專名終身不變，但每經過一次成年禮即進級一級，而其社會責任與待遇亦依級昇進。每個年齡階級組長有一人，為接受命令與執行命令之負責人。階級服從原則，普通適用於生活與工作任務上，在祭祀或宴飲時，尤須嚴格地依各人之長幼級組排定座位，部落間之分配與餽送，亦依級別定量。在嚴格的施行年齡階級制的部落裡，均有男子會所之組織與專用集會所，會所通常設在部落之入口或中心點，但會所兼用於部落集會所與未婚男子之宿舍。（註二三）

阿美族是母系社會，女性是一家之主，財產由女性繼承，女性在親族中有絕對優勢的地位。與此相對的是阿美族男性社會的年齡階級組織及男性會所，阿美族的年齡組織是阿美族部落社會組織的基石，男性自十四、十五歲開始即被編入年齡階級，居住在男子會所，集中管理，施以嚴格的教育，包括軍事、生活及公民教育。男子通過成年禮之後，仍須服種種勞役及守衛工作，在成年禮通過之後接受一個階級名，終生從此階級名，不予改變。結婚後雖不必住在會所內，但仍須擔負許多社會責任，包括社會公眾事務之執行，但相對的也享有發言的權利。長老階

級係指四十一歲以上之男性，在部落裡擁有政治及一切事務處理權利。總之，阿美族年齡階級組織，是部落對內、對外所有事務運行的中心樞紐，階序也是個人社會地位、待遇的依據。會所不僅是教育訓練機構，也是共同合作的基礎，更是阿美族文化的表徵。（註二四）

奇美部落在日治時期稱奇密，據文獻顯示，奇美阿美之年齡階級制度運作，在日治時期就是組織最嚴密、訓練最嚴格，並堅持傳統的男子會所之一。（註二五）

古野清人於 1939 年統計，奇美男子年齡階級有二十三組之多，是當時諸多阿美族群階序最多之社區。該會所每隔三年（有些部落為五年）舉行一次成年禮，申請晉級者必須通過嚴格的體能、軍事訓練、技能、民族傳統事蹟講述等考核，合格後始得晉級，否則只好再等三年。階序之名稱，自行創意命名，經老人組認可，於三年後之成年禮儀式中被正式承認，各階級之職務分工、服飾、應享之權利等，均有詳細規定，並貫徹執行之。（註二六）

阿美族社會的另一個特徵是嚴密的年齡階級組織。男子在十三、四歲時，必須進入集會所接受成為一個男人的訓練。以三至五歲為一個階級，同一階級的男孩一起學習、生活，並住宿於集會所。在集會所裡，同一個階級的同伴一起工作，遇有獎勵或處罰也是以一個階級為單位。無形中更緊扣了同年齡階級的每一個男子，而這樣的關係是一生一世，直到離開人世為止。因此，縱然會所制度已經消失，但每年的豐年祭活動，依然遵守傳統年齡階級的規範在運作，使傳統的生活、歌舞的訓練得以延續。也因為有這麼嚴密又親近的年齡階級組織，讓阿美族人在都市裡仍然保有集體工作的習性，甚至在台北的汐止成立了一個以阿美人為主的「三光社區」。大家彼此互相照顧、扶持，這全是拜年齡階級之賜。（註二七）

阿美族的會所制度雖然已經消失，但年齡階級的運作依然盛行於阿美族的社會，而且長幼有序，服從勞動的觀念依然保存於日常生活當中。

　　阿美族男子的社會待遇，也是完全決定於年齡階級制度上。在部落日常生活中以階級服從為原則，下級對於上級須絕對尊敬與服從，更不可愛上上級者的妻子，否則將為族人所不齒，而視為大逆不道。在外如遇上級負重行於道途，當為其釋勞。年長者在部落中尤具尊崇的地位，對下級可以命令行事，並可對年輕者加以體罰，不得稍加反抗，階級愈低，其在部落中勞役愈重，而階級愈高者，在部落中之職責愈輕，因此尊長敬老，蔚成風氣，自古為然，於今不衰。（註二八）

　　過去，阿美族在每個部落中，都有「男子會所」，專供集會之用，大的部落會有好幾所，其名稱各地的阿美族稱法不一，如花蓮吉安鄉稱 taruan，花蓮光復鄉稱 sulaledan，玉里附近稱 athawan，台東馬蘭社稱 suvi。目前，各地會所多已倒毀。他們的會所，是男子訓練和集會的地方，並不供給居民居住之用，男人成年與否，都是住在自己家裡的。（註二九）

　　阿美族的年齡組織，在功能上主要是「軍事」、「行政」、「政治」等的聯合體。阿美族各群的年齡階級雖可分為若干不同的型式，但組織的原則則大同小異，主要可分為北部阿美的「襲名制」以及南勢阿美的「創名制」。例如，馬太安的年齡級中，把成年男子依其年齡分為十三級，每一年齡級的人自十六、七歲開始，參加每隔四年舉行一次的成年儀式後即成為年齡階級中的新級，並自名譜中選擇一名為級名。各階級在組織中以長幼提攜服從為原則，互相協助以完成男性教育訓練與服務部落的責任。再如大港口的阿美，年齡級共分二十二級，其中最主要分為青年和老年兩級。男子至十八歲時始，每三年升一級，各級有其職名。每一年齡級有一位或數位負責人，負責指導其他級友或其級外聯絡，或仲裁級內之糾紛。新年齡級則有另自上級派來負責訓練的人，協助新入級者學習各種應有的技能與知識。全部年齡級，在馬太安阿美是以大頭目為領袖；重要事項的決定，又須老人級舉行長老會議與各級負責人討論之。阿美族社會中的年齡階級組織，實際上已負起全部部落對外及對內的事務；年齡階級不但為教育訓練的機構，同時也是個人社

會地位和待遇的依據；年齡階級組織不但是部落軍事行動的樞紐，同時也是部落行政、儀式的主要機構；年齡組織不但是部落成員互助合作的基礎，同時更是全部主要生產活動（如山田燒墾、漁獵）的執行單位。而這種政治結構本身，與其宗教信仰組織、親屬結構等有密切的內在關連；從任何一結構中，我們可以預知其他的結構。阿美族的社會中，更明顯的呈現出政治組織專門化與特化的一般現象，這種專門化與特化的現象，不但與其親屬組織之較小的整合力有關，並且也跟人口數量與密度、生計方式、以及防禦他族的攻擊等三個重要因素，有密切的關連性。劉斌雄教授比較東台灣兩個族群提到：阿美母系社會，一般而言，在其家庭中，每個人接近經濟資源的機會是均等的。權力的分配以年齡為標準：老年人為決策階級，中年人為執行階級，青年人為服役階級，少年人為學習階級。雖然卑南族也有年齡階級組織，但阿美族的與卑南族的有著明顯的區分；阿美族的領導人物偏向於以後天的成就產生，而卑南族卻靠世襲的方式得來；阿美族的會所基礎是地域，而卑南族會所的基礎卻是貴族家系。（註三十）

十、港口部落之役

溫吉譯《台灣番政志》（1957年），記載：

> 奇密社之討伐，光緒三年，統領吳光亮欲開闢自水尾通至大港口之道路，附近阿眉斯族所屬奇密社（在水尾至大港口沿路山上）不肯，殺總通事林東涯，八月終於反叛，吳光忠（吳光亮之弟）及林福喜督兵討伐，而番人猖獗，官軍不利潰走。吳光亮更令孫開華、羅魁、林新吉等舉璞石閣駐營部隊討伐之。至九月番人不支而乞降，吳光亮諭以汝等果有誠意歸順，則以明春為期，各負米一擔，獻至我營，以證明無他志。番人承諾。至翌年，即光緒四年正月二十七日，番人果約至營，吳光亮合集營內，閉門銃殺之，計一百六十五人，中逃走者僅五人而已云。

《花蓮縣誌》（1974年），記載：

　　清同治年間，清廷依沈保楨議，分南北中三路，以兵工開闢台灣東部蕃地，總兵吳光亮自林杞埔開道由中路進。光緒三年七月，清兵策水尾（瑞穗）至大港口間之阿美人阻之，殺總通事林東涯，吳光亮檄林參將率線槍營進紮大港口彈壓，行抵烏鴉立中伏敗退，十一月再攻再敗，十二月援軍齊集，戡平之，次年正月二十七日，吳光亮銃殺蕃人一百六十人。

十一、阿美族戰爭歌謠

阿美族現代歌謠〈入伍當兵〉（註三一）

　　媽媽不要難過

　　爸爸不要難過

　　要離開你們

　　不是我的錯

　　媽媽請原諒我

　　爸爸請原諒我

　　徵召令已接過

　　當兵入伍

　　男子漢大丈夫

阿美族現代歌謠〈送君當兵〉（註三二）

　　警察的腳踏車響鈴鈴鈴

　　傳遞通知要徵兵

　　親愛的哥哥要去軍營

　　哥哥的小旗子隨風迎

　　妹妹的手拍揮不停

思念哥哥心不能安寧

遙祝哥哥平安在軍營

他日退伍榮歸衣錦

註釋

註一：古野清人著，葉婉奇譯《台灣原住民的祭儀生活》，台北，原民文化，2000年5月。

註二：內政部委託台灣大學人類學系研究《台灣山胞各族傳統神話故事與傳說文獻編纂研究》，1994年4月30日。

註三：同註二。

註四：林建成〈阿美娘子軍〉，《頭目出巡：台灣原住民采風錄》，晨星，2002年12月20日二刷。

註五：李建果〈兩個部落傳頌一則太馬故事〉。

註六：林道生《台灣原住民族口傳文學選集》，花蓮縣立文化中心，1996年6月。

註七：同註六。

註八：同註六。

註九：陳千武譯述《台灣原住民的母語傳說》，台北，台原出版社，1995年5月。

註十：林道生《原住民神話‧故事全集（二）》，台北，漢藝色研文化公司，2002年1月。

註十一：李嘉鑫〈龜庵部落‧歷史漫步〉，《中國時報》「旅遊周報‧發現台灣」【龜庵大石鼻山‧看鳶飛魚躍】，1999年3月12日。

註十二：李嘉鑫〈芳寮部落絕無僅有〉，「台灣部落之旅」，《中國時報》，1999年3月19日。。

註十三：同註六。

註十四：范純甫主編《原住民傳說（下）》，台北，華嚴出版社，1998年4月。

註十五：林道生《原住民神話‧故事全集（三）》，台北，漢藝色研文化公司，2002年12月。

註十六：王嵩山《台灣原住民的社會與文化》，台北，聯經出版公司，2001年7月。

註十七：陳奇祿《台灣土著文化研究‧台灣土著的年齡組織和會所制度》，台北，聯經出版公司，1999年10月。

註十八：同註十七。

註十九：同註十七。

註二十：同註十七。

註二一：同註十七。

註二二：同註十七。

註二三：高淵源《台灣高山族》，台北，香草山出版公司，1977年2月。

註二四：劉鳳學《與自然共舞：台灣原住民舞蹈》，商周編輯顧問公司，2000年12月。

註二五：同註二四。

註二六：古野清人《高砂族的祭儀生活》，南天書局，1996年。

註二七：王煒昶主編《山林的智慧》，台灣原住民文化園區導覽手冊，1998年5月。

註二八：陳國鈞《台灣土著成年習俗》，國立北京大學，中國民俗學會民俗叢書專號：民族篇第9卷，中國民俗學會景印，1974年。

註二九：同註二八。

註三十：同註十六。

註三一：同註六。

註三二：同註六。

阿美族宇宙
口傳文學

第三十章

一、太陽與月亮的傳說故事

《蕃族一班》（1916年），警察本署著，黃文新譯：（註一）

> 上古稱 sabato loku 男子和 bauaihabu 女子，從天用黃金造的梯子下降至 tabira 溪上游的 taurayan 山上，後生二子，兄為 gura，妹為 nakau。當時的天不高，日月夫婦時常拜訪 sabatoloku 夫婦，有一天，日月夫婦告訴他們，說以後太陽從早至黃昏時止，月亮則除了三十日之外不出現圓形之身影，而後悄然告別。

從本則傳說故事，阿美族人對於日月的觀念與認知：

（一）古代「天」不像現在高高的掛在天際，古代的「天」不高。

（二）天神 sabato loku（男）和 bauaihabu（女），從天用黃金造的梯子下降至 tabira 溪上游的 taurayan 山上。

（三）本故事的日月是擬人化的，認為日月是一對夫妻。

（四）日月夫婦時常拜訪 sabatoloku 夫婦。

（五）日月的運行，有一天，日月夫婦告訴 sabatoloku 夫婦，說以後太陽從早至黃昏時止，月亮則除了三十日之外不出現圓形之身影。

（六）此後，日月的運行即依照日月夫婦之所言，一直至如今。

二、月亮與太陽是夫妻傳說故事

高淵源《台灣高山族》載〈太陽與月亮〉：（註二）

> 遠古時候，太陽和月亮，本是一對夫婦，做妻子的太陽，非常妖媚淫亂，月亮因不悅太陽不守婦道，出走他去。月亮走後，太陽空閨難耐，望見名叫「普羅」的細竹，長得修長漂亮，在地上帶歌帶舞，深感愛慕，於是自天而降，誘惑「普羅」與之成親，但「普羅」知道她不是一個循規蹈矩的女人，不肯與她成親。太陽不得已悵然飛天。自從別妻出走後，月亮也深感

寂寞，所以下凡與名叫「笠答都」的稀葉竹成親，無奈，此竹也淫亂成性，到處招蜂引蝶，月亮遂棄之復歸天上。此後稀葉竹痛改前非，為懷念前情，拚命往上昇高，欲與月亮重修舊好。但終因藍天太高，無法攀上，只得喪氣而回。從那時起，日月永未再相聚，而稀葉竹也有時舉頭望天，有時垂頭傷心。

台灣原住民族中，父系社會組織的族群，或以太陽為男性，月亮為女性；阿美族因為是母系社會，則以太陽為女性（妻），月亮為男性（夫）。

本傳說故事情節要述：

（一）月亮與太陽是夫妻。

（二）身為妻子的太陽非常淫亂，身為丈夫的月亮憤而出走。

（三）太陽空閨難耐，誘惑叫「普羅」的細竹與之成親，但是「普羅」知太陽淫蕩，不肯與她成親。

（四）月亮也下凡與名叫「笠答都」的稀葉竹成親，不過「笠答都」也淫亂成性，因此月亮遂棄之，又回到天上去。

（五）「笠答都」仍然懷念著月亮，因此拚命往上昇高，想要和月亮重修舊好。但是，藍天實在是太高了，無法攀登，令它非常喪氣。

本則傳說是阿美族人從觀察自然物擬人化的故事，古人觀察太陽與月亮，兩者之間絕對沒有同時出現，因此就把他們想像為夫妻，因為彼此不合而離異，至今永未再相聚。

至於叫「笠答都」的稀葉竹，因為有時抬頭挺直，有時候又垂下，因此，古人想像它與月亮曾經結親，但是因為自己本身淫亂，終遭月亮遺棄。惟「笠答都」還想與月亮續舊情，不過終究是不可能。

三、阿美族人升天做月亮與太陽傳說故事

范純甫主編《原住民傳說（上）》：（註三）

從前阿美族的祖先還住在宣拉卡衫山的時候，天地是一片

混沌，沒有日月運行，下界則為四時常暗的世界。人們非常害
怕這樣混沌的黑暗，為求乞光明，祭祀神明祈願。當時有一個
叫做「芝瑪爾巴爾」的男人，和「塔芙那」的女人，他倆看見
了人們的苦惱，各分東西昇天而去。男的「芝瑪爾巴爾」化為
太陽，女的「塔芙那」則化為月亮，光照下界。日月本來是約
定在天上重逢，那知以後一直都是太陽出來時，月亮就隱沒，
月亮出來時，太陽又會隱沒下去。到今天，還沒有重逢的日子。

　　本則傳說故事謂古代沒有太陽和月亮，天地一片漆黑，人們非常害
怕，因此常常祈神賜給光明。男子「芝瑪爾巴爾」和女子「塔芙那」憐
憫人們的苦惱，並決定升天照亮人們，「芝瑪爾巴爾」變成了太陽，「塔
芙那」變成了月亮。

四、星星的傳說故事

　　杜而未〈阿美族的故事與傳說〉，《考古人類學刊》（1984年）記載：
（註四）

　　　　從前有二兄弟殺死其父，母親為懲罰他們，要他們五日不
吃飯，作為五日工為贖罪，還要去山上找年幼的壯鹿，殺死敵
眾獵取人頭。他們一一照作了，便要祭祀這些人頭，哥哥穿戴
好衣服，站在門口大叫及跳，就上了天；弟弟亦隨之上天，母
親也上了天。他們便成了天上的星辰。……

本傳說故事的情節：

（一）從前有二兄弟殺死了他們的父親，為什麼殺死？是誤殺？還
　　　是其他原因？故事中沒有說明。

（二）母親懲罰兩兄弟：

　　　1、五日不吃飯。

　　　2、作五日工贖罪。

　　　3、去山上找年幼的壯鹿。

　　　4、殺死敵眾獵取人頭。

（三）當他們要祭祀這些人頭，哥哥站在門口大叫及蹦跳，就上了天；弟弟亦隨之跟上天，母親也上了天。

（四）他們上了天就成了天上的星辰。

《原語による台灣高砂族傳說集》（1935 年），小川尚義、淺井惠倫著；余萬居譯：（註五）

　　有位父親同一夥人去採薪，因口渴，遂差遣兩兒子 vuton 和 liinamai 去汲水。但這兩兄弟見水邊的水濁，故未汲水而回家，他們不知是父親故意將水弄濁的。父親就要他們隔天再去取水，並蔣把水弄濁的壞蛋殺了，並砍下他的頭。兄弟照父所言事，怎料砍下來的人頭竟是父親，母親知道之後，說：「既然如此，你們就再去獵人頭吧！希望你們獵到的人頭能排滿兩塊草蓆。」兄弟為了讓母親高興，勤練體力及商討計謀，終於辛苦地獵了一堆人頭回來。但母親仍是生氣，於是，兄弟想，不如我們去討個妻子回來吧！兩人就走出家門。在途中，發現有橘子，哥哥馬上說是他的，撥開一看，裡面有個老女人，就成了兄之妻。而弟弟後來摘了個青橘子，裡面是個大美人，成了弟之妻。然後，他們又回家去。怎料母親大怒，兄弟想了想說：「媽媽，實在是事非得已的了，請看看門口的我們吧！」兄弟兩人就在這晴朗的夜晚，身驅逐漸埋入地中。母含淚送去了他們，但到了第五天的夜晚，發現 vuton 和 linamai 變成了星星掛在天空。母親見之，又哭了。

　　本則傳說故事因為兩兄弟誤殺了父親，母親要兩兄弟再去獵能排滿兩塊草蓆的人頭回來，他們為了讓母親高興，於是獵了許多人頭，但是母親還是很生氣。

　　兩兄弟各自從橘子中得到了妻子帶回家，怎料母親還是大怒，兩兄弟只好自陷埋入土中，母親含淚送終。到了第五天的夜晚，發現她的兩個孩子變成了星星掛在天空。母親見之，又哭了。

　　《原語による台灣高砂族傳說集》（1935 年），小川尚義、淺井惠倫著；余萬居譯：（註六）

有兄弟，哥哥辛勤耕田，弟弟卻好偷懶。二人因而時有口角。他們二人遂到山上，決定互推石頭至山下，被石頭壓死的人，就是不對的那一方。哥哥先推石頭下山，弟弟因躲進洞裡，所以沒有被石頭壓到。再來，換弟弟向哥哥推石頭，哥哥被石頭打中而死。後來，哥哥的靈魂升上了天，變成了星星。

本則傳說故事敘述兩兄弟從山上互推石頭，以決定誰是誰非，結果卻不是不努力的弟弟被壓死。哥哥死後，靈魂升上了天，變成了星星。

林道生《原住民神話・故事全集（二）》載奇密社〈巫頓與李那麥〉：（註七）

崔勞・伊利基帶著兩個兒子巫頓和李那麥去砍柴。過了些時候，崔勞・伊利基的喉嚨乾渴，要巫頓和李那麥兩兄弟去泉水灘那邊汲水解渴。兩兄弟剛走不久，父親崔勞・伊利基卻繞過近路先行趕到泉水灘，把泉水弄混濁，又趕快回到砍柴的地方。不久，巫頓和李那麥從泉水灘回來。「你們去汲水，情形怎樣？」父親問。爸爸：「那邊的水是混濁的，所以我們不能很快地汲水回來。」巫頓與李那麥怕父親懷疑他們懶惰，所以對父親說了遲回來的原因。父親聽了告訴他們：「你們要帶著槍和刀，去泉水灘，躲在草叢裡，看到了來把泉水弄混濁的壞人，就衝上去用槍刺他，用刀斬他，砍下他的頭顱帶回來。」「是的！」巫頓和李那麥帶著他們的槍和刀又去泉水灘。他們來到了泉水灘，一看，正有一個人在那邊把清澈的泉水攪混。兄弟兩人衝了上去刺死了那個人，砍下了他的頭顱。仔細一看，那是他們的父親。兩兄弟提著頭顱回家，對母親說：「媽媽！媽媽！我們獵得頭回來了。」母親一看，嚇了一跳地回答：「那是你們的父親！」接著又說「既然已經發生了，現在你們必須再去獵個頭。你們兄弟喜歡頭顱的話，就去獵頭好了。去獵個頭顱回來擺在草蓆上。」巫頓和李那麥兩兄弟為了再去獵頭，依照族裡的習俗先絕食五天。然後哥哥對弟弟說：「兄弟啊！我們已經可以出發了！」他們來到了高處的岩石地方，但是

跳不上岩頂。哥哥說：「我們還達不到獵頭的資格。」於是，再做絕食。絕食過後，兄弟兩人便一躍而跳上了大岩石。哥哥說：「我們已經有資格去獵頭了，現在先來結網。」兄弟兩人為了擊潰敵人結網裝大石頭。然後，他們又先獵得一隻水鹿，把水鹿的血裝在水鹿的膀胱內。巫頓和李那麥兩兄弟出發了，他們要去其他部落獵人頭。他們到了另外一個部落，先開了幾槍。部落的人聽了槍聲響，高叫著：「敵人來了；敵人來了！」起了一陣騷動。部落的壯丁們立即就部落周圍的射擊位置。他們發現敵人只有兩個，因此發砲還擊。兩兄弟聽了砲聲，掉頭就逃。並且把帶來的盛在水鹿膀胱內的血灑在地上。然後逃到凹處的地方躲起來。敵人看了地上的血跡，以為兩兄弟必有人受了傷，而大為放心地追擊。他們來到了凹處的窄路，卻看不到敵人。兩兄弟趕緊事先暗掛了網，地上灑了許多鹿血，然後躲了起來。敵人追上來了。他們的頭目從地上的血跡判斷：「這裡是最後流血的地方，大家仔細地搜查。」當敵人都踏上暗掛藏著的網底下時，兩兄弟切斷了綁著網的藤索。石頭從上掉了下來打倒了所有的敵人。兄弟兩人，哥哥以石頭做為砧、弟弟用木頭做砧，拚命地砍下敵人的頭。哥哥的刀往往用力過度砍在石頭上，造成刀刃上的許多缺口。弟弟因為是以木頭為砧，很快地砍完頭，便去幫哥哥。兩兄弟砍下了所有的頭顱，再去砍些挑頭顱用的樹枝。哥哥巫頓砍的是塔洛威漏（talovilov），由於很脆，一下子就斷了。弟弟李那麥還沒決定砍取什麼樹枝的時候，還好聽到樹梢上有鳥啼叫著，「塔哈木竹、拉俄勞；塔哈木竹、拉俄勞」（tahtsiu laolau）。聰明的弟弟李那麥順著鳥叫的聲音，來到那棵鳥停著的大樹下，在附近找到了塔哈木竹、拉俄勞的樹。弟弟砍了拉俄勞的樹枝當做挑頭顱用的擔子。哥哥巫頓奇怪的問弟弟：「我的擔子一挑就斷了，你的擔子怎麼那麼耐用？是在哪裡找到的？為什麼不會斷呢？」弟弟回答說：「是聽了 tatahtsiu 烏鶖叫著塔哈木竹、拉俄勞的聲音。在烏鶖停著的樹下找到的。」

于是，哥哥也去烏鶩停著的樹下砍了拉俄勞的樹枝當擔子。兄弟兩人挑著頭顱回到了家，對母親說：「媽媽！媽媽！快把草蓆鋪起來。我們回來了！」母親卻生氣地回答：「頭顱有什麼用？我討厭那種東西！」巫頓和李那麥兄弟倆不解地說：「如果我們做什麼，都會遭來母親這麼大的脾氣的話。走！我們去別的地方討老婆自己住算了！」他們來到了一個地方，無意中看到了顆大蜜柑。於是哥哥巫頓對弟弟李那麥說：「這一個熟的，是我的！」哥哥擘開了熟蜜柑。裡面有一位年紀大的女人，臉上有皺紋，聲音像老人走出來，做了哥哥的妻子。弟弟看著覺得奇妙，也趕緊擘開自己手中那顆比較青不夠成熟的小蜜柑，卻從裡面出現了一位年輕的美人，做了弟弟的妻子。過了不久，哥哥巫頓忽然想念母親而對弟弟說：「我們在這裡已經娶了妻子了，我們應該回去看媽媽吧！」哥哥和弟弟便帶著他們的妻子回家去看母親。母親看了兩個孩子回來，而且又各自娶了妻子，不但不高興，還以責備的口氣問：「你們兄弟兩個人，到哪裡去了？連家也不回來，真是的，越來越不像話了。」兄弟兩人聽了，一肚子怨氣地對母親說：「媽媽！那也沒辦法了，妳看看站在門口的我們！」說著，兄弟兩人便把鳥的翅膀套在頭上，佩掛上雕刻著七星模樣的刀。然後，兄弟兩人走到庭院，大聲對母親說：「媽媽！妳的心居然是這樣，我們實在沒有辦法。請妳出來，到庭院看看我們！看看，這麼好的夜晚，在天上的我們！」母親聽了，順口說一聲：「好吧！」走出屋子，來到庭院觀看個究竟。這時候，在空中的兩兄弟在腳上用些力氣，「隆」地一聲，兩個人都踩著了大地，然後腳又繼續往下沈到膝蓋的地方。再用一次力，身體已經陷入地下到腰部了。兩兄弟又一次地用了力，這一次全身都陷入地下，不見了人影。母親就站在庭院，親眼看著兩個兒子陷入了地下不見。五天後的一個晚上，想起了孩子的母親又站在庭院，清爽的夜晚，不由得讓她抬頭仰望天空。於是，母親看到了兒子李那麥和巫頓變成的星星在夜空閃耀著，

不禁傷心地流下了眼淚。今天，夜晚的天空之有李那麥星和巫頓星，就是由李那麥和巫頓兩兄弟變成的。

本則傳說敘述巫頓和李那麥兩兄弟變成天上星星的故事。

五、雷電的傳說故事

《蕃族調查報告書》阿眉族海岸群（1915 年），佐山融吉著，黃文新譯：（註八）

> 稱為 inun itasu 兄弟之神，自太古時代至今日止為在天之神。兄之妻叫 aalutsan，其美天上罕見。弟尚未娶妻，因天天與她相處，時間久了竟開始愛慕她，雖知是兄嫂而不可侵犯，但仍不時有不規矩的行動。其兄忍不住大怒，但又想到不忍給他難堪而未驅逐其弟，弟卻難以自我控制，又再度掀起兄嫂的裙角而使股部露出，因此又觸怒其兄，遂被逐下界。他們謂兄嫂之股為電、怒聲為雷。

阿美族人的想像力真是豐富，本則故事謂「雷電」即天神哥哥驅除弟弟。阿美人還說兄嫂之股為電、哥哥之怒聲為雷。

〈台灣土著の口碑〉，《東京人類學會雜誌》（1908 年），伊能生著，劉佳麗譯：（註九）

> 從前，有三兄妹，兄叫 pourasan，弟叫 panvowai，妹叫 mdarai。一日，妹到河邊洗衣服時被大蛇吃了。兄弟在倆河畔發現妹的手鐲及項鍊，乃合力殺了蛇報弒妹之仇。族裡的人，對蛇甚為敬畏，恐其二人回到村中，村人將全遭詛咒而死，故將其放逐原野。兩人過著三餐不繼的生活，不得已採作物裹腹，又遭社人指控為小偷，抓了弟弟綁起來，哥哥逃匿山中，為了營救弟弟作了大風箏，並拖了長長的尾巴，放到族社的方向，弟弟一看便知兄弟，就拖住尾巴，安然來來到森林，弟弟被抓期間，社人只餵食蟲類，弟弟盡數吐之。兄弟乃協議在山邊建一家園，母親趕來勸歸未果，只說：待家園完成後，你父親回來。便走了，誰知不

久父親就來了，兄弟倆氣父親在房子落成前來到，竟毆死了父親，事後，心生悔意欲彌補，又苦思無策，乃與叔叔商量，叔叔對他們極不諒解，從此形成陌路。兄弟倆得到人的同情，決意上天當雷（karurum）。上天後，只要見到仇人蛇，便大叫，是為雷鳴，此外，妹的靈魂亦上了天，她走路時，裙擺翻飛之際，露出雪白的腿，就是閃電。

本則傳說故事，因為妹妹被大蛇吃了，她的兄弟乃合力殺了蛇報弒妹之仇。但族人敬畏蛇，怕兄弟倆回村社，村人恐遭蛇詛咒而死，就把他們放逐原野。

兄弟倆採作物裹腹，過著三餐不繼的生活，卻被指控為小偷，把弟弟抓了起來，只餵食蟲類，哥哥用風箏營救了弟弟。但是他們竟又殺了父親，以致得不到叔叔的諒解，心生悔意欲彌補，又苦思無策，所以他們決定當「雷」，只要見到蛇，便大叫，是為雷鳴。而妹妹的靈魂也升了天，她走路時，裙擺翻飛之際，露出雪白的腿，就是閃電。

范純甫主編《原住民傳說（上）》載〈孩童為什麼怕雷電〉：（註十）

從前，在馬大鞍（阿美人的一個社名）社的一戶人家，有父親、母親、兒子三個人。有一天，父親和兒子一塊去打獵，從大清早出去，到黃昏還沒有回來。母親想念丈夫和兒子就在家裡默默地求神保佑。一直到了深夜，母親才看到兒子回來。母親高興地拉著兒子的手說：「噢，我的孩子你可回來了，你爸爸到哪兒去了，這麼晚還沒有回來？」兒子一邊抹淚，一邊說：「原先我和阿爸一起走，過山坡時，我迷了路，兩個人就分開了。我找不到爸爸，只好自己摸黑走回來。」其實，是兒子偷懶不打獵，私自跑回家來的。母親一聽，臉色大變，惡聲地斥罵他：「你這不孝的兒子，把父親丟在山裡不管。你看不到爸爸的身影，為什麼不喊他的名字？」兒子害怕地回答：「不，媽媽，我已經大聲疾呼了，沒有回音啊！」母親聽後，焦急極了，急忙到灶頭點燃了松明，飛快地跑到深山裡去找丈

夫。一直找到天朦朦亮，才在一個幽靜的山谷裡遇到丈夫。丈夫聽了她說兒子已私自偷跑回家，並且說了一通胡話，非常氣憤，大聲地喊罵著，使山頭都震得不停地顫抖起來。在空谷回響之間，父親突然升天化成了雷神。妻子站在一旁看呆了，她手執一閃一閃發亮的松明，也隨著丈夫的身後，升天化成了電婆。那孩童再也見不到自己的父母了。每逢天上雷鳴電閃，他就驚恐不已，曉得這是天上父母在訓斥他。從那時候起，孩童都害怕雷電，就是這個緣故。

本則傳說故事謂有一孩童與父親到山上去狩獵，孩童偷懶不打獵，私自先行回家，又騙其母親說，因迷路在山上走散了，其母非常焦急，點燃松明火把，在路上遇見丈夫，當父親知道孩子欺騙，大聲喊罵，山頭都顫抖起來，父親突然升天化成了雷神，其妻也手執一閃一閃發亮的松明，跟隨著丈夫的身後，升天化成了電婆。

自此，孩童每當聽到雷鳴電閃，就驚恐不已，因為他曉得這是天上父母在訓斥他。從那時候起，孩童都害怕雷電，即此緣故。

六、彩虹的傳說故事

范純甫主編《原住民傳說（上）》載〈彩虹的傳說〉：（註十一）

依勒克是天上的神仙，他無憂無慮。每日在九天裡逛蕩。一天，他無意中撥開腳下雲朵，看到了居住在人間高山上的阿美人，衣衫襤褸，在河床乾涸、禾苗枯萎的大旱天裡，抬著祭品到山上求雨。那歌聲淒切哀婉：

啊！

天空無雲彩，

雨水不下來，

大家一起來，

祭禮眾人抬，

山上把神拜，

能迎喜雨來。

　　依勒克還看到，在山洪暴發的時候，田園被沖毀了，部落裡的男人就高舉火把，烤著濕淋淋的屋簷，希望火把能吸乾嘩嘩滴下的雨水……依勒克看到阿美人生活這麼苦，非常同情他們，於是自己就變成一個英俊的少年來到人間，幫助阿美人解除苦難。依勒克做了一隻大陀螺放在地上，抽一下，田地平整了；抽二下，清清的水冒出來了，他把阿美人住的地方，凡能開墾的荒山都變成了良田。這年秋天，阿美人獲得了大豐收，家家糧滿倉，人人笑顏開。為了報答依勒克對阿美人的恩情，部落裡的老人們商量慶祝豐收節。大家精心籌劃，各家各戶殺豬宰羊，釀酒蒸糕。節日那天，男女老少都穿上色彩鮮豔的衣裳，姑娘們更是打扮得花枝招展，個個頭插鮮花，手腕上帶著銀鈴，匯集到村頭的平地上。依勒克點燃了篝火，帶頭唱了起來：

　　燃起來吧！通紅的火堆，

　　升起來吧，金色的月亮。

　　豐收節的酒杯斟滿酒，

　　大家都來跳舞又歌唱。

　　唱吧跳吧！美麗的姑娘呦，

　　腰間的銀鈴響叮噹；

　　跳吧唱吧！英俊的少年郎，

　　頭上的羽毛隨風揚啊隨風揚。

　　放聲笑吧！男女老少喲，

　　汗珠換來了五穀滿倉！

　　盡情地歡唱吧！

　　全寨的人喲，

　　祝賀豐收，

　　歌舞到天亮，到天亮！

　　大家歡樂地環繞著篝火翩翩起舞，邊唱邊跳，這時，依勒

克看見月光下有一位美麗的姑娘，頭戴鮮花，身穿五彩達戈紋衣裳，正含情脈脈看著自己，心裡一陣歡喜。他按阿美人的風俗，從樹上摘下一個熟透的檳榔，往姑娘的背簍裡投進去。姑娘見了，就跑到芭蕉樹下唱起優美動人的歌：

　　豐收的稻穀已經儲進穀倉裡，

　　愛情的果實也該有了好收成。

　　金色的月亮啊！

　　請你做媒人。

　　姑娘的情意深深打動了依勒克的心，他走近姑娘，兩人手牽手地跳起舞來。全部落的人都為依勒克和美麗姑娘祝福，祝他倆恩愛到老。可是，依勒克畢竟是天上的神仙，日子久下不能老呆在人間，妻子是地上的人，又不能和依勒克一道上天呵！一天，依勒克對妻子說：「我先到天上去，變成一架天梯，你順梯子爬上來，我們就能天長地久，永不分離。只是你在天梯上千萬不能嘆氣，一嘆氣，天梯就斷了」。妻子答應了。一天，依勒克告別了妻子和父老鄉親，乘一朵白雲，悠悠飛上天宇。他變成一架玉白色的軟梯，長長地垂了下來，部落裡的姐妹們為依勒克的妻子繡好了五彩衣，為她磨好了香粢粑，用芭蕉葉包好，依依不捨地送她上天。姑娘含淚告別了親人，攀上天梯，爬呵爬，蹬呵蹬，天好高呵，因為想念丈夫，姑娘咬咬嘴唇，用勁地向天空爬去。爬著爬著，她彷彿看見了依勒克在天上向她頻頻招手呢！再往下看看，姐妹們也在向她呼喚。她既捨不得家鄉，也捨不得丈夫。因此心裡亂極下不覺得輕輕嘆了一口氣。誰知這一嘆氣，霎時間，喀啦啦一聲巨響，天梯斷了，姑娘大叫一聲：「依勒克！」依勒克忙彎下腰要救妻子，可是已經來不及了，姑娘從半空中跌落到地上。依勒克心痛欲裂，肝腸寸斷。他覺得是自己害了這美麗的姑娘，哭彎了腰，淚水嘩啦啦地往下滴，匯成了一個深潭，安葬了愛妻。也不知過了多久，依勒克停止了哭泣，發現自己玉白色的身體

上閃耀著色彩繽紛的彩虹，像美麗的妻子身上穿的那五彩達戈紋衣裳！從此，依勒克默默地立在半空，為人間播雲降雨，他還希望有一天心愛的妻子會醒過來，順著美麗的彩虹朝自己走來。

本傳說故事是天神依勒克「看到了居住在人間高山上的阿美人，衣衫襤褸，在河床乾涸、禾苗枯萎的大旱天裡，抬著祭品到山上求雨。那歌聲淒切哀婉。」就化身一英俊少年來幫助阿美人解除苦難。祂用抽陀螺把田地平整了，荒山都變成了良田，清水也從地下冒出來了。是年家家豐收糧滿倉，人人笑顏開。

族人為感謝依勒克舉行慶祝豐收節，依勒克結識了一位美麗姑娘，全部落的人都為依勒克和美麗姑娘祝福，祝他倆恩愛到老。但是，依勒克畢竟是天上的神仙，因此還是要回到天上。

依勒克夫妻兩相約，依勒克先到天上去，變成一架天梯，妻子隨後跟從。但是妻子爬天梯時，不可以嘆氣，否則天梯就會斷掉。

依勒克的妻子「爬著爬著，她彷彿看見了依勒克在天上向她頻頻招手呢！再往下看看，姊妹們也在向她呼喚。她既捨不得家鄉，也捨不得丈夫。因此心裡亂極下不覺得輕輕嘆了一口氣。誰知這一嘆氣，霎時間，喀啦啦一聲巨響，天梯斷了」。

依勒克來不及救妻子，姑娘從半空中跌落到地上。依勒克淚水嘩啦啦地往下滴，匯成了一個深潭，安葬了愛妻。

不久，依勒克身體上閃耀著色彩繽紛的彩虹，像美麗的妻子身上穿的那五彩達戈紋衣裳！他多麼盼望有一天心愛的妻子會醒過來，順著美麗的彩虹朝自己走來。

七、阿美族舉天

阿美族人傳說古代「天」很低，人類的頭幾乎可以碰到天，因此，生活起來非常不便，而人類本身沒有能力把「天」抬高，因此就請了飛鳥幫忙把「天」舉高，最後終於把「天」高舉至如今之高度，人類的生

活就方便了許多。

《生蕃調查報告書》阿眉族海岸群（1915年），佐山融吉著，黃文新譯：（註十二）

> 太古時代天低幾乎可觸人頭，在天之諸神大發慈悲，召來諸鳥命令他們舉天，但眾鳥均無法辦到。適有 tachu 飛來，只停在樹枝上觀看並唱起好聽的歌。眾鳥勇氣大增，天便漸被抬高到如今之高度。……

太古時代，「天」是很低的，人類站立時，頭幾乎可以碰觸到「天」，當然就造成人類諸多的不便，因此，在天之諸神大發慈悲，召來了諸鳥，並且命令他們舉天，但是眾鳥都沒有辦法把天舉高。

tachu 飛來停在樹枝上觀看，唱起了好聽的歌，使得眾鳥的勇氣和力量大增，「天」於是漸漸被抬高到了如現在的高度，從此人類工作等就非常方便了。

《生蕃調查報告書》阿眉族海岸群（1915年），佐山融吉著，黃文新譯：（註十三）

> 太古時天低而受大陽的烈焰所困，祖先因而在地中掘穴以棲，但因極為不便，有一日他們向周圍四方呼叫鳥類朋友快來共商策，先飛來的是鳶群。祖先向鳶說：「你們可以看到天距地太近了，請你們幫忙把天抬高。」鳶並無良策，後來的鳥也不知如何是好。後來有一 tatachu 鳥，祖先也向牠請求。tatachu 聽到之後，張望四方，然後飛起而停在樹上開始鳴叫：tacchuka tacchuka sasa tacchuka。其鳴聲響徹四方，天地為之震動，繼之天漸漸高昇至如今的高度。當時人類及走獸都歡喜若狂，聚起來讚賞 tatachu 之功。然而一旁有叫做 chikuli 的大鳥，曾試過舉天，但卻徒勞無功，今看到矮小的 tatachu 成功了而十分羞愧，乃進入地中從一孔窺視狀況。但等眾人及獸散去之後想出來時，竟發現原有的身體已經變小，過去高傲的身材已消失無存。反而 tatachu 從此勢力大增，如今已成為萬鳥之王。

本傳說故事情節要述如下：

（一）太古的時候，「天」非常低，而人們又受到太陽的烈焰所困，祖先們因此在地中掘穴以棲身，生活極為不便，受到諸多限制。

（二）祖先請求鳥類朋友快來共商對策，請鳥幫忙把天抬高。

（三）鳶群最先飛來，但是沒有想到如何抬高「天」的辦法。

（四）後來其他的鳥也陸續到來，但是也都沒有想出很好的方法。

（五）後來有一叫 tatachu 的小小鳥，祖先也向牠請求把「天」抬高。

（六）tatachu 鳥鳴叫著：tacchuka　tacchuka　sasa　tacchuka。牠鳴叫的聲音響徹四方，震動天地，竟然「天」漸漸的高昇至如今的高度。

（七）所有的人類以及地上行走的野獸，都讚賞 tatachu 鳥的功勞。

（八）曾經試過舉天的 chikuli 大鳥，看到很小的 tatachu 鳥，竟然把「天」抬高了，感覺非常羞愧，於是進入地中從一孔窺視。當人類及野獸散去的時候，chikuli 大鳥發現自己的身體已經變小了。

（九）自從 tatachu 鳥把「天」抬高後，成為了萬鳥之王。

本傳說故事 tatachu 鳥用鳴叫聲震撼天地，使得「天」逐漸高昇了起來，從此人們的生活就方便起來了。

本故事舉天成功的是一隻很小的鳥，而大鳥卻無法辦到。傳說故事中以小勝大，是一種「驚奇」的手法。

許多有關競賽的故事，最終的結果往往都是令人意想不到的小動物戰勝了大型動物。

八、阿美族地震的故事

林道生《台灣原住民族口傳文學選集》載〈地震的故事〉：（註十四）

從前地底下也有世界，他們常常到地上的世界交換物品。

有一次地上的人動起欺詐的念頭，把許多蜜蜂裝入麻袋內當作

物品交給地下的人。不知情的地下人高興的回家去，邀集了親
朋好友說：「我從地上買了好東西回來，快來看呀」！然後打
開袋口，一群忿怒的蜜蜂飛衝出來，看了人就螫，使地下的人
受到了傷害，大大地發怒要報復，便合力搖動所有的柱子，造
成地上家屋猛烈搖動，甚至於被震倒，人畜受到了很大的傷害，
這就是地震的起源。

註釋

註一：內政部委託台灣大學人類學系研究《台
灣山胞各族傳統神話故事與傳說文獻編纂研
究》，1994 年 4 月 30 日。

註二：高淵源《台灣高山族》，台北，香草山出
版有限公司，1977 年。

註三：范純甫主編《原住民傳說（上）》，台
北，華嚴出版社，1996 年 8 月。

註四：同註一。

註五：同註一。

註六：同註一。

註七：林道生《原住民神話・故事全集
（二）》，台北，漢藝色研文化公司，2002 年 1
月。

註八：同註一。

註九：同註一。

註十：同註三。

註十一：同註九。

註十二：同註一。

註十三：同註一。

註十四：林道生《台灣原住民族口傳文學選
集》，花蓮縣立文化中心，1996 年 6 月。

阿美族地名
口傳文學

第三一章

一、阿美族以「豆」為地名

據說阿美族人遷居到 vataan 時，發現這裡長著許多樹豆，可以當主食，便把當地稱為 vataan，即今花蓮縣光復鄉馬太鞍部落。

古時候花蓮縣光復鄉馬太鞍部落，因為生長著許多樹豆，因此命名此地為 vataan，馬太鞍的地名命名法是屬於植物名型。

杜而未〈阿美族的故事與傳說〉，《考古人類學刊》（1984 年）刊載：（註一）

從前有二兄弟殺死其父，母親為懲罰他們，要他們五日不吃飯，作為五日工為贖罪，還要去山上找年幼的壯鹿，殺死敵眾獵取人頭。他們一一照作了，便要祭祀這些人頭，哥哥穿戴好衣服，站在門口大叫及跳，就上了天；弟弟亦隨之上天，母親也上了天。他們便成了天上的星辰。家中只剩一個女兒，她結婚生下一男一女，過了十幾年後，天降天雨四十天，將大地淹沒，只有那兄妹二人存活。因無他人，所以他們成了夫妻生下二個女兒。後來父母死了，姊妹在萬里一帶種地瓜的生，那兒地勢很高，姊妹煮飯時的火焰會被他處人看到。在北富村和大馬村的男子看到，便上山一探究竟，發現二個美女，大女兒嫁給大馬村、小女兒嫁給北富村，大女兒生下了許多兒子，他們成了阿美族、布農族及台灣人的祖先。當時兄弟尚未分散，而所住之地方沒有名字，就以豆子為名，因在那種了許多豆子。

本則傳說故事中提到大馬村因於古代時「所住之地方沒有名字，就以豆子為名，因在那種了許多豆子」。

二、阿美族以「祖先」為地名

范純甫主編《原住民風情》：（註二）

……阿美人有一位女祖先里漏，帶著兒子吉玻朱，生活在海

外一個神聖的地方。……後來，里漏出海遭遇大颱風，他們乘坐三隻小舟歷盡艱險，才來到這塊未經開拓的處女地。為了紀念祖先開基創業的卓著功勛，繼承和發揚祖先追求理想無所畏懼的戰鬥精神，遂把祖先登岸駐足之地命名「里漏」，以垂千古。

本則是「里漏」地名的由來。

三、阿美族以「樹」為地名

《蕃族調查報告書》阿眉族海岸群（1915 年），佐山融吉著，黃文新譯：（註三）

七腳川社之祖是在有薪柴之地，即為「chikasui」之地，其子孫所建立之社中，中國人稱為「chikasoan」。昔在七腳川社有一年輕人叫做 alogudasu，要和大蛇比賽賽跑。跑至中途疲倦不堪，喘息不已，幾乎氣絕而不能言語。年輕人已經落後，於是轉向到「chikuloan」地方去，又因不喜這個地名而將之放為 sakiraya。之後又發生社人因小事和台灣平地人衝突打架，結果打敗而移居到 takoban 之地。在該地與清國人相會再起衝突，雖然與子加禮宛社協力反抗清國人，但是依然不敵，戰敗後便散去了。其中散集到多樹木之地者，便以樹木之名而稱為「sakolu」社。

本則傳說故事謂部分阿美族人散集到多樹木之地者，便以樹木之名而稱為「sakolu」社。

四、阿美族發源地奇美

奇美位於花蓮縣瑞穗鄉秀姑巒溪中游，是花蓮縣最偏僻的一個山村。早年因傳說為阿美族的發源地而著稱，近年則因位於秀姑巒溪泛舟的中途休息站而為人熟知。……阿美族的由來，在古老的傳說中，阿美族源於一段兄妹漂流的故事，他們由大陸來，然後定居在奇美村西南邊上的奇密山，立足生根，繁衍後代。（註四）

五、阿美族「水璉」的故事

　　花蓮縣壽豐鄉水璉部落是漢族與阿美族人混居的社區，阿美族語稱為「基偉地岸」（Ciwdiyan），意思是「水蛭很多的地方」，漢人取諧音稱為水璉。水蛭多，是因為水源豐富，氣候潮濕。……水璉村南北兩端被水璉南溪和水璉北溪包夾，又屬盆地地形，再加上海岸山脈的屏障，雨量特別多，也因為大量雨水滋潤，造就了水璉部落以往農耕為主的產業型態。……牛蹄踏過的古早牛車路，就成了村民新生的希望。水牛在水璉當地有著重要的地景意象，進水璉，就可以在山野坡地間，看到成群的水牛，農業沒落和農具機械化後，早已不是當年的農用，轉成了以肉牛最主要用途，目前在水璉村，仍有十戶人家放牛為生。學者和社區工作者觀察到水牛和水璉的緊密關係，也是水璉歷史文化的表徵，從水牛文化節開始，為社區營造工作注入內涵。水牛文化節是學者和社區居民合作的產物。民國92年5月底，水璉村社區發展協會向林務局花蓮林區管理處申請經費，與花蓮縣永續生態旅遊協會、東海岸國家風景區管理處合作，展開一系列的水牛路踏查，水璉人的水牛故事，畫牛等活動。……重尋水牛文化的過程中，水璉村和林務局合作的「社區林業──居民參與保育共生計畫」，也正在水璉海邊的灌木叢中悄悄進行。水璉部落長期放牧，牛隻啃食野草，海邊的雜林木因此成為低矮的灌叢，展現不同的海岸風情。透過水牛路的踏查，與地方耆老作深度訪談，社區工作者回顧了當年水璉養牛的興衰演變，也勾勒出水璉部落的水車路，更重要的是藉此喚起地方人士對海岸林帶的重視。……水璉部落和放牛的緊密關聯性，從地名就可略知一二，阿美族原住民稱放牧水牛地為「呼庭」，現在水璉美麗海岸「牛山」，早期就被稱為「呼庭」。「放牛」已成為水璉村民共同的兒時記憶，幾乎每位地方耆老，腦海中都裝了數不清的放牛趣事。……水牛文化節只是一個起點，用說故事、踏勘牛車路等活動，喚起社區民眾對水牛的熟悉感，凝聚以水牛代表社區的共識。（註五）

六、阿美族的部落

　　阿美族的部落型態，以定居、集中和幅員廣大為其最明顯的特徵。大部分的部落都很大，部落存阿美族語的原義是：「柵圍內的人」，顯示出部落是個以地緣關係而成立的最基本社會單位。一般來說，一個標準的阿美族部落應該具備下列幾個特徵：(一) 集會所：為部落的行政、教育中心；(二) 年齡階級組織：為部落的行政與軍事骨幹；(三) 村落外圍以樹木或竹叢，村落內的道路系統經常是經過有計畫的安排。阿美族集中的定居，並形成幅員廣大的部落，其主要原因乃在於刀耕火種與水田稻作的生產方式，以及防備來自平原北部的威脅而形成的。根據日人岡田謙的資料，阿美族部落成員的平均數約為五百人，而在秀姑巒阿美的幾個大社中，其人口常在二千乃至三千之譜。(註六)

註釋

註一：內政部委託台灣大學人類學系研究《台灣山胞各族傳統神話故事與傳說文獻編纂研究》，1994 年 4 月 30 日。

註二：范純甫主編《原住民風情》，台北，華嚴出版社，1996 年 8 月。

註三：同註一。

註四：陳淑美〈都市原住民奇美行〉，《與鹿共舞：台灣原住民文化（二）》，台北，光華畫報雜誌社，1995 年 2 月。

註五：王燕華〈重建水牛文化，重建部落文化〉，《發現桃花源》，行政院農業委員會林務局、聯合報系文化基金會，2004 年 12 月。

註六：王嵩山《台灣原住民的社會與文化》，台北，聯經出版公司，2001 年 7 月。

國家圖書館出版品預行編目（CIP）資料

阿美族神話與傳說 / 田哲益（達西烏拉彎．畢馬）著 . -- 二版 . --
臺中市 : 晨星出版有限公司 , 2023.04
　面；　公分 . -- (台灣原住民；52)(原住民神話大系；8)
ISBN 978-626-320-396-9(平裝)

539.5339　　　　　　　　　　　　　　　　112001186

線上讀者回函，
加入馬上有好康。

台灣原住民 52
阿美族神話與傳說【新版】

作　　　者　田哲益（達西烏拉彎‧畢馬）
主　　　編　徐惠雅
執行主編　胡文青
校　　　對　田哲益、王韻絜、胡文青
美術編輯　李岱玲
封面設計　陳正桓

創 辦 人　陳銘民
發 行 所　晨星出版有限公司
　　　　　台中市 407 工業區 30 路 1 號
　　　　　TEL：04-23595820　FAX：04-23597123
　　　　　https://star.morningstar.com.tw
　　　　　行政院新聞局局版台業字第 2500 號
法律顧問　陳思成律師
二　　　版　西元 2023 年 04 月 05 日

讀者專線　TEL：（02）23672044 /（04）23595819#230
　　　　　FAX：（02）23635741 /（04）23595493
　　　　　service@morningstar.com.tw
網路書店　https://www.morningstar.com.tw
郵政劃撥　15060393（知己圖書股份有限公司）
印　　　刷　上好印刷股份有限公司

定價 490 元
（如有缺頁或破損，請寄回更換）
ISBN：978-626-320-396-9
Published by Morning Star Publishing Inc.
Printed in Taiwan